통감절요 通鑑節要 2

김정화 역주

충북대학교 출판부

통감절요 2

목 차

통감절요 14권

효원황제(孝元皇帝)

재위 16년, 수(壽) 43

계유(癸酉) 초년(初元) 원년(기원전 48년)

상이 평소 왕길(王吉)과 공우(貢禹)가 모두 경학에 밝고 행실이 깨끗하다는 말을 들었다. 사자를 보내 불렀는데, 왕길은 도중에 병으로 죽고, 공우는 왔다. 공우를 간대부(諫大夫)로 임명했다.

상이 자주 겸손한 자세로 정사를 물었다. 공우가 "옛날에 군주가 절약하고 검소해서, 10분의 1을 세금으로 받고 다른 부역이 없었습니다. 때문에 집집마다 넉넉하고, 사람마다 풍족했습니다. 어리석은 신이 생각하건데, 크게 옛날처럼 하기는 어려우나, 다소라도 옛날을 본받아서 스스로 절약해야 한다고 여깁니다"고 아뢰었다.

천자가 그 말을 좋게 받아들여 조령(詔令)을 내렸다. 궁의 여러 관서(宮館) 중 황제의 행차가 드문[1] 곳은 손봐서[2] 고치지 않게 하고, 태복(太僕)에게는 곡식을 먹이는 말을 줄이게 하고, 수형(水衡)[3]에게는 고기를 먹이는 짐승을 줄이라고[4] 했다.

온공(溫公)이 말했다.

"충신이 군주를 섬길 때, 군주가 하기 어려운 일을 군주에게 요구[5]하면, 쉬운 일은 수고하지 않고도 바르게 된다. 부족한 점을 보충하면, 잘하는 것은 권하지 않고도 이루어진다.

효원제(孝元帝)는 즉위[6] 초기에 마음을 겸허히 해 공우에게 물었으니, 공우는 마땅히 급한 것을 먼저 하고, 늦추어도 되는 것은 뒤에 했어야 했다. (황제가) 우유부단해, 참소하고 아첨하는 자들이 권세를 부리는 것이 당시의 큰 병폐였는데, 공우는 그것을 말하지 않았다.

공손하고 삼가고 절약함은 효원제 본래의 뜻이었다. 공우는 그것을 부지런히[7] 말했다. 어째서일까? 공우의 지혜가

---

1) 希 희 : 바라다, 드물다

2) 繕 손 : 손보아 고치다, 깁다

3) 水衡 수형 : 주(註) 수형도위(水衡都衛)는 도수(都水) 및 상림원(上林苑)을 관장한다

4) 省 성 : 살필, (생) 줄일

5) 責 책 : 요구하다

6) 踐位 천위 : 지위에 오르다

이것을 알지 못했다면, 어찌 현명하다고 할 수 있겠는가. 알면서도 말하지 않았다면, 죄가 더욱 클 것이다”

갑술(甲戌) 2년(기원전 47)

사고(史高)는 외척으로 상서(尙書)의 일을 맡았다. 소망지(蕭望之)와 주감(周堪)이 모두 사부로 옛 은혜가 있었다. 천자가 임용해 자주 잔치에서 뵐 때 치란(治亂)을 말하고, 왕도(王道)의 일을 진술했다.

소망지가 종실 중에 경학에 밝고 행실이 있는 유경생(劉更生)[8]을 선발하고, 아뢰어서 김창(金敞)과 함께 좌우에서 보필하게[9] 했다. 사고(史高)는 자리만 채울 뿐이었다. 이로 말미암아 소망지와 틈이 생겼다.

홍공(弘恭)과 석현(石顯)은 선제 때부터 중요한 기구를 오랫동안 맡아왔기 때문에 법조문에 밝고 익숙했다. 황제가 즉위한 뒤 병이 많아 (이들에게) 정사를 맡겼다. 소망지 등은 허씨(許氏)와 사씨(史氏)가 방종하므로, 괴롭게 여기고 근심했다. 또 홍공과 석현이 권력을 독단하는 것을 미워해 건의해 아뢰었다.

“중서(中書)는 정사의 근본이고, 국가의 중요한 기구로 여겨집니다. 마땅히 능통하고 공정한 자를 있게 해야 합니다. 무제(武帝)가 후정(後庭)에서 놀고 잔치한 까닭에 환관

---

7) 孜孜 자자 : 힘쓰다, 부지런하다

8) 劉更生 유갱생 : 주(註) 유향(劉向)이다

9) 拾遺 습유 : 보필하다. 습(拾) 줍다. 유(遺) 잃다

을 썼습니다만, 옛 제도는 아닙니다. 마땅히 중서(中書)의 환관을 파직하고, 형벌 받은 사람을 가까이하지 않는다는 옛날의 도리에 부응해야 합니다"

이 때문에 사고, 홍공, 석현을 크게 거슬렀다.[10]

홍공과 석현이 "소망지와 주감, 유경생이 붕당(朋黨)을 이루어 친척을 중상해 이간질하며 권세를 오로지 독단하고자 하니, 청컨대 불러서 정위에게 조사받게 하십시오"라고 아뢰었다.

상이 말하기를 "소태부는 본래 강직하니, 어찌 옥리에게 가려고 하겠는가?" 하자, 석현 등은 "사람의 목숨은 지극히 중합니다. 소망지는 말을 가볍게 한 죄로 법에 걸린 것이니, 반드시 근심할 바가 없을 것입니다"라고 대답했다. 상이 그들이 아뢴 것을 허락했다.

사자가 소망지를 부르자, 소망지가 하늘을 우러러 탄식하며 말하기를 "내가 일찍이 장상(將相)의 지위에 있었고, 나이는 60이 넘었다. 늙어서 감옥에 들어가 구차하게 살기를 구하는 것은 역시 비루하지 않겠는가?" 하고는 짐독을 마시고 자살했다. 천자가 이 말을 듣고 놀라 손을 치며 "아까 그가 옥에 가려고 하지 않을 것이라고 생각했는데, 과연 내가 현명한 사부를 죽였도다"라고 말했다.

---

10) 忤 오 : 거스르다, 거역하다

온공(溫公)이 말했다.

"심하다. 효원제란 임금이여! 속기는 쉽고 깨닫기는 어렵구나! 홍공과 석현이 소망지를 참소할 때 그 간사한 말과 속임수를 분별하지 못하다니! 소망지가 옥에 가려고 하지 않을 것이라고 생각했으면서도, 홍공과 석현이 반드시 근심할 바가 없다고 말했고, 과연 소망지가 자살하게 되었으니, 홍공과 석현이 속인 것 역시 분명하다.

중간 정도의 지혜가 있는 군주라면 누군들 느끼고 분발해 간사한 신하에게 벌을 내리지[11] 않겠는가. 효원제는 그렇게 안했다. 비록 눈물을 흘리고 밥을 먹지 않고, 소망지를 가슴 아파했으나, 끝내 홍공과 석현을 처벌하지 못했다. 겨우 그들이 관모를 벗고 사죄했을 뿐이다. 이렇게 하면 간신들을 어찌 징계할 수 있겠는가. 이것으로 홍공과 석현이 그 사악한 마음을 펼치고, 다시는 꺼리낌이 없게 되었다"

처음에 무제가 남월(南越)을 멸망시키고, 주애군(珠厓郡)과 담이군(儋耳郡)을 바다 가운데 섬에[12] 설치했는데, 대체로 수년에 한 번씩 배반했다. 상이 즉위한 다음 해에 주애군의 산남현(山南縣)이 모반하자, 상이 널리 군신들과 논의하고 군대를 크게 징발해 공격하고자 했다.

대조(待詔) 가연지(賈捐之)가 "신이 알기로 요임금, 순임금, 우왕과 같은 성스러운 덕[聖德]은, 땅은 수천 리에 불과

---

11) 底 저 : =치(致) 저촉시키다, 저지하다, 밑, 바닥, 저의, 내막

12) 洲 주 : 흙이나 모래가 수중에서 표면에 나타난 땅

했으나 동쪽으로 바다에 이르고, 서쪽으로는 사막(流沙)에 끼쳐지고, 북방과 남쪽에까지 교화[聲教]가 미쳤습니다[13]. 말하자면 교화를 따르고자[14] 하면 그들을 다스려주고, 따르려고 하지 않는 자는 억지로 다스리지 않는 것입니다. 신이 원컨대 주애군을 버리고, 오로지 관동(關東)지역 구휼을 걱정하십시오"라고 말했다. 상이 그 말을 따랐다.

을해(乙亥) 3년(기원전 46)

봄에 명령을 내려 주애군을 없앴다.

무인(戊寅) 영광(永光) 원년(기원전 43)

가을에 종묘에 주제(酎祭)[15]를 올리고, 작은 문으로 나가 누선[16]을 타려고 했다. 어사대부 설광덕(薛廣德)이 수레[乘輿]에 타려는 임금을 가로막고 관을 벗고 머리를 조아리며 "마땅히 다리로 가셔야 합니다"고 아뢰었다.

상이 명하기를 "대부는 관을 쓰라" 하자, 설광덕은 "폐하께서 신의 말을 따르지 않으시면, 신은 스스로 목을 찔러 피로써 수레바퀴를 더럽힐 것이니, 폐하께서는 종묘에 들어가지 못하실 것입니다"라고 말했다. 상이 불쾌해하자, 광록대부 장맹(張猛)이 나아가 아뢰기를 "신이 듣건대 군주가

13) 暨 기 : 미치다, 다다르다, 함께, 및

14) 預 예 : 참여하다, 간여하다, 미칠. 급(及) 미리

15) 酎祭 주제 : 주(酎) 세 번 빚은 술을 묘당에 바치다. 제(祭) 제사

16) 樓船 누선 : 망루가 있는 배

성스러우면 신하가 강직하다고 했습니다. 배를 타는 것은 위태롭고, 다리로 가는 것은 안전합니다. 성스러운 군주는 위험한 것을 타지 않는 법입니다. 어사대부의 말을 들으셔야 합니다" 하니, 상이 말하기를 "남을 깨우치는 것도 이렇게 해야 하지 않겠는가" 하고는 마침내 다리로 갔다.

○ 석현이 주감(周堪)과 장맹(張猛) 등을 두려워해 자주 참소하고 해코지하자, 유경생은 그들의 모함을 받아 위태로울까[17] 두려워 상소했다.

"신이 들으니, 순임금이 9관을 임명할 때 성대하게 했는데[18], 서로 겸양하고 지극히 화해로웠다고 합니다. 여러 신하들이 조정에서 화합하면, 만물이 들에서 화합합니다. 그러므로 소소(簫韶)[19]를 아홉 곡조 연주하자, 봉황이 와서 짝을 이룬[20] 것입니다.

주(周)나라 유왕(幽王)과 여왕(厲王)의 시기에는 조정의 신하들이 불화해 돌아가며 서로 비방하고 원망하자 일식과 월식[21]이 있었고, 물과 샘이 끓어오르며, 산과 골짜기가 뒤바뀌고, 서리가 절기에 맞지 않게 내렸습니다.

이로 말미암아 보건데, 화목한 기운은 상서로운 조짐을

---

17) 傾危 경위 : 경(傾) 기울, 뒤집혀질. 위(危) 위태하다, 위태롭게 하다

18) 濟濟 제제 : 엄숙하고 신중한 모양, 위의가 많은 모양, 성(盛)한 모양, 훌륭한 모양

19) 簫韶 소소 : 순임금의 풍류

20) 儀 의 : 기거동작, 언행의 범절, 짝을 이루다, 예법

21) 薄蝕 박식 : 박(薄) 엷을, 적어질. 식(蝕) 좀먹을, 일식 월식, 썩어 들어가다

오게 하고, 어그러지는 기운[22]은 재난과 괴이한 일을 오게 합니다. 상서로움이 많으면 그 나라가 편안하고, 괴이한 일이 많으면 그 나라가 위태롭습니다. 이는 천지간의 일정한 법칙이고, 옛날과 지금의 공통된 도리입니다.

정직한 신하가 등용되는 것은 잘 다스려질 징표이고, 정직한 신하가 모함 당하는 것은 혼란해질 조짐[23]입니다. 의심해 마음에서 결정하지 못하면[24], 참소하고 해코지하는 말이 오게 됩니다. 마음이 우유부단하면, 여러 부정한 문을 열어 놓게 됩니다. 참소하는 자와 간사한 자가 등용되면, 여러 현명한 자들이 물러나고, 여러 부정한 일이 이루어지면, 바른 선비는 사라집니다.

그러므로 『주역(周易)』에 비괘와 태괘[25]가 있으니, 소인의 도가 자라고 군자의 도가 사라지면, 정사가 날로 혼란해지고, 군자의 도가 자라고 소인의 도가 사라지면 정사는 날로 잘 다스려집니다.

지금 폐하께서는 현명함과 깊은 배려로 천하의 마음을 깊이 생각하시어 여러 간사한 문을 막으시고, 여러 바른 길을 널리 열어 놓으십시오. 시비를 분명히[26] 알 수 있게 되

---

22) 乖氣 괴기 : 괴(乖) 어그러질, 어길. 기(氣) 기운

23) 機 기 : 틀, 재치, 거짓 계기, 때, 기회, 실마리, 조짐, 활동, 권세

24) 狐疑 호의 : 의심해 결정하지 못함, 또는 그 사람

25) 否泰(卦) 비태 : 비(否)는 새(塞), 태(泰)는 통(通). 비극태래(否極泰來) 불운이 절정에 달하면 행운이 돌아옴. (오히려) 건하곤상(乾下坤上)은 음양이 조화되어 사물이 통하고, 건상곤하(乾上坤下)는 음양이 고르지 못하고 사물이 막힌다고 함

면, 온갖 재난이 사라져 없어지고, 여러 가지 상서로움이 아울러 이를 것이니, 태평함이 기틀이고 만세의 이로움입니다"

석현이 이 글을 보고 더욱 허씨, 사씨와 친밀히 지내고, 유경생 등을 원망했다.

기묘(己卯) 2년(기원전 42)

광형(匡衡)이 상소했다.

"천하를 다스리는 자는 숭상할 바를 살필 뿐입니다. 교화의 흐름은 집집마다 찾아가고, 사람마다 설득하는 것이 아닙니다. 어진 자가 지위에 있고, 능력 있는 자가 일을 맡아 자리를 잡고, 조정이 예를 숭상하면, 백관들이 공경하고 겸양하며, 도덕이 안으로부터 실행되고 밖에까지 미칩니다. 가까운 곳에서부터 시작한 연후에야 백성들이 본받을 바를 알아서 선으로 옮겨가고, 날마다 진보하면서도 스스로 알지 못하게 되는 것입니다"

○ 황제가 유학과 글을 좋아해 선제(宣帝)의 정사를 많이 고치니, 정사에 대해서 말하는 자가 많았고, 나아가 상을 알현하고 사람마다 자신이 상의 마음을 얻었다고 여겼다.

---

26) 炳然 병연 : 밝게, 빛나게. <문법> 연(然) 사물을 형용하는데 붙이는 형용어사(形用語辭), =여(如) 언(焉)

갑진(甲辰) 건소(建昭) 원년(기원전 37)

이때 석현(石顯)이 권력을 독단[27]했다. 경방(京房)이 일찍이 연회에서 뵈었을 때 "유왕(幽王)과 여왕(厲王)은 어찌하여 위태로웠으며, 임용한 자는 어떤 사람들이었습니까?"라고 황제에게 물었다. 황제가 "군주가 현명하지 못해서 임용한 자가 교활하고 아첨했다"고 대답했다.

경방이 다시 "폐하께서 지금을 보시기에 치세(治世)라고 여기십니까, 난세(亂世)라 여기십니까?"고 물으니, 황제가 "역시 지극히 혼란하다. 지금 혼란하게 만드는 자가 누구인가?"라고 물었다. 경방이 "명석한 군주께서는 마땅히 스스로 아실 것입니다"라고 대답했다.

황제가 "알지 못하노라. 만일 안다면 무엇 때문에 그를 중용하겠는가?"라고 물었다. 경방은 "상께서 가장 신임하시고 함께 정사를 도모하며, 휘장[28] 안에서 천하의 선비를 등용하고 물러가게 하는 자가 바로 그 사람입니다"라고 대답했다. 경방의 뜻은 석현을 말한 것이었다. 상 또한 이것을 알고는 경방에게 "이미 알았노라"고 했다. 경방이 간언을 끝내고 나간 뒤에도 상은 역시 석현을 물리칠 수 없었다.

처음에 경방이 상에게 대답하기를 "옛날 제왕들은 공로에 따라 현자를 등용했습니다. 그러므로 온갖 교화가 이루어지고, 상서로운 징조들이 따라서 나타났습니다. 말세에는 비방과 찬사에 따라 사람을 뽑았기 때문에 공적이 없고 재

---

27) 顓 전 : 전단(專斷)하다, 제마음대로 하다, 오로지, 선하다

28) 帷幄 유악 : 휘장

난과 괴변이 생겨났습니다. 마땅히 백관들로 하여금 각각 공적을 시험하게 한다면, 재난과 변고를 그치게 할 수 있을 것입니다"라고 했다.

황제가 조서를 내려 경방에게 명령해, 이 일을 맡아서 해보라고 했다. 경방이 고공과리법(考功課吏法)[29]을 아뢰었다. 상이 공경과 조정에 있는 신하들에게 경방과 함께 온실전(溫室殿)[30]에서 의논하라고 했는데, 모두들 경방의 말이 '번거롭고 자질구레하다'[31] 하고, '상하(上下)가 서로 사찰하도록 허용해서는 안된다'고 했다. 황제는 이에 경방을 위군태수(魏郡太守)로 삼아 공적으로 관리의 성적을 평가하는 법[考功法]으로 군을 다스릴 수 있게 했다.

을유(乙酉) 3년(기원전 36)

겨울에 서역도호(西域都護) 감연수(甘延壽)와 부교위(副校尉) 진탕(陳湯)이 함께 강거(康居)에서 질지선우(郅支單于)를 토벌해 목을 베었다.

무자(戊子) 경녕(竟寧) 원년(기원전 33)

하남태수(河南太守) 소신신(召信臣)이 소부(少府)가 되었다. 소신신은 먼저 남양태수(南陽太守)였다가 하남으로 옮겼는데, 치적이 항상 제일이었다. 백성 보기를 자식처럼 했

---

29) 考課 고과 : 관리의 성적을 평가하다

30) 溫室 온실 : 장락궁에 있는 궁실(宮室)

31) 煩碎 번쇄 : 번거롭고 자질구레하다

고, 백성들을 위해 사업을 일으키기 좋아했고, 몸소 농사일을 권장하고 수로(水路)[32]를 개통했다. 호구가 배로 증가하고, 관리와 백성들이 친애해서 소부(召父)라 불렀다.

○ 감연수와 진탕이 오자, 이들의 공을 논의했다. 석현과 광형이 "감연수와 진탕이 제멋대로 군대를 일으키고 황제의 명을 사칭했으니, 죽이지 않으면 다행입니다. 만일 다시 작위와 토지를 더해 준다면, 뒤에 사명을 받드는 자들이 다투어 위험을 무릅쓰고 요행을 바라서 오랑캐에게 일을 벌일 것이니, 국가에 어려움을 초래할 것입니다"고 말했다. 황제는 내심 감연수와 진탕의 공을 훌륭하게 여겼으나, 광형과 석현의 논의를 어기기가 어려워 오랫동안 결정하지 못했다.

고(故) 종정(宗正)[33] 유향(劉向)이 상소했다.

"이사장군(貳師將軍) 이광리(李廣利)는 5만의 군사를 버리고[34] 1억만 전의 비용을 허비하고 4년 동안 수고했으나 겨우 준마 30필을 얻었을 뿐입니다. 비록 대완국(大宛國)의 왕인 무과(毋寡)의 머리를 베었으나, 오히려 비용을 다 보상하지 못했으며, 사사로운 죄악이 매우 많았습니다. 그러나 효무제는 1만리를 정벌했다고 해 그의 허물을 규명하

32) 溝瀆 구독 : 도랑, 하수도, 해자

33) 宗正 종정 : 가문의 우두머리. 주(註) 황제가 즉위했을 때 유향이 종정이 되었는데, 면직된지 오래 되었다. 그래서 고(故) 종정이라 한 것이다(『자치통감』)

34) 捐 연 : 버리다, 없애다, 주다, 바치다

지[35] 않고, 마침내 두 명의 제후(兩侯)[36]를 봉했습니다.

지금 강거국은 대완국보다 강하고, 질지의 칭호는 대완왕보다 높습니다. 사자를 죽인 죄는 대완국에서 말을 숨기고 내주지 않은 것[37]보다 더 심합니다. 감연수와 진탕은 한(漢)나라 군사를 번거롭게 동원하지도 않고, 한 말의 양식도 허비하지 않았습니다. 이사장군에 비해 공과 덕이 백배나 낫습니다"

이에 천자가 조서를 내려 감연수와 진탕의 죄를 사면해 다스리지 말게 하고, 공경들로 하여금 봉작(封爵)을 의논하게 했다. 감연수를 의성후(義成侯)로 봉하고, 진탕에게는 관내후(關內侯)의 작위를 하사했다.

○ 여름 5월에 황제가 승하하다.

태자가 황제에 즉위해 큰 외삼촌 평양후(平陽侯) 왕봉(王鳳)을 대사마 대장군으로 삼아 상서의 일을 맡겼다.

효성황제(孝成皇帝)는 재위 26년, 수(壽) 45

기축(己丑) 건시(建始) 원년(元年)(기원전 32)

12월 초하루에 일식이 있었다. 그날 밤 미앙궁(未央宮)

---

35) 錄 록 : 기록하다, 나타내 규명하다.

36) 이광리는 해서후(海西侯)에 봉해지고, 욱성왕을 죽인 조제(趙弟)는 신치후(新時侯)에 봉해졌다(『한서(漢書)』「이광리전(李廣利傳)」)

37) 留 유 : 머무르다, 잡아놓다, 지체하다. 무제(武帝) 때 대완(大宛)이 말을 주지 않음

궁전 안에 지진이 일어났다. 조서를 내려 현량 방정하고, 직언으로 간언할 수 있는 선비를 천거하게 했다. 두흠(杜欽)과 곡영(谷永)이 책문에 대답하는 글을 올려 모두 아뢰기를 "후궁에 대한 총애가 매우 심하니, 질투로 폐하를 독차지하려고 합니다. 장차 후계자를 해치는 재앙이 생길 것입니다"라고 했다.

○ 광형(匡衡)은 봉읍 4백경을 사취했고, 감독을 맡아 일하던[38] 자가 자신이 관리하고 지키던 곳[39]에서 10금 이상의 가치에 해당하는 재물을 도둑질한 죄[40]에 연좌되어 서인이 되었다. 왕상(王商)을 승상으로 삼았다.

임진(壬辰) 4년(기원전 29)

여름에 예전에 직언했던 선비들을 천거했던 자들을 불러 백호전(白虎殿)에 와서 책문에 대답하게 했다. 이때에 상이 정사를 왕봉(王鳳)에게 맡겼는데, 의견을 말하는 자들이 허물을 왕봉에게 많이 돌렸다. 곡영(谷永)은 왕봉이 권력을 잡은 것을 알고, 자신을 의탁하고자 은근히 이렇게 말했다.

"지금 사방의 오랑캐들이 복종해 모두 신하[臣妾]가 되었습니다. 북쪽으로는 훈육(薰粥)과 묵특(冒頓)의 걱정이 없고, 남쪽으로 조타(趙佗)와 여가(呂嘉)의 난이 없으니, 세

38) 監臨 감림 : 감독에 임함

39) 主守 주수 : 창고의 곡식이나 돈을 관장하다

40) '주수도(主守盜)' 법은 관전(官錢)을 자신에게 입금하는 것을 판결한다. 법조문에 따라 가치 10금을 도둑질하면 중죄를 받는다

변방[41]이 편안해[42] 전쟁에 대한 경계가 없습니다.

제후 중에 큰 자라 해도 몇 개 현만을 식읍으로 하고 있어, 한의 관리가 그 권력을 제어합니다. 오(吳) 초(楚) 연(燕) 양(梁)같은 (반란의) 형세가 없습니다. 인척으로 대신이 된 자들[43]은 신백(申白)[44]같은 충성심이 있어 진실하고[45] 공경하며[46], 조심하며 두려워하니, 중합후(重合侯) 안양후(安陽侯) 박륙후(博陸侯)의 난[47] 같은 일이 없을 것입니다. 세 가지가 털끝만한 허물도 없는 것입니다.

간절하게 두려운 것은 폐하께서 드러난 과실[48]이 분명하게 있는[49] 사람을 놓아주시고, 천지가 내린 분명한 경고를 소홀히 하시고, 분명하지 않는 말[50]을 듣고 죄 없는 사람에

---

41) 垂 수 : 변방

42) 晏然 안연 : 편안하다

43) 骨肉之大臣 골육지대신 : 인척으로 대신을 하는 자. 골육(骨肉) 부모 형제 사이

44) 申白 신백 : 신백은 주선왕(周宣王)의 외삼촌이다. 신(申)은 나라 이름인데, 왕실에 대한 충성심에서 그렇게 이름한 것이다. 후백(侯伯)이었는데, 그래서 신백(申白)이라고 칭한다

45) 洞洞 동동 : 진실한 모양, 절박하고 성실한 모양

46) 屬屬 촉촉 : 공경하여 전일(專一)한 모양, 온순한 모양

47) 중합후(重合侯) 마통(馬通)은 무제 때 모반한 자. 안양후(安陽侯)는 상관걸(上官桀)이다. 소제(昭帝)를 섬겼고, 모반으로 멸족 당했다. 박륙후(博陸侯)는 뇌광(霍光)이다. 그 처(妻) 현(顯)이 황후 허씨(許氏)를 시해했는데, 곽광이 죽은 후 곽씨는 모반으로 멸족 당했다

48) 白過 백과 : 주(註) 명백한 죄과

49) 昭昭 소소 : 밝은 모양, 빛나는 모양

50) 晻昧之瞽說 암매지고설 : 주(註) 분명하지 않는 말. 일을 잘 살피지 않고 발언해 장님처럼 길을 찾지 못함

게 허물을 돌리고, 정사를 재이(災異)[51]가 원인이라고 하신다면, 크게 천심을 잃을 것입니다. 해서는 대단히 안되는 일입니다"

상이 이 글을 후궁에 보이고, 곡영을 발탁해 광록대부로 삼았다.

을미(乙未) 하평(河平) 3년(기원전 26)

상은 궁중서고[52]의 책이 흩어지고 없어졌다고 생각해, 알자(謁者)인 진농(陳農)에게 유실된 책을 천하에서 찾도록 했다.

○ 유향(劉向)은 왕씨의 권세와 지위가 너무 높고, 황제가 한창 『시경』과 『서경』의 고문에 마음을 두고 있었기 때문에, 『상서(尙書)』의 「홍범(洪範)」을 인용해, 상고 이래로부터 춘추시대와 6국시대를 거쳐 진(秦) 한(漢)에 이르기까지의 상서로운 징조[53]와 재이(災異)의 기록을 모았다.

행한 일의 자취를 찾아서 화복(禍福)을 연결해 붙이고[54], 점치고 증험해서 밝히고, 같은 종류끼리는 서로 함께 이어서[55], 각각 목차[條目]를 만들었다. 모두 11편이었다. 이름

51) 倚異 의이 : 의(倚) 원인하다. 주(註) 의물(依物)을 의(倚)라 한다. 의물(依物) 그 일에 의한다. 이(異)는 재이(災異)

52) 中秘 중비 : 궁중의 서고

53) 符瑞 부서 : 상서로운 징조, 길조(吉兆)

54) 連傅 연부 : 연(連) 연결하다. 부(傅) 부치다

55) 比類相從 비류상종 : 비슷한 종류, 비견한. 상종(相從) 서로 좇다, 서로 친하게 지냄

을 「홍범오행전(洪範五行傳)」이라 하고, 그것을 아뢰었다. 천자는 내심으로 유향의 충정(忠情)을 알았다. 왕봉 형제 때문에 이러한 논의를 벌인 것은 알았지만, 끝내 왕씨의 권력을 빼앗지는 못했다.

정유(丁酉) 양삭(陽朔) 원년(기원전 24)

경조윤(京兆尹) 왕장(王章)은 평소 강직해 과감하게 말을 했다. 왕봉에 의해 천거되었으나, 왕봉이 권력을 독단하는 것을 비난했고, 왕봉을 가까이 따르지 않았다. 마침내 밀봉한 상주문[封事]으로 "일식의 재앙은 모두 왕봉이 권력을 오로지 해 군주를 가린 잘못 때문입니다"라고 아뢰었다.

그리고 왕장은 풍야왕(馮野王)이 충성스럽고 신의가 있으며, 질박하고 정직하다고 (그를) 천거했다. 황제는 태자였을 때부터 풍야왕의 명성을 자주 들었으므로, 그에게 (정사를) 맡기고, 왕봉을 대신하고자 했다.

왕봉이 이 말을 듣고 상서(尙書)를 시켜 왕장을 탄핵하게 하고, 그를 대역죄로 다스려, 끝내 옥중에서 죽게 했다. 이로부터 공경들이 왕봉을 볼 때 바로 보지 못했다.56)

무술(戊戌) 2년(기원전 23)

왕음(王音)을 어사대부로 삼으니, 이에 왕씨가 더욱 번성해져서 군국의 태수와 재상, 자사가 모두 그 문하에서 나왔

56) 側目 측목 : 곁눈질해 보다

다. 오후(五侯)[57]와 여러 아우들이 다투어 사치하니, 뇌물과 진귀한 보물이 사방에서 보내져왔다. 왕음은 인사에 통달하고 민첩했다. 선비를 좋아하고 현자를 기르며, 재물을 털어서 남에게 베풀어 서로 높이고 숭상하니, 빈객들이 집에 가득하고 다투어 그를 칭송했다.

유향이 밀봉한 상주문을 올려서 간곡하게 간언했다. 글을 올리자 천자가 유향을 불렀다. 만나서 탄식하고 그 마음을 슬프게 여겼다. "군은 우선 쉬어라. 내 생각할 것이다"라고 말했으나, 끝내 그 말을 따르지 못했다.

기해(己亥) 3년(기원전 22)

가을에 왕봉이 죽자, 왕음(王音)을 대사마로 삼았다.

을사(乙巳) 영시(永始) 원년(기원전 16)

오후(五侯)의 아들들이 기회를 이용해 사치를 일삼아 수레와 말, 음악, 여자, 즐겨[58]노는 것을 서로 경쟁했다.

왕만(王曼)의 아들 왕망(王莽)은 절도가 있고[59] 공손하고 검소하며, 몸이 부지런하고 박학하고, 밖으로는 영재와 준걸들을 사귀고, 안으로는 여러 숙부들을 섬기는 일에도 정성[60]과 예절을 다했다. 왕봉이 죽을 때 왕망을 태후와 황제

---

57) 주(註) 5명 모두 성제(成帝)의 외삼촌들이다

58) 佚 일 : =일(逸), =낙(樂). 즐길

59) 折節 절절 : 자기를 굽히고 의지를 꺾음

60) 曲 곡 : 굽음, 곡진할, 정성을 다함, 간사할, 구석

에게 부탁했다. 오래 있다가 왕망에게 신도후(新都侯)의 관작을 주었다.

(왕망은) 관작과 지위가 더욱 높아졌으나, 절약 검소[61]하고 더욱 겸양했고, 빈객들에게 베풀어 집에 남는 것이 없었다. 헛된 명예가 높아지고 두루 미쳐서[62], 여러 숙부들이 (그에게) 기울었다.

병오(丙午) 2년(기원전 15)

왕음(王音)이 죽자, 왕상(王商)을 대사마로 삼았다.

○ 예전에 남창위(南昌尉)를 지낸 매복(梅福)이 상서했다.

"옛날 고조(高祖)께서는 (아무리 해도) 못 미치는 것처럼 좋은 말을 받아들이셨고, 둥근 것[63]을 굴리듯이 간언을 따르셨습니다. 진평(陳平)은 도망쳐 몸을 피하는 도중에 발탁되어 모사가 되었고, 한신(韓信)은 병졸의 대열에서 발탁되어 상장군으로 세워졌습니다. 그러므로 관작, 녹봉과 비단 묶음은 천하의 주춧돌입니다. 고조는 이것으로 세상 사람들을 권장하고[64], 무딘 사람들을 어루만졌습니다.[65]

진(秦)나라의 경우에는 그렇지 못했습니다. 비방하는 자

---

61) 節操 절조 : 절개와 지조

62) 隆洽 융흡 : 융(隆) 높다, 풍성하고 크다. 흡(洽) 두루 미치다, 윤택하게 하다

63) 轉圜 전환 : 전(轉) 구르다, 회전하다. 환(圜) 둥굴다, 두르다

64) 厲 여 : =여(礪). 숫돌, 엄할, 사나울, 위태로울, 빠를, 힘쓸, 권장할, 날릴, 몹시 굶(학대함), 물을 건널

65) 摩 마 : 문지르다, 연마하다, 쓰다듬다

를 처벌하는 법을 펼쳐서, 한(漢)나라를 위해 백성들을 몰아주었습니다. (명검인) 태아검(泰阿劍)을 거꾸로 쥐고서 초나라에 그 칼자루[66]를 내주었습니다. 그러므로 참으로 그 자루를 잃지 않으려면, 천하에 비록 따르지 않는 자가 있더라도 감히 그 예봉을 건드리지 마십시오.

지금 폐하께서는 이미 천하의 말을 받아들이지 않으시고, 또 죽임을 가하십니다. 천하가 말하는 것을 경계하고 있으니, 이는 국가의 가장 큰 우환입니다. 지금 군주의 명령은 어긋나고, 군주의 위엄은 빼앗겨지고, 외척의 권세는 날로 더욱 융성해지고 있습니다. 폐하께서 그 형체를 보지 못하시거든 원컨대 그 그림자라도 살피소서. 형세가 군주를 능가하고, 권력이 군주보다 높아진 뒤에 막는다면, 또한 미칠 수 없을 뿐일 것입니다"

황제가 받아들이지 않았다.

무신(戊申) 4년(기원전 13)

사예교위(司隷校尉) 하무(何武)가 경조윤이 되었다. 하무는 관리였을 때 법을 지키고 지극히 공정했으며, 선한 사람을 등용하고 악한 사람을 물리쳤다. 그가 (자리에) 있을 때에는 빛나는[67] 명성이 없었으나, 떠나간 뒤에는 항상 그를 그리워했다.

---

66) 柄 병 : 자루, 손잡이

67) 赫赫 혁혁 : 빛나는

기유(己酉) 원연(元延) 원년(기원전 12)
왕상이 죽자 아우 근(根)이 대사마가 되었다.

○ 안창후(安昌侯) 장우(張禹)가 비록 집에 있었으나, 특진으로 천자의 사부가 되니, 국가에 큰 일이 있을 때마다 반드시 참여해 논의를 결정했다.

이때 관리와 백성들이 많은 글을 올렸다. 재난과 괴이한 일에 대해 응당 해야 할 일[68]을 말하고, 왕씨가 정권을 독단하기 때문에 생겨난 것이라고 비난했다.

상이 마음속으로 옳게 여겨 장우에게 하늘의 변고에 대해 친히 물었는데, 장우가 "『춘추』의 일식과 지진은 혹 제후가 서로 죽이기 때문이기도 하고, 오랑캐가 중국을 침략하기 때문이기도 했으니, 재난과 변고의 뜻은 깊고 멀어서 알기가 어렵습니다. 그런데 새로 배운 나이 젊은 유생들이 함부로 말하고 사람을 오도합니다. 마땅히 믿고 쓰지 말아야 합니다"라고 대답했다. 상이 평소 장우를 믿고 사랑했으므로, 이로 말미암아 왕씨들을 의심하지 않게 되었다.

예전에 괴리령(槐里令)을 지낸 주운(朱雲)이 글을 올려 알현을 청했다. 이때 공경들이 앞에 있었다. 주운은 "지금 조정의 대신들은 모두 자리만 차지하고 녹만 먹고 있으니[69], 신이 바라건대 상방(尙方)[70]에서 만든 참마검(斬馬

---

68) 應 응 : 응당 ~해야 하다

69) 尸位素餐 시위소찬 : 벼슬자리에 있으면서 그 직책을 다하지 못하고 녹만 타먹는 사람

70) 尙方 상방 : 천자가 쓰는 기물을 만드는 벼슬(그 기관), 궁정의 의약을 맡은

劍)을 내려주시면, 간신 한 사람의 목을 잘라 그 나머지가 분발하도록 하겠습니다[71]"고 말했다.

상이 누구냐고 물으니 "안창후 장우입니다"라고 대답했다. 상이 크게 노해 "미천한 신하가 아래에 있으면서 윗사람을 비방하고[72], 조정에서 사부를 욕했으니, 죽을 죄다. 용서할 수가 없다. 어사는 주운을 데리고 내려가라"고 했다. 주운이 궁정의 난간을 부여잡으니, 난간이 부러졌다. 주운이 큰 소리로 말하기를 "신은 죽어 지하에서 용봉(龍逢)과 비간(比干)을 따라다니면 만족하겠습니다"라고 했다. 어사가 마침내 주운을 데리고 갔다.

이에 좌장군(左將軍) 신응기(辛應忌)가 관모를 벗고 대궐 아래에서 머리를 조아리며 아뢰기를 "이 신하(주운)는 평소 미치도록 강직하다고 알려졌으니[73], 가령 그 말이 옳다면 죽여서는 안 됩니다. 그 말이 그르더라도 마땅히 용납해야 합니다"라고 했다. 상의 마음이 풀어졌다. 뒤에 난간을 고칠 때, 상이 말하기를 "바꾸지 말라. 그것을 자료로 해서 직언하는 신하의 정표(旌表)[74]로 하도록 하라"고 했다.

벼슬

71) 厲 려 : 분발할, 힘쓸, 떨칠

72) 訕 산 : 윗사람을 비방하다

73) 著 저 : 분명하다, 드러나다

74) 旌 정 : 표시할, 표창할, 깃대 위에 리우(犛牛)의 꼬리를 달고 이것을 새털로 장식한 기, 널리 기의 총칭

임자(壬子) 4년(기원전 9)

왕근(王根)이 곡영(谷永)을 천거하자, 불러들여 대사농을 삼았다. 곡영이 전후로 올린 40여 가지의 일은 대략 서로 반복되었는데, 대개 상 자신과 후궁을 공격하고, 왕씨와는 한 패거리가 되었다. 상 또한 이것을 알고는 심히 친애하거나 믿지 않았다.

계축(癸丑) 수화(綏和) 원년

2월에 정도왕(定陶王) 흔(欣)을 세워 황태자로 삼았다.

○ 11월에 왕근(王根)이 왕망을 천거해 자신을 대신하게 했다. 병인(丙寅)에 왕망을 대사마로 삼았다. 이때 그의 나이 38세였다.

왕망은 이미 동렬(同列) 중에서 빼어나, 네 명의 숙부들을 이어 정사를 보필했다. 명예가 앞사람들보다 뛰어나고자 해서, 여러 현량한 선비들을 초빙해 관리[掾史]로 삼고, 상으로 하사받은 것과 봉읍에서 거두어들이는 돈[75]을 다 선비들에게 나누어주고 더욱 검소하고 절약했다.

○ 건위군(犍爲郡)의 물가에서 옛 너럭바위[石磬][76] 16개를 얻으니, 논의하는 자들이 상서로운 조짐이라고 했다. 유향이 이로 인해 상을 설득했다.

---

75) 邑錢 읍전 : 봉읍에서 받은 세금

76) 磐 반 : =경(磬). 경쇠, 악기, 너럭바위

"마땅히 태학[77]을 일으키고 향교[78]를 설치하며 예악을 베풀어서, 풍속으로 천하를 교화[79]시켜야 합니다. 이와 같이 하고서도 다스려지지 않은 경우는 없었습니다. 혹자는 예(禮)를 갖출 수 없다고 말하나, 예란 사람을 가르치는[80] 것을 근본으로 합니다.

만약 여기에 실수[81]가 있거나, 잘못이 있다고 해도 지나치게 사람을 가르친 것에 그치지만, 형벌이 잘못되면 혹 죽거나 다치게 합니다. 지금의 형벌은 고요(皐陶)[82]의 법이 아닙니다. 그런데도 유사는 법 제정을 요청합니다. 삭제할 것은 삭제하고 써넣을 것은 써넣으면서도, 예악은 감히 할 수 없다고 말합니다. 이것은 사람을 죽이는 것은 할 수 있고, 사람을 가르치는 것은 하지 못한다는 것입니다.

교화를 형법과 비교하면, 형법은 가벼운 것입니다. 이것은 중한 것을 버리고 가벼운 것을 급하게 쓰는 것입니다. 교화가 근본으로[83] 하는 바는 잘 다스리는 것입니다. 형법이란 잘 다스리는 것을 돕는 것입니다. 근본을 버리고 오직 그 돕는 것만을 세우는 것은 태평을 이루게 할 방도가 못

---

77) 辟雍 벽옹 : 주대에 천자의 도성에 설립한 대학, 태학
78) 庠序 상서 : 은(殷)나라 주(周)나라 때의 향학(鄕學)
79) 風化 풍화 : 풍속과 교화
80) 養 양 : =교(敎). 가르칠, 기를, 양육, 다스릴
81) 過差 과차 : 잘못, 실수, 틀림, 상이(相異)
82) 皐陶 고요 : 순(舜)임금 때의 신하. 사구 즉 옥관(獄官)의 장(長을) 지냈음. 치옥(治獄)을 잘함
83) 恃 시 : 근본으로 삼다, 믿을 의지하다

됩니다"

황제가 유향의 말을 공경에게 내려 의논하게 하니, 승상 적방진(翟方進)과 대사공(大司空) 하무가 태학을 세울 것을 주청했다. 그러나 시작도 못하고 중지되었다.

○ 유향은 자신이 상의 신임을 받는 것을 알고 있었으므로, 항상 드러내놓고 종실을 변호하고[84], 왕씨와 지위에 있는 대신들을 비판했다[85]. 그의 말에는 심히 간절한 것이 많았고, 지극한 성의에서 나왔다.

황제가 자주 유향을 등용해 9경을 삼고자 했으나, 지위에 있는 왕씨들과 승상과 어사들의 반대[86]로 끝내 승진하지 못했다. 유향은 대부 서열의 관직에 약 30여년간 있다가 죽었다. 13년 뒤에 왕씨가 한(漢)나라를 이었다.

갑인(甲寅) 2년(기원전 7)

3월에 황제가 죽었다.

○ 여름 4월 병오일에 태자가 황제에 즉위했다. 애제(哀帝)는 즉위하자 몸소 검약을 실천하고, 여러 비용을 절감하고, 스스로 정치를 했다. 조정이 기뻐하며 정치가 잘 될 것을 기대했다.

---

84) 訟 송 : 호소하다, 시비곡직을 가리다

85) 譏刺 기자 : 나무라다, 헐뜯다, 꾸짖다

86) 持 지 : 가질, 지닐, 견딜, 버틸, 대항할, 믿을

○ 일찍이 동중서가 무제를 이렇게 설득했다.

"진(秦)나라가 상앙(商鞅)의 법을 써서 정전법(井田法)을 없애니, 백성들이 매매할 수 있게 되어, 부유한 자는 전지가 천맥(阡陌)[87]을 연결하고, 가난한 자는 송곳 세울 땅조차 없게 되었습니다. 그리하여 읍에는 군주 같은[之] 존귀한 자가 생겨나고, 마을에는 공후(公侯)처럼 부유한 자가 생겨났습니다. 일반 백성들이 어찌 곤궁하지 않을 수 있겠습니까?

옛날의 정전법을 졸지에 시행하기는 어려우나, 마땅히 조금이라도 옛날과 비슷하게 해서, 귀족의 사유지[88]를 제한하고, 부족한 사람들을 돕고[89], 겸병하는 길을 막고, 부세를 적게 거두며, 요역을 줄여서 백성의 힘을 펴준 뒤에야 잘 다스린다고 할 수 있을 것입니다"

상이 즉위하자, 사단(師丹)이 다시 "지금 대대로 계속 태평해 부호와 관리, 일반백성들의 재물은 거만을 헤아릴 수 있지만, 가난하고 힘없는 자들은 더욱 곤궁하니, 마땅히 제한을 해야 합니다"라고 건의했다. 천자가 이 의견을 내리니, 승상 공(光)과 대사공 무(武)가 주청하기를 "제후 왕과 열후, 공주의 사유지를 각각 제한하고, 관내후와 관리 및 일반백성들의 사유지는 모두 30경을 넘지 못하게 하며, 노비는 30명을 넘지 못하게 하고, 기한을 3년으로 해 범하는

---

87) 阡陌 천맥 : 동서로 난 두렁, 남북으로 난 두렁

88) 名田 명전 : 소유한 백성의 이름이 붙은 전지(田地)

89) 贍 섬 : 넉넉하다, 구휼하다, 돕다

자는 관청에서 몰수할 것을 청합니다"라고 했다.

이때에 밭과 주택, 노비의 값이 싸지니, 귀척과 가까운 신하90)들이 불편하다고 했다. 조서를 내려 일단 뒤를 기다리자고 했는데, 마침내 잠재워지고 시행되지 못했다.

효애황제(孝哀皇帝) 재위 6년, 수(壽) 35

정사(丁巳) 건평(建平) 3년(기원전 4)

4월에 왕가(王嘉)가 승상이 되었다. 왕가는 당시의 정치가 가혹해91) 군국의 태수와 관리가 자주 변동이 있다고 여겼다. 마침내 다음과 같이 상소했다.

"효문제 때 관직에 있는 관리들은 자손이 장성할 때까지 (자리에) 있었습니다. 관직을 성씨로 삼기도 했는데, 창씨(倉氏)와 고씨(庫氏)는 바로 창고 관리의 후손입니다. 2천석의 장리(長吏) 또한 관직을 편안히 여기고 직책을 즐거워했습니다. 그렇기 때문에 상하가 서로 기대하거나 (서로에 대해) 구차한 뜻이 없었습니다.

그 뒤에 차츰 바뀌어서 공경 이하 모두가 관직에 있은지 수개월 만에 물러납니다. 보통의 재주를 가진 자는 구차스럽게도 용납해주고 온전하기만을 구합니다92). 낮은 재주

---

90) 近習 근습 : =근행(近幸). 임금이 가까이하고 총애하는 신하

91) 苛急 가급 : =가혹(苛酷)

92) 苟容求全 구용구전 : 주(註) 감히 아랫사람을 부리지[操持] 못한다

를 가진 자는 위태로운 마음을 품고 생계를 돌아봅니다.[93] 폐하께서는 오직 현명한 자를 가려 뽑는 일에 유념하시어, 잘한 것은 기억하고 잘못한 것은 잊으소서. 이것이 지금의 급선무입니다"

무오(戊午) 4년(기원전 3)

2월에 부마도위(駙馬都尉)인 시중(侍中) 동현(董賢)이 황제에게 총애를 얻어서, 나가면 황제를 모시고 수레를 함께 타고, 들어오면 좌우에서 모셨다. 상으로 하사 받은 것이 거만(巨萬)이었고, 귀함이 조정에 떨쳤다.

○ 흉노의 선우가 글을 올려 조회할 것을 원한 지 5년이었다. 공경들은 "국고만 허비하니 할 수 있다면 허락하지 말아야 합니다"고 건의했다. 이에 양웅(揚雄)이 글을 올려 간언했다.

"신이 듣건대 '육경(六經)[94]의 정치는 혼란 전에 다스리는 것을 귀하게 여기고, 병가(兵家)의 승리는 싸우지 않고 이기는 것을 귀하게 여긴다'고 했습니다. 지금 선우가 글을 올려 조회하기를 요청하는데, 국가에서 허락하지 않고 거절하니, 어리석은 신은 한(漢)나라와 흉노가 이로부터 틈이 생길까 염려됩니다.

흉노는 본래 오제(五帝)도 신하로 삼지 못했고, 삼왕(三

93) 內顧 내고 : 뒤 돌아봄, 처자를 돌봄, 생계를 돌아봄

94) 六經 육경 : 주(周)나라의 관제

王)도 제어하지 못했습니다. 틈이 생기게 해서는 안된다는 것은 매우 분명합니다. 진(秦) 시황의 강성함과 몽염(蒙恬)의 위엄으로도, 감히 서하(西河)를 엿보지 못하고, 마침내 장성을 쌓아서 경계를 만들었습니다.

마침 한(漢)나라가 처음 일어나서 고제의 위엄과 영험, 30만의 병력으로도 평성(平城)에서 곤욕을 겪었으며, 고황후(高皇后) 때에는 흉노가 패륜을 말하고 오만한 짓을 했지만, 대신들이 모책의 글[95]을 보냈고, 뒤에 화해할 수 있었습니다.

효문제(孝文帝) 때 흉노가 북쪽 변경을 침략했고, 정탐병[候騎]이 옹주(雍州)와 감천(甘泉)까지 왔습니다. 경사(京師)가 크게 놀랐고, 세 장군을 출동시켜 세류(細柳) 극문(棘門) 패상(霸上)에 주둔시키고 대비한 지 수개월 만에야 비로소 철병했습니다.

효무제가 즉위하자 마읍(馬邑)의 속임수로 흉노를 유인하려 하다가 재물을 허비하고 군사들만 수고롭게 했지만, 한 명의 오랑캐도 볼 수가 없었습니다. 그 때 선우의 얼굴이라도 봤겠습니까? 그 뒤에 사직을 위한 계책을 깊이 생각하고 만년의 대책을 계획해[96] 마침내 수십만의 군대를 크게 일으켰고, 위청과 곽거병이 군대를 이끈[操] 것이 전후로 십여 년이었습니다.

이리하여 배를 타고 서하(西河)를 건너고[浮], 큰 사막을

95) 權書 권서 : 권모(權謀)의 글

96) 規恢 규회 : 규(規) 살피다, 계획하다. 회(恢) 넓히다, 갖추다

횡단하고[絶], 전안산(寘顏山)을 격파하고, 흉노 왕이 사는 곳[王庭]을 습격해 그들의 땅 끝까지 다 갔습니다. 도망하는 자들을 추격하고, 패배하는 자들을 쫓아가서 낭거서산(狼居胥山)에서 제사 지내고, 고연(姑衍)에서 제사 지내며, 한해(瀚海)까지 갔습니다. 이후부터 흉노가 두려움에 떨어 더욱 화친하기를 요구했으나, 신하를 칭하려 하지는 않았습니다.

아무튼[97] 예전에 낭망(狼望)의 북쪽에 헤아릴 수 없는 비용을 쓰고, 죄 없는 백성들을 부리는 것이 어찌 즐겁고 마음이 유쾌했겠습니까. (그럼에도 그렇게 한 것은) 한 번 수고롭지 않으면, 오랫동안 편안하지[佚] 못하고, 잠시 허비하지 않으면, 영원히 안녕하지 못할 것이라 여긴 때문입니다.

이 때문에 백만의 군사로 굶주린 호랑이의 입[98]을 꺾고, 국고의 재물을 운반해 여산(廬山)의 골짜기를 메우면서도 참고 후회하지 않은 것입니다. 본시(本始) 초년에 이르러 흉노가 큰 마음먹고 오손(烏孫)을 노략질하고 공주(公主)를 침입하려 했습니다. 마침내 다섯 장군의 군사 15만 기병을 징발해 공격했으나, 이때 노획한 것은 적었습니다. 다만 무력의 위세를 떨치고 드날려서 한(漢) 군대가 우레와 바람같이 세차고 빠르다는 것을 밝혔을 뿐입니다.

비록 헛되이 갔다가 헛되이 돌아왔으나, 두 장군을 처형

97) 且夫 차부 : 그리고, 또한 전문(前文)을 이어서 다음 글을 강하게 할 때의 발어사(發語辭)

98) 喙 훼 : 부리, 주둥이

했기 때문에 오히려 북쪽 오랑캐들이 복종하지 않았고, 중국이 베개를 높이 베고 편안히 잘 수 없었습니다. 원강(元康)과 신작(神爵) 연간에 이르자, 큰 교화와 신령스러운 조짐이 나타나고, 큰 은혜가 널리 퍼졌는데, 흉노에 내란이 일어나서 다섯 선우가 다투어 즉위했고, 일축왕과 호한야선우는 자기 부족을 이끌고 죽음을 무릅쓰고 귀의하고 복종해서 신하라 칭했습니다.

그러나 아직 오랑캐를 제어하는 계책[99]을 마음대로 하지[100] 못했습니다. 이후부터는 조회에 오려고 하는 자는 거절하지 않고, 하고자 하지 않는 자에게는 강요하지 않았습니다. 지금 선우가 귀의하고자 하는데, 어찌하여 의심하고 그와 틈을 만들어서 원망하는 마음을 가지게 하십니까? 이로 인해 스스로 단절하고, 끝내는 신하의 도리[北面]를 할 마음이 없어질 것입니다"

글을 아뢰자, 천자가 깨닫고 다시 선우에게 답서를 써서 보내었다.

기미(己未) 원수(元壽) 원년(기원전 2)

공광(孔光)을 승상으로 삼았다. 공광은 상이 동현(董賢)을 높이 여기고 총애하고자 하는 것을 알았다. (공광은) 동현을 만나면 수레에 내려서 뵙고 절하고, 감히 빈객의 대등한

---

99) 羈縻 기미 : 오랑캐를 제어함. 기(羈) 굴레, 재갈, 고삐. 미(縻) 잡아매는 줄, 얽어매다

100) 顓制 전제 : =전제(專制). 전단하다, 전제하다, 제멋대로 하다

예로 대하지 못하니, 동현이 이로 말미암아 권세가 군주와 같아졌다[侔].

경신(庚申) 2년(기원전 1)

6월에 황제가 붕어했다. 황제는 효성제(孝成帝) 때 정권[天祿]이 왕실에서 떠난 것을 보았기 때문에, 즉위하자 여러 차례 대신을 죽여 군주의 위엄을 강화해 무제와 선제를 본받고자[則] 했다. 그러나 참소하고 아첨하는 자들을 총애해 신임하고, 충직한 자들을 미워하고 싫어하니, 한(漢)나라 왕업이 이로 말미암아 마침내 쇠퇴하게 되었다.

효평황제(孝平皇帝)

재위 5년. 왕망이 시해하다. 수(壽) 14

신유(辛酉) 원시(元始) 원년(1)

봄 정월에 왕망이 익주(益州)에 넌지시 지시해[風], 변방 밖에 있는 오랑캐들에게 스스로 월상씨(越裳氏)라 칭하게 하고, 여러번의 통역을 거쳐 흰 꿩 한 마리와 검은 꿩 두 마리를 바치게 했다[101]. 그리하여 여러 신하들이 '왕망의 공덕으로 주공, 성왕 때 있었던 흰 꿩의 상서러운 일이 이루어졌다'고 극찬하고, '왕망에게 마땅히 안한공(安漢公)의

101) 주(註) 주(周) 성왕(成王) 때 아홉 번 통역을 거쳐서 백치(白雉)를 바친 일이 있었다

작호를 하사해야 한다'고 말했다.

임술(壬戌) 2년(2)

봄 월수군(越嶲郡)에서 강 가운데에서 황룡이 논다고 상언하자, 대사 공광(孔光)과 대사도 마궁(馬宮) 등이 모두 왕망의 공덕을 칭송해 주공(周公)에 견주었다.

○ 매복(梅福)은 왕망이 반드시 한(漢) 천자의 자리[祚]를 찬탈할 것을 알고, 하루아침에 처자를 버리고 떠나가서 어디로 갔는지 알 수 없었다. 그 뒤에 어떤 사람이 회계(會稽)에서 그를 보니, 성명을 바꾸고 오(吳)지방 시장의 문지기가 되었다고 한다.

계해(癸亥) 3년(3)

북해의 봉맹(逢萌)이 친구에게 "삼강(三綱)이 끊어졌다. 떠나지 않으면 화가 장차 남에게 미칠 것이다"고 말하고는, 곧 관모를 벗어 동쪽 도성 문에 걸고 놓고, 가족들을 거느리고 바다를 건너가 요동(遼東)에서 객으로 살았다.

갑자(甲子) 4년(4)

여름 이윤(伊尹)과 주공(周公)의 칭호를 따서 안한공(安漢公)에게 재형(宰衡)[102]의 칭호를 주었다.

---

102) 宰衡 재형 : 재상의 존칭. 주공(周公)의 태재(太宰), 이윤(伊尹)의 아형(阿衡)에서 한 글자씩 따온 것이다.

을축(乙丑) 5년(5)

여름 5월에 천자가 임명장을 주고[策命][103], 안한공 왕망에게 구석(九錫)[104]을 내렸다.

○ 겨울 12월에 왕망이 납일(臘日)[105]에 초주(椒酒)를 올리면서 술에 독약을 넣었다. 황제가 병이 나니, 왕망이 자신이 대신 죽기를 원한다는 글[策文]을 지어서 궁중의 제사장[泰畤]에게 천명을 청하게 했다. 그 책문을 금등(金縢)[106] 한 궤에 넣어 앞 궁전에 두고, 여러 공경들에게 감히 말하지 말라고 명령했다. 병오일(丙午日)에 황제가 죽었다.

○ 이달에 전휘광(前輝光) 사효(謝囂)가 "무공현(武功縣)의 장(長) 맹통(孟通)이 우물을 파다가 흰 돌을 얻었는데, 위는 둥글고 아래는 네모납니다. 붉은 글씨가 돌에 새겨져 있었는데, 그 글에 '안한공 왕망이 황제가 됨을 고한다'고 했습니다"고 아뢰었다. 제왕이 되는 천명의 표지[符命][107]는 이때부터 시작되었다. 이에 신하들이 태후에게 아뢰어

---

103) 策命 책명 : 천자가 수여하는 사령장, 또는 그 사령장을 수여함

104) 九錫 구석 : 천자가 특히 공로가 있는 사람에게 하사하는 아홉 가지 물품(車馬 衣服 樂則 朱戶 納幣 虎賁 弓矢 斧鉞 秬鬯)

105) 臘日 납일 : 절기(節氣)에서 대한(大寒) 이후. 납제(臘祭) 백신(百神)에게 올리는 제사

106) 金縢 금등 : 주(註) 무왕이 병이 나자 주공이 하늘에 두 왕의 천명을 청하고 자신이 대신 죽기를 원했다. 역사의 기록에 의하면, 그 글을 상자에 넣어 금줄로 봉[緘]했다. 그래서 금등(金縢)이라 한다. 등(縢) 묶는다

107) 符命 부명 : 하늘이 제왕이 될 사람에게 주는 표지. 천자가 제후를 봉할 때 주는 규옥(圭玉). 천자의 칙명. 예언, 부적(符籍)

안한공을 즉위하게 하고 섭황제(攝皇帝)라 할 것을 청하자, 조서를 내려 허락한다고 했다.

원 문

卷之十四

漢紀

孝元皇帝 在位十六年，壽四十三

癸酉初元元年

上素聞王吉、貢禹皆明經潔行，遣使者徵之。吉道病卒。禹至，拜為諫大夫。上數虛己問以政事，禹奏言：「古者人君節儉，什一而稅，亡他賦役，故家給人足。臣愚以為如太古難，宜少放古以自節焉。」天子納善其言，詔令諸宮館希御幸者勿繕治；太僕減穀食馬；水衡省肉食獸。

溫公曰：忠臣之事君也，責其所難，則其易者不勞而正。補其所短，則其長者不勸而遂。孝元踐位之初，虛心以問禹，禹宜先其所急，後其所緩。然則優游不斷，讒佞用權，當時之大患也，而禹不以為言，恭謹節儉，孝元之素志也，而禹孜孜言之，哉！使禹之智不足以知，烏得為賢！知而不言，為罪愈大矣。

甲戌二年

史高以外屬領尙書事，蕭望之、周堪皆以師傅舊恩，天子任之，數宴見，言治亂，陳王事。望之選白宗室明經有行劉更生與金敞，並拾遺左右。史高充位而已，由此與望之有隙。弘恭、石顯，自宣帝時久典樞機，明習文法。帝卽位多疾，委以政事。望之等患苦許、史放縱，又疾恭、顯擅權，建白以為：「中書政本，國家樞機，宜以通明公正處之。武帝游宴後庭，故用宦者，非古制也。宜罷中書宦官，應古不近刑人之義。」由是大與高、恭、顯忤。恭、顯因奏：「望之、堪、更生朋黨，毁離親戚，欲以專擅權勢。請召致廷尉。」上曰：「蕭太傅素剛，安肯就吏！」顯等曰：「人命至重，望之所坐語言薄罪，必無所憂。」上乃可其奏。使者召望之，望之仰天歎曰：「吾嘗備位將相，年踰六十矣，老入牢獄，苟求生活，不亦鄙乎！」飮鴆自殺。天子聞之驚，拊手曰：「曩固疑其不就牢獄，果然殺吾賢傅！」

溫公曰：甚矣孝元之為君!，易欺而難悟也！夫恭、顯之譖愬望之，其邪說詭計，誠有所不能辨也。至於始疑望之不肯就獄，恭、顯以為必無憂，已而果自殺，則恭、顯之欺亦明矣。在中智之君，孰不感動奮發已底邪臣之罰！孝元則不然。雖涕泣不食以傷望之，而終不能誅恭、顯，纔得其免冠謝而已。如此，則姦臣安所懲乎！是使恭、顯得肆其邪心，而無復忌憚者也。

初　武帝滅南越，置珠厓、儋耳郡，在海中洲上。率數年一反，上卽位之明年，珠厓山南縣反，上博謀於羣臣，欲大發軍擊之。待詔賈捐之曰：「臣聞堯舜禹之聖德，地方不過數千里，東漸于海，西被流沙，朔南暨聲教，言欲預聲教則治之，不欲預者不强治也。臣願遂棄珠厓，專用恤關東為憂！」上從之。

乙亥三年
春 詔：罷珠厓。

戊寅永光元年
秋 上酎祭宗廟，出便門，欲御樓船。薛廣德當乘輿車，免冠頓首曰：「宜從橋。」詔曰：「大夫冠。」廣德曰：「陛下不聽臣，臣自刎，以血汙車輪，陛下不得入廟矣！」上不說。光祿大夫張猛進曰：「臣聞主聖臣直。乘船危，就橋安。聖主不乘危。御史大夫言可聽！」上曰：「曉人不當如是邪！」乃從橋。

○石顯憚周堪、張猛等，數譖毁之。劉更生懼其傾危，上書曰：「臣聞舜命九官，濟濟相讓，和之至也。衆臣和於朝則萬物和於野，故簫韶九成，而鳳皇來儀。至周幽厲之際，朝廷不和，轉相非怨，則日月薄蝕，水泉沸騰，山谷易處，霜降失節。由此觀之，和氣致祥，乖氣致異，祥多者其國安，異衆者其國危，天地之常經，古今之通義也。正臣進者，治之表。正臣陷者，亂之機也。夫執狐疑之心者，來讒賊之口，持不斷之意者，開羣枉之門。讒邪進則衆賢退，羣枉成則正士消。故『易』有否泰。小人道長，君子道消，則政日亂，君子道長，小人道消，則政日治。今以陛下明知，誠深思天地之心，杜閉羣枉之門，廣開衆正之路，使是非炳然可知，則百異消滅而衆祥並至，太平之基，萬世之利也。」顯見其書，愈與許、史比而怨更生等。

己卯二年

匡衡上疏曰：「治天下者，審所上而已。敎化之流，非家至而人說之也。賢者在位，能者布職，朝廷崇禮，百僚敬讓，道德之行，由內及外，自近者始，然後民知所法，遷善日進而不自知也。」

○上好儒術文辭，頗改宣帝之政。言事者多進見，人人自以為得上意。

甲申建昭二年

是時，石顯顓權。京房嘗宴見，問上曰：「幽厲之君何以危？所任者何人也？」上曰：「君不明而所任者巧佞。」房曰：「陛下視今為治邪?亂邪？」上曰：「亦極亂耳，今為亂者誰哉？」房曰：「明主宜自知之。」上曰：「不知也。如知，何故用之！」房曰：「上最所信任，與圖事帷幄之中，進退天下之士者，是矣。」房指謂石顯。上亦知之，謂房曰：「已諭。」房罷出。後上亦不能退顯也。初，京房對曰：「古之帝王以功擧賢，則萬化成，瑞應著。末世以毁譽取人，故功業廢而致災異。宜令百官各試其功，灾異可息。」詔使房作其事，房奏考功課吏法。上令公卿朝臣與房會議溫室，皆以房言煩碎，令上下相司，不可許。帝於是以房為魏郡太守，得以考功法治郡。

乙酉三年
西域都護甘延壽、副校尉陳湯，共誅斬郅支單于於康居。

戊子竟寧元年
河南太守召信臣為少府。信臣先為南陽太守，後遷河南，治行常第一。視民如子，好為民興利，躬勸耕稼，開通溝瀆，戶口增倍。吏民親愛，號曰「召父」。

◯甘延壽 陳湯旣至，論功。石顯 匡衡以為：「延壽 湯擅興師矯制，幸得不誅。如復加爵土，則後奉使者爭，欲乘危徼幸，生事於蠻夷，為國招難。」帝內嘉延壽 湯功，而重違衡顯之議，久之不決。故宗正劉向上疏曰：「貳師將軍李廣利，損五萬之師，靡億萬之費，經四年之勞，而僅獲駿馬三十匹，雖斬宛王毋寡之首，猶不足以復費。其私罪惡甚多，孝武以為萬里征伐，不錄其過，遂封拜兩侯。今康居之國，彊於大宛，郅支之號，重於宛王，殺使者罪，甚於留馬。而延壽、湯不煩漢士，不費斗糧。比於貳師，功德百之。」於是天子下詔赦延壽、湯罪勿治，令公卿議封焉。封延壽為義成侯，賜湯爵關內侯。

○夏　五月，帝崩。太子卽皇帝位。以元舅平陽侯王鳳為大司馬大將軍、領尚書事。

孝成皇帝，在位二十六年，壽四十五。

己丑建始元年

十二月　朔，日食。其夜，地震未央宮殿中。詔舉賢良方正能直言極諫之士。杜欽及谷永上對，乃皆以為後宮女寵太盛，嫉妬專上，將害繼嗣之咎。

○匡衡坐取封邑四百頃，監臨盜所主守直十金以上，免為庶人。以王商為丞相。

壬辰四年

夏 召前所舉直言之士，詣白虎殿，對策。是時上委政王鳳，議者多歸咎焉。谷永知鳳方見柄用，陰欲自託，乃曰：「方今四夷賓服，皆為臣妾，北無薰粥、冒頓之患，南無趙佗、呂嘉之難，三垂晏然，靡有兵革之警。諸侯大者乃食數縣，漢吏制其權柄，無吳、楚、燕、梁之勢。骨肉大臣有申伯之忠，洞洞屬屬，小心畏忌，無重合、安陽、博陸之亂。三者無毛髮之辜，切恐陛下舍昭昭之白過，忽天地之明戒，聽晻昧之瞽說，歸咎乎無辜，倚異乎政事，重失天心，不可之大者也。」上以其書示後宮，擢永為光祿大夫。

乙未河平三年

上以中秘書頗散亡，使謁者陳農求遺書於天下。

◯劉向以王氏權位太盛，而上方嚮詩書古文，向乃因尚書洪範，集合上古以來，歷春秋、六國至秦漢符瑞、災異之記，推迹行事，連傳禍福，著其占驗，比類相從，各有條目，凡十一篇，號曰洪範五行傳論，奏之。天子心知向忠精，故為鳳兄弟起此論也。然終不能奪王氏權。

丁酉陽朔元年

京兆尹王章素剛直敢言，雖為鳳所擧，非鳳專權，不親附鳳，乃奏封事言：「日食之咎，皆鳳專權蔽主之過。」於是章還馮野王忠信質直。上自為太子時，數聞野王名，方倚欲以代鳳。鳳聞之，使尚事劾奏章，致其大逆，竟死獄中。自是公卿見鳳，側目而視。

戊戌二年

以王音為御史大夫。於是王氏愈盛，郡國守相、刺史皆出其門下。五侯群弟爭為奢侈，賂遺珍寶，四面而至。音通敏人事，好士養賢，傾財施予，以相高尚，賓客滿門，競為之聲譽。劉向上封事極諫，書奏，天子召見向，歎息悲傷其意，謂曰：「君且休矣，吾將思之！」然終不能用其言。

己亥三年

秋，王鳳疾，以王音為大司馬。

乙巳永始元年

五侯子，乘時侈靡，以輿馬聲色佚游相高。王曼子莽，因折節為恭儉，勤身博學，外交英俊，內事諸父，曲有禮意。鳳死，以莽託太后及帝，久之，封莽為新都侯，爵位益尊，節操愈謙，振施賓客，家無所餘。虛譽隆洽，傾其諸父矣。

丙午二年
王音薨，以王商為大司馬。

◯故南昌尉梅福上書曰：「昔高祖納善若不及，從諫若轉圜。陳平起於亡命，而為謀主，韓信拔於行陳，而建上將。故爵祿束帛者，天下之砥石，高祖所以厲世摩鈍也。至秦則不然，張誹謗之罔，以為漢敺除，倒持泰阿，授楚其柄。故誠能勿失其柄，天下雖有不順，莫敢觸其鋒。今陛下旣不納天下之言，又加戮焉，天下以言為戒，最國家之大患也！方今君命犯而主威奪，外戚之權，日以益隆。陛下不見其形，願察其景！執陵於君，權隆於主，然後防之，亦無及已！」上不納。

戊申四年
司隸校尉何武為京兆尹。武為吏，守法盡公，進善退惡，其所居無赫赫名，去後常見思。

己酉元延元年
王商薨，以弟根為大司馬。

◯安昌侯張禹，雖家居，以特進為天子師，國家每有大政，必與定議。時吏民多上書言災異之應，譏切王氏專政所致，上意頗然之，親問禹以天變。禹曰：「春秋日食地震，或為諸侯相殺，夷狄侵中國。灾變之意，深遠難見。新學小生，亂道誤人，宜無信用！」上雅信愛禹，由此不疑王氏。故槐里令朱雲，上書求見，公卿在前，雲曰：「今朝廷大臣，皆尸位素餐，臣願賜尚方斬馬劍，斷佞一人頭，以厲其餘！」上問：「誰也？」對曰：「安昌侯張禹！」上大怒曰：「小臣居下訕上，廷辱師傅，罪死不赦！」御史將雲下。雲攀殿檻，檻折。雲呼曰：「臣得下從龍逄、比干遊於地下，足矣！」御史遂將雲去。於是左將軍辛慶忌免冠叩頭殿下曰：「此臣素著狂直，使其言是，不可誅，　其言非，固當容之。」上意解。及後當治檻，上曰：「勿易，因而輯之，以旌直臣！」

壬子四年
王根薦谷永，徵入，為大司農。永前後所上四十餘事，略相反覆，專攻上身與後宮而黨於王氏，上亦知之，不甚親信也。

癸丑綏和元年
二月，立定陶王欣為皇太子。

◯十二月，王根薦莽自代。

丙寅
以莽為大司馬，年時三十八。莽旣拔出同列，繼四父而輔政，欲令名譽過前人，聘諸賢良以為掾、史、賞賜、邑錢悉享士,愈為儉約。

◯犍為郡於水濱得古磬十六枚，議者以為善祥。劉向因是說上：「宜興辟雍，設庠序，陳禮樂，以風化天下。如此而不治，未之有也。或曰：『不能具禮。』禮以養人為本，如有過差，是過而養人也。刑罰之過或至死傷，今之刑非皐陶之法也，而有司請定法，削則削，筆則筆，至於禮樂，則曰不敢，是敢於殺人、不敢於養人也。夫敎化之比於刑法，刑法輕，是舍所重而急所輕也。敎化所恃以為治，刑法所以助治也。今廢所恃而獨立其所助，非所以致太平也。」帝以向言下公卿議，丞相翟方進、大司空何武，奏請立辟雍。未作而罷。

◯劉向自見得信於上，故常顯訟宗室，譏刺王氏及在位大臣，其言多痛切，發於至誠。上數欲用向為九卿，為王氏居位者及丞相、御史所持，故終不遷。居列大夫官前後三十餘年而卒。後十三歲而王氏代漢。

甲寅二年
三月，帝崩。

◯夏 四月 丙午，太子卽皇帝位。哀帝初立，躬行儉約，省減諸用，政事由己出，朝廷翕然望至治焉。

◯初 董仲舒說武帝，以：「秦用商鞅之法，除井田，民得賣買，富者田連阡陌，貧者亡立錐之地。邑有人君之尊，里有公侯之富，小民安得不困！古井田法雖難卒行，宜少近古，限民名田，以贍不足，塞幷兼之路。薄賦斂，省繇役，以寬民力，然後可善治也！」及上卽位，師丹復建言：「今累世承平，豪富吏民訾數鉅萬，而貧弱愈困，宜略為限。」天子下其議，丞相光、大司空武奏請：「自諸侯王、列侯、公主名田各有限,關內侯、吏、民名田皆毋過三十頃，奴婢毋過三十人，期盡三年，犯者沒入官。」時，田宅、奴婢賈為減賤，貴戚近習皆不便也，詔書且須後，遂寢不行。

孝哀皇帝，在位六年，壽三十五。

丁巳建平三年

四月，王嘉為丞相。嘉以時政苛急，郡國守相數有變動，乃上疏曰：「孝文時，吏居官者或長子孫，以官為氏，倉氏、庫氏則倉庫吏之後也。其二千石長吏亦安官樂職，然後上下相望，莫有苟且之意。其後稍稍變易，公卿以下，或居官數月而退，中材苟容求全，下材懷危內顧。唯陛下留神於擇賢，記善忘過，此方今急務也。」

戊午四年

二月，駙馬都尉、侍中董賢得幸於上，出則參乘，入御左右，賞賜累鉅萬，貴震朝廷。

○匈奴單于上書願朝五年。公卿以為虛費府帑，可且勿許。揚雄上書諫曰：「臣聞六經之治，貴於未亂。兵家之勝，貴於未戰。今單于上書求朝，國家不許而辭之，臣愚以為漢與匈奴從此隙矣。匈奴本五帝所不能臣，三王所不能制，其不可使隙，明甚！以秦始皇之彊，蒙恬之威，然不敢窺西河，乃築長城以界之。會漢初興，以高祖之威靈，三十萬衆困於平城。高皇后時，匈奴悖慢，大臣權書遺之，然後得解。及孝文時，匈奴侵暴北邊，候騎至雍、甘泉，京師大駭，發三將軍屯細柳、棘門、霸上以備之，數月乃罷。孝武卽位，設馬邑之權，欲誘匈奴，徒費財勞師，一虜不可得見，況單于之面乎！其後深惟社稷之計，規恢萬載之策，乃大興師數十萬，使衛青、霍去病操兵，前後十餘年。於是浮西河，絶大幕，破寘顏，襲王庭，窮極其地，追犇逐北，封狼居胥山，禪於姑衍，以臨瀚海。自是之後，匈奴震怖，益求和親，然而未肯稱臣也。且夫前世豈樂傾無量之費，役無罪之人，快心於狼望之北哉？以為不一勞者不久佚，不暫費者不永寧。是以忍百萬之師，以摧餓虎之喙，運府庫之財，塡盧山之壑，而不悔也。至本始之初，匈奴有桀心，欲掠烏孫，侵公州。乃發五將之師十五萬騎以擊之，時鮮有所獲，徒奮揚威武，明漢兵若雷風耳！雖空行空反，尙誅兩將軍，故北狄不服，中國未得高枕安寢也。逮至元康、神爵之間，大化神明，鴻恩溥洽，而匈奴內亂，五單于爭立，日逐、呼韓邪攜國歸死，扶伏稱臣，然尙羈縻之計不顓制。自此之後，欲朝者不距，不欲者不彊。今單于歸義，柰何疑而隙之，使有恨心，因以自絶，終無北面之心。」書奏，天子寤焉，更報單于書而遣之。

己未元壽元年
以孔光為丞相。光知上欲尊寵董賢，下車拜謁，不敢以賓客鈞敵之禮。賢由是權與人主侔矣。

庚申二年
六月，帝崩。帝睹孝成之世祿去王室。及卽位，屢誅大臣，欲彊主威以則武、宣。然而寵信讒諂，憎疾忠直，漢業由是遂衰。

孝平皇帝，在位五年，王莽弑之，壽一十四。

辛酉元始元年
春，正月，王莽風益州，令塞外蠻夷自稱越裳氏,重譯獻白雉一、黑雉二。於是羣臣盛陳莽功德，「致周成白雉之瑞，莽宜賜號安漢公。」

壬戌二年
春，越嶲郡上黃龍游江中，太師孔光、大司徒宮馬等咸稱「莽功德比周公。」

○梅福知王莽必簒漢祚，一朝棄妻子去，不知所之。其後，人有見福於會稽者，變名姓為吳市門卒云。

癸亥三年
北海逢萌謂友人曰：「三綱絶矣，不去，禍將及人！」卽解冠掛東都城門，歸，將家屬浮海，客於遼東。

甲子四年

夏 采伊尹周公稱號，加安漢公為宰衡。

乙丑五年

夏 五月，策命安漢公莽以九錫。

○冬 十二月，莽因臘日上椒酒，置毒酒中。帝有疾。莽作策，請命於泰畤，願以身代，藏策金縢，置于前殿，敕諸公莫敢言。丙午，帝崩。

○是月，前煇光謝囂奏: 武功長孟通浚井得白石，上圓下方，有丹書著石，文曰：「告安漢公莽為皇帝。」符命之起，自此始矣。於是羣臣奏太后，請安漢公踐阼，謂之『攝皇帝』，詔曰：「可」。

통감절요 15권

한기(漢記)

유자(孺子) 영(嬰), 재위 3년

-왕망(王莽)을 부서(附書)함[1)]

찬탈해 왕위에 있은 지 18년. 한(漢)나라 병사가 죽였다.

병인(丙寅) 거섭(居攝) 원년(서기 6년)

3월 왕망(王莽)이 선제(宣帝)의 현손 영(嬰)을 황태자로 세우고, 유자(孺子)[2)]라 불렀다.

---

1) 附 부 : 주(註) 부(附)라 함은 신(新)을 정통 왕조로 보지 않기 때문이다. 왕망(王莽)의 신 왕조(新 王朝) : 왕망은 전한(前漢) 말(末) 왕씨의 외척으로 권력을 장악했다. 유학에 정통했던 왕망은 유교적 이상국가를 건설하고자 개혁을 단행했으나 실패했다. 마침내 농민봉기로 인해 멸망했다.

2) 孺子 유자 : 대를 잇기로 한 적자(嫡子), 황위를 계승할 어린아이

정묘(丁卯) 2년 (7년)

동군태수 적의(翟義)가 병사를 일으켜 "서쪽으로 가서 부당한 섭정자를 주살하자!"며 군국에 격문을 돌리니, 사람들이 십여만이 되었다. 왕망(王莽)이 그 소식을 듣고 놀라고 두려워 식사를 하지 못했다. 곧 왕읍(王邑) 등을 시켜 적의를 공격하게 했다. 망(莽)이 『주서(周書)』의 「대고(大誥)」편에 따라 유자에게 제위를 돌려줄 뜻을 천하에 널리 알렸다. 그리하여 관리와 병사들이 적의를 공격해 이겼다.

무진(戊辰) 초시(初始) 원년(元年) (8년)

왕망이 스스로 위엄과 덕이 날로 번성해 하늘과 사람의 도움을 크게 얻었다고 말하고, 드디어 진짜 황제에 오를 일을 모의했다. 11월에 거섭(居攝) 3년을 초시(初始) 원년(元年)이라 하고, 진짜 천자의 제위에 오르고, 천하의 이름을 신(新)이라 정했다.

기사(己巳)(9)

춘(春) 정월(正月) 왕망이 유자를 폐해 안정공(安定公)으로 삼고, 효평황후를 안정태후로 삼았다.

○ 왕망은 한(漢)나라의 태평의 업적을 이어받았다. 창고와 백관이 부유했고, 모든 오랑캐가 신하로 복종했고, 천하가 편안했다. 왕망이 하루아침에 그것을 차지했으나, 그 마음이 아직 만족스럽지 못했다. 협소한 한(漢)왕실의 제도를 다시 터서[3] 만들고자 했다.

“옛날에 한 명의 농부가 1백묘를 농사 지어 10분의 1을 세금으로 냈다. 국가는 넉넉하고 백성은 부유해져 칭송하는 소리가 들렸다. 진(秦)이 성스러운 제도를 무너뜨리고 정전(井田)을 폐지했다. 이 때문에 겸병이 일어나고 탐욕과 비루함이 생겨났다. 강한 자는 수천묘의 밭을 보유하게[規] 되고, 약한 자는 송곳 세울 땅도 없게 되었다.

한(漢)에서는 밭의 세금을 경감해 3십분의 1세로 했으나, 항상 또 다른 세금이 있었고, 꼽추[4]들까지도 다 냈다. 그리고 세력가들은 (남의 땅을) 침범했고[5], (가난한 자는) 부자의 토지를 경작해 그 수확을 나누었다.[6] (부자는) 세금을 겁탈하고 속여서 빼앗고[刼], 밭을 소작[假] 주었다. 그 이름은 30분의 1세지만, 사실은 10분의 5세였다.

고로 부유한 자들은 개와 말에게 먹일 콩과 조[7]도 남아돌았고, 교만하고 사악한 짓을 했다. 하지만 가난한 자는 술지게미와 겨도 실컷 먹지 못하고[8], 궁해서 모두 죄를 저지르니, 형벌을 놔버리지를 못했다.

---

3) 疏闊 소활 : 소(疏) 막힌 곳이 트이다. 활(闊) 트이다, 멀다, 간략하다. 우원(迂遠)함, 짜이지 못하고 어설픔

4) 罷癃 피륭 : 곱사등이, 허리가 굽다

5) 侵陵 침능 : =침모(侵侮) =침범(侵犯)

6) 分田 분전 : 주(註) 가난한 자는 땅이 없으므로, 부자의 땅을 경작하고 수확을 나눈다

7) 菽粟 숙속 : 콩과 조

8) 不厭糟糠 불염조강 : 겨와 술찌꺼기도 실컷 먹지 못한다. 염(厭) 실컷 먹다, 싫다. 조(糟) 술지게미, 강(糠) 쌀겨

지금 천하에 있는 밭의 이름을 '왕전(王田)'이라 고치고, 노비를 '사속(私屬)'이라 해, 모두 매매할 수 없게 한다. 장정의 식구가 8명이 되지 않는데 밭이 1정을 넘으면, 남는 밭을 친척이나 이웃마을이나 마을사람들에게 나누어주고, 감히 정전(井田)의 성스러운 제도를 비방하거나, 법이 아니라고 해 대중을 미혹시키는 자는 나라의 사방 끝[9]으로 보내 산도깨비[10]를 막도록 하겠다"

신미(辛未) (11년)

왕망이 나라의 창고가 풍부함을 믿고, 흉노에 위세를 세우려고 했다. 곧 손건(孫建) 등을 보내 12장수를 거느리고, 길을 나누어 함께 출병하게 했다. 엄우(嚴尤)가 간언했다.

"흉노가 해로운 존재였던 것은 옛날부터로, 오래 되었습니다. 아주 옛날에는 그들을 정벌했다는 말을 들어보지 못했습니다. 후세의 세 왕조, 즉 주(周) 진(秦) 한(漢)이 그들을 정벌했지만, 상책을 행할 수 있던 나라는 없었습니다. 주(周)는 중책을 행할 수 있었고, 한(漢)은 하책을 행할 수 있었으며, 진(秦)은 대책이 없었습니다.

주(周) 선왕(宣王) 때 험윤(玁狁)[11]이 쳐들어와 경수(涇

---

9) 四裔 사예 : 나라의 사방 끝, 4황(四荒). 왕성(王城)으로부터 4천리의 땅

10) 魑魅 이(리)매 : 도깨비, 요괴

11) 玁狁 험윤 : 주(註) 흉노의 호칭. 요순(堯舜) 이전에는 산융(山戎) 혹은 훈육(獯鬻)이라고 불렀으며, 하(夏)에서는 순유(淳維), 은(殷)에서는 귀방(鬼方), 주(周)는 험윤, 진과 한(秦 漢)에서는 흉노라고 부름

水) 북쪽에 이르자, 장군에게 명령해 그들을 정벌해 국경 끝까지 갔다가 돌아왔습니다. 험윤의 침략을 모기와 등에[12]처럼 여겨 그들을 몰아낼 뿐이었습니다. 고로 천하가 명석하다고 칭찬했으니, 이것은 중책입니다.

한(漢) 무제는 장수를 선발하고, 병사를 훈련시켜 짐을 줄이고[13], 식량을 가볍게 해 깊이 멀리 적의 병영[戍]까지 들어갔습니다. 비록 이기고 잡은 공로는 있었지만, 오랑캐가 번번이 그것을 되갚았습니다. 전쟁이 이어지고 재앙이 맺어진지 30여년에 중국은 피폐해지고, 흉노 역시 혼이 나서 경계 했습니다.[14] 그리하여 천하가 무위를 칭찬했지만, 이것은 하책입니다.

진(秦) 황제는 조그만 부끄러움을 참지 못했고, 백성의 힘을 가볍게 여겨 장성을 쌓으니, 길이가 만 리에 뻗쳤습니다. 물자를 수송하는 행렬이 바닷가에서부터 일어났습니다. 국경은 보존되었지만, 국내는 고갈되어 사직을 잃었으니, 이것은 무책입니다.

지금 천하는 해마다 기근이 나고, 북쪽 변방은 더욱 심합니다. 백성의 힘을 크게 쓴다고, 반드시 공을 세울 수는 없습니다. 신이 엎드려 그것을 걱정합니다"

왕망이 듣지 않았다.

12) 蟁(蚊)寍 문맹 모기 등에. 파리 모기처럼 하찮게 생각한다는 뜻

13) 約齎 약재 : 약(約) 묶다, 합치다, 줄이다. 재(齎) 가져가다, 싸가다

14) 創艾 창애 : =창예(創乂), 혼이 나서 경계함

○ 북쪽 변방은 선제(宣帝) 이래로 여러 세대 동안 경계를 알리는 봉화가 보이지 않아, 백성들은 번성하고 소와 말이 들에 깔렸었다. 왕망이 흉노를 어지럽히고 그들과 난리를 만들자, 변방의 백성들이 죽거나 잡혀가서 몇년 사이에 북쪽 변방이 공허해지고, 들에는 해골이 널려[暴] 있었다.

○ 왕망이 사자를 보내 옥새 찍은 글과 관직을 상징하는 인장과 끈[15]을 받들어서 공승(龔勝)을 맞이했다. 공승이 병이 중함을 핑계 대자, 사자가 도장과 끈을 승의 몸 위에 놨다. 승이 밀어내고 받지 않았다. 문하생 고휘(高暉) 등에게 "내가 한(漢)나라의 두터운 은혜를 받았는데, 갚지 못하고 지금 나이를 먹었다. 어찌 한 몸으로 두 성(姓)을 섬기겠는가?"라고 말했다. 말을 마치고는 다시 먹고 마시려고 입을 열지 않았다. 14일이 지나 죽었다.

○ 이 때 깨끗한 이름의 선비로 또 기준(紀逡) 설방(薛方) 순월(郇越) 순상(郇相) 당림(唐林) 당준(唐遵)이 있었다. 모두 경학에 밝고 행동을 닦아, 세상에 이름이 알려졌다. 기준과 당림, 당준은 모두 왕망에게 벼슬을 했고, 순상은 왕망 태자의 사우(四友)중 한명이 되었다.[16]

왕망이 편안한 수레로 설방을 맞이하니, 설방이 사양하며 "요순이 위에 있을 때 아래에 소부와 허유[17]가 있었습니다.

---

15) 印綬 인수 : 인장과 그 끈

16) 四友 사우 : 왕망은 태자를 위해 4명의 스승[四師]과 4명의 친구[四友]를 두었다

지금 현명하신 임금께서 바야흐로 요순의 덕을 융성하게 펴시니, 소신은 기산(箕山)의 절개를 지키고자 합니다"라고 말했다. 왕망이 그 말을 기뻐해 강제로 오게 하지 않았다.

정축(丁丑) (17년)

왕망의 성격은 조급하고 부산스러워, 가만히 있지를 못했다. 매번 (일을) 일으키고 저질렀다. 옛것을 사모했는데, 현실에 마땅한지를 헤아리지 않았다. 제도 또한 일정하지 않으니, 관리들이 그것을 이용해[緣] 간사한 짓을 했다. 천하에 비방죄[18]로 형벌을 당한 자가 많았다.

○ 왕망의 법령은 번잡하고 가혹해, 백성이 손을 움직이기만 해도 법에 저촉되니, 농사를 지을 수도, 누에를 칠 수도 없었다. 요역이 지나치게 자주 있고, 가뭄과 메뚜기 떼가 서로 연이어 발생했다.

옥사와 소송이 공정하지[決] 못했고, 관리가 가혹하고 포학함으로 위세를 부렸고, 옆에서는 왕망의 법을 이용해 힘없는 백성들을 수탈했다. 부유한 자라도 스스로를 지킬 수 없었고, 가난한 자는 스스로 살아남지 못했다.

그리하여 모두 봉기해 도적이 되었다. 형주 신시(新市)사람 왕광(王匡)과 왕봉(王鳳), 남양(南陽)사람 마무(馬武), 영

---

17) 巢由 소유 : 소부(巢父)와 허유(許由). 요순시대의 은둔자. 요임금이 군주자리를 양여하려고 하자 달아나서 기산(箕山) 아래에 은거했다

18) 謸謸 오오 : 헐뜯을, 비난, 비방함

천(潁川)사람 왕상(王常)과 성단(成丹)이 함께 녹림의 산중에 모여 숨었는데[藏], 7~8천명에 이르렀다.

무인(戊寅) (18년)

낭야(琅琊)사람 번숭(樊崇)이 거(莒)에서 기병했다. 1년 사이에 만여 명이 되었다.

임오(壬午) (22년)

번숭 등은 왕망이 토벌할 것이라는 소식을 듣고, 자기의 무리가 왕망의 병사와 헷갈릴 것을 걱정해 모두 눈썹을 붉게 만들어 서로 식별하게 했다. 이때부터 '적미(赤眉)'라고 불렀다.

○ 예전에 장사정왕(長沙定王) 발(發)의 4대 손인 남돈령(南頓令) 흠(欽)이 3명의 아들을 낳았다. 연(縯) 중(仲) 수(秀)가 그들이다. 연(縯)은 강하고 굳세며, 의분에 북받치면 분개하는 성격이었고, 큰 절도가 있었다. 수(秀)는 코가 높고[19], 이마가 훤했으며[20], 농사일을 열심히 하는 성격이었다. 연(縯)이 항상 그를 비웃고[21], 고조의 형 중(仲)[22]과 비

---

19) 隆準 융절 : 높은 코

20) 日角 일각 : 이마 중앙의 뼈가 해 모양으로 융기한 것, 귀인(貴人)의 상(相)

21) 주(註) 연(縯)은 유협을 좋아하고, 장사를 길렀다. 그 동생이 농사 일을 하는 것을 볼 때마다 경시하고 비웃었다

22) 주(註) 중(仲)은 고조(高祖)의 형 이름이다. 고조가 말하기를 "처음에 어른들은 항상 내가 부랑한이어서 생산 일을 할 수 없고, 힘도 중

교했다.

완(宛)사람 이수(李守)는 별로 운명을 예언하는 글「성력참기(星曆讖記)」를 좋아했는데, 일찍이 그 아들 통(通)에게 "유(劉)씨가 마땅히 일어날 것이니, 이(李)씨가 보좌해야 한다"고 말했다. 신시 평림에서 기병하자, 남양이 소란스러워졌다.

통(通)의 사촌동생 일(軼)이 통에게 "지금 사방이 소란합니다. 한(漢)은 반드시 부흥할 것입니다. 남양 종실에 오직 유백승(劉伯升)[23] 형제가 두루 대중을 사랑하고 포용하니, 대사를 함께 도모할 수 있습니다"라고 말했다. 통이 웃으며 "(그것이) 내 뜻이다"라고 말했다.

일(軼)을 보내 수(秀)를 맞이하고, 함께 서로 결의해 모의를 정했다. 용릉(舂陵)으로 돌아가서 거병했다. 연(縯)이 스스로 용릉(舂陵)의 젊은이들을 징발했다. 그러나 여러 집의 젊은이들이 두려워해 모두 도망가서 숨었다. 수(秀)가 진홍색옷을 입고 큰 관을 쓴 것을 보자, 모두 놀라며 "근후한 자도 역시 그것을 하는구나!" 하고는, 점점 안심했다.

젊은이 7~8천명을 모았다. 하강(下江)의 장수 왕상(王常)과 신시(新市)와 평림(平林)의 병사들과 합세했다. 여러 부대가 마음을 모으니 날카로운 기세가 더욱 성했다.

(仲)만 못하다고 했다. 지금 내 힘을 중(仲)과 비교하면, 누가 많은가?"라고 했다

23) 劉伯升 유백승 : 연(縯)의 자(字)

회양왕(淮陽王) 재위 2년

계미(癸未) (23년)

정월에 한(漢)병이 완(宛)을 포위했다. 용릉(舂陵) 대후(戴侯)의 증손 현(玄)은 평림병 속에 있었는데, 갱시장군(更始將軍)이라 불렀다. 이때 한(漢)의 병사가 이미 십여만이어서, 유씨를 즉위시켜 사람들이 바라는 바를 따르려고 했다. 남양의 호걸과 왕상 등은 모두 유연을 세우려고 했으나, 신시와 평림의 장수들은 방종을 좋아해 연의 위세와 총명을 꺼려했다.

그들은 현(玄)이 나약하다는 것을 알아내[貪], 먼저 갱시장군을 세우자는 정책을 정했다. 현(玄)은 황제에 즉위했는데, 군신들과 조회를 하면서 부끄러워 땀을 흘리고, 손을 들어 말을 하지 못했다. 이 때문에 호걸들이 실망해 복종하지 않는 자들이 많았다.

3월에 편장군(偏將軍) 유수(劉秀) 등은 곤양(昆陽) 정릉(定陵) 언(郾) 등을 다니며 모두 항복시켰다. 왕망이 왕읍(王邑) 왕심(王尋) 등을 보내 병사를 징발해 산동을 평정하게 했다. 또 호랑이 표범 코뿔소 코끼리 등 여러 맹수를 몰아, 병사들 무력의 위세를 돕게 하고 백만이라 불렀다. 병사를 풀어 곤양을 포위했다.

○ 잠팽(岑彭)이 완(宛)을 지켰다. 한(漢)의 군대가 그를 공격하니, 수개월만에 성을 들어 항복했다. 갱시가 들어와서 도읍으로 삼았다.

유수(劉秀)가 언과 정릉에 이르러 여러 병영의 병사들을 다 징발해 함께 나갔다. 스스로 보병과 기병 천여 명을 이끌고 선봉에 섰다. 왕심과 왕읍 역시 병사 수천을 보내 서로 싸웠다. 유수가 그들을 쫓아내고, 적의 머리 수천 급을 베었다. 여러 장수들이 기뻐하며 "유장군은 평소 적은 적을 보면 겁을 내면서, 지금 많은 적을 보고 용기를 내니 매우 괴이합니다"라고 말했다.

유수가 다시 진군하니, 왕심과 왕읍의 병사가 퇴각했다. 여러 부대가 함께 그 (기세를) 타고 적의 머리 수백 천급을 베었다. 연이어 승리하니, 드디어 날카로운 기세를 타고 전진해 그들을 무너뜨렸다. 여러 장수의 담력과 기세가 더욱 커졌다. 한 사람이 백사람을 당해냈다.

드디어 왕심을 죽이니, 성중에서 또한 북을 치며 함성을 지르고 나왔다. 안과 밖이 합세해 소리가 천지를 진동했다. 왕망의 병사들이 크게 무너졌는데, 마침 큰 번개가 치고 바람이 불어 지붕의 기와가 모두 날아가고, 비가 물댄 것처럼 내리고, 치천이 범람했다. 호랑이와 표범들이 모두 다리를 떨었다[戰].

사졸들 중 물에 뛰어들어 익사한 자가 수만 명이어서, 물이 이 때문에 흐르지 못했다. 왕읍과 엄충, 경무장한 기병들이 죽은 사람들을 타고 물을 건너 도망가니, 그들의 군수물자와 짐들을 다 얻었다. 그리하여 천하의 호걸들이 기뻐하며[翕然], 따라서 행동해[24], 모두 그 목사와 수령을 죽였다. 스스로 장군이라 칭하고, 한(漢)의 연호를 사용하면서 조서와 명령을 기다렸다.

○ 왕망이 한(漢)의 병사들이 자신이 평제(平帝)를 짐살했다고 말했다는 것을 듣고는 곧 공경들을 모이게 하고, 평제를 위해 '자신의 목숨으로 그의 목숨을 대신하겠으니, 천명으로 두 임금을 허락해주시라'고 써서, 함에 넣어 금실로 봉인했던 책문을 열어 울면서 군신들에게 보여주었다.

○ 신시와 평림의 여러 장수들은 유연 형제의 위세와 명성이 더욱 커지자, 몰래 갱시에게 그들을 제거할 것을 권했는데, 갱시가 감히 하지 못했다.

부장 유직(劉稷)이 갱시의 즉위 소식을 듣고는 화를 내며 "본래 기병하여 대사를 도모한 것은 백승형제 때문이다. 지금 갱시는 뭐하는 자냐?"라고 말했다. 갱시가 유직을 잡아 죽이려 하자, 유연이 강하게 말렸다. 이일(李軼)과 주유(朱鮪)가 갱시에게 권해 유연도 함께 잡아서 그날로 죽였다.

○ 관속들이 유수를 맞이해 조의를 표하니, 유수가 함께 사사로운 말을 하지 않고 오직 잘못을 (자신에게서) 깊이 끌어낼 뿐이었고, 스스로 곤양의 공을 자랑하지 않았다. 또 감히 유연을 위해 상복을 입지 않았고, 마시고 먹고 말하고 웃는 것이 평상시와 같았다. 갱시가 이 때문에 부끄러워서 유수를 파로대장군(破虜大將軍)으로 임명하고, 무신후(武信侯)에 봉했다.

---

24) 響應 향응 : 지른 소리에 울리는 소리가 따라 일어나듯, 남의 주창에 따라 다른 사람이 같이 행동함

○ 왕망이 걱정되고 번민하다 식사를 하지 못했다. 단지 술을 마시고 전복[25]을 씹을 뿐이었고, 군서를 읽다가 피곤하면 안석[几]에 기대어 잠을 잤고[寐], 다시는 베게를 베고 자지 못했다.

○ 성기(成紀)사람 외효(隗囂)는 주종(周宗) 등과 기병해 한(漢)에 호응했다. 격문을 군국에 돌리고 병사 10만을 거느리고 농서(隴西)와 무도(武都)를 공격해 모두 항복시켰다.

○ 무릉사람 공손술(公孫述)이 성도에서 기병하고, 스스로 보한장군(輔漢將軍) 겸 익주목(益州牧)을 칭했다.

○ 갱시가 장군을 보내 무관(武關)과 삼보(三輔)를 공격했다. 등엽(鄧曄)과 우광(于匡)이 병사를 일으켜 한(漢)에 호응하고, 무관을 열어 한(漢)의 병사들을 맞이했다. 여러 현의 유력자[大姓]들이 각각 기병해 한(漢)의 장수를 칭했다. 그리고 장안 근처의 병사들이 사방에서 성 아래로 모이니, 9월 무신(戊申)일에 병사들이 선평문(宣平門)으로 들어왔다.

화재가 나서 액정궁(掖庭宮)의 승명전(承明殿)에까지 미치자, 왕망이 불을 피해 선실(宣室)로 갔다. 자리를 돌려서 북두칠성 자루 모양[26]을 따라 앉으면서 "하늘이 나에게 덕을 만들어주었는데, 한(漢)의 병사들이 나를 어찌하겠는

---

25) 鰒魚 복어 : 전복

26) 斗柄 두병 : 북두칠성의 자루(손잡이)

가?"라고 말했다.

경술(庚戌)일 새벽이 밝아오자 군신들이 왕망을 부축해 점대[27]로 갔다. 오후 4시경[28] 여러 병사들이 점대에 올라 왕망의 머리를 베고, 왕망의 몸을 나누고, 마디를 분해하고 저며서[臠] 나누어주었다[分]. 다투어 서로 죽이려고 하는 자가 수십 명이었는데, 왕망의 머리는 수레에 실어 완(宛)에 보내 장터에 매달아 놓았다. 백성들이 함께 그것을 끌고 다니면서[提] 차고, 어떤 자는 그 혓바닥을 잘라서 먹었다.

○ 갱시가 낙양을 도읍으로 하려고 유수를 사예교위를 대행하게 하고, 먼저 궁실과 부서를 정돈하고 정비하도록 했다. 유수가 관료들을 두고 문서와 전표[29]를 만들고, 종사[從事吏][30]는 사찰하게 했다. 하나같이 옛 법과 같이 했다.

이때 삼보(三輔)의 관리와 병사들이 동쪽으로 가서 갱시를 맞이했는데, 지나가는 여러 장수들이 모두 머리싸개를 하고 부인의 옷을 입었다. 보고 웃지 않는 자가 없었다. 사예교위의 관료들을 보자, 모두 기뻐하면서 (기쁨을) 이기지 못했다. 어떤 늙은 관리는 울면서 "오늘 다시 한(漢)나라 관리의 위엄과 거동[儀]을 볼 거라고는 생각하지 못했다"고 말했다. 이때부터 지식인들이 모두 마음속으로 따랐다.

---

27) 漸臺 점대 : 물 가운데 세워진 누대
28) 晡時 포시 : =신시(申時). 오후 3-4시경
29) 移 이 : 주(註) 전표(箋表)의 종류
30) 從事 종사 : 관직명. 사예교위는 종사 12인을 두었다. 규찰하고 들어내는 것을 주관한다

○ 갱시가 유수를 임명해 대사마 일을 하게 했다. 황제의 깃발을 가지고 북쪽으로 황하를 건너 주군(州郡)을 진압하고 위무하게 했다. 유수가 하북에 가서, 지나가는 군현에서 관리를 시험하고 살피고, 승진[陟]과 좌천[黜]을 능력 여부로 하고, 판결을 공평하게 해 죄수들을 석방시켰다.

왕망의 가혹한 정치를 제거하고, 한(漢)의 관명을 회복시켰다. 관리와 백성들이 기뻐하며 다투어 소와 술을 가지고 맞이해 노고를 치하하려 했지만, 유수가 모두 받지 않았다.

○ 남양사람 등우(鄧禹)가 지팡이를 짚고 유수를 따라갔다. 업(鄴)에 이르자 유수가 "내가 마음대로 분봉하고 임명할 수 있는데, 선생이 멀리서부터 따라온 것은 벼슬하고 싶어 하는 것이지요?"라고 물으니, 등우는 "원하지 않습니다. 다만 명공의 위엄과 덕이 천하에 행해질 때, 저는 조그만 것[尺寸]을 바쳐[效] 공명을 역사[竹帛]에 남기려고 할 뿐입니다"라고 대답했다. 유수가 웃고 그로 인해 머물러 자게 했다.

등우가 나서서 유세했다.

"지금 산동이 아직 안정되지 않았고, 적미와 청독[31]의 무리들은 수만명입니다. 갱시는 평범한 사람이어서 스스로 들은 것을 판단하지 못합니다. 여러 장수들은 어리석은 사람들인데, 갑자기 잘되자 뜻이 재물에 있고, 다투어 위세를 부려 아침저녁으로 스스로 만족할 뿐입니다. 충직하고 선량

31) 赤眉 青犢 적미 청독 : 모두 도둑의 호칭이다

하고 명석하고 지혜로워서, 깊이 생각하고 멀리 도모해 주인을 높이고 백성을 편안하게 하고자 하지 않습니다.

명공께서는 본디 높은 덕과 큰 공이 있어 천하가 따르고 복종합니다. 군정이 정돈되고 엄숙하고, 상벌이 분명하고 믿을 수 있습니다. 지금의 계책으로는 영웅들을 맞아들여 민심을 기쁘게 하는데 힘쓰고, 고조(高祖)의 공업을 세우시고, 만민의 명운을 구원하는 것이 가장 좋겠습니다. 공을 가지고 생각한다면[慮], 천하는 아직 결정되었다고 할 수 없습니다"

유수가 크게 기뻐했다. 그래서 등우에게 항상 막부 안에서 자고 머물게 하고, 함께 계책을 의논해 결정했다. 사자(使者)나 여러 장수들을 임명할 때마다 등우에게 많이 물었는데, 모두 그 재능에 딱 맞게 썼다.

○ 유수는 형 연이 죽은 뒤부터 홀로 있을 때는 번번이 술과 고기를 먹지 않고, 잠자리에 눈물 흔적이 있었다. 주부 풍이(馮異)가 홀로 부드럽게 비유해서 말하니[32], 유수가 그를 저지하며 "경은 망언을 하지 마시오"라고 했다.

풍이가 그래서 나서서 "갱시의 정치가 문란하니, 백성들이 의지하고 받들 곳이 없습니다. 무릇 사람이 오랫동안 굶주리고 목마르면, 배부르게 만들기 쉽습니다. 지금 공은 사방에 명을 내리시고, 관료들을 나누어 보내 군현을 순행하

32) 寬 관 : 註 관(寬)은 완(緩), 비(譬)는 필(匹)이다. 부드럽게 말해 비유해서 깨우쳐주는 것이다

게 해 은택을 널리 베푸십시오"라고 유세했다. 유수가 받아들였다.

○ 기도위 경순(耿純)이 유수를 한단(邯鄲)에서 알현했다. 물러가면서 관료들과 장병들의 법도가 다른 장수들과 같지 않음을 보고 드디어 스스로 결탁했다.

○ 왕망 때 장안에 성제의 아들 자여(子輿)를 자칭하는 자가 있었다. 왕망이 그를 죽였는데, 한단(邯鄲)의 점쟁이 왕랑(王郞)이 그것을 이용해 (자신이) 진짜 자여임을 사칭했다. 백성들 중 그것을 믿는 자가 많았고, 왕랑을 천자로 삼았다. 조(趙)나라의 북쪽, 요동의 서쪽이 모두 멀리서 보고 따라서 호응했다.

갑신(甲申) (24년)

갱시가 장안에 왔다. 장락궁에 거주했다. 전전(前殿)에 오르니 낭과 관리(郎 吏)들이 서열에 따라 조정안에 도열했다. 갱시가 부끄러워[怍] 고개를 숙이고, 자리를 만지작거리며 감히 쳐다보지 못했다. 조맹(趙萌)에게 정치를 맡기고, 밤낮으로 후원에서 연회를 열어 술 마셨다.

여러 하찮은 요리사[膳夫]에게까지 모두 관작을 넘치게 주니, 장안에서는 그 때문에 "아궁이 아래에서 중랑장을 기르고, 양의 위를 구워서[爛] 기도위가 되고, 양의 머리를 구워서 관내후가 되었다"고 했다. 이로 인해 관중의 민심이 이반되고, 천하가 원망하고 배반했다.

○ 대사마 수가 계(薊)에 이르렀다. 마침 광양왕(廣陽王)의 아들[王子] 접(接)이 계에서 기병해 왕랑에 호응했다. 성내가 소란해졌다. 유수가 수레를 재촉해 나갔는데, 감히 성읍에 들어가지 못했다.

길 옆에서 먹고 자며, 무루정(蕪蔞亭)에 도착했다. 이때 하늘이 차고 추워서[冽], 풍이가 콩죽을 올렸다. 하곡양(下曲陽)의 여관에 이르렀는데, 왕랑의 병사들이 뒤에 있다는 것을 듣고, 따라오는 자들이 모두 두려워했다.

호타하(滹沱河)에 이르자 척후병이 돌아와서 "하천의 얼음이 녹아[澌] 배가 없으면 건널 수 없습니다"고 보고했다. 유수가 왕패(王霸)에게 가서 보게 했다. 왕패가 왕랑의 무리에 놀라고 두려워, 물이 막혔지만 우선[且] 앞으로 가려고 했다. 돌아와서 "얼음이 견고해서 건널 수 있습니다"라고 속이며 말했다. 관속들이 모두 기뻐했다.

유수가 웃으며 "척후병이 과연 망언을 했구나"라고 말했다. 드디어 전진해 하천에 도달했다. 하천이 얼어서 합해져 있었다. 이에 왕패에게 호위하게끔 하고 건넜다. [거의 다 건너고] 몇 기가 미처 못건넜는데 얼음이 풀어졌다.

○ 남궁(南宮)에 이르러서 큰 바람을 만났다. 유수가 수레를 끌고 길옆의 빈집에 들어갔다. 풍이가 장작을 안고 오고, 등우가 불을 지폈다.[33] 유수가 아궁이에 대고 옷을 쬐니[燎], 풍이가 다시 보리밥을 올렸다.

33) 爇火 열화 : 불사르다

말을 달려 신도(信都)에 갔다. 이때 군국이 모두 왕랑에게 항복했는데, 오직 신도태수 임광(任光), 화융(和戎)태수 비융(邳肜)만이 따르려 하지 않았다. 임광은 유수가 왔다는 소식을 듣고 크게 기뻐했다. 비융 또한 화융에서 와서 만났다. 많은 의견들이 "신도병을 그대로[因] 보내서, 서쪽 장안으로 돌아가는 것이 좋겠습니다"고 말했다. 비융이 말했다.

"관리와 백성이 한(漢)을 노래하며[歌吟], 그리워한 지가 오래되었습니다. 지금 점쟁이 왕랑이 거짓[假] 이름으로 세력을 만들고, 오합지졸을 몰아서 모이게 해, 드디어 연(燕)과 조(趙) 땅에서 세력을 떨치고 있지만, 근본이 견고하지 않습니다.

명공(明公)께서 두 군(郡)의 병사들을 분발시켜 그들을 토벌한다면, 어찌 이기지 못할까 걱정하겠습니까? 지금 이것을 내버려놓고 돌아가면, 어찌 하북을 잃는 것뿐이겠습니까?[34] 반드시 다시 삼보를 놀라게 하고 동요시킬 것이니, 위엄과 권위[重]가 땅에 떨어지고 손상될 것입니다. 마땅한[得] 계책이 못됩니다"

유수가 그래서 (서쪽으로 가는 것을) 그쳤다. 임광이 옆현의 병사를 징발해 정예병 4천명을 뽑았다. 병사들이 점점 합해져 만여 명에 이르렀다. 격문을 변군(邊郡)에 보내 함께 한단을 공격하자고 하니, 군현들이 돌아서서 다시 호응하고 따랐다.

34) 特 특 : ~뿐이다

○ 유수가 여지도[35]를 펴고 등우에게 가리키며 "천하의 군국이 이와 같은데, 지금 그 하나를 얻었다. 그대가 전에 말하기를, 나를 가지고 천하를 생각한다면, 아직 평정된 것이 아니라고 했는데, 무슨 말인가?"라고 물었다.

등우가 "지금 천하는 뒤섞여서 혼란하고, 사람들은 갓난아이가 자애로운 어머니를 그리워하는 것처럼 훌륭한 임금[明君]을 생각합니다. 과거에는 덕이 있느냐 없느냐[薄厚]에 그 흥함이 달려 있었지, 세력이 크고 작음 때문이 아니었습니다"라고 대답했다.

○ 4월 유수가 한단(邯鄲)으로 진공했다. 계속 싸워 승리했다.

○ 5월에 왕패가 왕랑을 추격해 베었다. 유수가 왕랑의 문서를 거두었다. 관리와 백성이 왕랑과 교제해 관계를 맺거나 비방하고 헐뜯은 수천장의 글을 얻었다. 유수가 살펴보지 않고 여러 장수들을 모아놓고 불 사르면서 "배반자[36]들에게 안심하라는 것이다"라고 말했다.

○ 유수가 각 부의 관리와 병사를 나누어 각각 여러 군에 예속시켰는데, 병사들이 모두 대수장군(大樹將軍) 휘하에 속하기를 원한다고 말했다. 대수장군은 편장군 풍이이

---

35) 輿地圖 여지도 : 주(註) 도(圖)는 그림(畵)이다. 땅 위에 車輿(수레) 載物(쌓인 재물)을 표시[象]했기 때문에 도(圖)라 함

36) 反側 반측 : 이심(異心)을 품음, 모반, 배반. 누운 자리가 불편해 몸을 뒤척임

다. 사람됨이 겸손하고 자랑을 하지[伐] 않았다. 군리와 군사들에게 명령해 적과 교전할 때가 아니면 항상 여러 군영의 뒤에 가게 했고[37], 매번 머물러 쉴 때마다 여러 장수들은 함께 공을 말했는데, 풍이는 항상 물러나서 홀로 나무 아래에 있었다. 고로 군중에서 대수장군이라고 불렀다.

○ 갱시가 사자를 보내 유수를 소왕(蕭王)으로 삼고, 유수에게 병사를 모두 해산시키라고 했다. 경감(耿弇)이 나서서 말했다.

"백성들이 왕망에게서 우환과 고통을 겪어 다시 유씨를 생각했습니다. 지금 갱시가 천자가 되니, 여러 장군들이 명령을 마음대로 하고, 귀척들은 제멋대로여서, 노략질을 자행하고 있습니다. 백성들[元元]이 가슴을 두드리며[叩] 다시 왕망의 나라를 생각합니다. 이로써 그들이 망할 것을 알겠습니다.

공의 공명은 이미 드러났으니, 정의를 들어 천하를 정벌한다면, 천하는 격문을 돌리는 것만으로도 평정될 것입니다. 천하는 지극히 중요한 것이며, 공께서는 스스로 얻을 수 있으니, 다른 성(姓)에게 얻게 하지 마십시오"

소왕(蕭王)은 하북이 아직 평정되지 않았다고 말하고, 불

---

37) "풍이가 군리와 병사들에게 명령해서 교전하거나 적의 공격을 받지 않으면 항상 여러 군영의 뒤에 가게 했고, 만나게 되면 수레를 이끌고 피하게 해서 이로 인해 길을 다투다 싸움으로 번지는 일이 없도록 했다.(異勑吏士, 非交戰受敵, 常行諸營之後, 相逢引車避之, 由是無爭道變鬥者)"(『後漢書』「馮異列傳 註」)

렀는데도 가지 않았다. 비로소 갱시와 갈라섰다[貳].

이때에 여러 도적들인 동마(銅馬) 철경(鐵脛) 우래(尤來) 대창(大槍) 상강(上江) 청독(靑犢) 부평(富平) 획색(獲索) 등이 각각 부대[部曲]를 거느렸는데, 무리를 합치면 수백만이었고 소재지에서 노략질을 하고 있었다.

가을에 소왕(蕭王)이 고(鄗)에서 동마를 공격했다. 오한(吳漢)이 돌격 기병을 이끌고 와서 청양(淸陽)에서 합세하니, 병사와 말이 매우 많아졌다. 동마가 먹을 것이 떨어지자 밤에 도망쳤다. 소왕(蕭王)이 추격해 관도에서 다 격파해 항복시키고, 그 장수들에게 작위를 주어 열후로 삼았다. (그렇게 되자) 여러 장수들은 도적들을 믿을 수 없었고, 항복한 자들 역시 스스로 불안했다. 왕이 그 뜻을 알았다. 명령을 내려 항복한 자들에게 각각의 군영으로 들어가서 부대를 거느리라[勒兵]고 하고, 스스로 가벼운 말에 올라서 진영을 살피며 다녔다.

항복한 자들이 다시 서로 말하기를 "소왕이 진심[赤心]으로 사람을 마음 속에 두는구나! 어찌 죽음으로 뛰어들지 않겠는가?"라고 했다. 이로써 모두 탄복했다. 모든 항복한 사람들을 나누어 여러 장수들에게 배치하니, 무리가 드디어 수십만이 되었다. 그러므로 관서에서 유수를 동마의 황제[銅馬帝]라고 불렀다.

○ 적미 번숭 등이 병사를 이끌고 장안을 공격했다. 소왕(蕭王)이 북쪽으로 가서 연(燕)과 조(趙)나라 땅을 순행하려 했는데, 적미가 장안을 격파할 것이라고 판단되었다. 그래

서 그 틈을 타서 관중을 병합하고자 했다. 맡길만한 사람을 찾지 못하다가, 등우를 전장군으로 임명하고, 휘하의 정병 삼만명을 둘로 나누어 주고, 서쪽으로 가서 관중에 들어가게 했다.

소왕이 하내(河內)는 험한 요충지이고, 풍요롭기 때문에 여러 장수 중에서 하내를 지킬만한 자를 선택하려 했으나 어려웠다. 등우에게 물으니, "구순(寇恂)은 문무가 겸비하고, 족히 백성을 기르고 대중을 부릴만한 재능이 있습니다. 이 사람이 아니면 시킬 자가 없습니다"라고 대답했다.

이에 구순을 하내태수로 임명하고, 대장군의 일을 대행시켰다. 소왕이 구순에게 "옛날에 고조가 소하를 남겨서 관중을 지키게 했다. 내가 지금 그대에게 하내를 맡길테니, 마땅히 군량을 풍족하게 공급하고, 병사와 말을 거느리고 연마시켜서[厲], 다른 병사를 막아[防遏] 북쪽으로 건너오지 못하도록만 하라"고 지시했다.

○ 소왕이 친히 등우를 전송하고, 야왕(野王)에 왔다. 등우가 서쪽으로 가고 난 다음 소왕이 곧 다시 병사를 이끌고 북으로 갔다. 구순이 말린 식량38)을 조달하고, 무기를 갖추어 군에 공급하니, 군이 비록 멀리까지 가서 정벌했지만, 모자라거나[乏] 끊긴[絶] 적이 없었다.

---

38) 餱糧 후량 : =건량(乾糧). 먼 길 떠나는 사람이 가지고 가는 양식, 말린 밥

원 문

卷之十五

漢紀

孺子嬰 在位三年，附王莽。

○僭位一十八年。漢兵殺之。

丙寅居攝元年

三月，莽立宣帝玄孫嬰為皇太子，號曰孺子。

○五月，詔莽稱假皇帝。

丁卯二年

東郡太守翟義，擧兵西，誅不當攝者，移檄郡國，衆十餘萬。莽聞之，惶懼不能食。乃使王邑等擊義，莽依周書作大誥，諭告天下，以當返位孺子之意。於是吏士攻義，破之。

戊辰始初元年

莽自謂威德日盛，大獲天人之助，遂謀卽眞之事矣。十一月，以居攝三年為初始元年。卽眞天子位，定有天下之號曰新。

己巳

春 正月，莽廢孺子為定安公，孝平皇后為定安太后。

◯莽因漢承平之業，府庫百官之富，百蠻賓服，天下晏然，莽一朝有之，其心意未滿，陿小漢家制度，欲更為疏闊。乃曰：「古者一夫田百畝，什一而稅，則國給民富而頌聲作。秦壞聖制，廢井田，是以兼幷起，貪鄙生，彊者規田以千數，弱者曾無立錐之居。漢氏減輕田租，三十而稅一，常有更賦，罷癃咸出。而豪民侵陵，分田劫假。厥名三十稅一，實什稅伍也。故富者犬馬餘菽粟，驕而為邪，　貧者不厭糟糠，窮而為姦，俱陷于辜，刑用不錯。今更名天下田曰『王田』，奴婢曰『私屬』，皆不得賣買。其男口不盈八而田過一井者，分餘田予九族、鄰里、鄉黨。敢有非井田聖制、無法惑衆者，投諸四裔，以禦魑魅。」

辛未三年

莽恃府庫之富，欲立威匈奴，乃遣孫建等，率十二將，分道並出。嚴尤諫曰：「匈奴為害，所從來久矣，未聞上世有必征之者也。後世三家周、秦、漢征之，然而未有得上策者也。周得中策，漢得下策，秦無策焉。周宣王時，玁狁內侵，至于涇陽，命將征之，盡境而還。其視玁狁之侵，譬猶蚊蝱，敺之而已，故天下稱明，是為中策。漢武帝選將鍊兵，約齎輕糧，深入遠戍，雖有克獲之功，胡輒報之。兵連禍結三十餘年，中國疲弊，匈奴亦創艾，而天下稱武，是為下策。秦皇不忍小恥而輕民力，築長城，延袤萬里，轉輸之行，起於負海。疆境旣全，中國內竭，以喪社稷，是為無策。今天下比年飢饉，北邊尤甚。大用民力，功不可必，臣伏憂之！」莽不聽。

◯北邊自宣帝以來，數世不見煙火之警，人民熾盛，牛馬布野。及莽撓亂匈奴，與之構難，邊民死亡係獲，數年之間，北邊虛空，野有暴骨矣。

◯莽遣使者奉璽書印綬，迎龔勝，勝稱病篤。使者以印綬就加勝身，勝輒推不受。謂門人高暉等曰：「吾受漢家厚恩，無以報，今年老矣，誼豈以一身事二姓！」語畢，遂不復開口飮食。積十四日死。

◯是時淸名之士，又有紀逡、薛方、郇越、郇相、唐林、唐尊，皆以明經飭行顯名於世。紀逡、兩唐皆仕莽，郇相為莽太子四友，莽以安車迎薛方。方謝曰：「堯舜在上，下有巢由。今明主方隆唐虞之德，小臣欲守箕山之節。」莽說其言，不彊致。

丁丑四年

莽性躁擾，不能無為。每有所興造，動欲慕古，不度時宜，制度又不定，吏緣為姦，天下警警，陷刑者衆。

◯莽法令煩苛，民搖手觸禁，不得耕桑。繇役煩劇，而枯旱蝗蟲相因。獄訟不決，　吏用苛暴立威，旁緣莽禁，侵刻小民。富者不能自保，貧者無以自存，於是並起為盜賊。荊州新市人王匡、王鳳、南陽馬武、潁川王常、成丹，共聚臧於綠林山中，至七八千人。

戊寅五年
琅邪樊崇起兵於莒，一歲間至萬餘人。

壬午三年
樊崇等聞莽將討之，恐其衆與莽兵亂，乃皆朱其眉以相識別，由是號曰赤眉。

◯初　長沙定王發四世孫南頓令欽生三男，縯、仲、秀。縯性剛毅，慷慨有大節。秀隆準日角，性勤稼穡。縯常非笑之，比於高祖兄仲。宛人李守，好星曆、讖記，嘗謂其子通曰：「劉氏當興，李氏為輔。」及新市、平林兵起，南陽騷動，通從弟軼謂通曰：「今四方擾亂，漢當復興。南陽宗室，獨劉伯升兄弟汎愛容衆，可與謀大事。」通笑曰：「吾意也！」遣軼往迎秀，與相約結，定謀議，歸舂陵擧兵。於是縯自發舂陵子弟。諸家子弟恐懼，皆亡匿，及見秀絳衣大冠，皆驚曰：「謹厚者亦復為之！」乃稍自安。凡得子弟七八千人，與下江將王常及新市、平林兵合，於是諸部齊心，銳氣益壯。

淮陽王 在位二年。

癸未

正月，漢兵圍宛。舂陵戴侯曾孫玄在平林兵中，號更始將軍。時漢兵已十餘萬，欲立劉氏以從人望。南陽豪桀及王常等皆欲立劉縯，而新市、平林將帥樂放縱，憚縯威明，貪玄懦弱，先共定策立之。玄卽皇帝位，朝群臣，羞愧流汗，擧手不能言。由是豪桀失望，多不服。三月，偏將軍劉秀徇昆陽、定陵、郾，皆下之。莽遣王邑、王尋，發兵平定山東。又驅諸猛獸虎、豹、犀、象之屬，以助威武。號百萬，縱兵圍昆陽。

◯岑彭守宛，漢兵攻之。數月，乃擧城降。更始入都之。

◯劉秀至郾、定陵，悉發諸營俱進。自將步騎千餘為前鋒，尋、邑亦遣兵數千　合戰，秀犇之，斬首數十級。諸將喜曰：「劉將軍平生見小敵怯，今見大敵勇，甚可怪也！」秀復進，尋、邑兵却，諸部共乘之，斬首數百、千級。連勝，遂前，乘銳崩之，諸將膽氣益壯，無不一當百，遂殺王尋。城中亦鼓譟而出，中外合勢，震呼動天地。莽兵大潰，會大雷、風，屋瓦皆飛，雨下如注，滍川盛溢，虎豹皆股戰，士卒赴水溺死者以萬數，水為不流。王邑、嚴尤輕騎乘死人，渡水逃去，盡獲其軍實輜重。於是海內豪桀翕然響應，皆殺其牧守，自稱將軍，用漢年號以待詔命。

○莽聞漢兵言莽鴆殺平帝，乃會公卿，開所為平帝請命金縢之策，泣以示群臣。

○新市 平林諸將 以劉縯兄弟威名益盛，陰勸更始除之，更始不敢發。部將劉稷，聞更始立，怒曰：「本起圖大事者，伯升兄弟也。今更始何為者耶！」更始收稷，將誅之，縯固爭。李軼、朱鮪勸更始幷執縯，卽日殺之。

○官屬迎吊秀，秀不與交私語，惟深引過而已。未嘗自伐昆陽之功，又不敢為縯服喪，飲食言笑如平常。更始以是慚，拜秀為破虜大將軍，封武信侯。

○莽憂懣不能食，但飲酒，啗鰒魚，讀軍書，倦因馮几寐，不復就枕矣。

○成紀人隗囂與周宗等起兵以應漢，移檄郡國，勒兵十萬，攻隴西、武都皆下之。

○茂陵公孫述起兵成都，自稱輔漢將軍，兼益州牧。

○更始遣將攻武關，三輔鄧曄、于匡起兵應漢，開武關迎漢兵，諸縣大姓亦各起兵，稱漢將，而長安旁兵四會城下。九月，戊申，兵從宣平門入，火及掖庭、承明。莽避火宣室，旋席隨斗柄而坐曰：「天生德於予，漢兵其如予何！」庚戌，旦明，羣臣扶莽， 之漸臺。晡時，衆兵上臺，斬莽首，分莽身，節解臠分，爭相殺者數十人。傳莽首詣宛，縣於市。百姓共提擊之，或切食其舌。

◯更始將都洛陽，以劉秀行司隸校尉，使前整脩宮府。秀乃置僚屬，作文移，從事司察，一如舊章。時三輔吏士東迎更始，見諸將過，皆冠幘而服婦人衣，莫不笑之。及見司隸僚屬，皆歡喜不自勝，老吏或垂涕曰：「不圖今日復見漢官威儀！」由是識者皆屬心焉。

◯更始拜劉秀行大司馬事，持節北度河，鎭慰州郡。秀至河北，所過郡縣，考察官吏，黜陟能否，平遣囚徒，除王莽苛政，復漢官名，吏民喜悅，爭持牛酒迎勞，秀皆不受。

◯南陽鄧禹杖策追秀，及於鄴。秀曰：「我得專封拜，生遠來，寧欲仕乎？」禹曰：「不願也。但願明公威德加於四海，禹得效其尺寸，垂功名於竹帛爾！」秀笑，因留宿。禹進說曰：「今山東未安，赤眉、青犢之屬動以萬數。更始旣是常才而不自聽斷，諸將皆庸人屈起，志在財幣，爭用威力，朝夕自快而已，非有忠良明智、深慮遠圖，欲尊主安民者也。明公素有盛德大功，為天下所嚮服，軍政齊肅，賞罰明信。為今之計，莫如延攬英雄，務悅民心，立高祖之業，救萬民之命，以公而慮，天下不足定也！」秀大悅，因令禹常宿止於中，與定計議。每任使諸將，多訪於禹，皆當其才。

◯秀自兄縯之死，每獨居輒不御酒肉，枕席有涕泣處，主簿馮異獨寬譬之，秀止之曰：「卿勿妄言！」異因進說曰：「更始政亂，百姓無所依戴。夫人久飢渴，易為充飽。今公專命方面，宜分遣官屬循行郡縣，宣布惠澤。」秀納之。

◯騎都尉耿純謁秀於邯鄲，退，見官屬將兵法度不與他將同，遂自結納。

◯王莽時，長安中有自稱成帝子子輿者，莽殺之。邯鄲卜者王郎，緣是詐稱眞子輿，百姓多信之。立郎為天子。趙國以北、遼東以西皆望風響應。

甲申

更始至長安，居長樂宮，升前殿，郎吏以次列庭中。更始羞怍，俛首刮席，不敢視。委政於趙萌，日夜飮讌後庭，以至羣小、膳夫皆濫授官爵，長安為之語曰：「竈下養中郎將，爛羊胃騎都尉。爛羊頭關內侯。」由是關中離心，四海怨叛。

◯大司馬秀至薊，會王子接起兵薊中以應王郎，城內擾亂，秀趣駕而出，不敢入城邑，舍食道傍。至蕪蔞亭，時天寒烈，馮異上豆粥。至下曲陽，傳聞王郎兵在後，從者皆恐。至滹沱河，候吏還白:「河水流澌，無船，不可濟。」秀使王霸往視之。霸恐驚衆，欲且前，阻水還，卽詭曰：「冰堅可度。」官屬皆喜。秀笑曰：「候吏果妄語也！」遂前。比至河，河冰亦合，乃令王霸護渡，未畢數騎而冰解。

◯至南宮，遇大風，秀引車入道傍空舍，馮異抱薪，鄧禹爇火，秀對竈燎衣，馮異復進麥飯，馳赴信都。是時郡國皆已降王郎，獨信都太守任光、和戎太守邳肜不肯從。光聞秀至，大喜。邳肜亦自和戎來會。議者多言可因信都兵自送，西還長安。邳肜曰：「吏民歌吟思漢久矣。今卜者王郎，假名因勢，驅集烏合之衆，遂振燕趙之地，無有根本之固。明公奮二郡之兵以討之，何患不克！今釋此而歸，豈徒空失河北，必更驚動三輔，墮損威重，非計之得者也。」秀乃止。任光發傍縣，得精兵四千人，衆稍合，至萬人，移檄邊郡，共擊邯鄲，郡縣還復響應。

○秀披輿地圖，指示鄧禹曰：「天下郡國如是，今始乃得其一。子前言以吾慮天下不足定，何也？」禹曰：「方今海內殽亂，人思明君，猶赤子之慕慈母。古之興者在德薄厚，不以大小也！」

○四月，秀進攻邯鄲，連戰，破之。

○五月，王霸追斬王郎。秀收郎文書，得吏民與郎交關謗毀者數千章。秀不省，會諸將軍燒之曰：「令反側子自安！」

○秀部分吏卒各隸諸軍，士皆言願屬大樹將軍。大樹將軍者，偏將軍馮異也，為人謙退不伐，敕吏士非交戰受敵，常行諸營之後。每所止舍，諸將並論功，異常獨屏樹下，故軍中號曰「大樹將軍」。

○更始遣使立秀為蕭王，悉令罷兵。耿弇進曰：「百姓患苦王莽，復思劉氏，今更始為天子，而諸將擅命，貴戚縱橫，虜掠自恣，元元叩心，更思莽朝，是以知其必敗也。公功名已著，以義征伐，天下可傳檄而定也，天下至重，公可自取，毋令他姓得之！」蕭王乃辭以河北未平，不就徵，始貳於更始。

○是時，諸賊銅馬、鐵脛、尤來、大槍、上江、青犢、富平、獲索等各領部曲，衆合數百萬人，所在寇掠。秋，蕭王擊銅馬於鄡，吳漢將突騎來會清陽，士馬甚盛。銅馬食盡，夜遁，蕭王追擊於館陶，悉破降之。封其渠帥為列侯。諸將未能信賊，降者亦不自安。王知其意，敕令降者，各歸營勒兵，自乘輕騎按行部陳。降者更相語曰：「蕭王推赤心，置人腹中，安得不投死乎！」由是皆服。悉以降人，分配諸將，衆遂數十萬。故關西號秀為銅馬帝。

○赤眉樊崇等將兵攻長安，蕭王將北徇燕趙，度赤眉必破長安，又欲乘釁幷關中，而未知所寄，乃拜鄧禹前將軍，中分麾下精兵三萬人，遣西入關。

○蕭王以河內險要富實，欲擇諸將守河內者，而難其人，問於鄧禹。禹曰：「寇恂文武備足，有牧人御衆之才。非此子莫可使也！」乃拜恂河內太守，行大將軍事。蕭王謂恂曰：「昔高祖留蕭何守關中，吾今委公以河內；當給足軍粮，率厲士馬，防遏他兵，勿令北度而已！」

○蕭王親送鄧禹至野王，禹旣西，蕭王乃復引兵而北。寇恂調餱糧，治器械以供軍，軍雖遠征，未嘗乏絶。

통감절요 16권

동한기(東漢紀)

세조 광무황제(世祖 光武皇帝)[1] 상(上)

제위 33년, 수(壽) 62

을유(乙酉) 건무(建武) 원년(서기 25년)

소왕(蕭王)이 북쪽으로 가서 원지에서 우래(尤來) 대창(大槍) 오번(五幡)을 공격했다. 북평(北平)까지 추격해 계속 그들을 격파했다.

---

1) 시대개관 : 후한(後漢)=동한(東漢). 왕망의 신(新)왕조가 몰락한 이후, 유력한 지방 호족(豪族)이면서, 한(漢) 왕조의 유씨 혈통이었던 유수(劉秀)가 군대를 일으켜 한나라를 부흥시켰다. 그가 후한(後漢)의 광무제(光武帝)이다. 광무제는 수도를 낙양(洛陽)으로 하고, 호족을 기반으로 해 지배를 확립하고, 전한의 통치제도를 그대로 채택했다. 또 태학을 중심으로 유학을 장려하고, 지방에까지 학교를 세워 유교이념을 사회전반에 확산시키는 통치체제를 수립했다. 189년 동탁의 난이 발생, 400여년을 통치한 한(漢)이 멸망하고 위(魏), 촉(蜀), 오(吳)의 삼국시대가 형성되었다.

○ 풍이(馮異)와 구순(寇恂)이 주유(朱鮪)를 공격해 쫓아냈고, 오한(吳漢)은 경감(耿弇) 경단(景丹) 등 13장군을 이끌고 우래 등을 추격해 1만3천여급을 베었다. 적들이 흩어져 요서(遼西) 요동(遼東)으로 들어갔으나, 오환(烏桓)과 맥인(貊人)들에게 공격당해 대략 다 죽었다.

○ 도호장군(都護將軍) 가복(賈復)과 오교(五校)가 진정(眞定)에서 싸웠다. 가복이 부상을 당했는데, 상처가 심했다. 왕이 크게 놀라 "내가 가복에게 별도의 부대를 이끌게 하지 않은 까닭은 그가 적을 가볍게 보기 때문이었다. 과연(맞았구나)! 내가 명장을 잃었구나! 듣기에 그의 부인이 아이를 가졌다고 하니, 딸을 낳으면 내 아들을 장가들게 하고, 아들을 낳으면 내 딸을 시집보낼 것이니, 그로 하여금 처자식을 걱정하지 말라고 하라"고 말했다.

가복의 병이 곧 치료되었다. 따라가서 (소왕(蕭王)과) 계(薊)에서 서로 만나서 매우 기뻐했다.

○ 돌아오다가 중산(中山)에 이르렀다. 여러 장수들이 존호를 올리라고 청했으나 왕이 듣지 않았다. 행군해 남쪽으로 평극(平棘)에 도착하자, 여러 장수들이 (다시) 간곡히 그것을 청했으나 왕이 허락하지 않았다.

경순이 나서서 말했다.

"천하의 사대부들이 친척을 버리고, 고향을 버리고, 돌과 화살이 날아다니는 전쟁터로 대왕을 따라다니는 것은, 용의 비늘을 잡아 올라가고, 봉황의 날개에 붙어서[2] 그 뜻을 이루고자 하는 것일 뿐입니다. 지금 대왕께서 때를 미루고

[留], 대중들의 뜻을 거역하면서, 호칭과 지위를 바르게 하지 않는다면, 두렵게 생각되는 것이 있습니다. 사대부들은 희망이 끊어지고 계획이 막히면 떠나서 돌아가려는 마음을 가질 것이고, 오랫동안 태연자약하지는 않을 것이라는 점입니다. 대중은 한번 흩어지면 다시 모으기 어렵습니다"

왕이 깊이 느낀 바가 있어 "내가 생각해 보겠다"고 대답했다. 행군해 호(鄗)에 도착해 풍이를 불러 사방의 동정을 물었다. 풍이가 "갱시는 반드시 망할 것입니다. 종묘를 걱정할 사람은 대왕입니다. 마땅히 대중의 의견을 따르소서"라고 대답했다.

마침 유생 강화(彊華)가 관중으로부터 적복부[3]를 받들고 왔다. 왕에게 가서 "유수(劉秀)가 병사를 일으켜 무도한 자를 잡으니, 사방의 오랑캐가 구름처럼 몰려들고, 용들이 들에서 싸우고, 28년[4] 시기에 불이 주인이 됩니다"고 말했다. 군신들이 그로 인해 다시 아뢰고 청하니, 6월에 호(鄗)의 남쪽에서 황제의 자리에 올랐다. 연호를 고치고 크게 사면을 했다.

---

2) 攀龍鱗附 반룡인부 : 용의 비늘을 끌어잡고, 봉황의 날개에 붙는다

3) 赤伏符 적복부 : 주(註) 예언을 기록한 책을 부(符)라 한다. 적복(赤伏)은 그 부(符)의 이름. 한(漢)의 덕(德)은 화(火)를 숭상한다. 적(赤)은 화색(火色), 유씨[赤]의 징조를[伏] 나타내는 예언서[符]이다

4) 四七 사칠 : 주(註) 사칠은 28이다. 고조부터 광무제 초의 기병까지 228년이다. 즉 사칠의 시기이다. 어떤 사람은 28세에 기병했기 때문에 사칠의 시기라고 말한다

○ 적미가 서쪽으로 황제의 성(城)을 향하고 있었다. 이름이 도둑떼라서 오래갈 수 없다고 생각해 종실의 유분자(劉盆子)를 상장군으로 삼았다.

○ 7월에 황제가 사자를 보내 황제의 깃발로 등우(鄧禹)를 대사도(大司徒)로 임명하고, 찬후(酇侯)의 작위를 주었다. 등우는 이때 24세였다. 또 의논해 대사공(大司空)을 뽑는데, 황제가 적복부에 '왕량주위작현무(王梁主衛作玄武-왕량은 호위의 주장(主將)으로 현무(玄武)[5]를 지킨다)라고 쓰여 있는 것을 가지고, 야왕령(野王令) 왕량(王梁)을 대사공으로 삼고, 오한(吳漢)을 대사마로 삼았다.

○ 예전에 갱시(更始)가 복잠(伏湛)을 평원태수로 삼았다. 이때 천하의 병사들이 기병했는데, 복잠만 혼자 편안하게 백성들을 위무하고 다스렸다. 휘하의 독(督)이 복잠을 위해 기병할 것을 도모하자, 복잠이 그를 잡아 참수했다. 관리와 백성들이 믿고 따라, 평원 일대가 복잠 덕택에 온전했다.

황제가 복잠을 불러 상서로 삼고, 함께 옛 제도를 정비하게 했다. 또 등우가 서쪽으로 정벌을 갔기 때문에, 잠(湛)을 사직(司直)에 임명해 대사도(大司徒)의 일을 대행하게 했다. 황제가 정벌을 나갈 때마다 항상 남아서 다스리고 지키게 했다.

---

5) 玄武 현무 : 북방의 신

◯ 9월에 적미가 장안으로 들어갔다. 갱시가 달아나고, 장상들이 모두 항복했다. 조서를 내려 갱시를 회양왕(淮陽王)에 봉했다.

◯ 예전에 완(宛) 사람 탁무(卓茂)는 관대하고 어질고 공손하고 자애로웠다. 그는 명리를 탐하지[6] 않고 도를 즐겼다. 진실하고[7] 모습을 화려하게 꾸미지 않았다. 기왕지사 맑기도 하고 혼탁하기도 한 세상에 살면서 일했지만[行], 머리 묶은 아이부터 백발노인에 이르기까지 남과 다툰 적이 없었다. 고향에서 오래된 친구들이 비록 행실과 능력이 탁무와 같지 않았어도, 모두 아끼고 위해주고 즐거워했다.

애제와 평제 때 밀(密)의 영(令)이 되었는데, 백성을 자식처럼 여겼다. 선한 자를 추천해 (백성을) 교화시키고, 입으로 나쁜 말을 하지 않았다. 관리와 백성이 어버이처럼 사랑해 차마 속이지 못했다.

백성 중에 부(部) 내(內)의 정장(亭長)이 쌀과 고기 보낸 것을 받았다고 말하는 자가 있었다. 탁무가 “정장이 너에게 요구한 것인가? 네가 그에게 부탁한 일이 있어서 받게 된 것인가? 혹[將] 평소에 스스로 은혜 입었다고 생각해서 보낸 것이 아니더냐?”고 물었다. 백성이 “가서 그것을 주었을 뿐입니다”라고 대답했다.

탁무가 다시 “그것을 주니 받았는데, 무엇 때문에 말을

---

6) 恬談 염담 : 명리를 탐냄이 없이 담백함

7) 雅實 아실 : 진실하다

하는가?"고 물으니, 백성은 "가만히[切][8] 듣기에 현명한 군주는 백성들이 관리를 두려워하지 않게끔 하고, 관리는 백성에게서 받지 않게끔 한다고 했습니다. 저는 관리를 두려워합니다. 그래서 그것을 보냈습니다. 관리가 이미 받았으니, 그 때문에 와서 말을 하는 것일 뿐입니다"라고 했다.

탁무가 "너는 (풍속을) 무너뜨리는 백성이구나. 사람들이 함께 살지만, 혼란하지 않고 짐승들과 다른 까닭은 인의예애(仁義禮愛)가 있어 서로 공경하고 섬기는 것을 알기 때문이다. 너는 그것을 닦으려 하지 않는구나. 어찌 높이 날고 멀리 달려서, 사람들 사이에서 살지 않을 수 있겠는가? 관리가 다만 위력을 이용해 강제로 요구하고 청해서는 안된다. 정장은 평소에 좋은 관리이고, 세시[9]에 그것(선물)을 보내는 것은 예의이다"라고 말했다.

백성이 "정말로 이와 같다면, 법률에서는 무슨 까닭으로 그것을 금합니까?"라고 물으니, 탁무가 웃으며 "법률은 큰 본보기를 세우고, 예란 사람의 마음에 따른다. 지금 내가 예로써 너를 가르치면, 너는 반드시 원한과 미워함이 없을 것이나, 법률로 너를 다스린다면, 네가 어느 곳에 그 손발을 두겠는가? 같은 관청에서도 작게는 형벌을 내릴 수 있고, 크게는 죽일 수도 있다. 우선 돌아가서 생각해 보거라"라고 말했다.

---

8) 주(註) 『後漢書』「卓茂列傳」과 『資治通鑑』에는 "竊"로 표기 되어 있다.

9) 歲時 세시 : 세월, 해와 사철, 세성(歲星)의 운행과 사시(四時)의 순환. 연중(年中)의 때때(時)

처음 탁무가 현에 도착했을 때, 관직을 새로 없애고 만든 일이 있었다. 관리와 백성이 그에 대해 웃었고, 인근 성(城)에서 들은 자들은 모두 그가 어떻게 할 수 없음을 경멸했다[嗤]. 하남군(河南郡)에서 (또) 수령(守令)을 둔 것인데[10], 탁무는 꺼려하지 않고 태연자약하게 다스렸다. 수년이 지나자 교화가 크게 행해지고, 길에서 떨어진 것을 줍는 자가 없었다. 경부승(京部丞)으로 승진하니, 밀(密)사람들이 노인 아이 할 것 없이 모두 울면서 따라갔다.

왕망(王莽)이 섭정을 하자, 병을 핑계대고 사직하고 귀향했다. 황제가 즉위하자 먼저 탁무를 찾았다. 탁무는 이때 7십여 세였다. 갑신(甲申)에 "명성이 천하 으뜸이니, 마땅히 천하의 큰 상을 받아야 한다. 지금 탁무를 태부(太傅)로 삼고 포덕후(褒德侯)에 봉한다"는 조서를 내렸다.

온공(溫公)이 말했다.

"공자는 '선한 자를 등용해 무능한 자를 가르치면 자기들끼리 권면한다'고 말했다. 이 때문에 순(舜)은 고요(皐陶)를 등용했고, 탕(湯)은 이윤(伊尹)을 등용하니, 어질지 못한 자들이 멀어졌다. (이는 그들의) 덕이 있었기 때문이었다.

광무제가 즉위한 초에는 군웅들이 경쟁하고 천하가 솥의 끓는 물처럼 들끓었다.[11] 견고한 것을 꺾고 적을 함락시키

---

10) 탁무가 현재 수령인데, 하남군에서 다시 수령을 두어 탁무와 함께 있도록 했다 『자치통감』

11) 鼎沸 정비 : 솥의 물이 끓는 것처럼 들끓다

는 자와 권모술수와 궤변을 하는 인사들이 당시[方] 세상에서 중시되었다. (광무제) 홀로 충성이 두터운 신하를 찾고, 백성을 잘 어루만지는 관리를 표창해 하찮은 사람들 속에서 발탁해 여러 신하들의 수장에 두었으니, 그가 옛 문물을 빛나게 회복하고, 제위를 오랫동안 향수한 일은 마땅하다. 먼저 힘쓸 바를 알아서 그 근본을 알았기 때문이다"

황제가 여러 장수를 보내 낙양을 포위하니, 주유(朱鮪)가 나와서 항복했다. 10월에 황제가 낙양에 들어가서 남궁에 행차해 도읍으로 정했다.

○ 유분자가 자주 관리와 백성에게 포학하게 구니, 백성들이 따를 바를 알지 못했다.

듣기에 등우가 승세를 타고 홀로 이기며, 군대의 행군에 기율이 있다고 해 모두 먼 곳에서 보고[12] 서로 손에 들고 등에 지고 군을 맞이하니, 항복하는 자들이 하루에 수천명이었다. 무리를 백만이라고 불렀다. 등우는 멈추는 곳에 번번이 수레를 세워놓고, 황제의 깃발을 머무르게 하고, 그들을 위무하니, 어른은 물론 아이와 머리 땋은 어린아이, 머리가 백발인 사람들 모두 수레 아래 가득 모여 맞이하고 격려했다.[13]

---

12) 望風 망풍 : 먼데서 바라봄, 기세를 바라봄. 망풍이미(望風而靡) 먼데서 보고 놀라서 싸우지도 않고 흩어져서 달아남

13) 勞來 노래 : 주(註) 노래(勞來)는 그들을 위로 권면하고 맞이하다

그리하여 명성이 관서에 떨치니, 여러 장수와 호걸들이 모두 등우에게 장안을 빨리[徑] 공격하라고 권했다. 등우가 대답했다.

"그렇게 안된다. 지금 나의 병사들이 수자는 비록 많으나 싸울 수 있는 자는 적다. 앞에는 바랄만한 축적[積]이 없고, 뒤에는 실어 보낼[餽] 물자가 없다.

적미는 새로 장안을 빼앗았으니, 재물과 곡식이 충실해서 예봉을 당해낼 수 없다. 무릇 도적들이 모여 있는 곳에는 하루를 지낼 계책조차 없는 법이다. 재물과 곡식이 비록 많다고 해도 변고는 만 가지이니, 어찌 견고하게 지킬 수 있겠는가?

상군(上郡) 북지(北地) 안정(安定) 3군은 땅이 넓고, 사람이 적고, 곡식이 넉넉하고, 가축이 많다. 나는 우선 병사를 휴식시키고, 북쪽길의 양식 있는 곳으로 가서 병사들을 기르며, 그들이 피폐해지는 것을 볼 것이다. 그리고나서 도모할 수 있다"

그리하여 군을 이끌고 북으로 가서 순읍(栒邑)에 도착했다. 가는 곳의 여러 영(營) 보(堡) 군(郡) 읍(邑)이 모두 성문을 열고 귀의해 따랐다.

○ 예전에 성기(成紀)사람 외효(隗囂)가 기병해 한(漢)에 호응했다. 갱시가 외효를 부르니, 외효가 장안에 갔다가 후에 도망가서 천수(天水)로 돌아갔다. 다시 그 병사들을 불러모아 옛날 했던 일을 일으키고 정비해 스스로 서주상장군(西州上將軍)을 칭했다.

삼보(三輔)의 사대부와 피난자들이 많이 외효에게 귀의했다. 효가 자신을 낮추고 맞이하고, 신분과 지위에 구애받지 않고 교제했다[14]. 마원(馬援), 반표(班彪) 같은 무리가 빈객이 되었다. 이로 인해 명성이 서주에 떨치고, 산동에까지 들렸다.

○ 마원(馬援)은 어릴 때 집안에 쓸 돈이 모자라, 그 형 황(況)의 말에 따라 변방의 군(郡)에 가서 밭을 갈고 가축을 기르려 했다. 황은 "너는 재능이 크니 마땅히 늦게 이룰 것이다. 좋은 장인은 완성되지 않은 것[朴][15]을 보여주지 않는다. 우선 좋을 대로 하라"고 했었다.

북지로 가서 밭을 갈고 가축을 길렀다. 항상 빈객에게 "장부가 뜻을 가지면 가난할 때는 더욱 굳건해야 하고, 늙으면 더욱 건장해야 한다"고 말했다. 후에 가축 수천 두, 곡식 수만 곡을 소유하게 되었다. 얼마 있다가 탄식하며 "재산을 증식하면 진휼하고 베풀 수 있는 것을 귀하게 여겨야 한다. 그렇지 않으면 수전노일 뿐이다"라고 말했다.

이리하여 친척과 친구에게 (가진 것을) 다 나누어주고, 외효가 선비를 좋아한다는 말을 듣고 가서 그를 따랐다. 외효가 심히 공경하고 중시해 함께 계획과 책략을 결정했다.

---

14) 布衣交 포의교 :신분과 지위에 구애받지 않고 교제함 (不拘身分地位高低的朋友)

15) 朴 박 : =박(樸). 쪼개지 않은 것

병술(丙戌) 2년(26년)

여러 공신들에게 다 작위를 주어 열후로 삼았다. 음향후(陰鄕侯) 음식(陰識)은 귀인(貴人)의 오빠였는데, 군공으로 마땅히 봉지를 늘려야 했다. 그러나 음식은 머리를 조아리며 사양하며 "신은 후궁[16]과 관련 있는 사람입니다. 그러니 봉읍이 더해지는 것을 천하에 보이면 안 됩니다"라고 했다. 황제가 그것을 따랐다.

○ 옛날에 상서랑(尙書郞)은 영(令)과 사(史)의 일을 오래한 순서대로 채웠는데, 황제가 처음으로 효렴(孝廉)[17]으로 뽑힌 사람을 상서랑으로 삼았다.

○ 고묘(高廟)를 낙양에 세우고, 사시(四時)에 고조와 태종, 세종을 함께 제사지냈다. 사직(社稷)을 종묘(宗廟)의 오른쪽에 세우고, 성(城)의 남쪽에 교조(郊兆)[18]를 세웠다.

○ 장안(長安)성 중에 양식이 떨어지자, 적미가 불을 놓고 살인 약탈한 뒤 안정(安定)의 북쪽 땅으로 들어갔다.

○ 등우가 병사를 이끌고 남쪽으로 가서 장안에 이르렀

---

16) 掖庭 액정 : 궁정지중(宮苑之中), 궁녀가 있는 궁전, 후궁(後宮), 후정(後庭)

17) 孝廉 효렴 : 한대의 관리 선거 과목이다. 처음에 효렴(孝·廉)이 각각 하나의 과목이었으나 후에 합쳐졌다. 군국(郡國)에서 해마다 1~2인을 추천하였으며 대부분 처음에 낭중(郞中)에 제수되었는데, 후한 순제 이후 먼저 공부(公府)에서 과시(課試)하고 그 능력을 보아 제수하는 것으로 개정되었다. (김택민 주편, 『역주 당육전『唐六典』 하, 신서원, 2003, 476쪽, 註 303)

18) 郊兆 교조 : 교외에서 하늘과 땅의 신에게 제사지내는 곳

다. 곤명지(昆明池)에 주둔하고, 고묘(高廟)를 알현했다. 11명 황제의 신주를 거두어 낙양에 보냈다. 그리고 사냥터와 능을 순행하고, 관리와 병사를 배치해 받들어 지키게 했다.

○ 송홍(宋弘)을 대사공으로 삼았다. 호양공주(湖陽公主)가 새로 과부가 되니, 황제가 조정에서 신하들과 함께 논의하며 공주의 뜻을 살짝[微] 살펴보았다. 공주가 "송공은 위엄과 용모, 덕과 기량에서 여러 신하들이 미칠 수 없습니다"라고 말했다.

황제는 "지금 우선 시도해 보자" 하고는, 송홍을 데려다가 황제를 알현하게 했다. 공주를 병풍 뒤에 앉게 하고 송홍에게 "속담에 귀해지면 친구를 바꾸고, 부유해지면 아내를 바꾸는 것이 인지상정이라 하지 않았던가?"라고 말했다.

홍은 "신이 듣기에는 빈천할 때 사귀던 사람은 잊을 수 없고, 조강지처는 집에서 쫓아내지 않는다고 했습니다"라고 대답했다. 황제가 돌아보며 공주에게 "일이 잘되지[諧] 않겠구나"라고 말했다.

○ 황제가 왕랑(王郎)을 토벌했다. 팽총(彭寵)이 돌격기병을 내서 군을 돕고 양식을 수송했는데, 계속해 끊이지 않게 해 스스로 그 공을 자부했다. 황제가 그를 대접했는데, 그 마음에 차지 않아 이 때문에 불만을 품었다. 드디어 병사를 일으켜 배반해 주부(朱浮)를 계(薊)에서 공격했다.

○ 갱시의 여러 장군들이 이때 남방에 있었는데, 항복하지 않은 자가 아직 많았다. 가복(賈復)을 보내 언(郾)을 공

격해서 그들을 격파하니, 윤존(尹尊)이 항복했다. 오한(吳漢)이 완(宛)을 공격하니, 완왕 사(賜)가 항복했다.

○ 가을에 가복이 남쪽으로 가서 소릉(召陵)과 신식(新息)을 공격해 다 평정시켰다. 가복의 부장이 영천(潁川)에서 살인을 했는데, 영천태수 구순(寇恂)이 잡아서 하옥시켰다. 그때는 아직 초창기라 군영에서 범법을 하면 대체로 서로 용서해주는 일이 많았는데, 구순이 그를 장터에서 죽이니, 가복이 수치스럽다고 여겼다.

영천을 지나가면서 측근들에게 "내가 구순과 같은 동렬의 장수인데, 그에게 궁지에 몰리는[陷] 일을 당했다. 지금 구순을 만나면 반드시 내가 그를 칼로 찌르겠다"고 말했다.

구순이 그 계획을 알고 함께 만나지 않았다. 누이의 아들 곡숭(谷崇)이 "저는 장수입니다. 검을 차고 옆에서 모실 수 있으면, 갑자기 변고가 있을 때 상대해서 당해낼 수 있습니다"라고 말하니, 구순은 "그런 것이 아니다. 지난날 인상여(藺相如)가 진(秦)왕을 두려워하지 않았지만, 염파(廉頗)에게 굽혔던 것은 나라를 위했기 때문이다"라고 대답했다.

이에 소속 현들에 명령을 내려 저장해놓은[儲] 술과 막걸리[醪]를 갖추어서, 집금오의 군사들이 경계에 들어오면 한 사람에게 모두 2인분의 음식을 쌓아주고[兼] 성대하게 공급하라고 했다. 구순이 길에 나가 맞이하다가 병을 핑계대고 돌아왔다. 가복이 병사를 이끌고[勒兵] 그를 추격하려 했으나, 관리와 병사들이 모두 취해서 결국 떠나갔다.

구순이 곡숭을 보내 황제에게 상황을 보고하니, (황제가)

구순을 불렀다. 구순이 도착해 인도되어 알현할 때, 가복이 먼저 앉아 있었다. 일어나서 서로 피하려 하니, 황제가 "천하가 아직 평정되지 않았는데, 두 호랑이가 어찌 사사로이 다툴 수 있는가? 금일 짐이 분명히[分] 해두겠다"고 말했다. 그리하여 함께 앉아서 지극히 즐거워하다가 결국 같은 수레를 타고 함께 나가고, 친구가 되어 떠났다.

○ 등우가 풍음(馮愔)이 반란한 뒤부터 위세와 명성이 점점 줄어들고 또 양식도 모자랐다. 전쟁에서 자주 불리했다. 귀의해 붙은 자들도 날이 갈수록 떠나갔다. 적미가 사납게 어지럽히니, 삼보(三輔) 군현의 유력자들이 각기 사병을 가지고 있었는데, 등우가 평정할 수 없었다.

황제가 이에 편장군 풍이(馮異)를 보내 등우를 대신해 토벌하게 했다. 어가가 하남까지 와서 전송하면서 풍이에게 명령했다.

"삼보(三輔)는 왕망과 갱시의 난을 겪었고, 적미와 연잠(延岑)의 가혹함까지 겹쳤다. 백성들[元元]이 도탄에 빠져, 의지하고 하소연할 곳이 없다. 장군은 지금 명령을 받들라! 따르지 않는[不軌] 여러 군영과 보루들을 토벌하되, 항복한 자들은 그 수령[19]을 경사에 보내고, 백성들은 해산시켜 농사와 잠업에 종사하게 하라. 그 군영과 보루는 무너뜨려서 다시 모일 수 없게 하라.

정벌이란 반드시 땅을 공략하고 성을 도륙하는 것만이

---

19) 渠帥 거수 : 우두머리 장수

아니다. 중요한 점은 평정해 편안하게 모여 살게 하는데 있을 뿐이다. 여러 장수들은 잘 싸우지 못하는 것이 아니나, 노략질을 좋아한다. 경은 본래 관리와 병사들을 제어할 수 있었으니, 염두에 두고[念] 삼가고 경계해서[修敕], 군현들이 고통당하는 일이 없게 하라"

풍이가 머리를 숙이고 명령을 받고, 병사를 이끌고 서쪽으로 갔다. 가는 곳마다 위엄과 신의를 펴니 도둑떼가 많이 항복했다.

온공(溫公)이 말했다.

"옛날에 주(周)나라 사람들이 무왕의 덕을 칭송하기를 '이것을 두루 펴니 오래 가네![20] 나는 가서 오직 안정을 구하리!'라고 했다. 왕의 뜻은 위엄과 덕을 널리 펴서 백성을 편안하게 해주는데 달려 있을 뿐이라고 말하는 것이다. 보건데, 광무제가 관중을 얻은 까닭은 이 방법을 썼기 때문이다. 어찌 아름답지 않은가?"

또 조서를 내려 등우를 불러 돌아오게 하며 말했다.

"삼가해 궁지에 몰린 도둑과 예봉을 다투지 말라. 적미에 곡식이 없으니 마땅히 스스로 올 것이다. 내가 배부름으로 배고픈 이를 기다리고, 편안함으로 피로한 이를 기다렸다가 회초리[箠]를 꺾어 때릴 것이다. 여러 장군들은 걱정하지

---

20) 鋪(敷)時繹思 我徂維求定 포시역사 아조유구정 : 『詩經 (周訟.,賚)』 포(鋪)는 펴다, 시(時)는 이것, 역(繹)은 부단(不斷), 길게 늘리는 것, 사(思)는 뜻이 없는 어조사

말라. 더는 망령되게 진군해서는 안된다"

정해(丁亥) 3년(27년)
낙양에 사친묘(四親廟)[21]를 세웠다.

○ 풍이가 적미와 만나 전투하기로 기일을 정했다. 장사들에게 적미와 똑같이 변장하게 하고 길옆에 매복시켰다. 새벽이 밝자 적미가 1만명으로 풍이의 앞 부대를 공격했다. 풍이가 병력을 조금 내보내 그들을 구원하게 했다. 적들은 세력이 약한 것을 보고, 드디어 전군으로 풍이를 공격했다. 풍이가 병사들을 풀어 크게 싸우게 했다. 해가 중천을 지나가자[仄] 적들의 기운이 떨어졌다.

복병이 마침내 일어났다. 옷이 비슷해 서로 혼란스러우니 적미가 더 구별하지 못해 군대가 놀라 무너졌다. 추격해 효산 밑[底]에서 크게 이겼다. 항복한 남녀가 8만명이었다. 황제가 옥새 찍힌 글을 내려 풍이의 노고를 치하했다.

"처음에 비록 회계(回谿)에서 날개를 내렸지만[垂翅], 마침내 민지(澠池)에서 날개를 펼쳤다[奮翼]. 해 뜨는 곳[東隅]에서 그것을 잃었다고 할 수 있지만, 해지는 곳[桑榆]에서 그것을 거두었으니, 바야흐로 공과 상을 논해 큰 공로에

21) 四親廟 사친묘 : 광무제의 아버지 남돈군에서부터 위로 용릉절후(舂陵節侯)까지 4대를 제사지내는 사당이다. 『예기(禮記)』에 의하면 천자는 친묘(親廟)를 4개 세운다고 했는데, 이것에 의거해 용릉절후(舂陵節侯) 울림태수(鬱林太守) 거록도위(鉅鹿都尉) 남돈령(南頓令)의 사당을 세운 것이다(『資治通鑑』 건무(建武) 3년 기사 및 주석)

보답하겠다"

적미의 남은 무리가 의양(宜陽)을 향해 동쪽으로 갔으나, 황제가 친히 친위대[22]를 거느리고 엄하게 진을 치고 기다렸다. 적미가 갑자기 대군을 만나자 놀라 떨며 말할 바를 몰랐다. 이에 유공(劉恭)을 보내 항복을 빌며 "분자(盆子)가 백만의 무리를 이끌고 항복하면 폐하께서는 어떻게 그들을 대우하시겠습니까?"라고 말했다. 황제는 "너를 죽이지 않는 것으로 대우할 뿐이다"라고 대답했다.

분자 및 승상 서선(徐宣) 이하 30여인이 웃옷을 벗고 항복했다. 가지고 있던 전국옥새(傳國璽綬)를 바쳤다.[23] 무기와 갑옷을 의양성의 서쪽에 쌓아 놓으니, 웅이산(熊耳山)과 같았다[齊]. 적미의 병사가 아직 10여만 명이었는데, 황제가 현의 주방에서 모두에게 음식을 내리게 했다.

○ 예전에 양왕(梁王) 유영(劉永)이 그의 땅에서 병사를 일으키고, 동헌(董憲)과 장보(張步)를 장군으로 삼았다. 오로지 동방을 근거지로 해 수양(睢陽)에서 황제를 칭하고, 다시 장보를 제(齊)왕으로 삼았다. 황제가 당시에 북쪽으로 가서 어양(漁陽)을 걱정하고, 남쪽으로 가서 양(梁)과 초의

---

22) 六軍 육군 : 천자의 친위대

23) 傳國璽綬 전국새수 : 나라를 전하는 옥새. 주(註) 한(漢) 고조가 3진(三秦)을 평정하자, 진(秦)나라 자영(子嬰)이 그것을 바쳤다. 후에 왕망이 찬탈하고 원후(元后)에게 가서 그것을 빼앗았다. 왕망이 패망하자 왕헌(王憲)이 그것을 얻었는데, 이송(李松)이 장안에 들어와 왕헌을 죽이고, 옥새를 빼앗아 갱시에게 바쳤다. 갱시가 적미에게 바쳤고, 적미가 유분자를 세웠는데, 유분자가 광무제에게 바친 것이다

땅을 정벌했기 때문에, 장보가 제(齊)나라 땅에서 마음대로 (병사를) 모을 수 있었다. 12군을 차지했다.

○ 탁군(涿郡)태수 장풍(張豐)이 반란을 일으켜 팽총(彭寵)과 연합했다. 이때 관중의 도둑떼가 더욱 극성을 부렸다. 풍이는 한편으로 싸우고, 한편으로는 행군하면서 병사를 상림원 가운데에 주둔시키고, 호걸 중에 명령을 따르지 않는 자들을 공격했다. 위세가 관중을 진동했다. 개연(蓋延)이 수양을 포위하고, 유영을 죽였다. 소무(蘇茂)가 수혜(垂惠)로 달아나, 영의 아들 우(紆)를 추대해 양왕으로 삼았다.

○ 경감(耿弇)이 조용히 황제에게 "북쪽으로 가서 상곡병(上谷兵)을 거두어 어양(漁陽)에서 팽총을 평정하고, 탁군에서 장풍을 잡고, 돌아오다가 부평(富平)과 획색(獲索)을 거두고, 동쪽으로 가서 장보를 공격해 제나라 땅을 평정하겠다"고 청했다. 황제가 그 뜻을 장하게 여겨 허락했다.

무자(戊子) 4년(28년)
오한과 왕양이 임평(臨平)에서 오교를 공격해서 이겼다.

○ 경감과 채준(蔡遵) 등이 탁군에서 장풍을 토벌하고 사로잡았다.

○ 왕망 말기 천하가 어지러울 때 임준(臨淮)의 대윤후(大尹侯) 패(覇)만이 홀로 그 군(郡)을 보전했다. 황제가 패를 불러 수춘에서 만나 상서령에 임명했다.

이때 조정에는 옛날 문서들이 없었고 또 옛 신하들이 적었는데, 패가 고사를 밝게 익히고 있었다. 남은 글들을 거두어 기록하고, 전(前) 세대의 선정(善政)과 법도를 조목조목 아뢰고 그것을 시행했다.

○ 갱시 말기에 공손술(公孫述)이 성도(成都)에서 황제위에 올랐었다. 외효가 마원에게 가서 공손술을 살펴보라고 했다. 마원은 본래 공손술과 같은 마을 사람이어서 서로 사이가 좋았다. 가면 마땅히 손을 잡고 평소와 같이 기뻐할 거라고 생각했는데, 공손술은 계단에 호위병들을 가득 도열시키고 마원을 맞이했다. 서로 절하는 예를 마친 후에 나가서 관사에 가게 했다.

또 마원을 위해 흰색 홑겹 조복[24]과 교양관[25]을 만들고, 종묘에 백관들을 모아 놓고, 옛 친구의 자리에 세웠다. 공손술은 방울 달린 깃발[26]과 곰가죽으로 만든 관모를 쓴 기사[27]를 앞서 가게 하고, 임금이 지나가는 길을 경계해서 행인들을 못지나가게 했다[蹕]. 몸을 굽혀 읍을 하고[28] 들어오게 했다.

---

24) 都布單衣 도포단의 : 주(註) 도포(都布)는 흰색 겹포, 단의(單衣)는 홑겹 조복

25) 交讓冠 교양관 : 주인과 손님이 인사할 때 쓰는 관

26) 鸞旗 난기 : 천자가 쓰는 방울달린 깃발. 방울 소리로 행차의 속도를 조절함

27) 旄騎 정기 : 천자 행렬에 앞서가는 정두(旄頭)의 선두 기사. 주(註) 곰가죽 관모를 정두(旄頭)라고 한다

28) 磬折 경절 : 몸을 굽혀 절하는 것이 마치 경(磬)과 같은 형태이다

예로 향응을 베푸니 관료들이 매우 성대했다. 마원에게 제후의 작위와 대장군의 지위를 주려고 하니, 빈객들이 모두 즐거워하며 머물러 있었다.

마원이 그에게 깨우쳐주며 "천하의 자웅이 아직 결정되지 않았는데, 당신은 씹던 것을 뱉고[吐哺], 달려가 나라의 인재를 맞이해서 함께 성패를 도모하지 않는다. 오히려 넓은 포백[幅]의 가장자리만 꾸미려고 하니, 마치 나무인형과 같구나. 이러하다면 그대가 어찌 오랫동안 천하의 선비를 머무르게[稽] 할 수 있겠는가?"라고 말했다.

그리고 인사하고 돌아가 외효에게 "자양은 우물 밑의 개구리일 뿐입니다. 그런데도 망령되이 스스로 존대하니 오로지 뜻을 동방에 두는 것이 낫겠습니다"라고 말했다. 외효가 이에 마원에게 편지를 가지고 낙양에 가게 했다.

마원이 처음 도착했는데 황제가 선덕전의 남쪽 별채 아래에서 두건[幘]만 쓰고 앉아서 맞이했다. 웃으며 마원에게 "경이 두 황제의 사이에서 노니는구나[遨]! 지금 경을 보니 사람으로서 크게 면목이 없구나[慙]"라고 말했다.

마원이 머리를 조아리며 사죄하면서 "지금의 세상은 단지 임금만이 신하를 택하는 것이 아닙니다. 신하 역시 임금을 택할 뿐입니다. 신과 공손술은 같은 현 출신이어서 어렸을 때 서로 사이가 좋았습니다. 신이 전에 촉(蜀)에 도착했을 때 공손술은 계단에 창 든 병사를 있게 한 이후에 신을 들어오게 했습니다. 신이 지금 멀리서 왔는데, 폐하께서는 어찌 자객이나 범죄자가 아님을 아시고 이같이 간이(簡易)하게 대하십니까?"라고 물었다.

황제는 다시 웃으며 "경은 자객이 아니라 다만[顧] 유세객일 뿐이오"라고 하니, 마원이 "천하가 엎치락뒤치락하고, 이름을 훔친 자들이 너무 많아 헤아릴 수 없습니다. 지금 폐하를 뵈오니 광대하시고[29] 도량이 크셔서 고조와 같으십니다. 그래서 제왕에는 진짜가 있다는 것을 알겠습니다"라고 대답했다.

을축(乙丑) 5년(29년)

황제가 내흡(來歙)에게 황제의 깃발을 가지고 마원을 전송하게 했다. 농우(隴右)로 돌아오니 외효가 마원과 함께 기거하며 동방의 일을 물었다. 마원이 대답했다.

"전에 조정에 도착하자, 황제께서 수십 차례 불러서 알현했는데, 매번 대할 때마다 저녁부터 새벽에 이르기까지 터놓고 화목하게 이야기 했습니다.[30] 재능 있고, 총명하고, 용기 있고, 지략이 있어 보통사람의 적수가 아닙니다.

또 마음을 열고 진심을 보이며, 숨기거나 감추는 것이 없었습니다. 활달하지만 절도가 있어 대략 고제와 같았습니다. 경서를 널리 읽었고, 정사와 문장에 대한 이해가 전대에 비할 자가 없습니다"

외효가 "경의 말은 고제와 비교하면, 어떠하다는 말인가?"고 물으니, 마원은 "고제가 낫습니다. 고제는 할 수 있는 것도 없고, 할 수 없는 것도 없었는데, 지금의 황제는

29) 恢廓 회확 : 회(恢) 넓을. 확(廓) 넓을, 클

30) 燕語 연어 : 터놓고 화목하게 이야기함, 제비가 지저귀는 소리

관리의 일을 좋아하고 행동에 절도가 있고, 또 음주를 좋아하지 않습니다"라고 대답했다. 외효가 좋아하지 않으면서 말했다. "경의 말과 같다면, 오히려 더 낫다는 말이지!"

○ 마무(馬武) 왕패(王覇)가 소무(蘇茂)와 주건(周建)을 공격해 이겼다. 주건은 길에서 죽었고, 마무는 하비로 도망가 동헌과 합쳤다. 유우는 교강에게로 도망갔다.

○ 팽총(彭寵)의 노예 자밀(子密) 등[31] 3인이 팽총을 죽이고, 황제에게 항복했다. 자밀에게 불의후(不義侯)의 작위를 주었다.

○ 오한이 경감 등을 이끌고 평원에서 부평과 획색을 공격해 크게 이겼다. 황제가 경감에게 진격해 장보를 토벌하도록 조서를 내렸다. 황제가 곽급(郭伋)을 어양태수로 삼았다. 곽급은 난리의 뒤를 이어 (태수가 되었는데), 백성을 기르고 병사를 훈련시켜 위엄과 신의를 보이니, 도적들이 점점 흩어지고 흉노가 멀리 흔적을 감추었다. (그가) 관직에 있은지 5년 만에 호구가 배로 늘었다.

○ 평적장군(平敵將軍) 방맹(龐萌)은 사람됨이 겸손하고 유순해 황제가 믿고 아꼈다. 항상 칭찬하기를 "6척의 고아를 맡길 수 있고, 백리의 땅을 맡길 수 있는 자는 방맹"이

---

31) 蒼頭 창두 : 한(漢)에서는 노예를 창두(蒼頭)라 했다. 순전히 흑색을 입혀서 양인(良人)과 구분했다

라고 했다. 개연(蓋延)과 함께 동헌(董憲)을 공격하게 했는데, 이때 조서가 개연에게만 내려지고 방맹에게는 가지 않았다.

방맹은 개연이 자기를 참소했다고 여겼다. 스스로 의심하더니, 드디어 모반했다. 개연의 부대를 습격해 격파하고, 동헌과 연합해 동평왕(東平王)이라 자칭했다.

황제가 보고를 받고 크게 노했다. 스스로 장수가 되어 방맹을 토벌하면서 여러 장수들에게 "내가 항상 방맹을 사직의 신하라고 했는데, 장군들이 그 말을 비웃지 않을 수 있겠는가? 늙은 도적은 마땅히 3족을 멸할 것이다. 각자 병사와 말을 정돈해[厲] 수양(垂陽)으로 모이라"는 글을 보냈다.

○ 외효가 반표(班彪)에게 "예전에 주(周)가 망하니, 전국(戰國)의 군웅이 함께 다투어 수세대가 지난 후에 평정되었다. 생각하기에 지금에 종횡의 일[32]이 다시 일어날 것인가? 장차 천운을 계승해 교체되고[迭], 부흥하는 것이 한 사람에게 달려있는 것인가?"[33]고 물었다. 반표가 말했다.

"주(周)의 흥망은 한(漢)과 자못 다릅니다. 옛날에 주(周)는 작위를 5등급으로 나눠, 제후들에게 정치를 하게 했습니다. 근본이 미약해지자 가지와 잎사귀가 강대해졌고, 그 말류에 종횡의 일이 있었으며, 형세와 운수가 그렇게 되었습

32) 從橫 종횡 : 합종(合從)과 연형(連衡)

33) 『후한서(後漢書)』, 『자치통감(資治通鑑)』의 중화서국본 표점본에는 전부 "也" 뒤에 물음표(?)를 붙여서 의문문임을 나타냈다.

니다.

한(漢)은 진(秦)의 제도를 계승하고 고쳐서 군현을 세웠습니다. 임금은 자기 마음대로 하는 위엄이 있게 되고, 신하는 백년의 권세가 없어졌습니다. 한(漢) 성제(成帝) 때에 이르러 (권력을) 외척에게 빌려줬고, 애제와 평제는 재위기간이 짧았고, 나라의 후사가 3번 끊어졌기 때문에 왕씨가 조정을 마음대로 해서 제위를 훔칠 수 있었습니다. 위기가 위에서부터 일어났고, 상처가 아래까지 미치지 않았습니다.

이 때문에 왕망이 천자의 자리에 오른[卽眞] 뒤 천하가 목을 빼고 10여년간 탄식했습니다. 내외가 소요해지니 먼 곳에서건 가까운 곳에서건 군사를 일으켰고, 호칭을 빌려 구름처럼 모였습니다. 모두 유씨(劉氏)를 칭했는데, 의논하지 않았지만 한 목소리였습니다.

지금 호걸들 중 땅을 차지하고 있는 자들에게는 모두 대대로 내려오던 6국의 업적 같은 기반이 없습니다. 백성들은 노래를 하면서 그리워하고, 우러러 보면서 한(漢)이 반드시 다시 부흥할 것이라는 것을 이미 알고 있습니다"

외효는 "주(周)와 한(漢)의 형세를 말한 선생의 말은 맞다. 다만 보기에, 어리석은 사람들은 유씨의 성과 호칭을 알고 있어 모두 익숙하기 때문에 한(漢)이 부흥한다고 말한다. 그것은 먼 것 같다. 옛날에 진(秦)이 그 사슴을 잃자, 유계(劉季)가 쫓아서 그것을 끌었다[掎]. 그때 백성들이 한(漢)을 알았겠는가?"라고 말했다.

반표가 그를 위해 '왕명론(王命論)'을 지어 풍자해 요점을 말했다[34].

"옛날에 요(堯)가 순(舜)에게 선양하면서 말하기를, 하늘의 운명[曆數][35]이 너의 몸에 달려있다고 했습니다. 순 역시 우(禹)에게 천명을 주었고, 직설(稷契)에 이르기까지[36] 모두 요, 순을 보좌해 탕(湯)과 무왕(武王)이 천하를 소유하게 된 것입니다. 유씨가 요의 왕위[祚]를 이었는데, 요는 화덕(火德)에 근거했고, 한(漢)은 그것을 이어서 적제(赤帝)의 길조[符]가 있었습니다.

세속에서는 고조가 평민에서 일어난 것을 보고, 그(천자가 된) 이유를 깨닫지 못하고, 천하를 사슴 쫓는 일에 비유해 빨라서 그것을 얻었다고 하기에 이르렀습니다. 제위[37]란 천명이 있어야 하며, 지혜와 힘으로 얻을 수 없음을 알지 못하는 것입니다.

슬프도다! 이것이 세상에 난신적자가 많은 까닭입니다! 무릇 기근으로 떠도는 백성은 길에서 배고프고 춥습니다. (그들이) 원하는 바는 금 한개에 불과하지만, 끝내 굴러다니다가 구덩이[38]에서 죽습니다. 왜냐하면 빈궁도 또한 운명이 있기 때문입니다. 하물며 천자의 귀함에는 천하를 차지하는 부유함이 있고, 신이 살펴주는 제위[祚]가 있습니다. 아무나 차지하고 있을[處] 수 있겠습니까?

---

34) 風切 풍절 : 풍자해 요점을 말하다

35) 曆數 역수 : 운명, 운수, 책력

36) 洎 계 : 급(=及). 미칠

37) 神器신기 : 제위(帝位) 승통(承統)의 표시로 하는 기물(器物), 옥새 같은 것. 제위, 신령한 기물, 사람의 기량

38) 溝壑 구학 : 도랑, 해자, 골짜기

고로 비록 난리와 액운[39]을 만나 마침 그 권력은 훔쳤을지라도, 용기는 한신(韓信)과 경포(黥布)와 같고, 강함은 항량(項梁)과 항우(項羽)와 같으며, 이룬 것은 왕망(王莽)과 같았을지라도, 결국에는 다리 없는 가마솥[40]과 참수하는 처형대[41]에서 삶기고, 소금에 절여지고, 찢어죽임을 당했습니다. 또 하물며 무슨 숫자 세는 데도 끼지 못하는 자들이 천위를 몰래 범하려고 하다니!

옛날에 진영(陳嬰)의 어머니는 진영의 집안이 대대로 가난하고 비천했기 때문에, 부귀하게 되면 상서롭지 못하다고 해 진영을 말려서 왕을 못하게 했습니다. 왕릉(王陵)의 어머니는 한(漢)이 반드시 천하를 얻을 것을 알고, 칼 아래 엎드려 죽으면서 간곡히 릉에게 권고했습니다. 무릇 평범한 아녀자의 지혜로도 사리(事理)가 이루어진다는 것을 추정했고[推], 화복(禍福)의 기미를 찾아내서[探], 종사(宗祀)를 무궁하게 보전하고, 책서(策書)[42]를 춘추(春秋)에 남겼습니다. 하물며 대장부의 일에서랴!

이 때문에 궁핍하고 출세하는 것에도 운명이 있고, 길함과 흉함도 사람에 달려있습니다. 진영의 어미는 그만 둘 것을 알고, 왕릉의 어미는 흥함을 알았습니다. 이 두 가지를

39) 離阨(厄) 이액 : 난리와 액운

40) 潤鑊윤확 : 윤(潤) 물기 있는. 확(鑊) 죄인을 삶아 죽이는. 형기는 다리 없는 큰 솥, 고기 삶는 솥

41) 質 질 : 나무 패는데 받치는 나무토막, 죄인의 목을 베는데 받치는 나무토막

42) 策書 책서 : =책명. 천자가 수여하는 사령장, 또는 그 사령장을 수여함

살피는 것이 제왕의 분수[分]를 결정합니다.

게다가 고조는 관대하고 명석하고, 인자하고 너그러우며, 사람의 장점을 알아서 일을 맡겼습니다. 식사할 때 씹던 것을 뱉으면서 자방의 계책을 받아들이고, (씻던 것을 그치고) 발을 빼고 물을 뿌리며 역생의 말에 읍(揖)을 했습니다. 한신을 병사의 대오에서 발탁했고, 진평은 도망한 자인데도 거두니, 영웅들이 힘을 펼 수 있었고, 여러 계책들이 다 시행되었습니다. 이것이 고조가 원대한 지략으로 제업을 이룬 이유입니다.

영험함, 상서로움, 징조 등에 이르러서[若乃][43], 그 일에 상응하는 것이 매우 많았기 때문에, 회음후와 유후는 그것은 하늘이 준 것이지 인간의 힘이 아니라고 말했습니다. 영웅들이 참으로 깨달아서 알고, 초연히 멀리서만 바라보고, 깊숙하게[淵] 심도있게 이해하고, 왕릉과 진영같이 밝은 분수를 받아들이고, 한신과 경포 같은 당치도 않은 바람[44]을 끊는다면, 복이 자손에게 흐르고 천록이 영원할 것입니다"

외효가 따르지 않았다. 반표가 결국 그 땅을 피해 황하의 서쪽으로 갔다. 두융(竇融)이 그를 종사로 삼아 심히 예로 대하고, 그를 중시했다. 표가 드디어 융을 위해 계책을 건의해 그에게 한 마음으로 한(漢)을 섬기게 했다.

---

43) 若乃 약내 : =지어(至於)

44) 覬覦 기유 : 분수에 넘치는 일을 바람, 아랫사람으로서 바라서는 안 될 일을 바람

○ 예전에 두융이 스스로 하서(河西)를 지켰는데, 황제의 위엄과 은혜를 듣고, 마음은 동쪽으로 향했지만, 하서가 멀리 떨어져 있어 스스로 접촉할 수 없었다. 외효로부터 건무(建武)의 정삭[45]을 받았는데, 외효가 장군의 도장과 끈을 모두 빌려 주었다.

외효는 겉으로는 사람들의 바람을 따랐으나, 속으로는 다른 마음을 품었다. 변사 장현(張玄)을 시켜 두융 등에게 "갱시가 일을 성공시켰으나 곧 다시 멸망했습니다. 이것이 하나의 성(姓)이 다시 부흥하지 못할 징조입니다. 마땅히 각자의 땅에 자리를 잡고, 농(隴)과 촉(蜀)이 합종한다면, 잘되면 6국처럼[46] 될 것이고, 못되어도 위타[47]를 잃지 않을 것입니다"라고 유세했다.

두융 등이 호걸들을 불러 그것을 의논시키니, 그중에 지식이 있는 자들은 모두 지금 황제의 성명이 도참서에 보이니, 한(漢)이 다시 천명을 받을 징조라고 말했다. 두융이 드디어 동쪽으로 향하기로 결정하고, 장사 유균(劉鈞) 등에게 편지를 받들고 낙양으로 가게 했다.

---

45) 建武正朔 건무정삭 : 광무황제의 연호

46) 六國 육국 : 주(註) 전국시대의 한 위 조 초 연 제(韓 魏 趙 楚 燕 齊). 전국시대 각각 그 땅을 점거했다

47) 尉佗 위타 : 주(註) 진(秦)나라 2세 때 남해(南海)의 임효(任囂)가 병으로 죽으면서, 용천(龍川) 영(令) 조타(趙佗)를 불러 "항우와 유계 등이 각각 기병해 중국이 요동치는데, 나도 병사를 일으켜 스스로 대비하고 싶다"고 말했다. 마침 병이 심해지자, 우선 남해의 동서 수천리에 나라를 세울 수 있다고 하고, 곧 조타에게 남해(南海) 위(尉)의 일을 맡겼다. 효(囂)가 죽자, 조타가 스스로 즉위해 남오(南粵)의 무왕(武王)이 되었다

황제가 유균을 만났다. 매우 기뻐하고 예로써 대접해 연회를 베풀어주었다[饗]. 끝나자 곧 돌려보내면서 두융에게 옥새 찍힌 편지를 내렸다.

"지금 익주에는 공손자양(公孫子陽)이 있고, 천수(天水)에는 외(隗)장군이 있다. 지금 촉(蜀)과 한(漢)이 서로 공격하는데, 저울[權]은 장군에 달려 있다. 다리를 들어 좌나 우로 놓으면 곧 가볍거나 무겁게 된다. 이 때문에 서로 얼마나 후한 양[量]으로 대해준다고 말하겠는가?

환공과 문공처럼 미약한 나라를 보좌하려 한다면, 노력하면 마땅히 공적을 이룰[卒]것이고, 삼분해 세발솥처럼 되려고 연형하고 합종한다면, 역시 때가 되면 결정될 것이다. 천하가 아직 합쳐지지 않았고, 나와 너는 땅이 멀리 떨어져 있어[48] 서로 삼킬 수도 없다. 지금 의견을 말하는 자들은 반드시 임효(任囂)가 위타(尉佗)에게 7군을 제어할 것을 가르친 것같은 계책을 가졌을 것이다. 왕이란 땅은 나누어도 백성은 나누지 않으니, 스스로 자기 길을 갈 뿐이다"

그리고 두융을 양주목으로 임명했다. 새서(璽書)가 하서에 도착하니, 하서가 모두 놀라 천자가 1만리 밖도 밝게 본다고 했다.

○ 장보는 경감이 도착했다는 소식을 듣고, 그 장수들을 역하(歷下)에 주둔시키고, 병사를 나누어 축아(祝阿)에 주둔시켰다. 별도로 태산의 종성(鍾城)에 수십개의 군영을 늘어

48) 絶域 절역 : 먼 땅

놓고 그를 기다렸다. 경감은 황하를 건너 먼저 축아를 공격해 그것을 빼앗았다. 이때 장보의 도읍은 극(劇)이었다.

경감이 임치성에 이르러 기습으로 반나절에 그것을 빼앗고, 그 성을 근거지로 삼아 장보를 격노케 했다. 장보의 병사 2십만이 임치의 대성(大城) 동쪽에 와서 경감을 공격했는데, 경감이 그들을 크게 이겼다. 이때 황제가 노(魯) 땅에 있었는데, 경감이 장보에게 공격당한다는 소식을 듣고 스스로 그를 구원하러 갔다.

아직 도착하지 않았을 때 진준(陳俊)이 경감에게 "극(劇)의 놈들은 병사가 많으니, 우선 군영을 닫고 병사를 쉬게 하면서, 황제가 오는 것을 기다리는 것이 좋겠습니다"고 말했다. 경감은 "황제의 수레가 오는데, 신하된 자는 마땅히 소를 잡고 바구니에 술을 담아서[49] 백관들을 대접해야지! 오히려 적들을 임금[君父]께 남겨드리려고 하는가?"라고 말했다.

이에 병사를 내어 크게 싸웠다. 새벽부터 저녁까지 싸워서 또 크게 이겼다. 살상한 자가 너무 많아 해자와 참호가 모두 가득 찼다. 경감이 장보가 곤궁해 퇴각하려 한다는 것을 알고, 미리 좌우익을 매복시키고 기다렸다. 오후 10시 경[50] 장보가 과연 병사를 인솔해 지나가니, 다시 병사를 일으켜 닥치는대로[縱] 공격해 거매수(鉅昧水)의 물가까지 추격했다.

---

49) 釃酒 시주 : 거른 술. 주(註) 광주리에 담은 술

50) 人定時 인정시 : 사람이 자는 시간으로 오후 10시 경

8십~9십리에 엎어진 시체들이 서로 이어졌다. 거두어들인 짐이 2천여 수레였다. 장보가 극(劇)으로 돌아가고 난지 수일 후에 황제의 수레가 임치에 도착해, 스스로 군의 노고를 치하했다. 군신들을 크게 모아놓고 황제가 경감에게 말했다.

"옛날에 한신이 역하를 격파해 기틀을 열었다. 지금 장군이 축아를 공격해 그 행적을 (밟기) 시작했다. 이러한 일이 모두 제(齊)의 서쪽 경계에서 있었고, 공도 서로 같다고 할 수 있다. 그런데 한신은 이미 항복한 것을 습격했고, 장군은 혼자서 강한[勍] 적을 이겼으니, 그 공은 한신보다 어려운 일을 한 것이다.

또 전횡은 역생을 삶아 죽였는데, 전횡이 고제에게 항복하자, 위위(衛尉)에게 조서를 내려 원수가 되는 것을 허락하지 않았다. 장보가 전에 복융(伏隆)을 죽였는데, 만약 장보가 와서 천명에 귀의한다면, 나는 마땅히 대사도에 조서를 내려 그 원한을 놔둬버리게 할 것이니, 또 일이 더욱 닮아[類]간다.

장군이 전에 남양에서 큰 계책을 건의했을 때 현실성이 떨어진다고 여겼고, 이루기 어렵다[51]고 생각했다. 뜻이 있는 자는 일을 끝내 이루는구나!"

황제가 극(劇)으로 행차하고, 경감은 다시 장보를 추격했다. 장보가 평수(平壽)로 도망가니, 소무가 1만여인을 이끌

---

51) 落落難合 낙락난합 : 현실성이 떨어져 합하기 어렵다

고 와서 그를 구했다. 황제가 사자를 보내 장보와 소무에게 상대를 죽이고 항복하는 자에게는 열후의 작위를 주겠다고 말했다. 장보가 드디어 소무를 죽이고, 경감의 군문에 와서 항복했다.

경감이 그 성에 들어가 점거했다. 병사가 아직 10여만이 있었고, 물자가 7천여 수레 있었다. 모두 해산시켜 시골로 돌려보내고, 장보에게 안구후(安丘侯)의 작위를 주었다. 경감이 다시 병사를 이끌고 성양에 이르러, 오교의 남은 무리를 항복시키니, 제(齊)나라 땅이 다 평정되었다. 군대의 위엄을 떨치고[52] 경사에 돌아왔다. 경감이 장수가 되어 평정한 군이 46개, 도륙한 성이 3백개인데, 일찍이 꺾인 적이 없었다.

○ 처음에 태학을 세우고, 황제가 환궁하면 태학에 가서 머물면서[53] 옛 법을 본받았다. 예악을 닦아서 밝히니 문물이 빛나서[54] 볼만했다.

○ 풍이가 관중을 다스리며 출입한지 3년에 상림(上林)이 도시가 되었다. 어떤 사람이 글을 올렸는데, 풍이의 위세와 권력이 아주 높아 백성이 마음으로 따르고, 함양왕(咸陽王)이라고 부른다고 했다. 황제가 글을 풍이에게 보여주니 풍이가 당황하고 두려워 글을 올리고 사죄의 말을 했다. 조서

---

52) 振旅 진려 : 군대의 위엄을 떨치다
53) 稽 계 : 머무르다, 쌓다, 저축하다
54) 煥然 환연 : 빛나는 모양

로 답했다.

"장군은 나라에서는 도리상 군신이지만, 은혜는 부자와 같다. 무엇을 꺼리고 무엇을 의심해 두려워하는 마음을 갖는가?"

○ 외효가 자신을 자랑하고 지식을 꾸며 매번 스스로를 서백(西伯)[55]에 비유했다. 그의 장수 왕원(王元)이 외효에게 "천수는 정말 부유하고, 병사와 말은 최강입니다. 청컨대 제가 한 덩어리의 진흙으로 대왕을 위해 동쪽의 함곡관을 봉하겠습니다. 왕을 도모하다 이루지 못하면, 그래도 패자는 될 수 있습니다. 요컨대, 고기는 연못을 벗어나서는 안 되고, 신룡(神龍)은 힘을 잃으면 지렁이와 같아진다는 것입니다"라고 유세했다.

외효가 마음으로 왕원의 계책이 그렇다고 여겼다. 비록 아들을 보내 황제를 모시게 했지만, 그 험한 (지세)를 믿고 그 지방을 혼자서 제어하고자 했다.

○ 이 해에 조서를 내려 시골에 묻혀 사는 선비인 태원사람 주당(周黨)과 회계사람 엄광(嚴光) 등을 경사로 불렀다. 주당은 들어가보고 엎드렸으나 성명을 고하지 않으며[56], 스스로 뜻한 바를 지키고 싶다고 말했다. 박사 범승(范升)이 아뢰었다.

---

55) 주(註) 주(周) 문왕(文王)이다

56) 不謁 불알 : 알현하지 않다. 알현할 때, 작위와 이름을 고하는데, 작위가 없으면 이름만 말한다

"엎드려 보건데, 태원의 주당과 동해의 왕량(王良), 상양의 왕성(王成) 등은 두터운 은혜를 입었으면서도 사자가 3번 불러서야 겨우 수레에 타려고 했고, 조정에서 황제를 알현하면서도[57] 주당은 (황제를 알현하는) 예로써 굽히지 않았고, 엎드려서는 성명을 고하지 않으니, 오만하고 교만함[58]이 심한데[猛], 동시에 모두 떠나갈 것입니다.

주당 등의 문장은 뜻[59]을 설명할 수 없고, 무력은 죽음으로 임금을 지킬 수 없으면서, 화려한 명예를 낚아채서 삼공의 지위를 바라는[60]것입니다. 신이 원컨대 운대[61]의 아래에 함께 앉아서 국가를 도모하는 방법을 시험보고, (그들의 말이) 신의 말보다 못하다면, 헛되고 망령된 죄로 다스려야[伏] 합니다. 감히 사사로이 헛된 명성을 훔쳐서 상류임을 과시하고, 높은 자리를 구한 것이니, 모두 크게 불경한 죄에 해당됩니다"

글이 아뢰어지자 조서를 내렸다.

"옛날부터 훌륭한 임금은 반드시 모실 수 없는 선비가 있었으니, 백이와 숙제(같은 이)도 주(周)나라의 곡식을 먹지 않았다. 태원의 주당이 짐의 봉록을 받지 않은 것 또한

---

57) 陛見 폐현 : 폐하에게 알현함

58) 偃蹇 언건 : 언건(偃蹇)은 교오(驕傲, 교만 오만)한 모습. 한(悍)은 맹(猛, 사나움)

59) 演義 연의 : 뜻을 부연(敷衍)해 알기 쉽게 설명함

60) 庶幾 서기 : 바라건데, 바람, 희망함, 거의 되려함, 가까움

61) 雲臺 운대 : 주(註) 명제(明帝) 영평(永平) 3년에 건무중(建武中)의 명신(名臣) 열장(列將)을 그려서 그 안에 두었다

각자의 뜻이 있는 것이다"

그(주당)에게 비단 40필을 내리고 돌려보냈다.

황제는 어렸을 때 엄광과 함께 놀며 공부했다. 황제에 오르자 인상을 그려서[62]그를 찾게 했다. 제(齊) 땅에서 찾았는데, 여러 번 불렀으나 오지 않았다. 간의대부로 임명했으나 받으려 하지 않고 떠나버렸다. 부춘산 속에서 농사 짓고 낚시하다가, 집에서 천수를 마쳤다.

왕량은 후에 패군태수와 대사도 사직을 지냈다. 벼슬을 하면서도 공손하고 절검했다. 베 이불을 덮고, 질그릇을 쓰고, 처자식을 관사에 들이지 않았다. 후에 병이 들어 귀향했는데, 1년 뒤에 다시 불렀다. 형양까지 왔는데, 병이 심해져서 벼슬자리에 나가지 못했다.

친구 집을 지났는데, 친구가 만나려고 하지 않으면서 "충언과 뛰어난 계책이 있지도 않으면서 큰 자리를 차지하고, 어찌 그리 부지런히[63] 왕래하느냐? 꺼려지거나 번거럽지도 않느냐?"고 말했다. 결국 만나기를 거절하니, 량이 부끄러워했다. 이후로 계속 불렀으나 응하지 않고 집에서 죽었다.

본기(本紀)에 의하면, 엄광(嚴光)의 자(字)는 자릉(子陵)이다. 어려서 광무제와 함께 놀며 공부했는데, 광무제가 즉위하자 엄광이 성명을 바꾸고 몸을 숨기며 나타나지 않았다.

---

62) 物色 물색 : 사람의 肖像(초상, 人相)에 의해 그 사람을 찾음, 물건의 빛, 어떤 일에 쓸 만한 사람이나 물건을 돋보아 고름

63) 屑屑 설설 : 부지런한 모양, 왕래하는 모양, 근신하는 모양, 편치않는 모양

황제가 그의 능력을 생각하고, 그의 인상을 그려서 그를 찾게 했다.

후에 제(齊) 땅에서 어떤 남자가 양가죽 갖옷을 입고 연못에서 낚시한다는 말이 올라왔다. 황제가 엄광일지도 모른다고 생각했고, 편안한 수레와 폐백[64]을 갖추어 사자를 보내 그를 불렀다[聘]. (사자가) 3번 돌아오고 난 후에 왔다.

황제가 그날로 그 관사로 행차했다. 엄광이 누워서 일어나지 않으니, 황제가 그가 누워있는 곳으로 가서 엄광의 배를 어루만지면서 "어이! 어이![65] 자릉아. 서로 도와 다스릴 수 없겠냐?"라고 말했다. 엄광이 이에 눈을 크게 뜨고 한참 쳐다보다가 "옛날에 당요(唐堯)가 덕을 드러내니, 소부가 귀를 씻었다. 선비란 뜻이 있기 때문이다. 어찌 서로 압박하게 되었는가?" 하니, 황제가 "자릉아, 내가 결국 너를 굴복시킬 수 없구나!" 하고는 어가를 타고 탄식하며 떠났다.

다시 엄광을 들어오게 해 도(道)에 대해서 담론하고, 옛 친구로서 며칠을 마주 했다. 함께 누워 있었는데, 엄광이 발을 황제의 배위에 놓았다. 다음날 태사가 객성(客星)이 어좌(御座)를 침범했다고, 대단히 긴급한 일이라고 아뢰었다. 황제가 웃으며 "짐과 옛 친구 엄자릉이 함께 누워 있었을 뿐이었다"고 말했다. 간의대부를 제수했으나 굽히지 않고, 곧 부춘산에 가서 농사 지었다. 후세사람들이 그가 낚시하던 곳을 엄릉뢰(嚴陵瀨)라고 불렀다.

---

64) 玄纁 현훈 : 검은 빛과 엷은 적색 비단, 폐백

65) 咄咄 돌돌 : 어이! 소리 질러 부르는 소리, 놀라 지르는 소리, 탄식하는 소리

원 문

卷之十六

東漢紀

世祖光武皇帝 上 在位三十三年，壽六十二。

乙酉建武元年

蕭王北擊尤來 大槍 五幡於元氏，追至北平 連破之。

◯馮異寇恂擊走朱鮪，吳漢率耿弇 景丹等十三將軍追尤來等，斬首萬三千餘級，賊散入遼西遼東為烏桓貊人所鈔擊略盡。

◯都護將軍賈復與五校戰於眞定，復傷瘡甚， 王大驚曰：「我所以不令賈復別將者，為其輕敵也。果然，失吾名將！聞其婦有孕，生女耶，我子娶之，生男耶，我女嫁之．不令其憂妻子也。」復病尋愈，追及於薊，相見甚讙。

◯還至中山，諸將請上尊號，王不聽。行到南平棘，諸將固請之，王不許。耿純進曰：「天下士大夫，捐親戚，棄土壤，從大王於矢石之間者，其計固望攀龍鱗，附鳳翼，以成其志耳。

今大王留時逆衆，不正號位，純恐士大夫望絶計窮，則有去歸之思，無為久自苦也。大衆一散，難可復合。」王深感曰：「吾將思之！」行至鄗，召馮異，問四方動靜。異曰：「更始必敗，宗廟之憂在於大王，宜從衆議！」會儒生彊華自關中奉赤伏符來詣王曰：「劉秀發兵捕不道，四夷雲集，龍鬬野，四七之際火為主。」羣臣因復奏請。六月，王卽皇帝位于鄗南。改元，大赦。

○赤眉西向帝城，以名為羣賊，不可以久，　乃立宗室劉盆子，為上將軍。

○秋　帝使使持節拜鄧禹為大司徒，封酇侯。禹時二十四。又議選大司空，帝以赤伏符曰「王梁主衛作玄武」，以野王令王梁為大司空。吳漢為大司馬。

○初，更始以伏湛為平原太守。時天下兵起，湛獨晏然，撫循百姓。門下督謀為湛起兵、湛收斬之。於是吏民信向，平原一境賴湛以全。帝徵湛為尙書，使與定舊制。又以鄧禹西征，拜湛為司直，行大司徒事，車駕每出征伐，常留鎭守。

○九月，赤眉入長安。更始走，將相皆降，詔封更始為淮陽王。

○初　宛人卓茂寬仁恭愛，恬淡樂道，雅實不為華貌，行己在於清濁之間，自束髮至白首，與人未嘗有爭競，鄉黨故舊雖行能與茂不同，而皆愛慕欣欣焉。哀平間為密令，視民如子，擧善而敎，口無惡言，吏民親愛，不忍欺之。民常有言，部亭長受其米肉遺者，茂曰：「亭長為從汝求乎，為汝有事囑之而受乎，將平居自以恩意遺之乎？」民曰：「往遺之耳。」茂曰：「遺之而受，何故言耶？」民曰：「切聞賢明之君，使民不畏吏，吏不取民。今我畏吏，是以遺之。吏旣卒受，故來言耳。」茂曰：「汝為敝民矣！凡人所以羣居不亂，異於禽獸者，以有仁義禮愛，知相敬事也。汝獨不欲脩之，寧能高飛遠走，不在人間耶！吏顧不當乘威力彊請求耳。亭長素善吏，歲時遺之，禮也。」民曰：「苟如此，律何故禁之？」茂笑曰：「律設大法，禮順人情。今我以禮教汝，汝必無怨惡。以律治汝，汝何所措其手足乎！一門之內，小者可論，大者可殺也。且歸念之！」初，茂到縣，有所廢置，吏民笑之，鄰城聞者皆嗤其不能。河南郡為置守令，茂不為嫌，治事自若。數年，教化大行，道不拾遺。遷京部丞，密人老少皆涕泣隨送。及王莽居攝，以病免歸。上卽位，先訪求茂，茂時年七十餘。甲申，詔曰：「夫名冠天下，當受天下重賞。今以茂為太傅，封褒德侯。」

溫公曰：孔子稱「擧善而敎， 不能則勸。」是以舜擧皐陶，湯擧伊尹，而不仁者遠，有德故也。光武卽位之初，羣雄競逐，四海鼎沸，彼摧堅陷敵之人，權略詭辯之士，方見重於世，而獨能取忠厚之臣，旌循良之吏，拔於草萊之中，寘諸羣公之首，宜其光復舊物，享祚久長，蓋由知所先務而得其本原故也。

帝遣諸將圍洛陽，朱鮪出降。十月，車駕入洛陽，幸南宮，遂定都焉。

◯劉盆子數暴虐吏民，百姓不知所歸，聞鄧禹乘勝獨克而師行有紀，皆望風相携負以迎軍，降者日以千數，衆號百萬。禹所止，輒停車駐節以勞來之，父老 童穉 垂髮 戴白滿其車下，莫不感悅。於是名震關西。諸將豪桀皆勸禹徑攻長安，禹曰：「不然。今吾衆雖多，能戰者少，前無可仰之積，後無轉饋之資。赤眉新拔長安，財穀充實，鋒銳未可當也。夫盜賊羣居無終日之計，財穀雖多，變故萬端，寧能堅守者也！ 上郡 北地安定三郡，土廣人稀，饒穀多畜，吾且休兵北道，就糧養士，以觀其敝，乃可圖也。」於是引軍北至栒邑。所到，諸營堡 郡邑皆開門歸附。

◯初　成紀隗囂起兵應漢，更始徵囂，囂至長安，後逃歸天水，復招聚其衆，興修故業，自稱西州上將軍。三輔士大夫避亂者多歸囂，囂傾身引接，為布衣交。以馬援　班彪之屬為賓客，由此名震西州，聞於山東。

◯馬援少時，以家用不足，　辭其兄況，　欲就邊郡田牧。況曰：「汝大才，當晚成。良工不示人以朴，且從所好。」遂之北地田牧。常謂賓客曰：「丈夫為志，窮當益堅，老當益壯。」後有畜數千頭，穀數萬斛，旣而嘆曰：「凡殖財産，貴其能賑施也，否則守錢虜耳！」乃盡散於親舊。聞隗囂好士，往從之。囂甚敬重，與決籌策。

丙戌二年

悉封諸功臣為列侯。陰鄉侯陰識，貴人之兄也，以軍功當增封，識叩頭讓曰：「臣托屬掖廷，仍加爵邑，不可以示天下。」帝從之。

○故事，尚書郎以令史久，次補之，帝始用孝廉為尚書郎。

○起高廟於洛陽，四時合祭高祖 太宗 世宗。建社稷于宗廟之右，立郊兆於城南。

○長安城中糧盡，赤眉縱火殺掠，遂入安定 北地。

○鄧禹引兵南至長安，軍昆明池，謁高廟，收十一帝神主，送詣洛陽。因巡行園陵，為置吏士奉守焉。

○以宋弘為大司空。湖陽公主新寡。帝與共論朝臣，微觀其意。主曰：「宋公威容德器，羣臣莫及。」帝曰：「方且圖之。」後弘被引見，帝令主坐屏風後，因謂弘曰：「諺言『貴易交，富易妻。』人情乎？」弘曰：「臣聞貧賤之知不可忘，糟糠之妻不下堂。」帝顧謂主曰：「事不諧矣！」

○帝之討王郎也，彭寵發突騎以助軍，轉糧食，前後不絶，自負其功。帝接之不能滿其意，以此懷不平。遂發兵反，攻朱浮於薊。

○更始諸大將時在南方， 未降者尚多。遣賈復擊郾，破之，尹尊降。吳漢擊宛，宛王賜降。

○秋 賈復南擊召陵 新息平之。復部將殺人於潁川，潁川太守寇恂捕得，繫獄。時尚草創，軍營犯法，率多相容，恂戮之於市。復以為恥，還，過潁川，謂左右曰：「吾與寇恂並列將帥，而為其所陷，今見恂，必手劒之！」恂知其謀，不與相見。姊子谷崇曰：「崇，將也，得帶劒侍側，卒有變，足以相當。」恂曰：「不然，昔藺相如不畏秦王，而屈於廉頗者，為國也。」乃敕屬縣盛供具，儲酒醪，　執金吾軍入界，一人皆兼兩人之饌。恂出迎於道，稱疾而還。復勒兵欲追之，而吏士皆醉，遂過去。恂遣谷崇以狀聞，帝乃徵恂。恂至，引見，　時賈復先在坐，欲起相避。帝曰：「天下未定，兩虎安得私鬬！今日朕分之。」於是並坐極歡，遂共車同出，結友而去。

◯鄧禹自馮愔叛後，威名稍損，又乏糧食，戰數不利，歸附者日益離散。赤眉暴亂三輔，郡縣大姓各擁兵衆，禹不能定。帝乃遣偏將軍馮異代禹討之。車駕送至河南，敕異曰：「三輔遭王莽更始之亂，重以赤眉延岑之酷，元元塗炭，無所依訴。將軍今奉辭，討諸不軌營堡！降者遣其渠帥詣京師，散其小民，令就農桑，壞其營壁，無使復聚。征伐非必略地屠城，要在平定安集之耳。諸將非不健鬬，然好虜掠。卿本能御吏士，念自脩敕，無為郡縣所苦！」異頓首受命，引而西。所至布威信，羣盜多降。

溫公 曰：昔周人頌武王之德曰：「鋪(敷)時繹思，我徂惟(維)求定。」言王者之志，在布陳威德安民而已。觀光武所以取關中，用是道也。豈不美哉！

又詔徵鄧禹還曰：「愼毋與窮寇爭鋒！赤眉無穀，自當來。吾以飽待飢，以逸待勞，折箠笞之，非諸將憂也。無得復妄進兵！」

丁亥三年
立四親廟於雒陽。

○馮異與赤眉約期會戰，使壯士變服與赤眉同，伏於道側。旦日，赤眉使萬人攻異前部，異少出兵以救之。賊見勢弱，遂悉衆攻異，異乃縱兵大戰。日昃，賊氣旣衰，伏兵卒起，衣服相亂，赤眉不復識別，衆遂驚潰。追擊，大破之於殽底，降男女八萬人。帝降璽書勞異曰：「始雖垂翅回谿，終能奮翼澠池，可謂失之東隅，收之桑榆。方論功賞，以答大勳。」赤眉餘衆東向宜陽。帝親勒六軍，嚴陳以待之。赤眉忽遇大軍，驚震不知所謂，乃遣劉恭乞降曰：「盆子將百萬衆降陛下，將何以待之？」帝曰：「待汝以不死耳！」盆子及丞相徐宣以下三十餘人肉袒降，上所得傳國璽綬。積兵甲宜陽城西，與熊耳山齊。赤眉衆尙十餘萬人，帝令縣廚皆賜食。

○初 梁王劉永據國起兵，以董憲 張步為將軍，專據東方，稱帝睢陽，復立張步為齊王。帝方北憂漁陽，南事梁、楚，故張步得專集齊地，據郡十二焉。

○涿郡太守張豐反，與彭寵連兵。時關中衆寇猶盛。馮異且戰且行，屯軍上林苑中，以擊豪傑不從令者，威行關中。

◯蓋延圍睢陽，斬劉永，蘇茂奔垂惠，共立永子紆為梁王。

◯耿弇從容言於帝，自請北收上谷兵，定彭寵於漁陽，取張豐於涿郡，還收富平 獲索，東攻張步，以平齊地。帝壯其意，許之。

戊子四年。吳漢、王梁擊破五校於臨平。

◯耿弇 祭遵等，討張豐於涿郡，禽之。

◯王莽末，天下亂，臨淮大尹侯霸，獨能保全其郡。帝徵霸會壽春，拜尚書令。時朝廷無故典，又少舊臣，霸明習故事，收錄遺文，條奏前世善政法度，施行之。

◯更始之末，公孫述卽皇帝位於成都，隗囂使馬援往觀述。援素與述同里閈，相善，以為旣至，當握手歡如平生。而述盛陳陛衛，以延援入，交拜禮畢，使出就館。更為援制都布單衣、交讓冠，會百僚於宗廟中，立舊交之位，述鸞旗、旄騎，警蹕就車，磬折而入，禮饗官屬甚盛，欲授援以封侯大將軍位。賓客皆樂留，援曉之曰：「天下雌雄未定，公孫不吐哺走迎國士與圖成敗，反修飾邊幅，如偶人形，此子何足久稽天下士乎！」因辭歸，謂囂曰：「子陽，井底蛙耳，而妄自尊大！不如專意東方。」囂乃使援奉書雒陽。援初到，帝在宣德殿南廡下，但幘，坐，迎笑，謂援曰：「卿遨遊二帝間。今見卿，使人大慙。」援頓首辭謝，因曰：「當今之世，非但君擇臣，臣亦擇君耳！臣與公孫述同縣，少相善。

臣前至蜀，述陛戟而後進臣。臣今遠來，陛下何知非刺客姦人，而簡易若是！」帝復笑曰：「卿非刺客，顧說客耳。」援曰：「天下反復，盜名字者不可勝數。今見陛下恢廓大度，同符高祖，乃知帝王自有眞也。」

己丑五年

帝使來歙持節，送馬援歸隴右。隗囂與援共臥起，問以東方事曰：「前到朝廷，上引見數十，每接燕語，自夕至旦，才明勇略，非人敵也。且開心見誠，無所隱伏，闊達多大節，略與高帝同，　經學博覽，政事文辨，前世無比。」囂曰：「卿謂何如高帝？」援曰：「不如也。高帝無可無不可。今上好吏事，動如節度，又不喜飮酒。」囂意不懌曰：「如卿言，反復勝耶！」

○馬武 王霸擊蘇茂 周建，破之，建於道死，茂犇下邳，與董憲合。劉紆犇佼彊。

○彭寵、蒼頭、子密等三人殺寵以降，帝封子密爲不義侯。

○吳漢率耿弇等擊富平、獲索於平原，大破之。上因詔弇進討張步。

○帝以郭伋爲漁陽太守。伋承離亂之後，養民訓兵，開示威信，盜賊銷散，匈奴遠迹，在職五年，戶口增倍。

○平敵將軍龐萌，爲人遜順，帝信愛之，常稱曰：「可以托六尺之孤，寄百里之命者，龐萌是也。」使與蓋延共擊董憲。時詔書獨下延而不及萌，萌以為延譖己，自疑，遂反襲延軍，破之，與董憲連和，自號東平王。帝聞之，大怒，自將討萌，與諸將書曰：「吾常以龐萌為社稷之臣，將軍得無笑其言乎！老賊當族，其各厲兵馬，會睢陽！」

○隗囂問於班彪曰：「往者周亡，戰國並爭，數世然後定。意者從橫之事復起於今乎，將承運迭興，在於一人也」彪曰：「周之廢興，與漢殊異。昔周爵五等，諸侯從政，本根旣微，枝葉彊大，故其末流有從橫之事，勢數然也。漢承秦制，改立郡縣，主有專己之威，臣無百年之柄。至於成帝，假借外家，哀、平短祚，國嗣三絶，故王氏擅朝，能竊號位，危自上起，傷不及下，是以卽眞之後，天下引領而歎。十餘年間，中外騷擾，遠近俱發，假號雲合，咸稱劉氏，不謀同辭。方今雄桀帶州域者，皆無六國世業之資，而百姓謳吟思仰，漢必復興，已可知矣。」囂曰：「生言周、漢之勢可也，至於但見愚人習識劉氏姓號之故，而謂漢復興，踈矣！昔秦失其鹿，劉季逐而掎之，時民復知漢乎？」彪乃為之著王命論，以風切之曰：「昔堯之禪舜曰：『天之曆數在爾躬。』舜亦以命禹。洎于稷、契，咸佐唐、虞，至湯、武而有天下。劉氏承堯之祚，堯據火德而漢紹之，有赤帝子之符，俗見高祖興於布衣，不達其故，至比天下於逐鹿，幸捷而得之。不知神器有命，不可以智力求也。悲夫!此世所以多亂臣賊子者也！夫餓饉流隸，飢寒道路，所願不過一金，然終轉死溝壑，何則？貧窮亦有命也。況乎天子之貴，四海之富，神明之祚，可得而妄處哉！故雖遭離阨會，竊其權柄，勇如信、布，强如梁、籍，成如王莽，然卒潤鑊伏質，烹醢分裂。又况幺麽不及數子，而欲闇奸天位者乎！昔陳嬰之母以嬰家世貧賤，卒富貴不祥，止嬰勿王。王陵之母知漢王必得天下，伏劒而死，以固勉陵。夫以匹婦之明，猶能推事理之致，探禍福之機，而全宗祀於無窮，垂策書於春秋，而况大丈夫之事乎！是故窮達有命，吉凶由人。嬰母知廢，陵母知興，審此二者，帝王之分決矣。加之高祖寬明而仁恕，知人善任使，當食吐哺，納子房之策，拔足揮洗，揖酈生之說。擧韓信於行陳，收陳平於亡命，英雄陳力，羣策畢擧，此高祖之大略所以成帝業也。若乃靈瑞符應，其事甚衆，故淮陰、留侯謂之天授非人力也。英雄誠知覺寤，超然遠覽，淵然深識，收陵、嬰之明分，絶信、布之覬覦，則福祚流於子孫，天祿其永終矣！」囂不聽。彪遂避地河西。竇融以為從事，甚禮重之。彪遂為融畫策，使之專意事漢焉。

○初　竇融自守河西聞帝威德，心欲東向，以河西隔遠，未能自通，乃從隗囂受建武正朔。囂皆假其將軍印綬。囂外順人望，內懷異心，使辯士張玄說融等曰：「更始事已成，尋復亡滅，此一姓不再興之效！當各據土宇，與隴蜀合從，高可為六國，下不失尉佗。」融等召豪桀議之，其中識者皆曰：「今皇帝姓名見於圖書，漢有再受命之符。」融遂決策東向，遣長史劉鈞等奉書詣雒陽。帝見鈞懽甚，禮饗畢，乃遣還。賜融璽書曰：「今益州有公孫子陽，天水有隗將軍。方蜀漢相攻，權在將軍，擧足左右，便有輕重。以此言之，欲相厚，豈有量哉！欲遂立桓、文，輔微國，當勉卒功業。

欲三分鼎足，連衡合從，亦宜以時定。天下未幷，吾與爾絕域，非相吞之國。今之議者，必有任囂教尉佗制七郡之計。王者有分土，無分民，自適己事而已。」因授融為涼州牧。璽書至河西，河西皆驚，以為天子明見萬里之外。

○張步聞耿弇至，使其將軍歷下，又分兵屯祝阿，別於泰山、鍾城列營數十，以待之。弇渡河，先擊祝阿，拔之。時張步都劇，弇至臨淄城，出不意半日拔之，入據其城，以激怒步，步兵二十萬，至臨淄大城東，將攻弇，弇大破之。是時帝在魯，聞弇為步所攻，自往救之。未至，陳俊謂弇曰：「劇虜兵盛，可且閉營休士，以須上來。」弇曰：「乘輿且到，臣子當擊牛、釃酒以待百官，反欲以賊虜遺君父耶！」乃出兵大戰。自旦至昏，復大破之。殺傷無數，溝塹皆滿。弇知步困將退，豫置左右翼為，伏以待之。人定時，步果引去。復兵起縱擊，追至鉅昧水上。八九十里，僵尸相屬，收得輜重二千餘兩。步還劇，後數日，車駕至臨淄，自勞軍，羣臣大會。帝謂弇曰：「昔韓信破歷下以開基，今將軍攻祝阿以發迹，此皆齊之西界，功足相方。而韓信襲擊已降，將軍獨拔勍敵，其功又難於信也。又田橫烹酈生，及田橫降，高帝詔衛尉不聽為仇。張步前殺伏隆，若步來歸命，吾當詔大司徒釋其怨，又事尤相類也。將軍前在南陽，建此大策，常以為落落難合，有志者事竟成也！」帝進幸劇。耿弇復追張步，步犇平壽，蘇茂將萬餘人來救之。帝遣使告步、茂，能相斬降者，封為列侯。步遂斬茂，詣弇軍門降。弇入據其城，衆尚十餘萬，輜重七千餘兩，皆罷遣歸鄉里。封步為安丘侯。弇復引兵至城陽，降五校餘黨，齊地悉平，振旅還京師。弇為將，凡所平郡四十六，屠城三百，未嘗挫折焉。

○初 起太學。車駕還宮，幸太學，稽式古典，修明禮樂，煥然文物可觀矣！

○馮異治關中，出入三歲，上林成都。人有上章言：「異威權至重，百姓歸心，號為咸陽王。」帝以章示異，異惶懼，上書陳謝。詔報曰：「將軍之於國家，義為君臣，恩猶父子，何嫌何疑，而有懼意！」

○隗囂矜己飾智，每自比西伯。其將王元，說囂曰：「天水完富，士馬最强，元請以一丸泥為大王東封函谷關，圖王不成，其敝猶足以霸。要之，魚不可脫於淵，神龍失勢，與蚯蚓同！」囂心然元計，雖遣子入侍，然負其險阨，欲專制方面。

○是歲，詔徵處士太原周黨、會稽嚴光等至京師。黨入見，伏而不謁，自陳願守所志。博士范升奏曰：「伏見太原周黨、東海王良、山陽王成等，蒙受厚恩，使者三聘，乃肯就車。及陛見帝庭，黨不以禮屈，伏而不謁，偃蹇驕悍，同時俱逝。黨等文不能演義，武不能死君。釣采華名，庶幾三公之位。臣願與坐雲臺之下，考試圖國之道。不如臣言，伏虛妄之罪。而敢私竊虛名，誇上求高，皆大不敬！」書奏，詔曰：「自古明王、聖主必有不賓之士，伯夷、叔齊不食周粟，太原周黨不受朕祿，亦各有志焉。其賜帛四十匹，罷之。」帝少與嚴光同遊學，及卽位，以物色訪之，得於齊國，累徵乃至。拜諫議大夫，不肯受 去，耕釣於富春山中，以壽終於家。王良後歷沛郡太守、大司徒司直，在位恭儉，布被瓦器，妻子不入官舍。後以病歸，一歲復徵。至滎陽，疾篤，不任進道，過其友人。友人不肯見曰：「不有忠言奇謀而取大位，何其往來屑屑，不憚煩也！」遂拒之。良慚，自後連徵不應，卒於家。

本傳 曰：「光字子陵，少與光武同遊學。及光武卽位，光乃變名姓，隱身不見。帝思其賢，乃令以物色訪之。後齊國上言：『有一男子，被羊裘釣澤中。』帝疑其光，乃備安車玄纁，遣使聘之。三反而後至。車駕卽日幸其館。光臥不起，帝卽其臥所，撫光腹曰：『咄咄子陵，不可相助為理耶？』光乃張目熟視曰：『昔唐堯著德，巢父洗耳。士故有志，何至相迫乎！』帝曰：『子陵，我竟不能下汝耶？』於是升輿歎息而去。復引光入，論道舊故，相對累日，因共偃臥，光以足加帝腹上。明日，太史奏客星犯御座甚急。帝笑曰：『朕故人嚴子陵共臥爾。』除為諫議大夫，不屈，乃耕於富春山，後人名其釣處為嚴陵瀨焉。」

통감절요 17권

세조 광무황제(世祖 光武皇帝) 하(下)

경인(庚寅) 6년(서기 30년)

오한(吳漢) 등이 구(朐)읍을 함락시켰다. 동헌(董憲)과 방맹(龐萌)을 목 베니, 강회(江淮)와 산동지방이 모두 평정되었다.

○ 황제가 전쟁터에서 고생이 많았다. 외효(隗囂)가 아들을 보내 입시(入侍)하게 하고, 공손술(公孫述)은 멀리 변방을 점령하고 있었다. 여러 장수들에게 "우선 이 두 사람은 마음 밖에[1] 둘 수밖에 없다"고 말했다. (그리고는) 여러 장수들을 낙양에서 쉬게 하고, 군사들을 하내(河內)로 나누어 보냈으며, 자주 농(隴, 외효隗囂)과 촉(蜀, 공손술公孫述)에

---

1) 度外 도외 : 마음 밖, 법도의 밖

게 글을 보내[騰] 어떻게 하면 화가 있고, 어떻게 하면 복이 있을 것인가[禍福]를 말해주었다.

○ 풍이(馮異)가 장안으로부터 들어와 조정에 왔다. 황제가 공경에게 이르기를 "이 사람은 내가 기병(起兵)했을 때 주부(主簿)였다. 나를 위해서 가시밭길[荊棘]을 헤치고 관중을 평정했다" 하고는 알현이 끝나자, 진귀한 보물과 돈과 비단을 하사했다. 조서를 내려 "급한 중이라서 무루정(蕪蔞亭)에서의 콩죽과 호타하(滹沱河)에서 올린 보리밥의 두터운 호의를 오랫동안 갚지 못했다"라고 했다.

풍이가 머리를 조아리며 사례했다. "신이 들으니, 관중이 제(齊) 환공에게 '원컨대 임금께서는 허리띠 갈고리에 화살 맞았던 일[2]을 잊지 마십시오. 신은 함거[3]에 갇혔던 것을 잊지 않겠습니다'라고 말했습니다. 제(齊)나라가 이에 힘입었다 합니다. 신 역시 원하건대, 또한 국가는 황하 북쪽의

---

2) 射句 사구 : 주(註) 『춘추(春秋)』에 제(齊) 양공(襄公)이 취해 노(魯)의 환공(桓公)을 죽이고, 그의 부인과 사통했다. 또 자주 대신들을 기만하니, 여러 동생들이 화를 당할까봐 두려워했다. 다음 동생 규(糾)가 노(魯)로 도망했는데, 관중이 그의 시중(傅)이 되었다. 그 다음 동생 소백(小白)은 거(莒)로 달아났고, 포숙이 그의 시중이 되었다. 후에 양공(襄公)이 제인(齊人)에게 피살되자, 거(莒)에 있는 소백을 불렀다. 노(魯) 역시 공자 규(糾)를 보내면서, 관중에게 병사를 데리고 가게 했다. 거(莒)의 길을 막고 소백을 쏘았는데, 허리띠의 갈고리에 맞았다. 소백은 거짓으로 죽은 체 했다가, 먼저 제(齊)로 들어가 즉위했는데, 이가 환공이다. 노(魯)에서 이 일을 걱정해 마침내 공자 규를 죽이고, 관중을 가두어서 제(齊)의 경내로 들여보냈다. 포숙이 그의 쇠고랑[桎梏]을 풀어주고, 환공을 알현하게 해주었다. 관중이 정사를 맡고 난 후, 제후들을 아홉 번 회합하고 천하를 바로 잡았다

3) 檻車 함거 : 죄수 싣는 수레

고난을 잊지 마시고, 소신은 감히 간혔던 수레[4]의 은혜를 잊지 않겠습니다"라고 했다. 10여 일 동안 머물러 있다가, 처자와 함께 서쪽으로 돌아가게 했다.

○ 외효(隗囂)가 군대를 일으켜 모반했다.

○ 6월에 조서를 내렸다.

"무릇 관청을 늘어놓고 관리를 두는 것은 백성을 위한 것이다. 지금 백성들이 난리를 만나 호구가 줄어들었는데, 현의 관리직은 많이 두고 있다. 사예(司隸) 주목(州牧)에게 각각 부서를 실사[實]하게 해서 관리의 인원을 줄이고, 현(縣)이나 군국(國) 중에 장리(長吏, 지방관)를 안두어도 될 곳은 합병하게 하라"

이리하여 4백여 현을 모두 합병하고 줄이니, 관리의 직이 줄어들어 10에 하나를 두게 되었다.

○ 집금오 주부(朱浮)가 상소했다.

"옛날 요순(堯舜)의 성대에도 9년에 한번 관리를 승진·강등시키는 삼고(三考)[5]를 시행했고, 한(漢)이 일어났을 때에도 공적[功效]를 쌓으면, 관리들이 모두 오랫동안 근무해

---

4) 주(註) 풍이(馮異)는 건차향(巾車鄉)에서 한(漢) 병사에게 사로 잡혔었다. 광무제(光武帝)가 석방해주고, 그를 기용했다

5) 三考 삼고 : 주(註) 「순전(舜典)」에 쓰이기를 '삼고(三考)는 어리석은 자를 쫓아내고, 현명한 자를 승진시키는 것'이라 했고, 「채전(蔡傳)」에서는 '고(考)는 상세히 실사한다[核實]' 고 했다. 삼고(三考)는 9년이다. 9년이면 사람이 능력 있는가 아닌가, 일을 잘하는가 아닌가를 알 수 있으므로, 현명한 자는 승진시키고, 어리석은 자는 퇴출시킨다

자손들이 (그 관직에 있을 때) 장성하게 되었습니다.[6)]

요즘에 큰 고을 수령[守]과 작은 고을 수령[宰]을 자주 바꾸니, 새로운 사람을 맞이하고 서로 교대하느라 도로에서 피로해집니다. 평소에는[尋] 그 사무 보는 날이 적어져서 그 직을 확실히 파악할 수 없는데, 거기다가 심히 엄하게 (견책)하시어, 사람들이 스스로 자신을 보전하지 못합니다.

원컨대 폐하께서는 오랜 시간이 지난[7)] 이후를 마음에 두시고, 한 대(代)가 지난 후에 다스려지기를 바라신다면, 천하가 심히 행복해질 것입니다"

황제가 그 말을 채택해서, 이로부터 수령들을 바꾸고 교대하는 일이 많이 줄었다[簡].

○ 12월에 조서를 내려 "근자[頃]에 전쟁이 끝나지 않아 재정이 부족해 10분의 1세를 시행했었다. 지금은 양식이 다소 비축되었으니, 군국(郡國)으로 하여금 전조(田租) 30분의 1 세를 거두어 옛 제도와 같게 하라"고 했다.

○ 이보다 먼저 마원(馬援)은 외효가 한(漢)나라를 배반하려[貳] 한다는 말을 듣고, 자주 편지를 보내 꾸짖고 깨닫게 해주었지만[譬], 외효는 편지를 받고 더욱 노했다. 외효가 군대를 일으켜 반역하자, 마원은 이에 글을 올려 임금이

---

6) 주(註) '문제 때의 관리로 있는 자는 자손이 장대해졌다'는 (기록에) 의한다. 주(註)에 이 때 무사해 관리가 자주 전근가지 않았고, 심지어 자손이 장대해지기까지 했다고 말한다

7) 經年 경년 : 오랜 시간 일정한 시간이 지나는 것

있는 곳[8]에 가서 외효를 멸망시키는 방법을 다 진술할 것이니 들어주실 것을 원했다. 황제가 이에 그를 불러 계획을 말하게 했다.

신묘(辛卯) 7년(31년)

3월 그믐[晦]에 일식이 있어 백관들에게 조서를 내려 각각 밀봉한 글을 올리게 했다. 글을 올리는 자들에게 성스러움[聖]을 말하지 못하게 했다.

○ 태중대부(太中大夫) 정흥(鄭興)이 "지난 해에 일식이 매번 그믐에 많이 있었는데, 그때보다 먼저 (해와 달이) 합해진 것은 모두 달의 움직임이 빨랐기 때문입니다. 해는 군주의 형상이고, 달은 신하의 형상입니다. 임금이 너무 지나치게 엄하고 급하시면[9], 신하가 촉박해지므로 달의 행보가 빨라지는 것입니다. 지금 폐하께서는 높고 현명하시니, 여러 신하들이 당황하고 촉박합니다. 부드러움으로 강함을 다스리는 정치[10]에 유념하시고, 홍범(洪範)[11]의 법에 뜻을 두십시오"라고 상소했다.

황제가 몸소 정사를 부지런히 하면서 지나치게 엄히 닦

---

8) 行在所 행재소 : 거동 때 임금이 머무는 곳

9) 亢 항 : 너무 지나침, 엄하고 급하다. 목, 목덜미

10) 柔克之政 유극지정 : 부드러움으로 강한 것을 다스리는 정치

11) 洪範之法 홍범지법 : 하(夏) 우(禹)임금 때 낙수(洛水)에서 나온 신귀(神龜)의 등에 있었다는 9장(九章)의 문장으로, 천하를 다스리는 대법으로 삼은 것

달하므로, 정홍이 그것을 언급해 아뢴 것이다.

○ 대사농(大司農) 강풍(江馮)이 "마땅히 사예교위(司隷校尉)에게 삼공(三公)을 감독하고 규찰하게 해야 합니다"라고 아뢰었다.

사공연(司空椽) 진원(陳元)이 상소했다.

"신이 듣건대, 신하를 스승으로 삼는 자는 황제가 되고, 신하를 손님으로 대하는 자는 패자가 된다고 했습니다. 그러므로 무왕(武王)은 태공(太公)을 스승으로 모셨고, 제(齊) 환공(桓公)은 관중(管仲)을 중부(仲父)로 모셨으며, 근자에 고제(高帝)께서는 상국(相國)을 예우하셨고, 태종(太宗)은 재상[12]의 권한을 빌려주었습니다.

폐하께서는 마땅히 문왕과 무왕의 성스러운 법을 닦으시고, 조상[祖宗]이 남기신 덕을 답습해 선비에게 자신을 낮추고, 절조를 굽혀서 현자를 대우하도록 노력하셔야 합니다. 참으로 유사(有司)에게 삼공[公]과 재상[輔]의 죄를 규찰하게 해서는 안 됩니다"

황제가 그 말을 따랐다.

○ 황제가 도참(圖讖)[13]을 좋아해서 정홍과 함께 교외에서 지내는 제사의 일을 의논했다. 황제가 "나는 도참으로

---

12) 宰輔 재보 : 재상, 승상. 제왕을 도와 정무를 총리하는 대신

13) 圖讖 도참 : 장래의 길흉을 예언한 책

그것을 판단하고자 한다. 어떠한가?"라고 물으니, 정홍은 "신은 도참을 하지 않습니다"고 대답했다. 황제가 노해 "경이 도참을 하지 않는다는 것은 그것을 그르다고 여겨서인가?"라고 물으니, 정홍은 황공해하며 "신은 도참서에 대해 아직 배운 것이 없다는 것이지, 그르다고 여기지는 않습니다"라고 대답했다. 황제의 노여움이 이에 풀렸다.

○ 남양태수(南陽太守) 두시(杜詩)의 정치가 깨끗하고 공평해 백성들이 편하게 여겼고, 또 제방과 연못을 잘 관리하고[治], 전지(田地)를 널리 개척해 군내에 집들이 즐비하고 풍족했다. 당시 사람들은 (그를) 소신신(召信臣)에 비교했다. 남양 사람들이 그를 말하기를 "전에는 소부(召父)가 있었는데, 뒤에는 두모(杜母)가 있다"고 했다.

임진(壬辰) 8년(32년)

여름에 황제가 직접 군대를 거느리고 외효를 정벌하니, 광록훈 곽헌이 "동방이 처음 평정되었는데, 임금의 수레[車駕]가 멀리 정벌하러 가서는 안 됩니다" 간언하고는, 수레를 막고 패도[佩刀]를 꺼내 수레 끄는 말의 가슴걸이[靷]를 끊었다. 그러나 황제가 이를 따르지 않고, 서쪽으로 가서 칠[漆]에 이르렀다.

여러 장수들이 입을 모아 '왕이 거느린 군대는 중요하므로, 마땅히 험한 곳에 멀리 들어가서는 안된다'고 간언했다. 주저하고 결정하지 못하다가 황제가 마원을 불러서 물었다. 마원은 "외효의 장수들은 흙이 무너지는 형세에 있습니다.

(현재) 상황은 군대가 진격하면 반드시 격파할 것입니다"라고 대답했다.

또 황제의 앞에서 쌀을 모아 산과 계곡 모양을 만들어놓고 형세를 그림으로 그려서 지적하면서, 여러 군대가 따라갈 길의 왕래에 대해 펼쳐서 보여주고, 분석해서 분명하게 알 수 있게 해주었다. 황제는 "오랑캐가 내 눈 안에 있다"고 말하고는 다음날 새벽 마침내 진군했다.

여러 길을 따라 농(隴)으로 올라가면서, 왕준(王遵)에게 편지로 우한(牛邯)을 불러 항복시키고, 우한을 태중대부에 임명했다. 이리하여 외효의 대장 13명과 속현 16현, 병사 10여만명이 모두 항복했다. 외효가 처자식을 거느리고 서성(西城)으로 달아났다. 조서를 내려 외효에게 "만약 손을 묶고 스스로 오면 부자가 서로 만나보게 될 것이요, 다른 일은 없을 것이라는 것을 보장하겠다"라고 했으나, 외효는 끝내 항복하지 않았다.

영천에서 도적들이 떼지어 일어나 속현을 노략질하고 몰수했고, 하동(河東)을 지키는 병사들이 또한 배반해 경사가 소란해졌다. 황제가 그것을 듣고 "내 곽헌[郭子橫]의 말을 따르지 않은 것이 후회스럽구나!"라고 했다.

가을 8월에 황제가 상규(上邽)를 출발해 새벽부터 밤까지 동쪽으로 달려갔다. 잠팽(岑彭) 등에게 "두 성이 만약 함락되면, 곧바로[便] 군대를 거느리고 남쪽으로 가서 촉(蜀) 땅의 오랑캐를 공격할 것이다. 사람이 만족할 줄 모르는 것이 괴롭구나. 농(隴)을 평정하고 나자, 다시 촉(蜀)을 바라는구나. 매번 한 번 군대를 일으킬 때마다 머리와 수염이 하예

진다"는 글을 내렸다.

9월에 임금의 수레가 환궁했다. 황제가 집금오(執金吾) 구순(寇恂)에게 "영천(潁川)은 경사와 매우 가까우니, 마땅히 이 때에 평정해야 한다. 생각컨대, 오직 경만이 평정할 수 있을 뿐이다. 구경(九卿)[14]에서 다시 나가 나라를 걱정해줄 수 있겠는가?"라고 물었다.

구순은 "영천의 도적들이 폐하께서 농과 촉을 정벌하는 일을 일삼고 있다는 것을 들었을 것이고, 그 때문에 미친 자들이 틈을 타서 서로 남을 속이고 잘못되게 인도했을[15] 뿐입니다. 만약 임금의 수레가 남쪽으로 향한다는 말을 들으면, 도적들은 반드시 두려워해 죽기를 청할 것이니[歸死], 신이 원컨대 무기를 잡고 선봉이 되겠습니다"라고 대답했다. 황제가 그 말을 따랐다. 경신(庚申)일에 임금의 수레가 남쪽을 정벌하니, 영천의 도적이 모두 항복했다.

구순이 끝내 군수에 임명되지 않자, 백성들이 길을 가로막고 "원컨대 폐하로부터 구순(寇君)을 다시 1년만 빌리고자 합니다"라고 했다. 이에 구순을 장사(長社)에 남겨두어 관리와 백성들을 다스리고 어루만지게 하고, 나머지 항복하는 자들을 받아들이게 했다.

동군(東郡)과 제음(濟陰)에도 도적이 일어났으므로, 황제가 이통(李通)과 왕상(王常)을 보내 이들을 공격하게 했다.

---

14) 주(註) 이때 구순은 집금오였다. 비록 9경(九卿)은 아니지만, 경(卿)에다 더해줬다[陪]

15) 詿誤 괘(규)오 : 남을 속여 그릇된 방향으로 인도

경순(耿純)이 예전에 동군태수를 했기 때문에, 위(衛)땅에서 위용과 신의가 있었다. 사자를 보내 경순을 태중대부로 임명해 동군(東郡)에서 대군(大軍)과 만나게 했다. 동군(東郡)에서는 경순이 경계에 들어온다는 말을 듣고, 도적 9천여 명이 모두 경순에게 항복했다. 대군이 싸우지 않고 돌아왔다. 옥새 찍힌 조서[璽書]를 내려 다시 경순을 동군태수로 임명했다.

계사(癸巳) 9년(33년)

제준(祭遵)이 죽었다. 제준은 사람됨이 청렴하고 검약하며, 조심스럽게 (일을 처리했다). 사심을 누르고 공적인 일을 받들었으며, 자기가 상으로 받은 것을 모두 사졸들에게 주었다. 법령[約束]이 엄정하니, 그의 소재지에 있는 관리와 백성들은 군대가 주둔한다는 것을 의식하지 못했다.

선비를 뽑을 때 모두 유학을 공부한 자를 썼으며, 술자리에서 음악을 연주할 때에는 반드시 아가(雅歌)[16]를 노래하고, (예기에 나와 있는) 놀이[投壺]를 했다. 임종할 때에는 박장(薄葬)[17]하도록 유언했다. 집안일을 물었으나 끝내 아무 말도 없었다.

그 후 조회 때마다 황제가 매번 탄식하며 "어떻게 하면 제준[濟征虜]과 같이 국가를 걱정하고 공적인 일을 받들 수 있는 자를 얻을 수 있겠는가?"라고 말했다.

---

16) 雅歌 아가 : 바른 노래, 바른 노래를 함, 아악(雅樂)

17) 薄葬 박장 : 간략한 장사

외효가 병들고 굶주리다가 울분으로 죽으니, 작은 아들인 외순(隗純)이 즉위해서 왕이 되었다. 가을에 내흡(來歙)이 풍이 등 다섯 장군을 거느리고 천수(天水)에서 외순을 토벌했다.

갑오(甲午) 10년(34년)

10월 외순이 항복하니, 농우 지역이 마침내 안정되었다.

을미(乙未) 11년(35년)

잠팽(岑彭)이 자주 전융(田戎) 등을 공격했으나 승리하지 못하자, 황제가 오한(吳漢)을 보내 형주(荊州)의 군대를 징발해 잠팽과 함께 형문(荊門)에서 만나게 했다. 잠팽(岑彭)이 전선 1천척을 갖추어 곧바로 교량[浮橋]을 들이받고, 순풍을 타고 전진했다. 배가 향하는 곳에 앞을 가로막는 자가 없었다.

촉군이 크게 혼란해지고, 물에 빠져 죽은 자가 수천 명이었다. 승승장구해 강의 관문으로 들어간 다음, 군대 내에 노략질을 하지 못하도록 명령했다. 촉(蜀)지방의 백성들이 크게 기뻐해서 다투어 성문을 열고 항복했다.

○ 6월에 내흡이 개연(蓋延)과 함께 진격해 왕원(王元)과 환안(環安)을 공격해서 크게 격파했다. 촉(蜀)지방 사람들이 크게 두려워해 자객을 시켜 내흡을 찔러 중상을 입혀서 죽게 했다.

조왕(趙王) 유량(劉良)이 황제를 따라 내흡의 관[喪]을 보내고 돌아올 때, 하성문(夏城門)으로 들어가다가 중랑장 장한(張邯)과 길을 다투었다. 장한을 꾸짖어 수레를 되돌리게 했고, 또 문지기를 힐책해 앞으로 수십보를 달리게 했다.

사예교위 포영(鮑永)이 "유량은 제후로서[藩臣][18] 예의가 없고, 크게 불경합니다"라고 유량을 탄핵했다. 유량은 귀척으로 신분이 높고 귀한 사람이었는데, 포영이 탄핵하니, 조정이 숙연해졌다.

포영은 부풍(扶風)인 포회(鮑恢)를 발탁해 도관종사(都官從事)로 삼았는데, 포회 또한 성질이 꼿꼿하고 강직[伉直]해서 세력 있는 자를 피하지 않았다. 황제가 항상 말하기를 "귀척들도 두 손을 오므리고[斂手] 두 명의 포[二鮑]를 피한다"고 했다.

○ 공손술이 그의 장수 연잠(延岑)에게 광한(廣漢) 땅을 막게 하고, 후단(侯丹)에게 황석(黃石)땅을 막게 했다. 잠팽(岑彭)이 후단을 습격해 크게 격파하고, 이른 새벽과 밤을 틈타 행군 속도를 배가해 2천여 리를 가서 곧바로 무양(武陽)을 함락하고, 정예기병에게 말을 달려 광도(廣都)를 공격하게 했다. 성도(成都)에서 수십리 떨어진 곳에 갔는데, 형세가 폭풍우와 같으니, 이르는 곳마다 적병들이 모두 도망해 흩어졌다.

처음에 공손술은 한(漢)나라 군대가 평곡(平曲)에 있다는 말을 들었다. 대병을 보내 맞아 싸우게 했는데, 잠팽이 무

---

18) 藩臣 번신 : =제후, 왕실의 번병(藩屛. 울타리)이 되는 신하

양에 이르러 연잠의 군대 뒤에서 나와 포위했다. 촉(蜀) 땅이 떨고 놀랐다. 공손술이 크게 놀라 지팡이로 땅을 치며 "이 사람은 무슨 신인가?"라고 말했다. 이에 자객을 시켜 거짓으로 도망한 노예라고 하고, 잠팽에게 항복했다가 밤에 잠팽을 찔러 죽였다.

○ 마성(馬成) 등이 하지현(河池縣)을 격파하고, 마침내 무도(武都)를 평정했다.

○ 곽급(郭伋)은 병주목(幷州牧)이었는데, 경사를 지날 때 황제가 정사의 득실을 물었다. 곽급이 "뽑아서 여러 직책을 채우려고 한다면, 마땅히 천하의 현자와 준걸들을 선발해야 합니다. 오로지 남양(南陽) 사람만을 써서는 안 됩니다"라고 대답했다. 이때 지위에 있는 자들 중 황제의 고향 사람과 옛 친구가 많았으므로 곽급이 언급한 것이었다.

병신(丙申) 12년(36년)

오한이 보병과 기병 2만명을 거느리고 진격해 성도에 바짝 다가갔다. 공손술과 함께 광도와 성도 사이에서 싸웠는데, 8번 싸워 8번 승리했다.

○ 11월에 장궁(臧宮)이 함양문(咸陽門)에 군대를 주둔시켰다. 공손술이 직접 수만 명을 거느리고 가서 오한을 공격하고, 연잠에게 장궁을 막게 했다. 큰 전투가 있었고, 연잠이 세번 싸워서 세번 승리했다. 새벽부터 해가 중천에 올 때까지 군사들이 밥을 먹지 못했고, 모두 지쳐있었다.

한(漢)나라가 이 틈을 타서 호군(護軍)인 고오(高午)와 당한(唐邯)에게 정예기병 수만명을 거느리고 가서 공격하게 했다. 공손술의 군대가 크게 혼란해졌다. 고오가 적진으로 달려들어 공손술의 가슴을 찔러 관통[洞]시켰다. 말에서 떨어지자, 측근들이 수레에 태워 성 안으로 들어갔다. 공손술이 군대를 연잠에게 맡기고 그날 밤에 죽었다. 다음 날 아침에 연잠이 성을 들어 항복했다.

○ 처음에 공손술이 광한(廣漢)의 이업(李業)을 불러 박사로 삼았는데, 이업이 병을 핑계대고 나오지 않았다. 공손술은 그를 오게 할 수 없는 것을 부끄럽게 여겨 독주(毒酒)를 하사했다. 이업이 한탄하며 "옛 사람이 위태로운 나라에 들어가지 않고, 어지러운 나라에 살지 않는 것은 이 때문이다"라고 말하고, 마침내 독주를 마시고 죽었다.

공손술이 또 파촉(巴蜀)의 초현(譙玄)을 초빙했으나 초현이 오지 않자, 역시 사자를 보내 독약으로 위협했다. 공손술이 촉(蜀)의 왕호(王皓)와 왕가(王嘉)를 부를 때 그들이 오지 않을까 염려해 먼저 그 처자식을 포박하자, 왕호와 왕가가 모두 자살했다.

건위군의 비이(費貽)는 공손술에게 벼슬하고 싶지 않아, 몸에 옻칠을 해 문둥이[癩]가 되었고, 거짓으로 미친 체 해 그 일을 피했다. 같은 군의 임영(任永)과 풍신(馮信)은 모두 눈뜬 봉사[19]라 핑계대고 부르는 명령을 사양했다.

---

19) 靑盲 청맹 : 눈뜬 봉사, 눈알은 있는데 안 보이는 사람, 녹내장, 녹색 색맹

황제가 촉(蜀)을 평정하자, 초현은 이미 죽고 없었다. 제물을 잘 차려[中牢] 제사하고, 그가 살던 곳에 명령해 집과 돈을 돌려주었다. 이업의 마을을 표창했다. 비이와 임영, 풍신을 불렀는데, 마침 임영과 풍신은 병으로 죽고 없었다. 오직 비이만 벼슬해서 합포태수(合浦太守)까지 이르렀다.

○ 황제가 수양령(睢陽令) 임연(任延)을 무위태수(武威太守)로 삼고, 친히 만나보고 경계해서 말하기를 "상관(上官)을 잘 섬겨서 명예를 잃지 말라"고 했다. 임연이 대답하기를 "신이 듣건대 충신은 사사롭지 않고, 사사로운 신하는 충직하지 않다고 했습니다. 바른 일[正]을 실천하고 공(公)을 받드는 것은 신하의 절개이며, 상하가 부화뇌동(附和雷同)하는 것은 폐하의 복이 못됩니다. 상관을 잘 섬기라고 말씀하셨는데, 신은 감히 명령을 받들 수 없습니다"라고 했다. 황제가 감탄하며 "경의 말이 옳다"고 했다.

정유(丁酉) 13년(37)

이때 이국(異國)에서 하루에 천리길을 가는 명마를 바친 자, 또 값어치가 1백금(百金)인 보검을 바친 자가 있었다. 황제가 명령해 보검은 기사(騎士)에게 하사하고, 말은 북수레[鼓車]를 끌게 하도록 했다. 황제는 평소[雅]에 음악 듣는 것을 좋아하지 않았고, 손에는 주옥(珠玉)을 지니지 않았다.

황제가 일찍이 사냥을 나갔다가 임금의 수레가 밤에 돌아왔는데, 상동문(上東門)의 문지기인 질운(郅惲)이 관문을 닫고 열어 주지 않았다. 상이 종자(從者)에게 문틈으로 얼굴을 보게 했는데, 질운이 말하기를 "불빛이 멀어서 식별할 수가 없다"고 했다. 끝내 명령을 받들지 않으므로, 상이 마침내 돌아서 중동문(中東門)으로 들어갔다.

다음날 질운이 "옛날에 문왕은 감히 사냥터[游田]에서 어정거리며 즐기지[盤] 않았는데, 만민들이 정당하게 공납한 것을 가지고 (즐겼기) 때문입니다. 폐하께서는 멀리 산림으로 사냥 나가고, 밤낮으로 계속하시니, 사직과 종묘를 어찌 하시렵니까?"라고 상서해 간언했다. 글을 아뢰자, 질운에게 삼베 1백필을 하사하고, 중동문의 문지기는 좌천시켜 참봉현(參封縣)의 위(尉)로 삼았다.

장병과 공신들에게 크게 잔치를 열고 봉읍(封邑)을 정했다. 등우는 고밀후(高密侯)의 작위와 4개 현의 식읍을 받았고, 이통은 고시후(固始侯), 가복은 교동후(膠東侯)와 6개의 현을 식읍을 받았다. 나머지는 모두 차등을 두어 하사했다.

황제가 전쟁터에 오래 있었기 때문에 전쟁에 염증을 냈고, 또 천하도 (전쟁 때문에) 피폐해지고 소모되었다고 여겼다. 즐겁게 쉬고 싶어서 농과 촉이 평정된 이후에는 놀랄 정도로 급한 상황이 아니면, 다시는 군대의 일을 말하지 않았다. 황태자가 일찍이 공격하고 전쟁하는 일을 묻자, 황제가 말하기를 "옛날 위(衛)나라 영공(靈公)이 군대의 진법[陳]을 묻자, 공자께서 대답하지 않으셨다. 이는 네가 알 바가 아니다"라고 했다.

등우와 가복은 황제가 전쟁을 중지하고[偃] 문덕을 닦으며[修], 공신들이 경사에서 병력을 거느리는 것을 바라지 않는다는 것을 알았다. 마침내 갑옷과 무기를 버리고 유학

(儒學)을 닦았다. 황제 또한 깊이 생각해, 공신들에게 작위와 토지 주는 일을 완결지어[完], 공신들이 관직에 있으면서 오점을 만들지 않도록 하려고 했다.

마침내 좌우 장군의 관직을 파직시켰다. 경감(耿弇) 등이 또한 대장군의 도장과 끈을 올리고, 모두 열후로서 사저로 갔다. 특진의 직함을 더해주고, 봄과 가을에 알현하게 했다[20].

등우가 집에 있을 때의 행동[21]은 순박하고 갖춤이 있었다. 아들 13명이 있었는데, 각각 한 가지 학문[藝]을 지키게 했다. 집안을 잘 다스리며 자제들을 가르쳐서, 모두 후세의 모범[法]이 될 만했다. 자본은 봉국에다 쓰고, 자산[產]과 이익에 힘쓰지[修] 않았다.

가복은 사람됨이 굳세고 강직하며, 바르고 곧았고, 큰 절도가 있었다. 사저[私第]로 돌아오자 문을 닫고[闔] 위엄과 높은 덕[重]을 닦았다. 주우(朱祐) 등이 가복을 천거해 재상으로 삼아야 한다고 했으나, 황제가 이때 관리의 일을 삼공에게 맡겼[責]으므로, 공신들은 모두 등용되지 않았다.

이때 열후 중 오직 고밀후(高密侯)와 고시후(固始侯), 교동후(膠東侯) 등 3명의 제후가 공경들과 함께 국가의 대사에 참여해 의논했다. 심히 두터운 은혜와 예우를 받았다.

황제가 비록 공신들을 제어했으나, 매번 너그러이 법을 굽혀서 용납하고[22], 작은 과실은 용서해주었다. 먼 지방에

---

20) 朝請 조청 : 조(朝) 봄. 청(請) 가을에 임금을 알현하는 것

21) 內行 내행 : =사행(私行). 집에 있을 때의 행동

서 진귀하고 맛있는 음식을 공납하면, 먼저 제후들에게 두루 하사해 태관(太官)에는 남은 것이 없었다. 그러므로 공신들이 모두 복록(福祿)을 보장 받았고, 죽임을 당하거나 견책을 받은 자가 없었다.

○ 이때 병란이 종식되니, 천하에 일이 적어졌다. 각종 문서나 요역 관리[調] 하는 일은 간단하고 적게[23] 하려고 힘쓰니, 곧 열에 하나만 남게 되었다.

무술(戊戌) 14년(38년)

양통(梁統)이 상소했다.

"신이 삼가 살펴보니, 원제(元帝) 초원(初元) 5년에 사형[24]을 감형해준 일이 34건이었고, 애제(哀帝) 건평(建平) 원년에는 사형을 가볍게 해준 일이 81건 이었습니다. 그 중 42건은 손으로 사람을 죽인 자를 사형에서 한 등급 감해준 것으로, 이 뒤로부터 정상의 법으로 기록[著] 되었습니다. 그러므로 사람들은 가볍게 법을 범하고, 관리들은 쉽게 사람을 죽입니다.

『서경』에서 이르기를 '그리하여 백성들을 적당한[衷] 형벌로 제어한다'고 했는데, 적당함이라는 말은 가볍지도 않고 무겁지도 않는 것을 말합니다. 고조로부터 효선제에

22) 回容 회용 : 법을 굽혀서 용납함

23) 簡寡 간과 : 간이하고 적음

24) 殊死刑 수사형 : 註 수(殊)는 절(絶)이고, 이(異)이다. 그 몸과 머리를 끊어 따로 두는 것이다

이르기까지 천하가 잘 다스려졌다고 말할 수 있는데, 초원과 건평 연간이 되자, 도적들이 점점 많아졌습니다. 형벌이 적당하지 못하므로, 어리석은 사람들이 쉽게 법을 범해서 그런 일이 생긴 것입니다.

이로 말미암아 살펴보건대, 형벌을 가볍게 만들어놓은 것이 도리어 큰 우환을 낳았고, 궤도를 벗어난 간교한 자에게 은혜를 베풀고, 선량한 자에게 피해를 끼치게 된 것입니다"

일을 덮고 답변하지 않았다.

기해(己亥) 15년(39년)

봄에 대사도(大司徒) 한흠(韓歆)이 면직되었다. 한흠은 직언을 좋아해 숨기고 피하는 것이 없으니, 황제가 매번 용납할 수 없었다. 한흠이 황제 앞에서 그 해에 기근과 흉년이 들 것을 증험하면서, 하늘을 가리키고 땅을 그었으며 언사가 매우 강했다. 이 때문에 면직되어 고향으로 돌아갔다. 황제가 여전히 노여움이 풀리지 않아 다시 사자를 보내 교서로 질책하니, 한흠과 그 아들 영(嬰)이 모두 자살했다.

한흠은 평소 큰 명망이 있었는데, 죄도 아닌 것으로 죽으니, 사람들이 대부분 만족하지[厭] 못했다. 황제가 이에 돈과 곡식을 내려주어 추모하고, 예를 갖추어[成禮] 장사지내주었다.

온공(溫公)이 말했다.

"옛날에 고종(高宗)이 설(說)에게 명령하기를 '만약 약을 먹었는데 명현현상[25]이 없으면 그 병은 낫지[瘳]않는다'고 했다. 무릇 간절하고 곧은 말은 신하에게는 이롭지 않지만, 바로 국가에게는 복이다. 이 때문에 군주가 밤낮으로 직언을 구하고, 그런말을 듣지 못할까봐 두려워하는 것이다.

애석하다! 광무제 시대에 한흠이 직간(直諫)으로 죽었으니, 어찌 인자하고 현명함에 누(累)가 되지 않겠는가"

황제는 천하의 개간한 전지(田地)를 실제로 스스로 점유하지 않은 것이 많았고, 또 호구가 세월에 따라[26] 서로 증감이 있자, 주군(州郡)에 조서를 내려 사실을 조사해 밝히라[27]고 지시했다.

이에 다수의 자사와 태수가 속임수를 만들어, 전지를 측량한다[度]는 명목으로 백성들을 전지 가운데에 모아 놓고, 집과 마을을 측량했다. 백성들이 길을 막고 울부짖었다[啼呼]. 어떤 관리의 경우 호걸과 힘있는 자[豪右]들에게는 넉넉히 해주고, 가난하고 약한 자[羸弱]들에게는 침해하고 각박하게 했다.

이때 여러 군이 각각 사자를 보내 일을 아뢰었는데, 황제가 진류(陳留)의 아전이 올린 문서[牘] 위에 글이 적혀 있는 것을 보았다. 내용을 살펴보니, 거기에 "영천과 홍농은 물을 수 있으나, 하남과 남양은 물어서는 안된다"고 씌어 있었다.

---

25) 瞑眩 명현 : 약의 부작용으로 인한 구토, 어지럼증

26) 年紀 년기 : 해, 세월, 나이 연령

27) 檢覈 검핵 : 사실을 조사해 밝힘

황제가 아전에게 그 이유를 묻자, 아전이 대답하려 하지 않고 장수(長壽)의 거리에서 주었다고 핑계댔다[抵言]. 황제가 노했다. 이때 황자(皇子)인 동해공(東海公) 양(陽)은 나이가 12세였는데, 장막 뒤에 있다가 "관리가 군의 명령을 받고, 당시에 개간한 토지를 서로 비교하고자 하는 것일 뿐입니다"라고 말했다.

황제가 "그렇다면, 무엇 때문에 하남과 남양은 물을 수 없다고 했겠느냐?" 하니, "하남은 황제의 도성이라 가까운 신하가 많고, 남양은 황제의 고향이라 가까운 친척이 많으니, 밭과 집이 정해진 한도를 넘더라도 기준을 가지고 (제재) 할 수가 없기 때문입니다"라고 대답했다.

황제가 호분장(虎賁將)을 시켜 아전을 힐책하고 물었다. 아전이 그제야 자복해서 동해공의 대답과 같다고 했다. 상이 이로 말미암아 양(陽)을 더욱 특별히 아끼고 사랑했다.

알자(謁者)를 보내 2천석의 지방관으로서 아첨하고 굽히면서 공평하게 처리하지 않은 자들을 실사하게 했다.

○ 장감(張堪)이 어양태수(漁陽太守)에 임명되었다. 장감이 정사를 본지 8년에 흉노가 감히 변방을 침범하지 못했고, 백성들에게 농사를 권장해 부자가 되게 해주었다. 백성들이 "뽕나무에는 붙은 가지가 없고, 보리 이삭은 두 갈래로 나오네! 장군(張君)이 정치를 하니 즐거움이 (너무 많아) 지탱할 수 없도다[支]"라고 노래했다.

경자(庚子) 16년(40년)

여러 도적들이 군국(郡國)의 곳곳에서 함께 일어났다. 군현에서 추격해 토벌했는데, 군대가 도착하면 해산하고, 군대가 떠나가면 다시 자리 잡고 결집했다. 청주(淸州) 서주(徐州) 유주(幽州) 기주(冀州)의 네 고을이 더욱 심했다.

겨울 10월에 사자를 군국(郡國)에 내려 보내 여러 도적들이 스스로 규찰해 적발[28]하도록 허용했다. 다섯명이 함께 한 명을 목 베면, 그 죄를 면제해 주었다. 이에 서로 추격하고 체포해서 도적들이 모두 해산되었다. 그 괴수를 다른 군으로 옮기고, 백성들에게 토지를 주고[賦], 먹을 것[29]을 받게 해서 생업을 안정시켜 주었다. 이로부터 소와 말을 방목하고도 거두어들이지 않았고, 마을의 문을 닫지 않았다.

신축(辛丑) 17년(41년)

곽후(郭后)는 자신에 대한 총애가 식자, 자주 원망하는[懟]마음을 품었다. 황제가 노해 황후 곽씨를 폐하고, 귀인 음씨(陰氏)를 세워 황후로 삼았다.

○ 황제가 장릉(章陵)에 행차해 원묘(園廟)를 수리하고 옛집에서 제사지냈다. 토지와 집을 돌아보고, 술자리를 베풀어 풍악을 울리고 상을 내렸다. 이때 종실의 여러 아주머

---

28) 糾擿 규적 : 규찰해 적발하다

29) 稟 품 : 줄. 주(註) =름(廩), 옛날이 먹을 것을 줄 때 창름(倉廩)에서 가져다 주었기 때문에 름(稟)이라고 한다. 름의 식량을 준다는 뜻

니들이 술에 취해 즐거워했다.

서로 말하기를 "문숙(황제)이 젊었을 때엔 삼가고 참해[謹信] 남과 터놓고 지내지[30] 못하고 다만 바르고 유순할 뿐이었는데, 지금 보니 이와 같을 수가 있구나!" 했다. 황제가 이 말을 듣고 크게 웃으며 "내가 천하를 다스리는 일도 역시 부드러운 도(道)로 하고자 한다"고 했다.

○ 교지(交趾)의 여자가 반란을 일으켰다. 마원을 복파장군(伏波將軍)으로 임명해 교지를 공격해 크게 격파했다.[31]

계묘(癸卯) 19년(43년)

곽후가 폐위되자, 태자 강(彊)은 마음이 스스로 편안하지 못했다. 질운이 태자를 "오랫동안 의심스러운 자리에 있으면 위로는 효도에 위배되고, 아래로는 위태로워집니다. 태자의 지위를 사양해 어머니를 봉양하는 것이 낫습니다"라고 설득했다.

태자가 그의 말을 따랐다. 자주 황제의 좌우 신하들과 여러 제후 왕들을 통해 자신의 간곡한 마음을 진술하고, 번국

---

30) 款曲 관곡 : 허물을 터놓다, 격의 없음, 진실한 마음

31) 후한의 교지태수(交趾太守)가 쯩짝의 남편을 처형하자, 이를 계기로 교지(交趾=현 베트남)의 저항운동이 일어났다. 토호의 딸이었던 쯩짝은 곧 동생 쯩니와 함께 반란을 일으켜 토착지배계층의 지지를 받으며, 교지 북부로부터 광둥성의 남부에 이르는 65개성을 쉽사리 함락시키고, 스스로 왕위에 올랐다. 이 해(41년) 마원이 교지로 출발해 다음 해(42년) 랑박(浪泊)에서 쯩자매의 군대를 격파하고, 이듬해 정월에 패주하는 이들 자매를 붙잡아 사형에 처했다

을 갖추어주기[備]를 원했다. 상이 차마 태자를 폐위하지 못하고, 지체하고 회피한 지가 여러 해였다.

6월에 조서를 내려 "춘추 도리에 아들은 귀한 자를 세운다고 했으니, 동해왕 양(陽)은 황후의 아들이므로 마땅히 대통을 이어야 할 것이다. 황태자 강(彊)은 숭고한 집념으로 겸손하게 물러나서 번국 갖는 것을 원하니, 부자의 정으로 오랫동안 그 뜻을 어기기가 힘들다[重]. 강(彊)을 동해왕으로 삼고, 양(陽)을 세워 황태자로 삼아 이름을 장(莊)으로 고쳐라"라고 했다.

○ 상이 환영(桓榮)을 의랑(議郞)으로 삼아 태자에게 경서를 가르치게 했다. 임금의 수레가 태학에 행차하니, 마침 여러 박사들이 임금의 앞에서 논란했는데, 환영이 경서의 뜻을 분별하고 밝히니, 학자들 중에 그에게 미치는 자가 없었다. 이에 특별히 상을 내렸다.

○ 진류의 동선(董宣)이 낙양령(雒陽令)이었는데, 호양공주(湖陽公主)의 노예[32]가 한낮에 사람을 죽이고 공주의 집에 숨으니, 관리가 체포할 수 없었다. 공주가 행차해 나갈 때, 그 노예를 같이 타고 가게[33] 했다.

동선이 하문정(夏門亭)에서 기다리고 있다가 수레를 멈추게 했다. 말고삐를 잡고는 땅을 칼로 그으며 큰 소리로 공

---

32) 蒼頭 창두 : 노예

33) 驂乘 참승 : 귀인을 모시고 수레에 함께 탐

주의 잘못을 하나 둘 세고, 종을 꾸짖어 수레에서 내리게 해서 맨손으로 쳐서 죽였다.

공주가 즉시 궁으로 돌아와 황제에게 하소연했다. 황제가 크게 노해 동선을 불러 때려죽이려고 했다. 동선이 머리를 조아리며 "한마디 말씀을 올리고 죽기를 원합니다"고 아뢰었다.

황제가 "무슨 말을 하고자 하는가?" 하니, 동선이 아뢰기를 "폐하께서 성스러운 덕으로 중흥하셨는데, 노예가 살인한 것을 그대로 놓아주신다면, 장차 어떻게 천하를 다스리겠습니까? 신은 굳이 매를 때리실 필요가 없습니다. 청컨대 스스로 죽게 해주십시오" 하고는, 즉시 머리를 기둥[楹]에 부딪쳐서 피가 흘러 얼굴을 뒤덮었다.

황제가 환관에게 동선을 붙들어서 머리를 숙여 공주에게 사죄하게 했는데, 동선이 따르지 않았다. 강제로 머리를 숙이게 했으나, 동선이 양손으로 땅을 짚고 버텨서 끝내 고개를 숙이려고 하지 않았다.

공주가 말하기를 "문숙(황제)께서 평민으로 있었을 때, 도망온 자를 감추어주고, 죽을 죄 지은 자를 숨겨주었으나, 관리들이 감히 집에 오지 못했습니다. 지금은 천자인데, 한 명의 현령에게도 위엄을 부릴 수 없다는 말입니까?"하니, 황제가 웃으면서 "천자는 평민과 다르다"고 했다.

그리하여 목을 굽히지 않는 낙양령[彊項令]은 나가라고 명령하고[令出], 30만전을 하사했다. 동선이 이것을 모두 여러 관리들에게 나누어 주었다[班]. 이로 말미암아 호걸과 강한 자들을 칠 수 있게 되니, 경사에서 두려움에 떨지 않는 자가 없었다.

갑신(甲申) 20년(44년)

광평충후(廣平忠侯) 오한의 병이 위독해지자, 임금의 수레가 친히 왕림했다. 하고 싶은 말을 묻자, "어리석은 신은 아는 바가 없습니다. 다만 폐하께서 삼가 죄인을 사면하지 않기를 원할 뿐입니다"라고 대답했다.

곽황(郭況)을 대홍려(大鴻臚)로 삼고, 황제가 자주 그의 집에 행차해 금과 비단을 상으로 하사했는데, 견줄 수가 없을 정도로 풍성하게 내렸다. 경사에서 곽황의 집을 황금굴이라고 불렀다.

가을 9월에 마원이 교지에서 돌아오자, 맹기(孟冀)가 맞이해 노고를 치하했다. 마원은 "지금 흉노와 오환이 아직도 북쪽 변경을 소란하게 하고 있으니, 스스로 가서 공격하기를 청합니다. 남아는 마땅히 변경의 들에서 죽어 말가죽으로 시신을 싸서 돌아와 장례해야 할 뿐입니다. 어찌 침상 위에 누워 아녀자의 손안에서 죽겠습니까?"라고 말했다. 맹기가 "참으로[諒] 열사(烈士)가 되려면 마땅히 이와 같아야 한다"고 했다.

을사(乙巳) 21년(45년)

사거왕(莎車王) 현(賢)이 서역을 겸병하고자 하니, 여러 나라가 걱정하고 두려워 했다. 거사(車師) 등 열여덟 나라가 모두 아들을 보내 입시(入侍)하고, 군대의 주둔[都護][34]을 원했다. 황제는 중국이 갓 평정되어 북쪽 변경이 복종하지 않는다 하고, 시자(侍子)를 모두 돌려보내고, 후하게 상을 하사했다.

병오(丙午) 22년(46년)

처음 유곤(劉昆)은 강릉령(江陵令)이었다. 현(縣)에 화재가 있자, 유곤이 불을 향해 머리를 조아리니, 얼마 후 불이 꺼졌다. 뒤에 홍농태수가 되었는데, 호랑이가 모두 새끼를 업고 황하를 건너갔다.

황제가 이 말을 듣고 특별히 여겨 유곤을 불러 광록훈(光祿勳)으로 삼고, "지난번 강릉에 있을 때에는 바람을 거꾸로 불게 해서 불을 끄고, 뒤에 홍농을 지킬 때에는 호랑이가 북쪽으로 황하를 건너갔다는데, 어떤 덕정(德政)을 펼치기에 이러한 일이 생기는가?"라고 물었다. 유곤은 "우연일 뿐이었습니다"라고 대답했다. 좌우의 신하들이 모두 웃었다. 황제가 감탄하기를 "이는 장자(長者)의 말이다"라고 하고, 사관을 돌아보며 그것을 써서 역사책에 기록하라[35] 명했다.

○ 서역의 여러 나라에서 보낸 시자들이 오랫동안 돈황(敦煌)에 머물렀다. 모두 걱정하고 도망쳐 돌아가고 싶었다.

사거왕(莎車王) 현(賢)은 한(漢)의 군대가 오지 않을 것을

---

34) 都護 도호 : 군대의 장(長)으로 한 지방의 진호(鎭護)를 맡은 벼슬

35) 顧命書諸策 고명서제책 : 주(註) 돌아보는 것을 고(顧)라 하고, 죽간(竹簡)을 책(策)이라고 한다. 사관을 돌아보면서 역사책에 써넣으라고 명령한 것이다

알았다. 선선국(鄯善國)을 격파하고, 구자국(龜茲國)을 공격해 왕을 죽였다. 선선왕 안(安)이 글을 올려 다시 아들을 보내 입시하기를 원하고, 다시 도호를 요청하면서, 도호가 나오지 않으면 흉노에게 핍박 받을 것이라고 했다.

황제가 답서를 보냈다. "지금 사명을 띤[使者][36] 대병을 내보낼 수 없다. 만일[如] 여러 나라의 힘이 마음대로 안된다면, 동서남북 마음대로 가라"고 했다. 이에 선선국과 거사국이 다시 흉노에 귀의했다.

무신(戊申) 24년(48년)

흉노의 8부 대인이 함께 의논해 일축왕(日逐王) 비(比)를 세워 호한야선우(呼韓邪單于)로 삼고, 오원(五原)의 변방에 와서 복종하겠다고 말하며[款], 영원히 울타리[藩蔽]가 되어 북쪽 오랑캐를 방어할 것을 원한다고 했다.

이 일을 공경에게 내려 의논하게 하니, 의논하는 자들이 모두 말하기를 "천하가 처음 평정되었지만, 중국은 텅 비어 있습니다. 오랑캐들이란 진실과 거짓을 알기 어려우니, 허락해서는 안 됩니다"라고 했다.

오관중랑장(五官中郎將) 경국(耿國)만이 혼자서 "마땅히 효선제의 옛 일과 같이 이들을 받아주어 동쪽으로는 선비를 막고, 북쪽으로는 흉노를 막고, 사방 오랑캐들을 거느리고 위엄을 떨쳐서[厲], 변방의 고을을 완전히 회복하소서"

---

36) 使者 사자 : 사명을 띤 사람, 심부름을 하는 사람

라고 아뢰었다. 황제가 그의 말을 따랐다.

○ 가을 7월에 무릉(武陵)의 만족(蠻族)이 임원(臨沅)을 노략질하자, 마성(馬成)이 토벌했으나 이기지 못했다. 마원이 출정할 것을 청하자, 황제는 그가 늙었다고 민망히 여겨 허락하지 않았다.

마원이 말하기를 "신은 아직 갑옷을 입고 말에 오를 수 있습니다"라고 했다. 황제가 시험해 보라고 하니, 마원이 말안장에 걸터앉아 좌우를 돌아보면서[37] 아직도 쓸 만함을 과시했다. 황제가 웃으며 "날쌔고 건장하구나[38]! 이 노인이여!"라고 말했다. 마침내 마원에게 4만여명의 병력을 거느리고 가서 오계(五溪)를 정벌하게 했다.

마원이 친구인 두음(杜愔)에게 "내가 국가의 두터운 은혜를 입고, 나이가 다 되어[39] 항상 나라의 일에 죽지 못할까 걱정했는데, 이제 소원을 얻었으니 달가운 마음으로 눈을 감을 수 있겠구나"라고 말했다.

○ 겨울 10월에 흉노의 일축왕 비가 스스로 서서 남선우(南單于)가 되었다. 사신을 보내 궁궐에 와서 제후[藩]로서 신하임을 자칭했다. 상이 이 일을 가지고 낭릉후(郎陵侯) 장궁(臧宮)에게 묻자, 장궁은 "흉노에 기근이 들고 역병이 돌며, 나누어져 다투고 있습니다. 신이 원컨대 5천명의 기

37) 據鞍顧眄(眄) 거안고혜(면) : 말안장에 걸터앉아 좌우를 돌아봄
38) 矍鑠 확삭 : 날쌔고 건장한 모습
39) 年迫日索 연박일삭 : 주(註) 박(迫)은 핍(逼), 삭(索)은 진(盡)이다

병을 얻어 공을 세웠으면 합니다"라고 대답했다.

황제가 웃으며 "항상 승리한 세력과는 함께 적을 도모하기 어렵다고 했다. 내 스스로 생각해보겠다"고 말했다.

기유(己酉) 25년(49년)

마원의 군대가 임향(臨鄕)에 왔다. 오랑캐를 격파해 2천여명을 참수하거나 사로잡았다.

마원의 형의 아들인 엄(嚴)과 돈(敦)은 모두 이러쿵저러쿵 비난하기를 좋아하고, 경박한 협객들과 사귀었다. 마원이 전에 교지에 있으면서 글을 보내 이들을 경계했다.

"나는 너희들에게 바란다. 남의 과실을 들으면 부모의 이름을 들은 것처럼 해라. 귀로는 들을지언정 입으로는 말해서는 안된다. 남의 장단점을 이러쿵저러쿵 논평하기를 좋아하거나, 망령되게 정사와 법을 함부로 옳다 그르다 하는 것을 나는 크게 미워한다. 차라리 죽을지언정 자손 중에 이러한 행실이 있다는 말을 듣고 싶지 않다.

용백고(龍伯高)는 돈후하고 치밀하고 신중한 사람이다. 입이 없을 정도로 말을 가려서 한다. 겸손하고 절약하며 절조 있고 검소하다. 청렴하고 공정하고 위엄이 있으니, 내가 그를 애지중지하는데, 너희들이 본받기를 원한다.

두계량(杜季良)은 호탕한 협객으로 의리를 좋아해서 남의 근심을 근심하고, 남의 즐거움을 즐거워한다. 아버지의 초상에 조문객이 몇 고을에서 다 왔다. 내가 그를 애지중지하지만, 너희들이 본받기는 원하지 않는다. 용백고를 본받으면, (그렇게) 되지 못하더라도 그래도 신중하고 조심하는 선비는 될 것이다. 이른바 '고니를 조각하다가 이루지 못해도, 그래도 집오리[鶩]와는 비슷해진다'는 것이다.

두계량을 본받다가 (그렇게) 되지 못하면, (그 행동거지에) 빠져 천하의 경박한 사람이 될 것이니, 이른바 '호랑이를 그리다가, 되지 못해서 도리어 개같이 된다'는 것이다"

예전에 마원이 교지에 있을 때 항상 율무[40] 열매를 먹어 몸을 가볍게 하고 풍토병[41]을 이겨낼 수 있었다. 군대가 돌아올 때 이것을 한 수레 가득히 싣고 왔는데, 그가 죽은 뒤에 글을 올려 참소하는 자가 있었다. "지난번 수레에 가득히 싣고 온 것은 모두 밝은 야광주[明珠]와 무늬 있는 뿔소[文犀]입니다"라고 고발했다. 황제가 노했다. 마원의 아내와 자손들이 황송해 감히 옛 선영으로 돌아가 (마원을) 장례지내지 못하고, 성 서쪽에 풀로 거적을 만들어 장례[42]를 치렀다.

경술(庚戌) 26년(50년)

처음 수릉[묘지][43]을 만들 때 황제가 "옛날에 제왕을 장례할 때에는 모두 진흙으로 만든 사람, 질그릇, 나무로 만든 수레, 띠풀로 만든 말을 만들어 넣고, 후세 사람이 장지

---

40) 薏苡明珠 의이명주 : 의이(薏苡). 율무를 야광주(夜光珠)라 참소함, 터무니없이 수뢰했다고 참소함

41) 瘴氣 장기: 아열대 습지에서 발생하는 악성 말라리아 따위의 전염병

42) 槀葬 고장 : =초장(草葬). 풀로 거적을 만들어 장사지냄

43) 壽陵 수릉 : 광무제(光武帝)의 능(陵)

(葬地)를 알지 못하게 했다. 지금 만드는 능은 땅은 2, 3경을 넘지 않게 하고, 산릉(山陵)과 연못을 만들지 말고, 겨우[裁=才] 물만 흘러가게 해서, 왕조가 교체된[44] 다음에는 언덕과 다름없게 하라"고 말했다.

신해(辛亥) 27년(51년)

북흉노가 사신을 보내 무위군(武威郡)에 와서 화친을 요구했다. 황제가 공경들을 불러 조정에서 의논했으나 결정하지 못했다. 황태자가 "남선우가 새로 귀의했다가 배반하고, 북쪽 오랑캐와 교류하고 있습니다. 신은 남선우가 두 마음을 품을까 두렵습니다"라고 했다. 황제가 그 말을 옳게 여겨 무위태수에게 사신을 받아들이지 말라고 명령했다.

장궁(臧宮) 마무(馬武)가 글을 올려 아뢰었다. "흉노는 이익을 탐하고 예의와 신의가 없으니, 곤궁하면 머리를 조아려서 복종하고, 편안하면 침략하고 노략질합니다. 지금 사람과 가축이 돌림병[疫]으로 죽고, 가뭄과 메뚜기 떼로 땅이 붉게 되고, 피곤하고 지쳐서, 중국 한 군을 당해내지 못할 것입니다. 이제 장수에게 명령하셔서 변방에 가서 후하게 매수하거나 상을 내린다면, 북쪽 오랑캐는 몇 년을 넘기지 않고 멸망할 것입니다"

조서로 답했다.

"「황석공기(黃石公記)」[45]에 의하면 '부드러움으로 강건

---

44) 迭興 질흥 : 교체되어 다시 부흥함. 질(迭) 갈마들일, 교대함

45) 「黃石公記」「황석공기」 : 장량이 받은 병법서(「黃石公素書」)

함을 제압하고, 약함으로 강력함을 제압하라'고 했고, '가까운 곳을 버리고, 먼 곳을 도모하는 자는 수고롭기만 하고 공이 없으며, 먼 곳의 일을 버리고, 가까운 곳의 일을 하는 자는 편안하면서도 끝마침이 있다'고 했다.

그러므로 '땅을 넓히기를 힘쓰는 자는 황폐해지고, 덕을 넓히기를 힘쓰는 자는 강해진다'고 했다. 지금 우리나라에는 좋은 정치가 없고, 재난과 변고가 그치지 않고 있는데, 다시 멀리 있는 변방 밖을 일삼고자 하겠는가. 참으로 천하의 반을 들어 큰 도적을 멸망시키는 것이, 어찌 나의 지극한 바람이 아니겠는가. (그러나) 진실로 그 때가 아니면 백성을 쉬게 하는 것이 낫다"

이로부터 여러 장수들이 감히 다시는 전쟁 일을 말하는 자가 없었다.

임자(壬子) 28년(52년)

박사 환영(桓榮)을 태자의 스승으로 삼고, 짐수레[46]와 4필[乘]의 말을 하사했다. 환영이 여러 유생들을 크게 모아 수레와 말, 인장과 끈을 진열해 놓고 "오늘날 입은 은혜는 옛 경서를 연구한[47] 능력 때문이다"라고 말했다.

---

46) 輜車 치거 : 전시(戰時) 평시(平時)에 쓰는 짐수레. 주(註) 가리개는 있고, 마소를 매는 곳은 없다

47) 稽古 계고 : 옛 것을 고찰하다. 학문을 연구하다

갑인(甲寅) 30년(54년)

임금의 수레가 동쪽으로 순행했다. 여러 신하들이 "즉위하신지 30년이니, 마땅히 태산에 제사를 지내야 합니다"라고 말씀드리자, 조서로 이르기를 "즉위한 지 30년인데, 백성들은 원망하는 기운이 뱃속에 가득 차 있다. 내 누구를 속이겠는가? 하늘을 속인단 말인가? 일찍이 (공자께서) '태산이 임방(林放)만 못하겠는가?'[48]라고 말씀하셨다. 어찌 72대의 기록[49]을 더럽힌단 말인가"라고 했다. 이에 여러 신하들이 감히 다시 말하지 못했다.

을묘(乙卯) 31년(55년)

경조연(京兆掾) 제오륜(第五倫)이 장안(長安) 시(市)를 맡았는데, 공평하고 청렴하고 절조가 있으니, 장안 시에 범법이나 부정이 없었다. 매번 임금이 내린 조서를 읽을 때마다 "이는 성스러운 군주이시다. 한 번만 보면 결단하신다"라며 항상 감탄했다.

---

48) 泰山不如林放乎? 태산불여임방호? : 주(註) 당시의 예(禮)로는 제후들의 경우 그 봉지 내에 있는 산천에 제사 지내야 한다. 공자는 그 예에 따라 "태산(泰山)은 노(魯)땅에 있으니, 마땅히 노공(魯公)이 제사지내야 하는데, 지금 계씨(季氏)가 거기에 제사 지내니, 예(禮)를 어긴 것"이라고 생각했다. 공자의 뜻은, 신(神)은 예(禮)가 아니면 분향 받지 않는다는 것이다. 또 임방(林放)이 일찍이 공자에게 예(禮)에 대해서 물었는데, (임방이) 태산의 신에 대해 알고 있으니, 계손씨는 오히려 임방만도 못하며, (태산의 신을) 속이고 제사지낸 것이라고 비판한 것이다. 지금 광무제는 이 말을 들어서 '태산은 속일 수 없다'고 말하고 있다

49) 編錄 편록 : 72대의 기록. 과거에 태산(泰山)에서 하늘에 제사하고, 양보(梁父)에서 산신에 제사한 군주가 72명이었다

병진(丙辰) 중원(中元) 원년(56년)

상이 하도(河圖) 회창(會昌)의 미래를 예언하는 글[符]을 읽었다. 그 내용에 "적색(赤色)의 유씨(劉氏) 9대 때[50] 대종(岱宗=태산)에 천명(天命)이 모인다"고 했다. 상이 이 글에 감동되어 마침내 양송(梁松) 등에게 명령해 하락(河雒)의 예언서[51]를 찾아 살피게 했다. 거기에 "9세에 마땅히 제사지내야 할 것이 36가지 일이 있다"고 쓰여 있었다. 이에 장순(張純) 등이 다시 제사지낼 것을 주청했다. 상이 마침내 허락하고 태산에 올라 옥새로 친히 하늘에 제사지내는 제문[玉牒]을 넣은 함 뚜껑[玉檢]을 봉함했다.

○ 경사에 샘에서 단물[52]이 솟아나오고, 또 붉은 풀이 물가에서 자라고, 군국에서는 자주 감로(甘露)가 내린다는 사실을 올렸다. 여러 신하들이 "신령스러운 물건이 이렇게 내려오니, 마땅히 태사에게 이것을 모아 책을 편찬하게 해 후세에 전해야 합니다"라고 상주했으나, 황제가 받아들이지

50) 적(赤)은 화색(火色), 한(漢)의 성(姓)은 유씨(劉氏), 염정(炎正, 불이 타올라서 (세상을) 바로 잡는다)을 말하는 것과 같다. 구세(九歲)는 숫자, 광무제(光武帝)는 9세손(九世孫)이다

51) 河雒讖文 하낙참문 : 주(註) 『주역(周易)』 계사(繫辭)의 '하출도 낙출서(河出圖 雒出書), 황하에서 그림이 나오고, 낙수에서는 책이 나오니, 성인은 이것을 따르라' 라고 되어있다. 공안국(孔安國)이 말하기를 하도(河圖)는 복희씨(伏羲氏)가 주인공이다. 황하에서 용마가 나오자, 드디어 그 글에 따라서 8괘(八卦)를 그렸다. 낙서(雒書)는 우(禹)임금이 치수할 때, 신령스러운 거북이가 책[文]을 지고 있었고, 등에 숫자가 나열되어 있었는데, 구우(九禹)에 이른다고 했다. 그래서 그것을 차례대로 실행해[敍] 중국[九疇]이 성립되었다

52) 醴泉 예천 : 샘물 맛이 단술처럼 달다는 것을 말한다

않았다. 항상 스스로 덕이 없다고 겸손해 하고, 군국에서 올린 상서로운 일을 그때마다 누르고, 자신에게 맞지 않는다고 했다. 그러므로 사관이 기록한 것이 적다.

○ 이 해에 천문대[53]와 정사를 보는 궁전[明堂][54]과 학교[辟雍]를 세우고 도참설을 천하에 선포했다. 황제는 예언서[赤伏符] 때문에 즉위했다고 생각했다. 이로 말미암아 예언의 글을 신용하고, 그것으로 꺼리고 의심스러운 일을 결정하는 일이 많았다.

환담(桓譚)이 글을 올려 '도참이 경전의 뜻[經]에 어긋난다'고 간곡히 말했다. 황제가 크게 노했다. "환담이 성인을 비난하고 법도가 없으니, 끌어내 목을 베라"고 했다. 환담이 머리를 땅에 박아서 피를 흘렸다. 한참이 지난 뒤에야 겨우 풀려나, 외직으로 나가 육안현(六安縣)의 승(丞)이 되었다.

정사(丁巳) 2년(57년)

2월에 황제가 승하했다. 나이가 62세였다. 황제는 매일 새벽에 조회를 보고, 해가 기울어서야 비로소 끝냈다. 자주 공경과 낭장들을 데려다 오경(五經)의 이치[55]를 강론하고, 한밤중[夜分]에야 잠을 잤다[寐]. 황태자가 보니, 황제가 게

53) 靈臺 영대 : 천문 기상대

54) 明堂 명당 : 천자가 정사를 보는 궁전

55) 經理 경리 : 주(註) 오경의 뜻(義)과 이치

으름 피우지 않고 열심히 일하니, 틈을 타서 "폐하께서는 우왕과 탕왕의 총명함이 있으시지만, 황제와 노자(黃老)의 양생(養性)의 복은 잃고 계십니다. 원컨대 마음을 가다듬고 아껴서[56] 한가롭게 지내어[57] 스스로 편안하시기를 바랍니다"고 간언하자, 황제는 "내 스스로가 이것을 즐긴다. 피곤하지 않다"고 말했다.

비록 정벌로 대업을 이루었으나, 천하가 평정된 후에는 곧 공신을 물리치고 문관을 등용했다. 정치가 무엇인가를 밝게 알고 신중했다. 권력과 기강을 총괄하고, 시기와 힘을 헤아려 일을 수행하니, 허물이 없었다. 그러므로 전대의 공적을 회복해 몸소 태평을 이룰 수 있었다.

○ 태자가 황제에 즉위했다.

『한서(漢書)』 「순리전(循吏傳)」 서(序)에 말했다.

"광무제는 민간에서 성장해 진실과 거짓을 알았다. 농사의 어려움과 백성들의 괴로움을 알았다. 그러므로 천하가 평정되자, 안정에 힘썼다. 왕망의 번거롭고 촘촘한 법을 없애고[解], 한(漢)나라의 가벼운 법을 회복했다.

몸소 거친 명주[58]를 입고, 색깔은 여러 가지 색깔을 쓰지 않았다. 정(鄭)나라와 위(衛)나라의 (음탕한) 음악을 듣지 않았고, 주옥 등의 노리개를 손에 가지고 다니지 않았으며,

---

56) 頤神養性 이신양성 : 마음을 가다듬어 정신을 수양함

57) 優游 우유 : 유순함, 과단성이 없음, 여유가 있음

58) 大練 대련 : 거친 비단

개인적으로 총애하는 후궁이 없었고, 좌우의 신하를 치우쳐서 총애하지 않았다.

손으로 글을 써서[手迹] 사방의 나라에 하사했는데, 죽간 한 쪽[札]에 모두 10줄로 작은 글씨로 문장을 만들었다. 부지런하고 검약한 풍속이 상하에 전해졌다. 그러므로 궁 안팎이 게으를 수 없었고, 백성들이 편히 쉴 수 있었다.

그러나 건무(建武)와 영평(永平) 연간에는 옥리들이 까다롭고 가혹하게 일했고, 유언비어와 한쪽의 말[59]만 듣고 자주 수령들을 바꾸었다. 그러므로 주부(朱浮)가 자주 글을 올려 간언했다. 종리의(鍾離意) 또한 살피다가 풍자해 점잖게[60] 장자(長子)로써 말했으나 듣지 않았다. 이 때문에 중흥의 아름다움을 다 하지는 못했다"

59) 謠言單辭 요언단사 : 유언비어와 한쪽 말만 듣는 것

60) 慇懃 은근 : 친절함, 공손함, 남녀 간의 애정

원 문

卷之十七

東漢紀

世祖光武皇帝 下

庚寅六年

吳漢等拔朐，斬董憲、龐萌，江淮、山東悉平。

○帝積苦兵間，以隗囂遣子內侍，公孫述遠據邊陲，乃謂諸將曰：「且當置此兩子於度外耳。」因休諸將於雒陽，分軍士於河內，數騰書隴、蜀，告示禍福。

○馮異自長安入朝，帝謂公卿曰：「是我起兵時主簿也，爲吾披荊棘，定關中。」旣罷，賜珍寶錢帛，詔曰：「倉卒，蕪蔞亭豆粥，滹沱河麥飯厚意，　久不報。」異稽首謝曰：「臣聞管仲謂桓公曰：『願君無忘射鉤，臣無忘檻車。』齊國賴之。臣亦願國家無忘河北之難，小臣不敢忘巾車之恩。」留十餘日，令與妻子還西。

○隗囂發兵反。

○六月,詔曰：「夫張官置吏，所以為民也。今百姓遭難，戶口耗少，而縣官吏職，所置尚繁。其令司隸、州牧各實所部，省減吏員，縣國不足置長吏者，幷之。」於是幷省四百餘縣，吏職減損，十置其一。

○執金吾朱浮上疏曰：「昔堯舜之盛，猶加三考，　大漢之興，亦累功效，吏皆積久，至長子孫。間者守宰數換易，迎新相代，疲勞道路。尋其視事日淺，未足昭見其職，旣加嚴切，人不自保。願陛下遊意於經年之外，望治於一世之後，天下幸甚！」帝采其言，自是牧守代易頗簡。

○十二月，詔曰：「頃者師旅未解，用度不足，故行十一之稅。今糧儲稍積，其令郡國收見田租，三十稅一，如舊制。」

○先是，馬援聞隗囂欲貳於漢，數以書責譬之，囂得書增怒。及囂發兵反，援乃上書：「願聽詣行在所，極陳滅囂之術。」帝乃召之，具言謀畫。

辛卯七年

三月晦，日有食之。詔百僚各上封事，其上書者不得言聖。

○太中大夫鄭興上疏曰：「頃年日食每多在晦，先時而合，皆月行疾也。日君象而月臣象，　君亢急則臣促迫，故月行疾。今陛下高明而羣臣惶促，宜留思柔克之政，垂意洪範之法。」帝躬勤政事，頗傷嚴急，故興奏及之。

○大司農江馮上言：「宜令司隸校尉督察三公。」司空椽陳元上疏曰：「臣聞師臣者帝，賓臣者霸。故武王以太公為師，齊桓以夷吾為仲父，近則高帝優相國之禮，太宗假宰輔之權。陛下宜脩文武之聖典，襲祖宗之遺德，勞心下士，屈節待賢，誠不可使有司察公輔之罪。」帝從之。

○帝好圖讖，與鄭興議郊祀事，帝曰：「吾欲以讖斷之，何如？」對曰：「臣不為讖！」帝怒曰：「卿不為讖，非之耶？」興皇恐曰：「臣於書有所未學，而無所非也。」帝意乃解。

○南陽太守杜詩，政治清平，百姓便之。又脩治陂池，廣拓土田，郡內比室殷足，時人以方召信臣。南陽為之語曰：「前有召父，後有杜母。」

壬辰八年

夏　帝自將征隗囂，光祿動郭憲諫曰：「東方初定，車駕未可遠征。」乃當車拔佩刀，以斷車靷。帝不從，西至漆。諸將多以王師之重，不宜遠入險阻。猶豫未決，　帝召馬援問之。援因說隗囂將帥有土崩之勢，兵進有必破之狀。又於帝前聚米為山谷，指畫形勢，開示衆軍所從道徑，往來分析，昭然可曉。帝曰：「虜在吾目中矣！」明旦，遂進軍。數道上隴，使王遵以書招牛邯，下之。拜邯太中大夫。於是囂大將十三人、屬縣十六、衆十餘萬皆降。囂將妻子犇西城，詔告隗囂曰：「若束手自詣，父子相見，保無他也。」囂終不降，潁川盜賊羣起，寇沒屬縣，河東守兵亦叛，京師騷動。

帝聞之曰：「吾悔不用郭子橫之言。」秋　八月，帝自上邽晨夜東馳，賜岑彭等書曰：「兩城若下，便可將兵南擊蜀虜。人苦不知足，旣平隴，復望蜀。每一發兵，頭須為白！」九月，車駕還宮。帝謂執金吾寇恂曰：「潁川迫近京師，當以時定。惟念，獨卿能平之耳，從九卿復出，以憂國可也！」對曰：「潁川聞陛下有事隴、蜀，故狂狡乘間，相詿誤耳。如聞乘輿南向，賊必惶怖歸死，臣願執銳前驅。」帝從之。

庚申

車駕南征，潁川盜賊悉降。寇恂竟不拜郡，百姓遮道曰：「願從陛下復借寇君一年。」乃留恂長社，鎭撫吏民，受納餘降。東郡、濟陰盜賊亦起，帝遣李通，王常擊之。以耿純嘗為東郡太守，威信著於衛地，遣使拜太中大夫，使與大兵會東郡。東郡聞純入界，盜賊九千餘人皆詣純降，大兵不戰而還。璽書復以純為東郡太守。

癸巳九年

祭遵薨。遵為人，廉約小心，克己奉公，賞賜盡與士卒。約束嚴整，所在吏民不知有軍。取士皆用儒術，對酒設樂，必雅歌投壺。臨終，遺戒薄葬。問以家事，終無所言。其後朝會，帝每歎曰：「安得憂國奉公如祭征虜者乎！」

◯隗囂病且餓，恚憤而卒。少子純立為王。秋　來歙率馮異等五將軍討隗純於天水。

甲午十年

十月，隗純降，隴右遂安。

乙未十一年

岑彭數攻田戎等，不克。帝遣吳漢，發荊州兵，與彭會荊門。彭裝戰船千艘，直衝浮橋，順風並進，所向無前，蜀兵大亂，溺死者數千人。長驅入江關，令軍中無得虜掠，百姓大喜，爭開門降。

○六月，來歙與蓋延等進攻元安，大破之。蜀人大懼，使刺客刺歙，中傷而絕。趙王良從帝送歙喪還，入夏城門，與中郎將張邯爭道，叱邯旋車。又詰責門候，使前走數十步。司隸校尉鮑永劾奏：「良無藩臣禮，大不敬。」良貴戚尊重，而永劾之，朝廷肅然。永辟扶風鮑恢為都官從事，恢亦抗直，不避彊禦。帝常曰：「貴戚且斂手以避二鮑。」

○公孫述使其將延岑拒廣漢，侯丹拒黃石。岑彭襲擊侯丹，大破之。因晨夜倍道兼行二千餘里，徑拔武陽。使精騎馳擊廣都，去成都數十里，勢若風雨，所至皆犇散。初，述聞漢兵在平曲，故遣大兵逆之。及彭至武陽，繞出延岑軍後，蜀地震駭。述大驚，以杖擊地曰：「是何神也！」乃使刺客詐為亡奴，降岑彭，夜刺殺彭。

○馬成等破河池，遂平武都。

○郭伋為幷州牧，過京師，帝問以得失，伋曰：「選補衆職，當簡天下賢俊，不宜專用南陽人。」是時在位多鄉曲故舊，故仮言及之。

丙申十二年
吳漢將步騎二萬，進逼成都，與公孫述戰於廣都、成都之間，八戰八克。

◯十一月，臧宮軍咸陽門，述自將數萬人攻吳漢，使延岑拒宮。大戰，岑三合三勝，自旦及日中，軍士不得食，並疲。漢因使護軍高午、唐邯將銳卒數萬擊之，述兵大亂。高午犇陳刺述，洞胸墮馬，左右輿入城。述以兵屬延岑，其夜死。明旦，延岑以城降。

◯初　述徵廣漢李業為博士，業固稱疾不起。述羞不能致，賜以毒酒。業乃嘆曰：「古人危邦不入，亂邦不居，為此故也。」遂飮毒而死。述又聘巴郡譙玄，玄不詣，亦遣使者以毒藥劫之。述徵蜀郡王皓、王嘉，恐其不至，先擊其妻子，皓、嘉皆自殺。犍為費貽不肯仕述，漆身為癩，陽狂以避之。同郡任永、馮信皆托青盲以辭徵命。帝旣平蜀，譙玄已卒，祠以中牢，敕所在還其家錢，而表李業之閭。徵費貽、任永、馮信，會永、信病卒，獨貽仕至合浦太守。

◯帝以睢陽令任延為武威太守，親見，戒之曰：「善事上官，無失名譽。」延對曰：「臣聞忠臣不私，私臣不忠。履正奉公，臣子之節，上下雷同，非陛下之福。善事上官，臣不敢奉詔。」帝歎息曰：「卿言是也！」

丁酉十三年

時異國有獻名馬者，日行千里，又獻寶劒，價直百金。詔以劒賜騎士，馬駕鼓車。上雅不喜聽音樂，手不持珠玉。嘗出獵，車駕夜還，上東門候郅惲拒關不開。上令從者見面於門間，惲曰：「火明遼遠。」遂不受詔。上乃回，從中東門入，明日，惲上書諫曰：「昔文王不敢盤于游田，以萬民惟正之供。而陛下遠獵山林，夜以繼晝，如社稷宗廟何！」書奏，賜惲布百匹，貶中東門候為參封尉。大饗將士功臣，定封鄧禹為高密侯，食四縣。 李通為固始侯，賈復為膠東侯，食六縣。餘皆有差。帝在兵間久，厭武事，且知天下疲耗，思樂息肩。自隴蜀平後，非警急，未嘗復言軍旅。皇太子嘗問攻戰之事，帝曰：「昔衛靈公問陳，孔子不對。此非爾所及。」鄧禹、賈復知帝偃干戈，修文德，不欲功臣擁衆京師。乃去甲兵，敦儒學。帝亦思念，欲完功臣爵土，不令以吏職為過。遂罷左右將軍官，耿弇等亦上大將軍印綬，皆以列侯就第， 加位特進，奉朝請。鄧禹內行淳備，有子十三人，各使守一藝，修整閨門，敎養子孫，皆可以為後世法，資用國邑，不修產利。賈復為人剛毅方直，多大節，旣還私第，闔門養威重。朱祜等薦復宜為宰相，帝方以吏事責三公，故功臣並不用。是時，列侯唯高密、固始、膠東三侯與公卿參議國家大事，恩遇甚厚。帝雖制御功臣，而每能回容，宥其少失。遠方貢珍甘，必先徧賜諸侯，而太官無餘。故皆保其福祿，無誅譴者。

◯時兵革旣息，天下少事，文書調役，務從簡寡，至乃十存一焉。

戊戌十四年

梁統上疏曰：「臣竊見元帝初元五年，輕殊死刑三十四事，哀帝建平元年，輕殊死刑八十一事。其四十二事手殺人者，減死一等。自是之後，著為常準，故人輕犯法，吏易殺人。經曰：『爰制百姓，于刑之衷。』衷之為言，不輕不重之謂也。自高祖至于孝宣，海內稱治，至初元、建平而盜賊浸多，皆刑罰不衷，愚人易犯之所致也。由此觀之，則刑輕之作，反生大患，惠加奸軌，而害及良善也！」事寢不報。

己亥十五年

春　大司徒韓歆免。歆好直言，無隱諱，帝每不能容。歆於上前證歲饑凶，指天畫地，言甚剛切，故坐免歸田里。帝猶不釋，復遣使宣詔責之，歆及子嬰皆自殺。歆素有重名，死非其罪，衆多不厭。帝乃追賜錢穀，以成禮葬之。

> 溫公曰：昔高宗命說曰：「若藥弗瞑眩，厥疾弗瘳。」夫切直之言，非人臣之利，乃國家之福也。是以人君夙夜求之，唯懼弗得聞。惜乎，以光武之世而韓歆用直諫死，豈不為仁明之累哉！

帝以天下墾田多不以實自占，又戶口、年紀互有增減，乃詔下州郡檢覈。於是刺史、太守多為詐巧，苟以度田為名，聚民田中，并度廬屋、里落，民遮道啼呼。或優饒豪右，侵刻羸弱。時諸郡各遣使奏事，帝見陳留吏牘上有書，視之云：「潁川、弘農可問，河南、南陽不可問。」帝詰吏由，吏不肯服，抵言「於長壽街上得之。」帝怒。時皇子東海公陽年十二，在幄後言曰：「吏受郡敕，當欲以墾田相方耳。」帝曰：「卽如此，何故言河南、南陽不可問？」對曰：「河南帝城多近臣，南陽帝鄕多近親。田宅踰制不可為準。」帝令虎賁將詰問吏，吏乃首服，如東海公對。上由是益奇愛陽。遣謁者，考實二千石長吏阿枉不平者。

◯張堪拜漁陽太守。堪視事八年，匈奴不敢犯塞，勸民耕稼，以致殷富。百姓歌曰：「桑無附枝，麥秀兩歧。張君為政，樂不可支！」

庚子十六年

郡國群盜處處並起，郡縣追討，到則解散，去復屯結，青、徐、幽、冀四州尤甚。冬十月，遣使者下郡國，聽群盜自相糾擿，五人共斬一人者，除其罪。於是更相追捕，賊並解散，徙其魁帥於他郡，賦田受稟，使安生業。自是牛馬放牧不收，邑門不閉。

辛丑十七年

郭后寵衰，數懷怨懟，上怒之。廢皇后郭氏，立貴人陰氏為皇后。

◯帝幸章陵，修園廟，祠舊宅，觀田廬，置酒作樂，賞賜。

時宗室諸母因酣悅相與語曰：「文叔少時謹信，與人不款曲，唯直柔耳，今乃能如此！」帝聞之，大笑曰：「吾治天下，亦欲以柔道行之。」

○交趾女子反，拜馬援為伏波將軍，以擊交趾，大破之。

癸卯十九年

郭后旣廢，太子彊，意不自安。郅惲說太子曰：「久處疑位，上違孝道，下近危殆，不如辭位以奉養母氏。」太子從之，數因左右及諸王，陳其懇誠，願備藩國。上不忍，遲回者數歲。六月，詔曰：「春秋之義，立子以貴。東海王陽，皇后之子，宜承大統。皇太子彊，崇執謙退，願備藩國，父子之情，重久違之。其以彊為東海王，立陽為皇太子，改名莊。」

○上以桓榮為議郎，使授太子經。車駕幸太學，會諸博士論難於前，榮辨明經義，儒者莫之及，特加賞賜。

○陳留董宣為雒陽令。湖陽公主蒼頭白日殺人，因匿主家，吏不能得。及主出行，以奴驂乘，宣於夏門亭候之，駐車叩馬，以刀畫地，大言數主之失，叱奴下車，因格殺之。主卽還宮訴帝，帝大怒，召宣，欲箠殺之。宣叩頭曰：「願乞一言而死。」帝曰：「欲何言？」宣曰：「陛下聖德中興，而縱奴殺人，將何以治天下乎？臣不須箠，請得自殺！」卽以頭擊楹，流血被面。帝令小黃門持之，使宣叩頭謝主，宣不從。彊使頓之，宣兩手據地，終不肯俯。主曰：「文叔為白衣時，藏亡匿死，吏不敢至門。今為天子，威不能行一令乎？」帝笑曰：「天子不與白衣同！」因敕「彊項令出！」賜錢三十萬。宣悉以班諸吏。由是能搏擊豪彊，京師莫不震慄。

甲辰二十年
廣平忠侯吳漢病篤，車駕親臨，問所欲言，對曰：「臣愚，無所知識，唯願陛下愼無赦而已。」

◯以郭況為大鴻臚，帝數幸其第，賞賜金帛，豐盛莫比，京師號況家為「金穴」。

◯秋　九月，馬援自交趾還，孟冀迎勞之。援曰：「方今匈奴、烏桓尚擾北邊，欲自請擊之，男兒要當死於邊野，以馬革裹尸還葬耳，何能臥床上，在兒女子手中耶！」冀曰：「諒為烈士當如是矣！」

乙巳二十一年
莎車王賢，欲兼幷西域，諸國愁懼。車師等十八國俱遣子入侍，願得都護。帝以中國初定，北邊未服，皆還其侍子，厚賞賜之。

丙午二十二年
初　劉昆為江陵令，縣有火災，昆向火叩頭，火尋滅。後為弘農太守，虎皆負子渡河。帝聞而異之，徵昆為光祿勳。帝問昆曰：「前在江陵，反風滅火，後守弘農，虎北渡河，行何德政而致是事？」對曰：「偶然耳。」左右皆笑，帝嘆曰：「此長者之言也！」顧命書諸策。

◯西域諸國侍子久留敦煌，皆愁思亡歸。莎車王賢知都護不至，擊破鄯善，攻殺龜茲王。鄯善王安上書：「願復遣子入侍，更請都護。都護不出，誠迫於匈奴。」帝報曰：「今使者大兵未能得出，如諸國力不從心，東西南北自在也。」於是鄯善、車師復附匈奴。

戊申二十四年

匈奴八部大人共議，立日逐王比為呼韓邪單于，款五原塞，願永為藩蔽，扞禦北虜。事下公卿，議者皆以為「天下初定，中國空虛，夷狄情偽難知，不可許。」五官中郎將耿國，獨以為「宜如孝宣故事受之，令東扞鮮卑，北拒匈奴，率厲四夷，完復邊郡。」帝從之。

◯秋　七月，武陵蠻寇臨沅。馬成討之，不克。馬援請行，帝愍其老，未許。援曰：「臣尚能被甲上馬。」帝令試之。援據鞍顧眄，以示可用。帝笑曰：「矍鑠哉！是翁！」遂遣援，將四萬餘人征五溪。援謂友人杜愔曰：「吾受國厚恩，年迫日索，常恐不得死國事。今獲所願，甘心瞑目。」

◯冬 十月，匈奴日逐王比，自立為南單于，遣使詣闕，奉藩稱臣。上以問朗陵候臧宮。宮曰：「匈奴飢疫分爭，臣願得五千騎以立功。」帝笑曰：「常勝之家，難與慮敵，吾方自思之。」

己酉二十五年

馬援軍至臨鄉，擊破蠻兵，斬獲二千餘人。援兄子嚴、敦並喜譏議，通輕俠，援前在交趾，還書誡之曰：「吾欲汝曹聞人過失，如聞父母之名，耳可得聞，口不可得言也。好議人長短，妄是非政法，此吾所大惡也。寧死，不願聞子孫有此行也。龍伯高敦厚周愼，口無擇言，謙約節儉，廉公有威，吾愛之重之，願汝曹效之。杜季良豪俠好義，憂人之憂，樂人之樂，父喪致客，數郡畢至，吾愛之重之，不願汝曹效也。效伯高不得，猶為謹敕之士，所謂『刻鵠不成，尙類鶩』者也。效季良不得，陷為天下輕薄子，所謂『畫虎不成，反類狗』者也。」初援在交趾，常餌薏苡，實能輕身，勝瘴氣，軍還，載之一車。及卒後，有上書譖之者，以為前所載還， 皆明珠文犀。帝怒， 援妻孥惶懼，不敢以喪還舊塋，槀葬城西。

庚戌二十六年

初作壽陵。帝曰：「古者帝王之葬，皆陶人、瓦器、木車、茅馬，使後世之人不知其處。今所制地不過二三頃，無為山陵波池，裁令流水而已。使迭興之後，與丘隴同體。」

辛亥二十七年

北匈奴遣使詣武威求和親，帝召公卿廷議，不決。皇太子言曰：「南單于新附，而反交通北虜，臣恐南單于將有二心。」帝然之，詔武威太守勿受其使。臧宮、馬武上書曰：「匈奴貪利，無有禮信，窮則稽首，安則侵盜。今人畜疫死，旱蝗赤地，疲困乏力，不當中國一郡，今命將臨塞，厚縣購賞，北虜之滅，不過數年。」詔報曰：「黃石公記曰：『柔能制剛，弱能制彊。舍近謀遠者，勞而無功。舍遠謀近者，逸而有終。故曰：務廣地者荒，務廣德者彊。』今國無善政，灾變不息，而復欲遠事邊外乎！誠能擧天下之半，以滅大寇，豈非至願！苟非其時，不如息民。」自是諸將莫敢復言兵事者。

壬子二十八年
以博士桓榮為太子少傅，賜以輜車、乘馬。榮大會諸生，陳其車馬、印綬曰：「今日所蒙，稽古之力也。」

甲寅三十年
車駕東巡。羣臣上言：「卽位三十年，宜封禪泰山。」詔曰：「卽位三十年，百姓怨氣滿腹，吾誰欺，欺天乎！『曾謂泰山不如林放乎！』何事汙七十二代之編錄！」於是羣臣不敢復言。

乙卯三十一年
京兆掾第五倫領長安市，公平廉介，市無奸枉。每讀詔書，常嘆息曰：「此聖主也，一見決矣。」

丙辰中元元年
上讀「河圖會昌符」曰：「赤劉之九，會命岱宗。」上感此文，乃詔梁松等按索河雒讖文，言九世當封禪者凡三十六事。於是張純等復奏請封禪，上乃許焉。登山以璽親封，玉牒檢。

◯京師醴泉涌出，又有赤草生於水涯，郡國頻上甘露。羣臣奏言：「靈物仍降，宜令太史撰集，以傳來世。」帝不納。常自謙無德，郡國所上，輒抑而不當，故史官罕得記焉。

◯是歲，起靈臺、明堂、辟雍，宣布圖讖於天下。帝以赤伏符卽帝位，由是信用讖文，多以決定嫌疑。桓譚上疏，極言讖之非經。帝大怒曰：「桓譚非聖無法，將下斬之！」譚叩頭流血，良久，乃得解。出為六安丞。

丁巳二年

二月，帝崩，年六十二。帝每旦視朝，日仄乃罷，數引公卿郎將，講論經理，夜分乃寐。皇太子見帝 勤勞不怠，乘間諫曰：「陛下有禹湯之明，而失黃老養性之福，願頤愛精神，優游自寧。」帝曰：「我自樂此，不為疲也！」雖以征伐濟大業，及天下旣定，乃退功臣而進文吏，明愼政體，總攬權綱，量時度力，擧無過事，故能恢復前烈，身致太平。

◯太子卽皇帝位。『漢書』「循吏傳」敍曰：「光武長於民閒，頗達情僞，見稼穡艱難，百姓病害，至天下已定，務用安靜，解王莽之繁密，還漢世之輕法。身衣大練，色無重綵，耳不聽鄭衛之音，手不持珠玉之玩，宮房無私愛，左右無偏恩。其以手迹賜方國者，皆一札十行，細書成文。勤約之風，行於上下。故 能內外匪懈，百姓寬息。然 建武 永平之間，吏事刻深，亟以謠言單辭，轉易守長。故朱浮數上書諫，而鍾離意亦規諷殷勤，以長者為言而不能得也。所以中興之美，蓋未盡焉。」

통감절요 18권

현종 효명황제(顯宗 孝明皇帝)

재위 18년, 수(壽) 48

무오(戊午) 영평(永平) 원년(서기 58년)

동평왕(東平王) 창(蒼)은 중흥한지 30여년에 사방에 근심이 없으니, 마땅히 예악을 닦아야 한다고 여겼다. 공경들과 함께 의논해 남북 교외에서 천지 신에게 지내는 교제사[郊祠], 사용하는 관과 면류관[冠冕]과 수레, 복식제도 및 광무(光武)의 사당에 제사 올릴 때 사용하는 노래와 팔일무[1]의 숫자를 정해 올렸다.

---

1) 八佾舞 팔일무 : 주(註) 주자(朱子)는 "일(佾)은 춤출 때의 줄이다. 천자(天子)는 8, 제후(諸侯)는 6, 대부(大夫)는 4, 사(士)는 2줄이다. 줄마다의 사람 수는 그 줄의 수와 같다"고 말했다

기미(己未) 2년(59년)

봄 정월에 광무를 명당[2]에서 높여 제사하고[3], 예를 마치자 천문대에 올라가서 운기의 길흉[雲物][4]을 살폈다.

○ 3월에 황제가 학교에 가서 처음으로 천자가 준비하는 활쏘기대회[大射禮][5]를 실시했다.

○ 겨울 10월에 상이 대학[辟雍][6]에 행차해 처음으로 양로례(養老禮)를 실시했다. 이궁(李躬)을 삼로(三老)로 삼고, 환영(桓榮)을 오경(五更)으로 삼았다. 예를 마치자 환영과 그의 제자들을 데리고 강당[堂]에 오르게 하고, 상이 직접 변설을 해 설명했다.

여러 학자들이 경서를 가지고, 앞에서 의문스럽거나 어려운 부분[難]을 물었다. 관모를 쓰고 홀(笏)[7]을 허리띠[紳]에 꽂은 고관들[8]이 다리와 문[橋門]을 에워싸고, 구경하고 듣

---

2) 明堂 명당 : 천자가 제후를 인견(引見)하는 궁전, 천자가 정사를 보는 궁전, 썩 좋은 묏자리

3) 宗祀 종사 : 높이 받들어 제사 지냄, 조상(祖上)을 제사 지냄

4) 雲物 운물 : 기상의 길흉을 살피다, 천기(天氣)

5) 大射禮 대사례 : (註) 사례(射禮)는 오직 천자가 대사(大射)를 마련하여 천자를 더욱 중하게 한다. 활쏘기를 마치면 호후(虎侯)를 철거하고, 다음에 제후가 쏘고, 다음에 경 대부가 쏜다. 각각 그 활을 잡아당기고 음악을 연주한다. 『예기(禮記)』 「사의(射義)」 참조

6) 辟雍 벽옹 : 주(周)대 천자의 도성(都城)에 설립한 대학, 주위의 형상이 둥근 옥(璧)과 같이 둥글고 물로 둘려있음

7) 笏 홀 : 사대부가 조복(朝服)을 입을 때 띠에 끼고 다니는 것. 군명을 받았을 때는 이것에 기록해 둠. 옥이나 상아 대나무 등으로 만들었음

8) 縉紳 진신 : 홀(笏)을 큰 띠, 즉 신(紳)에 꽂음. 신(紳)은 예복에 갖추어 매는

는 자가 억만으로 헤아려졌다.

상은 태자였을 때부터 환영에게 『상서(尙書)』를 배웠는데, 황제에 즉위하자 더욱 환영을 우대하고 스승의 예로 존대했다.

경신(庚申) 3년(60년)

귀인 마씨(馬氏)를 세워 황후로 삼았다. 황후는 마원(馬援)의 딸이다. 후궁 중에 덕이 으뜸이었는데, 황후의 자리에 오르고 난 뒤 궁궐 안에서[9] 더욱 스스로 겸손하고 엄숙하며 독서를 좋아했다. 항상 거친 명주[大練]를 입고 치마에 가장자리를 장식하는 선[緣]을 두르지 않았다.

초하루[朔]와 보름[望]에는 여러 후궁과 공주들이 아침 알현을 하는데, 멀리서 보니, 황후의 겉옷[10]이 굵고 거칠었는데[疎麤], 무늬가 있는 얇고 고운 비단[綺穀]으로 여겨졌다. 가까이 나아가서 보고는 곧 웃었다. 황후가 말하기를 "이 비단이 다만 염색하기에 마땅하기 때문에 이것을 썼을 뿐이다"라고 했다.

○ 황제는 중흥의 공신들을 생각해 장수 28명을 남궁(南宮)의 운대(雲臺)에 그리도록 했다. 등우(鄧禹)를 시작으로, 다음은 마성(馬成) 오한(吳漢) 왕량(王梁) 가복(賈復) 진준

큰 띠. 전(轉)하여 고관을 말함

9) 宮闈 궁위 : 대궐의 작은 문, 대궐 문 옆에 있는 쪽문

10) 袍衣 포의 : 겉옷, 웃옷, 솜옷, 속옷

(陳俊) 경감(耿弇) 두무(杜茂) 구순(寇恂) 전준(傅俊) 잠팽(岑彭) 견심(堅鐔) 풍이(馮異) 왕패(王霸) 주우(朱祜) 임광(任光) 제준(祭遵) 이충(李忠) 경단(景丹) 만수(萬脩) 개연(蓋延) 비융(邳肜) 조기(銚期) 유식(劉植) 경순(耿純) 장궁(臧宮) 마무(馬武) 유륭(劉隆)에, 또 왕상(王常) 이통(李通) 두융(竇融) 탁무(卓茂)를 더해 모두 32명이었다. 마원(馬援)은 황후[11]의 아버지라 해 그 한사람만 넣지 않았다.

○ 종리의(鍾離意)가 전초(全椒)의 장(長)[12] 유평(劉平)을 천거하자, 조서로 유평을 불러 의랑(議郞)에 임명했다. 유평이 전초에 있을 때, 정사를 보면서 은혜를 베풀었다. 백성들이 가끔 재물을 보태 세금을 내고, 또 나이를 줄여 부역하러 갔다. 태수가 관내[部]를 순행해보니, 옥에 갇힌 죄수가 없고 사람마다 스스로 있는 곳을 마땅하게 여겼다. 조사하고 물을 바를 알지 못해, 오직 조서만 펴서 알려주고 떠나갔다.

○ 황제의 성품이 편협하고 살피기를 좋아했다. 귀와 눈으로, 남이 숨기는 것을 들추어내는 것을 좋아하고 현명하다고 여겼다. 공경과 대신들이 자주 비난과 헐뜯는 일을 당했다. 가까운 신하인 상서(尙書) 이하는 구타하고 끌어내기까지 했다.

---

11) 椒房 초방 : 황후의 거처, 황후의 거처에 산초를 벽에 바르므로 이름 함

12) 주(註) 지방에서 인구가 1만명 이상이면 영(令)을 두고, 1만명 이하이면 장(長)을 두었다

일찍이 일 때문에 낭관 약숭(藥崧)을 화가 나서 지팡이로 때리자, 약숭이 도망쳐서 침상 아래로 들어갔다. 황제가 매우 노해 낭에게 나오라고 급하게 말했다. 약숭이 이에 아뢰기를 "천자는 부드럽고 엄숙하고[13] 제후는 아름답다[14]고 했는데, 군주가 스스로 일어나 낭관을 때렸다는 말을 들어보지 못했습니다" 하자, 황제가 이에 용서해주었다.

이때 조정에서 두려워하지 않는 이가 없어, 다투어서 엄하고 박절하게 해서 주벌과 책임을 피했다. 오직 종리의만이 혼자서 과감하게 간쟁하고, 자주 조서를 봉함해 돌려보내고, 신하의 과실을 번번이 구원해서 풀어 주었다.

○ 형주자사(荊州刺史) 곽하(郭賀)가 벼슬에 특별한 공적이 있었다. 상이 삼공의 복식인 수놓은 예복[黼黻][15]과 면류관[冕旒][16]을 하사하고, 칙명으로 관내[部]를 순행하게 했다. 수레의 휘장[17]을 치우고 백성들에게 그의 용모와 복장을 보게 해서, 그렇게 덕 있는 자를 표창했다.

13) 穆穆 목목 : 부드럽다, 경건하다, 근엄, 엄숙

14) 皇皇 황황 : 웅장한 모양, 탁 트인 모양, 통달한 모양, 아름다운 모양, 큰 모양, 마음이 안정되지 아니한 모양, 마음이 몹시 급해 허둥지둥하는 모양

15) 黼黻 보불 : 흰 실과 검은 실로 도끼 모양을 수놓은 예복. 보(黼)와 불(黻)은 모두 고대 예복에 놓은 수

16) 冕旒冠 면류관 : 천자의 예관. 앞뒤로 주옥을 꿰고 있는데, 천자는 12줄, 제후는 9줄

17) 幨帷 첨유 : 휘장

갑자(甲子) 7년(64년)

동해의 상(相)인 송균(宋均)을 상서령으로 삼았다. 처음에 송균이 구강태수(九江太守)가 되어 5일만에 한 번 정사를 보면서, 관리를 모두 줄이고, 독우부(督郵府)를 폐쇄하니, 소속 현들에 일이 없고, 백성들은 생업을 편안히 여겼다.

구강군에는 예전에 호랑이의 폐해가 많았다. 항상 모아서[募] 함정을 설치했지만, 여전히 호랑이에게 다치거나 피해를 입는 일이 많았다. 송균이 소속 현에 글을 내렸다.

"강회(江淮) 지방에 맹수가 있는 것은 북쪽 지방에 닭과 돼지가 있는 것과 같다. 지금 백성들의 폐해는 잔혹한 관리에게 잘못이 있는데, 함정을 설치해 (호랑이를) 잡으려고 백성들이 수고롭게 일하니, 백성을 걱정해주고 구휼해주는 근본이 못된다.

지금 힘쓸 것은 간교한 탐관오리를 물리치고, 충성스럽고 선량한 자의 기용을 생각하는 것이다. 모든[一] 함정을 치우고, 부세[課制]를 감면하라"

그 후 다시는 호환이 없었다. 황제가 송균의 명성을 들었기 때문에 중요한 국정기구[樞機]를 맡긴 것이다.

을축(乙丑) 8년(65년)

흉노가 사자를 보내 교역을 요청했다. 상은 그들과 교통하면 다시는 노략질하지 않기를 기대하고, 흉노의 요청을 허락했다. 월기사마(越騎司馬) 정중(鄭衆)을 북흉노에 사신으로 가게 했다. 선우는 (자신에게) 정중의 절을 강요했다. 정중이 굽히지 않으니, 선우가 두려워 그만 두고, 곧 경사로 돌려보냈다.

남흉노는 한(漢)이 북흉노와 사신을 교환한다는 것을 알고, 속으로 원망하고 배반하려 했다. 몰래 사람을 북흉노로 보내, 군대를 보내 자신을 맞이하게 했다. 정중이 변경에 나갔다가 그 사신을 잡게 되었다. "마땅히 다시 대장을 두어, 두 오랑캐의 교통을 막아야 합니다"라고 상주했다. 이로 말미암아 처음으로 도요영(度遼營)을 설치했다.

○ 예전에 황제가 서역(西域)에는 신이 있는데, 이름이 부처[佛]라는 말을 들었다. 그래서 사자를 천축국에 보내 그 도리[道]를 구하고, 책과 승려를 얻어 오라고 했다.

그 책의 내용은 대체로 허무를 근본원리[宗]로 삼고, 자비를 귀하게 여기고, 살생하지 않는 것이다. 사람이 죽더라도 정신은 없어지지 않고, 이어서[隨] 다시 형체를 받으며, 살았을 때 행한 선악에는 다 인과응보(因果應報)가 있고, 그러므로 정신수련을 귀하게 여기고, 그래서 부처의 경지에 이른다고 했다. 넓고 트이고[宏闊] 황당한[勝大] 말을 잘 해서 어리석은 백성들을 권유하고 유혹했으며, 그 도리에 정통한 자를 승려라고 했다.

이리하여 처음으로 중국에 그 법술이 전해져서 그 형상을 그렸다. 왕공과 귀인 중에 초(楚)왕 영(英)이 가장 먼저 좋아했다.

병인(丙寅) 9년(66년)

황제가 유학을 숭상하니, 황태자와 여러 제후 왕 및 대신의 자제와 공신의 자손에 이르기까지 경서를 배우지 않는 자가 없었다. 또 외척인 번씨, 곽씨, 음씨, 마씨의 여러 자제들을 위해 남궁에 학교를 세우고, 이름을 사성(四姓) 소후(小侯)라 했다.

오경의 스승을 두었고, 학식이 높고 유능한 이를 널리 찾아 선발해 학문을 전수시켰다. 기문(期門)과 우림(羽林)[18]의 군사들부터 모두 『효경(孝經)』의 문장[章] 구문[句]을 통달하게 하니, 흉노 또한 아들을 보내 입학시켰다.

무진(戊辰) 11년(68년)

동평왕 창이 와서 조회하고 한 달 남짓 있다가 본국으로 돌아갔다. 황제가 사자를 보내 손으로 쓴 조서를 동평국 환관[中傅]에게 전달하게 해서 "일전에 동평왕에게 '집에 있을 때 무슨 일이 가장 즐겁느냐?'고 물었더니, 왕이 '선한 일을 하는 것이 가장 즐겁습니다'라고 하더라. 그 말이 매우 훌륭했다. 이제 제후의 인(印) 19개를 보내니, 왕자로서 나이가 5세 이상으로 달려와 절할 수 있는 아이에게 모두 이 도장을 차게 하라"고 했다.

기사(己巳) 12년(69년)

이때 천하가 평안해 사람들에게 부역이 없고, 해마다 풍

---

18) 期門 羽林之士 기문 우림지사 : 황제의 친위군, 숙위군. 기문(期門)은 한(漢)나라 때 천자의 호위를 담당하는 관직[司馬]. 우림(羽林)은 숙위(宿衛)를 담당하던 금군(禁軍)

년이 들어[19] 백성들이 풍요했다. 곡식이 1곡(斛)[20]에 30전이고, 소와 양이 들을 덮었다.

경오(庚午) 13년(70년)

초(楚)왕 영이 방사들과 도참서를 조작해 역모를 꾀한 일이 있었다. 폐위해 단양(丹陽)으로 보내니, 영이 자살했다. 이 초(楚)왕사건을 수년간 끝까지 조사했다. 그 사건에 연루되어 경사의 친척과 제후, 주군(州郡)의 호걸들은 물론, 고문하고 조사한 관리에게 아첨하고 쫓던[21] 자들까지 포함해, 죄에 걸려 죽거나 귀양 간 자가 1천명으로 헤아려졌다. 옥에 갇힌 자는 수천명이었다.

이때 상이 매우 노여워하니, 관리들이 모두 두려워 했다. 연좌된 자들을 대체로 모두 함정에 빠뜨리고, 정상을 참작해 용서해 주는 자가 없었다. 시어사(侍御史) 한랑(寒朗)이 마음 속으로 그들의 억울함을 가슴 아파했다. 상소해 무고함을 강력히 말했다. 황제의 노여움이 풀려서 조서를 내려 한랑을 내보냈다. 이틀 후에 임금의 수레가 직접 낙양의 옥에 행차해 죄수들에 대한 기록을 보고[錄] 다스려서[理], 1천여명을 출옥시켰다. 이때 날이 가물었는데, 곧 큰 비가 내렸다.

마황후 또한 초왕사건이 지나치다고[濫] 생각해, 틈을 봐

---

19) 登稔 등임 : 풍년 들다
20) 斛 곡 : 열 말의 용량
21) 阿附 아부 : 아첨하고 쫓다

서 황제에게 말했다. 황제가 측은히 여기고[惻然] 느끼고 깨달아서, 밤중에 일어나 배회[22]했다. 이로 말미암아 용서받은 자가 많았다.

신미(辛未) 14년(71년)

처음 수릉(壽陵)을 만들었다. 황제가 명령해 물만 빠지게 하라고 명령[23]했다.

계유(癸酉) 16년(73년)

경병(耿秉)이 자주 흉노를 공격하자고 청했다. 황제가 그의 말에 따라 경병과 두고(竇固) 등을 보냈다. 길을 나누어 함께 가서 북흉노를 정벌하게 했는데, 두고만 혼자 공을 세웠다.

두고가 가사마(假司馬) 반초(班超)와 종사 곽순(郭恂)을 사신으로 함께 서역에 보냈다. 반초가 길을 떠나 선선국(鄯善國)에 도착했다. 선선왕 광(廣)이 조서를 받들고 대단히 예우하고 공경하더니, 뒤에 갑자기 바뀌어 (대접을) 소홀히 하고 태만했다.

반초가 관속들에게 "이것은 반드시 북쪽 오랑캐의 사자가 왔다는 의미이다. 현명한 자는 싹트기 전에 볼 수 있다. 하물며 이미 (징조가) 드러나 있음에랴!"라고 말했다. 그는 관리와 군사 36명을 모아 놓고 "호랑이 굴에 들어가지 않

---

22) 彷徨 방황 : 주(註) 배회(徘徊)하다

23) 制令 제령 : 법, 법도

으면 호랑이를 잡지 못한다"고 하고는, 밤을 틈타 오랑캐 진영을 불로 공격했다. 그 사자와 종사 30여명의 수급을 베었다. 남은 무리 100여명은 모두 불에 타 죽었다.

다음날 곧 돌아와서 선선국왕 광(廣)을 불러 오랑캐 사자의 수급을 보여주었다. 온 나라가 두려워하고 떨었다. 광(廣)이 머리를 숙이며 "한(漢)나라에 귀속되어 두 마음을 갖지 않겠습니다"라고 말하고, 마침내 아들을 바쳐서 인질로 삼게 했다. 반초가 돌아와서 두고에게 보고하니, 두고가 크게 기뻐하고 반초의 공적을 갖추어 올렸다.

두고가 다시 반초를 우전국(于窴國)에 사신으로 보냈다. 그 국왕 광덕(廣德)이 항복했다. 이에 여러 나라가 모두 아들을 궁궐로 보내 모시게[入侍]했다. 서역이 한(漢)나라와 왕래하지 않은지 65년 됐는데, 이때 다시 왕래하게 되었다.

○ 북흉노가 대군으로 운중(雲中)에 침입했는데, 태수 염범(廉范)이 이들을 막았다. 관리가 병력이 적다면서, 옆 고을에 글을 보내 구원을 요청하자고 했다. 염범이 허락하지 않았다.

마침 날이 저물자, 염범은 군사들 각각에게 두 개의 횃불을 교차시켜 묶게 하고, 세 쪽의 끝머리[三頭]에 불을 붙이니, 군영 안이 하늘의 별이 열지어 있는 것 같았다. 오랑캐들이 한(漢)나라의 구원병이 온 것이라고 여겨, 크게 놀라 새벽에 후퇴하려고 했다.

염범이 군사들에게 일찍 요[蓐] 위에서 식사를 하게하고, 새벽에 달려가서 수 백명의 수급을 벴다. 오랑캐가 저희들끼리 서로 수레에 깔리고 밟혀[轔藉] 죽은 자가 1천여 명이었다. 이로 말미암아 오랑캐가 감히 다시는 운중을 향하지 못했다.

갑술(甲戌) 17년(74년)

익주자사(益州刺史) 주보(朱輔)가 널리 은혜를 베풀면서, 한(漢)나라의 위엄으로 먼 오랑캐들을 회유했다. 문산(汶山) 서쪽으로부터 전대(前代)에 이르지 않았던 곳과 정삭(正朔)을 쓰지 않았던 백랑(白狼) 반목(槃木) 등 1백여개 국의 모든 종족이 신하라 칭하고 공물을 바쳤다. 백랑왕 당추(唐菆)가 시 3장(章)을 지어 한(漢)나라의 덕을 칭송하므로, 주보가 번역시켜서 바쳤다.

두고와 경병이 서역을 공격해 거사(車師)를 평정하고, 다시 아뢰어 서역도호(西域都護)와 무기교위(戊己校尉)를 두게 했다.

을해(乙亥) 18년(75년)

북선우(北單于)가 좌록리왕(左鹿蠡王)을 보내 2만명의 기병을 거느리고 거사국을 공격했다. 경공(耿恭)은 소륵성(疏勒城) 옆에 시냇물이 있어 견고히 지킬 수 있다고 여겨, 군대를 이끌고 이곳을 점거했다. 흉노가 시냇물을 막고 [물길을] 끊었다.

경공이 성안에서 우물을 팠다. 15장이나 팠지만, 물을 얻지 못했다. 관리와 병사들은 목이 말라, 심지어 말의 똥 오줌을 짜서[笮] 마셨다. 경공이 몸소 병사들을 데리고 삼태

기로 흙을 날랐다[輓]. 얼마 있다가 샘이 분출했다. 그래서 관리와 병사에게 물을 뿌려서[揚] 오랑캐에게 보이게 했다. 오랑캐들이 뜻밖의 일이 생기자, 귀신같은 영험함[神明]이 있다고 여기고, 마침내 군대를 이끌고 떠나갔다.

○ 8월에 황제가 붕어했다. 나이 48세였다.

황제는 건무(建武) 연간의 제도를 준수하고 받들었다. 변경한 것이 없었다. 황후의 집안에서는 제후의 작위나 정치 참여를 할 수 없었다. 관도공주(館陶公主)가 아들을 위해 낭관을 요구했으나, 허락하지 않고 10만전을 하사했다.

여러 신하들에게 (그 이유를) "낭관은 위로는 늘어선 별자리[벼슬]에 호응하고, 나가서는 백리를 주관하니, 진실로 적임자가 아니면 백성들이 그 재앙을 받게 된다. 이 때문에 그것을 막은 것이다"라고 설명했다.

상소문을 담당하는 부서[公車]가 금기일[24]이라 해 상소문[章奏]을 받지 않았다. 황제가 듣고 괴이하다면서 "백성들이 (상소문을 올리기 위해) 농사짓고 누에치는 것을 폐하고 멀리서 대궐에 왔는데, 다시 금기에 구애[拘]받게 하는 것이 어찌 정치를 하는 뜻이겠는가?"라고 말했다. 마침내 그 제도를 없앴다[蠲]. 이 때문에 관리는 적임자를 얻고, 백성들은 생업을 즐거워했고, 가깝고 먼 나라들이 두려워 복종했다. 호구가 더욱 불어났다.

24) 反支日 반지일 : 초하루의 간지로 정해진 금기일

○ 태자가 즉위하니, 나이가 18세였다.

숙종(肅宗) 효장(孝章)황제 재위 13년, 수(壽) 31

병자(丙子) 건초(建初) 원년(76년)

양종(楊終)이 "근간에 북쪽으로 흉노를 정벌하고, 서쪽으로 36개국을 개척했습니다. 백성들이 여러 해 동안 복역하고 수송하느라 번거로웠고, 비용의 소모가 많았습니다. 근심하고 곤궁한 백성들은 천지를 감동시킬 수 있습니다. 폐하께서는 마땅히 유념하시고 성찰하셔야 합니다"라고 상소했다. 황제가 이 글을 의논하라고 내리니, 제오륜(第五倫) 또한 양종의 의견과 같았다.

모융(牟融)과 포욱(鮑昱)이 모두 "효자는 아버지의 도(道)를 고치지 않는다고 합니다. 흉노를 정벌하고 서역에 군대를 주둔시킨 것은 선제께서 세우신 것입니다. 마땅히 다른 방향으로 가서는 안 됩니다"라고 말했다.

양종이 다시 글을 올려 "진(秦)나라가 만리장성을 쌓느라고 공들이고, 부역이 크게 일어났는데, 호해가 고치지 않아 끝내 천하를 잃었습니다. 그러므로 효원황제는 주애군을 버렸고, 광무제는 서역의 나라들과 절교했습니다. 오랑캐[25]를 중화인[26]과 바꾸지 못하는 것입니다"라고 상소했다. 황제가

25) 介鱗 개린 : 오랑캐. 어패(魚貝), 갑충(甲蟲)의 비늘

26) 衣裳 의상 : 중국 옷, 예를 갖춘 옷, 문명을 상징함

그 말을 따랐다.

○ 병인(丙寅)에 조서를 내려 "2천석의 관리는 농업과 잠업에 힘쓰도록 권하라. 범한 죄가 참수할 죄[27]가 아니면, 가을을 기다려서 사건을 자세히 조사하고, 담당관리가 신중하고 분명하게 하라. 관리등용[28]은 유순하고 선량한 자를 등용하고, 탐욕스럽고 교활한 자를 물리치며, 1년간 행하는 정치적 의식적인 행사는 기록에 따르고[29], 억울한 옥사를 다스리라"고 했다.

이때 영평 연간의 고사(故事)를 이어받아, 관리들이 엄하고 박절하게 정치를 했다. 상서에서 일을 결단하는 것이 대체로 엄중한 편이었다. 상서 진총(陳寵)은 황제가 새로 즉위했으니, 전대(前代)의 까다로운 풍속을 고쳐야 한다고 생각했다. 마침내 상소했다.

"신이 들으니 '선왕의 정사는 상은 남발하지 않고, 형벌은 남용하지 않았습니다. 부득이할 경우 차라리 상은 남발할지언정 형벌을 남용하지는 않았습니다'. 과거에 형벌 판결이 엄하고 분명했던 것은 위엄으로 간사함과 사특함을 징계하기 위한 행위였습니다. 간특함이 이미 다스려졌으니, 마땅

---

27) 殊死 수사 : 주(註) 수(殊)는 이(異), 달리하는 것, 절단하는 것. 그 몸과 머리를 달리 두는 것이다

28) 選擧 선거 : 한(漢)의 관리 등용법

29) 時令 시령 : 1년 간에 행하는 정치적 또는 의식적인 행사의 순서 기록, 연중행사, 절기

히 관대하게 해주어 구제해야 합니다.

정치를 한다는 것은 거문고와 비파의 줄을 걸쳐놓은 것과 같습니다. 큰 줄이 너무 팽팽하면, 작은 줄은 끊어지는 법입니다. 폐하께서는 선왕의 도를 높이셔서 번거롭고 까다로운 법을 깨끗이 없애소서[30]! 매 맞는 고초[31]를 가볍게 해주셔서 백성들을 구제하고, 지극한 덕을 완전히 넓혀서 천심을 받드소서"

황제가 진총의 말을 깊이 받아들여, 매번 일을 하면서 너그럽고 후하게 하려고 힘썼다.

정축(丁丑) 2년(77년)

태후의 오라비인 위위(衛尉) 마료(馬廖)가 아름다운 업적을 잘 마치기 어렵다 염려하고, 덕정을 이룰 것을 권하는 상소를 올렸다.

"정치를 바꾸고 풍속을 고치려면, 반드시 근본이 있어야 합니다. 옛 글에 이르기를 '오(吳)왕이 검객을 좋아하자 백성들 중에 흉터 있는[32]자가 많았고, 초(楚)왕이 가는 허리를 좋아하자, 궁중에 굶어 죽은 자가 많았다'고 했습니다. 장안 사람들의 말에 '도성 안에서 높게 틀어올린 상투[高結]를 좋아하자, 사방에서 상투의 높이를 한 자 높였고, 도성 안에서 넓은 눈썹을 좋아하자, 사방에서 눈썹을 이마의

---

30) 蕩滌 탕척 : 씻어버리다, 청소하다
31) 箠楚 추초 : 매 맞는 고초
32) 瘡瘢 창반 : 상처, 흉터

반이나 되게 했고, 도성 안에서 넓은 옷소매를 좋아하자, 사방에서는 비단 한 필을 다 써서 옷을 만들었다'고 했습니다. 이 말은 농담 같으나 사실을 절실하게 말하고 있습니다"

태후가 그 말을 깊이 받아들였다.

○ 제오륜(第五倫)이 상소했다.

"광무제가 왕망의 뒤를 이어 위엄과 엄벌로 정치를 하시니, 후대에 이것을 따랐고, 마침내 관습을 이루었습니다. 그리하여 군국에서 천거한 자들은 자기 직무만 잘 수행하는 속리 부류가 많았고, 관대하고 백성들에게 넓게 사랑을 베풀 수 있는 자를 추천해[選] 황제의 요구에 부응하는 자는 없었습니다. 진(秦)나라는 가혹한 법과 서두름[急]으로 나라를 망쳤고, 왕망 또한 가혹한 법으로 스스로 멸망했습니다. 때문에 '부지런하되 정성스럽게 하라'는 것은 실제로 이 때문입니다"

황제가 그의 말을 좋게 여겼다. 제오륜은 천성이 굳세고 곧았으나, 항상 속리들의 가혹하고 각박함을 미워해 매번 관후함을 따르라는 의견이었다.

기묘(己卯) 4년(79년)

교서랑(校書郞) 양종이 "선제(宣帝)는 여러 학자들을 널리 불러 석거각(石渠閣)에서 논의해 오경을 결정하게 하셨습니다. 지금 천하에 일이 적어 배우는 자들이 업적을 이룰 수 있게 되니, 문장만을 따지는 무리들[33]이 대체를 파괴하고 있습니다. 마땅히 석거각의 고사와 같이 해서, 영원히 따를 후세의 법칙을 만들어야 합니다"고 건의했다.

황제가 이를 따라 태상박사(太常博士)와 낭관과 여러 학자들을 백호관(白虎觀)에 모이게 해서, 오경의 공통점과 차이점을 논의하도록 명령했다. 황제가 직접 그 자리에 와서 그 논의를 살펴보고 결정했다[34]. 『백호의주(白虎議奏)』[35]를 지으니, 이때 유명한 학자인 정홍(丁鴻) 누망(樓望) 성봉(成封) 환욱(桓郁) 반고(班固) 가규(賈逵)와 광평왕 이(羨)가 모두 참여했다.

신사(辛巳) 6년(81년)

염범(廉范)이 촉군태수(蜀郡太守)로 승진했다. 성도(成都)는 인구가 많고 물산이 풍부했다. 고을 안의 집들이 바싹 옆에[逼側] 붙어 있었다. 구(舊)제도에는 백성들이 밤에 일하는 것을 금지해 화재를 방지했다. 염범은 이전의 명령을 없애고, 다만 백성들에게 방화수 비축하는 것만 엄하게 단속했다.

백성들이 편리하게 여겨 "염숙도(廉叔度)가 어찌 저물어서[暮] 왔는가? 불을 금하지 않으니 백성들이 편안히 일하

---

33) 章句之徒 장구지도 : 의미로 끊어지는 곳을 장(章)이라 하고, 말이 끊어지는 곳을 구(句)라 한다. 오로지 장(章)과 구(句)만을 분석하는 학자를 말한다

34) 稱帝臨決 칭제임결 : 주(註) 칭제(稱制)는 즉 제왈(制曰). 이는 자신이 가서 보고 그 논의에 대해 가부를 결단하는 것이다

35) 白虎議奏 백호의주 : 지금의 서명(書名) 백호통(白虎通)이다

네! 옛날에는 저고리[襦]도 없었는데, 지금은 바지가 다섯 벌이로다!"라고 노래했다.

○ 주우(周紆)가 낙양(洛陽) 영(令)이 되었다. 부임하자마자 먼저 그 지방 유력자의 이름을 물었다. 관리들이 마을에서 세력을 떨치는 토호를 수를 세어 대답하니, 주우가 화를 내며 큰 소리로 "본래 귀척들 중에서 마씨(馬氏)와 두씨(竇氏)같은 이들을 물은 것이다. 이런 채소 팔던 머슴놈들을 어찌 알겠는가?"고 소리쳤다.

이에 관내의 관리들이 태수의 뜻을 멀리서 바라보고[望風] 알았다. 다투어 격렬하고 박절함을 일삼으니, 귀척들이 두려워 해 몸 둘 곳을 몰라 하고[36], 경사가 깨끗해졌다.

계미(癸未) 8년(83년)

중랑장(中郞將) 두헌(竇憲)이 중궁[宮掖]의 세력을 믿고, 싼값으로 심수공주(沁水公主)의 전원(田園)을 빼앗으려 요청했다가 발각되었다. 황제가 크게 노해 두헌을 불러 심하게 꾸짖었다.

"공주의 전원을 빼앗으려고 했을 때의 너의 과오를 깊이 생각해봐라! 조고가 사슴을 가리켜 말이라고 했던 것보다

---

36) 跼蹐 국척 : 주(註) 국(跼)은 곡(曲)이고, 척(蹐)은 발을 겹치는 것이다. 시전(詩箋, 詩의 註解)에 이르기를, '하늘이 높아도 우레와 천둥이 있고, 땅이 두터워도 함륜(陷淪, 가라앉고 잠기는 데)이 있다'고 했다. 상하 모두 두려워해야 할 것이 있다는 말이다

어찌 그것을 낫다고 할 수 있겠는가? 오래 생각해 봐도 사람을 놀라고 두렵게 한다. 국가에서는 너를 외로운 병아리[孤雛]나 썩은 쥐처럼 버릴 수밖에 없을 것이다"

두헌이 크게 두려워했다. 황후가 두헌을 위해 허름한 옷을 입고 깊이 사죄하니, 오래 있다 겨우 풀려날 수 있었다.

온공(溫公)이 말했다.

"신하의 죄 중 군주를 기망(欺罔)하는 것이 가장 크다. 이 때문에 현명한 군주는 그러한 것을 미워했다. 효장황제가 두헌에게 '사슴을 가리켜 말이라고 한 것과 어찌 다르겠는가?'라고 말한 것은 잘했다. 그러나 끝내 두헌을 벌주지 못했으니, 간사한 신하들에게 어찌 징계가 되겠는가.

무릇 군주란 신하에게서[之於] 그 간사함을 모르는 것이 우환이다. 어떤 경우 이것을 알고도 다시 용서해 준다면, 모르는 것이 더 낫다. 어째서 이렇게 말하는가? 저들이 혹 나쁜 짓을 했는데, 임금이 알지 못하면 그래도 두려워하는 바가 있다.

그러나 임금이 이미 알고 나서도 벌주지 못하면, 저들은 군주에게 두려워할 것이 없다는 것을 알게 된다. 이렇게 되면 방종하게 되어 돌아보는 바가 없게 된다. 이 때문에 선함을 알고도 쓸 수 없는 것과 악함을 알면서도 버리지 않는 것, 이것을 군주는 깊이 경계해야 한다"

갑신(甲申) 원화(元和) 원년(84년)

일에 대해 진술하는 자들이 많이 말하기를 "군국에서 대부분 공훈의 순서에 따라 인재를 천거[37]하는 것이 아니므로, 관리가 직무를 지키는 일을 더욱 태만하게 하고, 관리의 일에 점점 책임지는 자가 없으니[疏], 그 잘못이 주군(州郡)에 있습니다"라고 했다. 조서를 내려 공경과 조정의 신하들에게 이 문제를 의논하게 했다. 대홍려 위표(韋彪)가 의견을 올렸다.

"무릇 나라는 현명한 인재 선발을 급선무로 하고, 현명한 자는 효행을 으뜸으로 삼습니다. 이 때문에 충신을 반드시 효자의 가문에서 찾는 것입니다.

무릇 사람은 재주와 행실을 서로 겸하는 자가 적습니다. 이 때문에 맹공작(孟公綽)이 조(趙)나라와 위(魏)나라의 가로(家老)가 되기에는 넉넉하지만, 등(藤)나라와 설(薛)나라의 대부가 될 수는 없었던 것입니다.

충성하고 효도하는 사람은 마음가짐이 대개 후덕하고, 일에만 단련된 관리는 마음가짐이 거의 각박합니다. 선비란 마땅히 재주와 행실을 우선으로 하고, 순전히 문벌만으로 해서는 안 됩니다.

그러나 요점의 귀착점은 2천석의 관리를 선발하는 것에 달려 있습니다. 2천석의 관리들이 현명하면, 인재를 추천으로 모두 적임자를 얻을 수 있습니다"

○ 9월에 황제가 완(宛) 땅에 가서 전(前) 임회태수(臨淮太守) 주휘(朱暉)를 불러 상서복야로 임명했다. 주휘는 임

37) 貢擧 공거 : 천거, 인재 추천

회태수로 있을 때 선정을 베풀었다. 백성들이 "강직해 자신의 일을 완수한 남양의 주계(朱季)로다. 관리는 그 위엄을 두려워 하고, 백성들은 그 은혜를 마음 속에서 그리워 한다"고 노래했다. 이때 법에 걸려 면직되어 집에 있었다. 그러므로 상이 불러 등용한 것이다.

상서 장림(張林)이 "현(縣)의 관청에 경비가 부족하니, 마땅히 직접 소금을 구워 무제(武帝)의 균수법을 다시 회복해서 시행해야 합니다"라고 말씀을 올렸다. 주휘가 불가하다고 고집하면서, "균수법은 장사꾼이 물건을 파는 것과 다름이 없습니다. 소금을 구워 파는 이익이 관청에 돌아가므로, 하층의 백성들은 곤궁해지고 원망하게 됩니다. 참으로 현명한 군주가 시행할 일이 못됩니다"라고 했다.

여강(廬江)의 모의(毛義)와 동평(東平)의 정균(鄭均)이 모두 의로운 행실로 향리에서 칭송을 받았다. 남양의 장봉(張奉)이 모의의 명성을 흠모해 문안하러 갔다. 자리 잡고 앉았는데, 마침 관부에서 보낸 편지[檄]가 도착했다. 모의에게 안양령(安陽令)을 맡기는 것이었다. 모의가 편지를 받들고 들어가면서 기쁨으로 얼굴색이 움직이자, 장봉이 마음속으로 그를 천하게 여기고 하직하고 떠나왔다.

그 후 모의의 어머니가 별세했다. 모의는 부름을 받았지만[徵辟][38] 모두 피하고 가지 않았다. 장봉이 이에 "현자는 참으로 헤아릴 수가 없구나. 지난번에 그가 기뻐한 것은 어

38) 徵辟 징벽 : 초야에 있는 사람을 예를 갖추어 벼슬을 줌

머니 때문에 굽힌 것이었구나"라고 감탄했다. 황제가 조서를 내려 모의와 정균을 칭송하며 기렸다[褒].

을유(乙酉) 2년(85년)

조서를 내려 명령했다.

"세속의 관리들이 외모를 거짓으로 꾸미니, 겉으로는 옳은 것같으나 그르다[似而非]. 짐은 이를 심히 싫어하고 심히 괴로워한다. 안정된 관리들은 지극한 정성을 다하고[39] 화려하지 않으나, 날로는 부족해도 달로는 남음이 있다.

양성(襄城) 영(令) 유방(劉方)과 같은 이는 관리와 백성들이 이구동성으로 번거롭지 않다고 말한다. 비록 다른 특별한 점은 없지만, 이 사람이 자못 거기에 근접하다.

무릇 (백성들에게) 가혹하게 하면서 그것을 보살핀다고 생각하고, 각박하게 하면서 그것을 명확하게 한 것으로 생각한다. 경시하면서 그들에게 은혜를 베풀었다고 여기고, 무겁게 형벌을 내리는 것을 위엄으로 여긴다. 이 네 가지가 일어나면, 아래에서는 원망하는 마음이 생긴다.

나는 사자(使者)가 길에 이어질 정도로 조서를 자주 내렸다. (그런데도) 관리들은 다스려지지 않고, 백성들은 생업[職]을 잃는다. 그 잘못이 어디에 있는가? 부지런히 옛 법령을 생각해 짐의 뜻에 맞추어 달라"

○ 을축일에 황제가 정도(定陶)에서 밭을 갈고, 나가서

39) 悃愊 곤핍 : 곤(悃) 정성, 거짓이 없는 마음. 핍(愊) 정성, 성의

노(魯)에 행차해 궐리(闕里)에서 공자에게 제사 지냈다.

○ 박사인 노국(魯國) 조포(曹褒)가 "마땅히 문물제도를 정해 한(漢)나라의 예(禮)를 드러내어 완성하소서"라고 상소했다. 태상 소감(巢堪)이 "한 세대의 큰 법[大典]은 조포가 정할 수 있는 것이 아닙니다. 허락해서는 안됩니다"라고 했다.

황제는 여러 학자들이 문장에 구애 받기 때문에[40] 함께 시작해 도모하기 어렵다는 것을 알았다. (그러나) 조정의 예(禮)와 법[憲]을 이 때 확립해야 한다고 생각해, 마침내 조포를 시중에 임명했다. 현무사마(玄武司馬) 반고(班固)가 "마땅히 여러 학자들을 널리 모아서 함께 득실을 의논해야 합니다"라고 하자, 황제가 말했다.

"속담에 '길가에 집을 지으면 3년이 되어도 완성하지 못한다'고 했다. 예(禮)를 논하는 사람들이 모인 것을 이름하여 '송사꾼을 모아놓았다'고 말한다. 서로 의심과 이견이 생기니 붓으로 쓸 수가 없다는 말이다. 옛날 요임금은 대장(大章)이란 음악을 만들었는데, 기(夔) 한명이면 충분했다"

정해(丁亥) 장화(章和) 원년(87년)

봄 정월에 황제가 조포를 불러 숙손통(叔孫通)의 『한의(漢儀)』 12편을 주면서 "이 제도가 흩어지고 간략해져서 경전과 부합하지 않은 것이 많으니, 지금 마땅히 예에 따라

40) 拘攣 구련 : 장구(章句)에 구애되다

조목조목 바로 잡아서 시행할 수 있게 하라"고 말했다.

무자(戊子) 2년(88년)

정월에 황제가 승하했다. 나이가 31세였다.

태자가 즉위하니 나이가 10세였다. 두태후가 섭정하고, 두헌 형제는 모두 (황제를 가까이 모시는) 요직에 있게 되었다.

○ 북흉노에 기근이 들고 혼란해지자, 두헌을 거기장군(車騎將軍)으로 삼아 북흉노를 정벌했다.

원 문

卷之十八

後漢紀

顯宗孝明皇帝 在位十八年，壽四十八

戊午永平元年

東平王蒼以爲中興三十餘年，四方無虞，宜修禮樂，乃與公卿共議定南北郊、冠冕、車服制度及光武廟登歌、八佾舞數，上之。

己未二年

春 正月，宗祀光武於明堂，禮畢，登靈臺，望雲物。

○三月，臨辟雍，初行大射禮。

○冬　十月，上幸辟雍，初行養老禮。以李躬爲三老，桓榮爲五更。禮畢，引桓榮及弟子升堂，上自爲辨說，諸儒執經問難於前，冠帶縉紳之人圜橋門而觀聽者，蓋億萬計。上自爲太子，受尙書於桓榮，及卽帝位，猶尊榮以師禮。

庚申三年

立貴人馬氏為皇后，后援之女也。德冠後宮，旣正位宮闈，愈自謙肅，好讀書。常衣大練，裙不加緣。朔望諸姬主朝謁，望見后袍衣疎麤，以為綺縠，就視乃笑。后曰：「此繒特宜染色，故用之耳。」

○帝思中興功臣，乃圖畫二十八將於南宮雲臺，以鄧禹為首，次馬成、吳漢、王梁、賈復、陳俊、耿弇、杜茂、寇恂、傅俊、岑彭、堅鐔、馮異、王霸、朱祐、任光、祭遵、李忠、景丹、萬脩、蓋延、邳彤、銚期、劉植、耿純、臧宮、馬武、劉隆。又益以王常、李通、竇融、卓茂，合三十二人。馬援以椒房之親，獨不與焉。

○鍾離意薦全椒長劉平，詔徵拜議郎。平在全椒，政有恩惠，民或增貲就賦，或減年從役。太守行部，獄無繫囚，人自以得所，不知所問，唯班詔書而去。

○帝性褊察，好以耳目隱發為明，公卿大臣數被詆毀，近臣尚書以下至見提曳。嘗以事怒郎藥崧，以杖撞之。崧走入床下，帝怒甚，疾言曰：「郎出！」崧乃曰：「天子穆穆，諸侯皇皇，未聞人君，自起撞郎。」帝乃赦之。是時朝廷莫不悚慄，爭為嚴切以避誅責，唯鍾離意獨敢諫爭，數封還詔書，臣下過失，輒救解之。

○荊州刺史郭賀，官有殊政，上賜以三公之服，黼黻、冕旒。 敕行部，去襜帷，使百姓見其容服，以章有德。。

甲子七年

以東海相宗均為尚書令。初 均為九江太守，五日一聽事，悉省掾 史，閉督郵府內，屬縣無事，百姓安業。九江舊多虎暴，常募設檻穽，而猶多傷害。均下記屬縣曰：「夫江淮之有猛獸，猶北土之有雞豚也。今為民害，咎在殘吏，而勞勤張捕，非憂恤之本也。其務退姦貪，思進忠善，可一去檻穽，除削課制。」其後無復虎患。帝聞均名，故任以樞機。

乙丑八年

匈奴遣使求合市。上冀其交通，不復為寇，許之。遣越騎司馬鄭衆使北匈奴，單于欲令衆拜，衆不為屈。單于恐而止，乃發還京師。南匈奴知漢與北虜交使，內懷嫌怨，欲畔，密使人詣北虜，令遣兵迎之。鄭衆出塞，得其使人。乃上言：「宜更置大將，以防二虜交通。」由是始置度遼營。

◯初 帝聞西域有神，其名曰佛，因遣使，之天竺求其道，得其書及沙門，以來。其書大抵以虛無為宗，貴慈悲不殺。以為人死，精神不滅，隨復受形。生時所行善惡，皆有報應，故所貴修練精神，以至為佛。善為宏闊勝大之言，以勸誘愚俗。精於其道者，號曰沙門。於是中國始傳其術，圖其形像，而王公貴人，獨楚王英最先好之。

丙寅九年

帝崇尚儒學，自皇太子諸王侯及大臣子弟、功臣子孫，莫不受經。又為外戚樊氏、郭氏、陰氏、馬氏諸子立學於南宮，號「四姓小侯」。置五經師，搜選高能以授其業。自期門、羽林之士，悉令通孝經章句。匈奴亦遣子入學。

戊辰十一年

東平王蒼來朝，月餘，還國。帝遣使手詔賜東平國中傅曰：「日者問東平王：『處家何等最樂？』王言：『為善最樂。』其言甚大，今送列侯印十九枚，諸王子年五歲已上能趍拜者，皆令帶之。」

己巳十二年

是時，天下安平，人無徭役，歲比登稔，百姓殷富，粟斛三十，牛羊被野。

庚午十三年

楚王英與方士，造作圖書，有逆謀。廢徙丹陽，英自殺。是時，窮治楚獄，至累年。其辭語相連，自京師親戚、諸侯、州郡豪桀及考按吏阿附，坐死徙者，以千數，而繫獄者尚數千人。是時，上怒甚，吏皆惶恐，諸所連及，率一切陷入，無敢以情恕者。侍御史寒朗心傷其冤，上疏力言其無辜，帝意解，詔遣朗出。後二日，車駕自幸洛陽獄錄囚徒，理出千餘人。時天旱，即大雨。馬后亦以楚獄多濫，乘間為帝言之，帝惻然感悟，夜起彷徨，由是多所降宥。

辛未十四年

初 作壽陵，制：「令流水而已。」

癸酉十六年

耿秉數請擊匈奴，帝從之。遣秉與竇固等，分道並出，伐北匈奴，固獨有功。固使假司馬班超與從事郭恂俱使西域。超行到鄯善，鄯善王廣奉詔，禮敬甚備，後忽更疎懈。超謂其官屬曰：「此必有北虜使來。明者睹未萌，況已著耶！」乃會其吏士三十六人曰：「不入虎穴，不得虎子。」因夜以火攻虜營，斬其使及從士三十餘級，餘衆百許人悉燒死。明日乃還，召鄯善王廣，以虜使首示之，一國震怖。廣叩頭：「願屬漢，無二心。」遂納子為質。還白竇固，固大喜，具上超功效。復使超使于寘，其王廣德降，於是諸國皆遣子入侍，西域與漢絶六十五載，至是乃復通焉。

◯北匈奴大入雲中，太守廉范拒之。吏以衆少，欲移書傍郡求救，范不許。會日暮，范令軍士各交縛兩炬，三頭爇火，營中星列。虜謂漢兵救至，大驚，待旦將退。范令軍中蓐食，晨往赴之，斬首數百級，虜自相轔藉，死者千餘人，由此不敢復向雲中。

甲戌十七年

益州刺史朱輔，宣示漢德，威懷遠夷。自汶山以西，前世所不至，正朔所未加，　白狼、槃木等百餘國，皆舉種稱臣奉貢。白狼王唐菆作詩三章，歌頌漢德。輔使譯而獻之。

◯竇固、耿秉擊西域，平車師，復奏置西域都護及戊己校尉。

乙亥十八年

北單于遣左鹿蠡王，率二萬騎擊車師。耿恭以疏勒城傍有澗水可固，引兵據之。匈奴擁絶澗水。恭於城中穿井十五丈，不得水，吏士渴乏，至笮馬糞汁而飮之。恭身自率士輓籠，有頃，水泉犇出，乃令吏士揚水以示虜，虜出不意，以為神明，遂引去。

○八月，帝崩，年四十八。帝遵奉建武制度，無所變更，后妃之家不得封侯與政。館陶公主為子求郎，不許，而賜錢千萬，謂羣臣曰：「郎官上應列宿，出宰百里，苟非其人，則民受其殃，是以難之。」公車以反支日不受章奏，帝聞而怪之曰：「民廢農桑，遠來詣闕，而復拘以禁忌，豈為政之意乎！」於是遂蠲其制。是以吏得其人，民樂其業，遠近畏服，戶口滋殖焉。

○太子卽位，年十八。

肅宗孝章皇帝 在位十三年，壽三十一

丙子建初元年

楊終上疏曰：「間者北征匈奴，西開三十六國，百姓頻年服役，轉輸煩費。愁困之民足以感動天地，陛下宜留念省察！」帝下其章，第五倫亦同終議。牟融、鮑昱皆以為：「孝子無改父之道，征伐匈奴，屯戍西域，先帝所建，不宜回異。」終復上疏曰：「秦築長城，功役繁興，胡亥不革，卒亡四海。故孝元棄珠厓之郡，光武絶西域之國，不以介鱗

易我衣裳。」帝從之。

○丙寅，詔：「二千石勉勸農桑。罪非殊死，須秋案驗。有司明愼選擧，進柔良，退貪猾，順時令，理冤獄。」是時承永平故事，吏政尙嚴切，尙書決事，率近於重。尙書陳寵以帝新卽位，宜改前世苛俗，乃上疏曰：「臣聞先王之政，賞不僭，刑不濫。與其不得已，寧僭無濫。往者斷獄嚴明，所以威懲姦慝。姦慝旣平，必宜濟之以寬。夫爲政猶張琴瑟，大絃急者小絃絶。陛下宜隆先王之道，蕩滌煩苛之法，輕薄箠楚，以濟羣生，全廣至德，以奉天心！」帝深納寵言，每事務於寬厚。

丁丑二年

太后兄衛尉馬廖慮美業難終，上疏勸成德政曰：「夫改政移風，必有其本。傳曰：『吳王好劒客，百姓多創瘢，楚王好細腰，宮中多餓死。』長安語曰：『城中好高結，四方高一尺，　城中好廣眉，四方且半額，　城中好大袖，四方全匹帛。』斯言如戲，有切事實。」太后深納之。

○第五倫上疏曰：「光武承王莽之餘，頗以嚴猛爲政，後代因之，遂成風化。郡國所擧，類多辦職俗吏，殊未有寬博之選以應上求者也。秦以酷急亡國，王莽亦以苛法自滅，故勤勤懇懇，寔在於此。」上善之。倫雖天性峭直，然常疾俗吏苛刻，論議每依寬厚云。

己卯四年

校書郎楊終建言：「宣帝博徵羣儒，論定五經於石渠閣。方今天下少事，學者得成其業，而章句之徒，破壞大體。宜如石渠故事，永為後世則。」帝從之。詔太常：「博士、郎官及諸儒會白虎觀，議五經同異。」帝親稱制臨決，作白虎議奏，名儒丁鴻、樓望、成封、桓郁、班固、賈逵及廣平王羨皆與焉。

辛巳六年

廉范遷蜀郡太守。成都民物豐盛，邑宇逼側，舊制，禁民夜作，以防火災。范乃毀削先令，但嚴使儲水而已。百姓以為便，歌之曰：「廉叔度，來何暮！不禁火，民安作。昔無襦，今五袴。」

○周紆為雒陽令，下車，先問大姓主名，　吏數閭里豪强以對。紆厲聲怒曰：「本問貴戚若馬、竇等輩。豈能知此賣菜傭乎！」於是部吏望風旨，爭以激切為事，貴戚跼蹐，京師肅清。

癸未八年

中郎將竇憲，恃宮掖之勢，以賤直請奪沁水公主園田，發覺。帝大怒，召憲切責曰：「深思前過奪主田園時，何用愈趙高指鹿為馬乎！久念使人驚怖。國家棄憲，如孤雛腐鼠耳！」憲大懼，皇后為毀服深謝，良久乃得解。

溫公曰：人臣之罪，莫大於欺罔。是以明君疾之。孝章謂竇憲何異指鹿為馬，善矣，卒不能罪憲，則姦臣安所懲哉！夫人主之於臣下，患在不知其姦，苟或知之而復赦之，則不若不知之為愈也。何以言之？彼或為姦而上不之知，猶有所畏。旣知而不能討，彼知其不足畏也，則放縱而無所顧矣！是故知善而不能用，知惡而不能去。此人主之深戒也。

甲申元和元年

陳事者多言：「郡國貢擧，率非功次，故守職益懈，而吏事寖疏，咎在州郡。」有詔下公卿朝臣議。大鴻臚韋彪上議曰：「夫國以簡賢為務，賢以孝行為首，是以求忠臣必於孝子之門。夫人才行少能相兼，是以孟公綽優於趙魏老，不可以為滕薛大夫。忠孝之人，持心近厚，　鍛鍊之吏，持心近薄。士宜以才行為先，不可純以閥閱。然其要歸，在於選二千石。二千石賢，則貢擧皆得其人矣。」

○九月，幸宛。召前臨淮太守朱暉拜尚書僕射。暉在臨淮，有善政，民歌之曰：「彊直自遂，南陽朱季，吏畏其威，民懷其惠。」時坐法免，家居，故上召而用之。尚書張林上言：「縣官經用不足，宜自煮鹽，及復修武帝均輸之法。」朱暉固執以為不可曰：「均輸之法，與賈販無異，鹽利歸官，則下民窮怨，誠非明主所宜行。」

○廬江毛義，東平鄭均，皆以行義稱於鄉里。南陽張奉慕義名，往候之。坐定而府檄適至，以義守安陽令。義捧檄而入，喜動顏色。奉心賤之，辭去。後義母死，徵辟皆不至。

奉乃歎曰：「賢者固不可測。往日之喜，乃為親屈也。」帝下詔褒寵義、均。

乙酉二年

詔曰：「夫俗吏矯飾外貌，似是而非，朕甚厭之，甚苦之！安靜之吏，悃愊無華，日計不足，月計有餘。如襄城令劉方，吏民同聲謂之不煩，雖未有他異，斯亦殆近之矣！夫以苛為察，以刻為明，以輕為德，以重為威。四者或興，則下有怨心。吾詔書數下，冠蓋接道，而吏不加治，民或失職，其咎安在？勉思舊令，稱朕意焉！」

◯乙丑

帝耕於定陶。進幸魯，祠孔子於闕里。

◯博士魯國曹褒上疏，以為：「宜定文制，著成漢禮。」太常巢堪以為：「一世大典，非褒所定，不可許。」帝知諸儒拘攣，難與圖始，朝廷禮憲，宜以時立，乃拜褒侍中。玄武司馬班固以為：「宜廣集諸儒，共議得失。」帝曰：「諺言：『作舍道旁，三年不成。』會禮之家，名為聚訟。互生疑異，筆不得下。昔堯作大章，一夔足矣。」

丁亥章和元年

春　正月，帝召褒，授以叔孫通漢儀十二篇曰：「此制散略，多不合經，今宜依禮條正，使可施行。」

戊子二年

正月，帝崩，年三十一。太子卽位，年十歲。竇太后臨朝，竇憲兄弟皆在親要之地。

○北匈奴飢亂，以竇憲為車騎將軍，伐北匈奴。

통감절요 19권

후한기(後漢記) 효화황제(孝和皇帝)

재위 17년, 수(壽) 27

기축(己丑) 영원(永元) 원년(서기 89년)

6월 두헌(竇憲)과 경병(耿秉)이 정예기병 1만여기를 이끌고 북선우와 계락산(稽落山)에서 싸워 크게 이겼다. 항복한 자들이 전후로 81부족 20여만 명이었다. 두헌과 경병은 변경에서 3천여리를 나가서 연연산(燕然山)에 올랐다. 중호군(中護軍) 반고(班固)에게 명령해 돌을 깎아[刻] 공을 새기게[勒] 했다. 한(漢)나라의 위엄과 덕망을 기록하고 돌아왔다.

신묘(辛卯) 3년(91년)

정월 두헌은 북흉노가 미약하다고 여기고, 그들을 멸망시키려 했다. 경기(耿夔) 임상(任尙)을 보내 금미산(金微山)에서 포위해 크게 이겼다. 변경에서 5천여리를 나갔다가 돌아왔는데, 한(漢)나라가 군사를 내보낸 이후 일찍이 가지 못했던 곳이었다.

○ 두헌이 큰 공을 세우자 위엄과 명성이 더욱 커졌고, 자사 수령 등이 그의 문하에서 많이 나왔다. 관리와 백성들에게 조세를 다투어서 징수해 모두 뇌물로 썼다.

임진(壬辰) 4년(92년)

두씨 부자 형제가 조정에 가득했다. 황제가 (보기에) 조정 신하들이 위 아래 모두 두헌에게 붙지 않는 자가 없었다. (황제는) 오직 중상시(中常侍) 정중(鄭衆) 만이 부지런하고 민첩하고 마음속에 깊이 생각하는 것[1]이 있다고 여기고, 드디어 정중과 함께 두헌을 죽일 계획을 의논했다. 황제가 태후 때문에 두헌을 죄명대로 죽이지 않고 압박해 자살하게 했다.

○ 반고는 두씨의 빈객이었기 때문에 잡혀서 옥중에서 죽었다. 반고가 일찍이 『한서(漢書)』를 저술하고 있었는데, 이 때 아직 완성하지[就] 못했다. 조서를 내려 반고의 여동생이자 조수(曹壽)의 처인 소(昭)에게 뒤[踵]를 이어서 그것을 완성하게 했다.

○ 황제가 간책에 공훈을 기록하고[2] 상을 나누어주었는

---

1) 心氣 심기 : 마음속으로 깊이 생각함

데, 정중이 매번 많은 것을 사양하고 적게 받았다. 황제가 이 때문에 그를 어질다고 하고, 항상 그와 정사를 의논했다. 환관이 권력을 잡는 일은 이때부터 시작되었다.

정유(丁酉) 9년(97년)

황태후 두씨가 죽었다. (황제의) 어머니 양귀인을 추존해 태후로 삼고, 양송(梁竦)의 세 아들에게 작위를 주어 제후로 삼았다. 양씨가 이때부터 번성하게 되었다.

임인(壬寅) 14년(102년)

반초(班超)가 오랫동안 먼 나라[3]에 있었는데, 연로해지니 고향이 생각나서 글을 올려 "신이 감히 주천군(酒泉郡)까지 가는 것은 바라지도 않습니다. 다만 원컨대 살아서 옥문관에 들어가게 해주십시오"라며 귀국을 요청했다. 이에 반초를 불러 돌아오게 하고, 무기교위(戊己校尉) 임상(任尙)을 대신 도호로 삼았다.

을사(乙巳) 원흥(元興) 원년(105년)

12월 황제가 죽었다. 작은 아들 융(隆)은 태어난 지 1백여일이었는데, 황제위에 올랐다. 태후가 정사를 대신했다.[4]

---

2) 策勳 책훈 : 간책에 공훈을 기록하다. 공훈을 정해 죽간 같은 곳에 기록해 그 순서를 정함

3) 絶域 절역 : 먼 나라

4) 臨朝 임조 : =임조칭제(臨朝稱制), 조정에 나와서 황제를 대신하여 정사를 행

효상황제(孝殤皇帝) 재위 1년, 수(壽) 2

병오(丙午) 연평(延平) 원년(106년)

8월 황제가 죽었다. 태후가 청하왕(淸河王) 경(慶)의 아들 호(祜)를 효화황제(孝和皇帝)의 후계자로 삼고, 황제에 즉위시켰다. 태후가 여전히 정사를 대신했다.

○ 상서랑(尙書郞) 번준(樊準)은 유풍(儒風)이 점점 쇠미해진다고 여겨 상소를 올렸다.

"임금은 배우지 않으면 안 됩니다. 광무제는 천명을 받아서 중흥하셨는데, 동으로 서로 죽이는 전쟁터에서 편안히 쉴[5] 겨를[遑]이 없었지만, 그래도 창을 던져놓고 예(禮)[6]를 강론하고, 말을 쉬게 하고 도(道)를 논하셨습니다.

효명황제는 모든 정치[7]와 정치의 모든 중요한 일[8]을 분별하고 살피시면서도[9], 마음을 고전에 두고, 뜻을 경학(經學)과 육예(六藝)에 두셨습니다. 매번 향사례(饗射禮)[10]를

한다는 뜻. 후한의 전성기인 광무제(光武帝) 명제(明帝) 장제(章帝) 시대가 지나고, 화제(和帝)가 10세의 나이에 즉위하자, 장제의 황후였던 두씨(竇氏)가 임조칭제(臨朝稱制)를 했다. 다음 화제(和帝) 사후 상제(殤帝)는 1년 만에 사망했는데, 그 다음 안제(安帝)시대까지 화제의 황후였던 등씨(鄧氏)가 권력을 잡았다.

5) 啓處 계처 : =계거(啓居), 편안히 앉다, 편안히 쉬다

6) 禮 예 : =경의(經禮). =경학(經學)

7) 庶政 서정 : 모든 정치

8) 萬機 만기 : 정치상의 온갖 중요한 기틀, 천하의 큰 정사

9) 簡心 간심 : 분별해 살피는 마음

마치시면 정좌하시고 스스로 강론하시니, 여러 유생들이 함께 들으며 사방이 기뻐하며 받들었습니다[欣欣].

또 명성 있는 유학자들을 많이 부르셔서 조정[廊廟][11]에 두루 두고, 매번 잔치[讌] 때마다 어려운 문제를 담론하시고, 화애롭고 즐거워하며[12], 함께 정치와 교화를 추구하셨습니다.

기문 우림[13]의 갑옷 입은 무사[14]들도 다 『효경』에 통달하니, 교화가 황제의 몸에서 흘러나와 멀리 있는 미개한 오랑캐인 만황(蠻荒)[15]까지 미쳤습니다. 이 때문에 의견을 말하는 자들은 전성시기를 말할 때 모두 영평연간(永平年間)[16]을 언급합니다.

지금 학자들은 더욱 적어졌는데, 먼 지방은 더욱 심합니다. 박사는 강좌를 개설하지 않고[17] 강론하지 않습니다. 유학자는 다투어 허망하고[浮] 화려한 것[華]을 논합니다. 자

---

10) 饗謝禮 향사례 : 향(饗) 향인(鄕人)이 모여 술을 마시다. 주(周) 시대, 향대부(鄕大夫)가 3년마다 어질고 재능 있는 사람을 왕에게 천거할 때, 그 선택을 위해 행하는 활 쏘는 의식

11) 廊廟 낭묘 : 조정에서 정사를 보는 곳, 조정의 대정(大政)을 보살피는 전(殿 궁궐)

12) 衎衎 간간 : 화애롭고 즐거운 모양

13) 期門羽林 기문우림 : 기문(期門) 한(漢)나라 때 천자의 호위를 담당하는 관직[司馬]. 우림(羽林) 숙위(宿衛)를 담당하던 금군(禁軍)

14) 介胄之士 개주지사 : 갑옷 입은 무사

15) 蠻荒 만황 : 만(蠻)은 만이(蠻夷), 즉 남방오랑캐가 사는 땅[要服]. 황(荒)은 황복(荒[服]을 말하며, 융적(戎狄)인 서북쪽 오랑캐가 사는 땅

16) 永平 영평 : 광무제 때의 연호

17) 倚席 의석 : 주(註) 강좌를 개설하지 않는 것이다

기 몸을 돌보지 않는[18] 충성은 잊고, 아첨하는 말[19]만을 합니다.

어리석은 신이 말씀드립니다. 마땅히 지혜로운 조서를 내리셔서 세상을 피해 숨어사는[20] 선비들을 널리 찾으시고, 올바른 유학자를 총애하시고 등용하셔서, 황제께서 공부를 하실 수 있는 시기를 기다리소서"

태후가 그 말을 깊이 받아들였다.

효안황제(孝安皇帝) 재위 19년, 수(壽) 32

정미(丁未) 영초(永初) 원년(107년)

가을 9월 경오(庚午)에 재해와 도적들로 인해 왕이 말씀[策]을 내려 태위(太尉) 서방(徐防)을 면직시켰다. 삼공이 재해로 인해 면직되는 것은 서방에서부터 시작되었다. 중장통(仲長統)이 옳은 말[昌言][21]을 했다.

"광무황제는 여러 대에서 정권을 잃은 것에 분개하고, 강한 신하들이 천명을 훔치는 것에 분노하셔서, 잘못된 것을 바로 잡으셨는데, 과도하게 곧게 하셨고, 아래에 맡기지 않으셨습니다. 비록 삼공을 두었지만, 일은 상서성[臺閣][22]에

18) 蹇蹇 건건 : 충직, 자기 몸을 돌보지 아니함, 어려운 시기에 수고하는 것. 주(註) 易曰 蹇難을 말함

19) 諓諓 천천 : 아첨하는 말(諂言)

20) 幽隱 유은 : 세상을 피해 깊이 숨어살음, 어두움

21) 昌言 창언 : 옳은 말, 착한 말

맡기셨습니다. 이 때부터 삼공의 직책은 인원만 갖출 뿐이었습니다.

그러나 정치가 잘 다스려지지 않으면, 오히려 견책하셨고, 권력은 외척의 집안으로 옮겨가고, 가까운 환관[豎]이 총애를 받았습니다. 홍수와 가뭄이 재해가 되는 것은, 이것은 모두 외척과 환관이 초래한 것입니다. 그런데 오히려 삼공을 책망하거나 꾸짖고, 죽이거나 면직시켰습니다. 이와 같다면, 삼공이 국가에 공훈을 세우기를 바라거나, 백성들에게 업적을 남기려고 해도, 역시 먼 일이 아니겠습니까? 지금 황제께서는 삼공에게 오로지 위임하십시오. 임무를 맡기고 성취를 요구하십시오. 자리에 있는데, 백성이 병들고, 천거해 기용하는 일에서 현자를 놓치고, 백성이 편안하지 않고, 송사가 그치지 않고, 천지에 변화가 많고, 사람과 일에 요망한 재앙이 많다면, 그런 연후에 이에 대한 죄를 주십시오"

경술(庚戌) 4년(110년)

등즐(鄧騭)이 벼슬자리에 있으면서, 능력 있는 선비를 추천하고 등용했다. 홍농사람 양진(楊震)은 고아[孤] 출신으로, 가난하지만 학문을 좋아했다. (경서에) 통달했고, (여러 서적을) 두루 읽었다. 여러 유생들이 그를 관서(關西)의 공자(孔子) 양백기(楊伯起)라 불렀다. 등즐이 듣고 그를 불렀

22) 臺閣 대각 : 상서성(尙書省), 전(轉)하여 내각(內閣), 군명(君命)의 출납을 맡음

다[辟]. (양진은) 여러 차례 승진해 형주자사, 동래태수 등을 맡았다.

(양진이) 군(郡)에 가는 길에 창읍(昌邑)을 지났는데, 옛날에 천거했었던 형주의 인재(茂才) 왕밀(王密)이 창읍 영이었다. (왕밀이) 밤에 금 10근을 품고 와서 그것을 양진에게 주었다.

양진이 "옛사람은 그대를 아는데, 그대는 옛사람을 모르는구나. 왜 이런가?" 하니, 왕밀이 "저문 밤이니 아는 사람이 없습니다"라고 대답했다. 양진이 "하늘이 알고, 땅이 알고, 내가 알고, 그대가 아는데, 어찌 아는 사람이 없다고 말하는가?"라고 했다. 왕밀이 부끄러워서 나갔다.

(양진은) 성품이 공정하고 청렴해 자손들이 항상 거친 밥[素食][23]을 먹고, 걸어 다녔다. 옛 친구 중에 어떤 자가 생산하는 사업[業][24]을 시작해보라고 했다. 양진이 하려고 하지 않으면서 "후세에 청백리의 자손이라고 칭송 받게끔 해준다면, 그것을 남겨주는 것이 더 큰 것이 아니겠는가?"라고 말했다.

○ 조가현(朝歌縣)의 도적 영계(甯季) 등 수천 명이 공격해 현의 장리(長吏)를 죽이고, 모여 주둔한지 몇 년이 되었다. 주, 군에서 금하게 할 수 없었다. 등즐(鄧騭)이 우후(虞詡)를 미워해서, 우후(虞詡)를 조가현의 장(長)을 삼았다.

---

23) 素食 소식 : =소식(疏食) =소식(蔬食). 거친 밥, 채소 반찬과 밥

24) 産業 산업 : 살아가기 위해서 하는 일, 생업, 생산의 사업, 농업 공업 어업 등

옛 친구들이 모두 그를 문안했다.

우후가 웃으며 "일이 어렵다고 피하지 않는 것이 신하의 직분이다. 견고한 뿌리[盤根]와 엉킨 마디[錯節]를 만나지 않으면, 날카로운 도구는 식별되지 못한다. 이는 곧 내가 공을 세울 중요한 때[秋][25]다"라고 말했다.

(임지에) 도착하자 관(官)에 3과를 설치하고 장사들을 모집했다. 아전(掾吏) 이하부터 각각 아는 사람을 천거하게 했다. (남을) 공격하고 겁탈한 자들을 상[上]으로 치고, 남을 상처 입히고 도둑질한 자를 그 다음으로 하고, 집안 일을 하지 않는 자들을 제일 아래[下]로 (평가)했다. 1백여 인을 거두었다.

우후가 연회를 베풀어서, 그(들의) 죄를 다 용서해주고[貰=赦], 도적들 속으로 들어가게 했다. (도적들에게) 위협하고 노략질[劫掠]하도록 유인하고, 복병을 놓고 그들을 기다렸다가 드디어 도적 수백인을 죽였다.

또 몰래 가난한 사람 중에 바느질할 수 있는 자를 골라 보내서 품팔이로 도적들의 옷을 만들게 하고, 색깔이 있는 실을 가지고 그 옷자락[裾]을 꿰매게 했다. 시장이나 동리에 나오는 자가 있으면 관리들이 번번이 그를 잡았다. 도적들이 이로 말미암아 놀라서 해산하고 모두 귀신처럼 밝다고 했다. 현의 경내가 모두 평정되었다.

---

25) 秋 추 : 가을, 때, 시기, 중요한 때

을묘(乙卯) 원초(元初) 2년(115년)

우후가 장수의 도량이 있다는 말을 듣고, 태후가 그를 무도태수(武都太守)로 삼았다. 강족의 무리 수천이 진창효곡(陳倉崤谷)에서 우후의 길을 막았다. 우후가 곧 군을 멈추고 진군하지 않고 "글을 올려 병사를 청해 도착하기를 기다려 출발할 것이다"라고 전군에 알렸다.

강족이 그 소식을 듣고, 나누어 옆 현들을 약탈[鈔]했다. 우후가 그 병사들이 흩어진 틈을 타서 밤낮으로 길을 가는데, 속도를 배가해[兼行] 1백여 리를 갔다. 관리와 병사에게 각각 아궁이를 2개씩 만들게 하고, 날마다 그것을 배로 늘리니 강족이 감히 가까이 다가오지[逼] 못했다.

어떤 자가 "손빈(孫臏)은 아궁이를 줄였는데, 태수께서는 그것을 늘리셨습니다. 병법에 하루의 행군은 3십리를 넘지 말라고 해서 예상치 못한 일[不虞]을 경계시켰는데, 지금 하루에 2백리를 가니 어째서입니까?"고 물었다.

우후는 "오랑캐는 무리가 많고 우리의 병사는 적다. 천천히 가면 쉽게 그들에게 따라 잡힐 것이고, 빨리 진군하면 저들이 예측하지 못하게 된다. 오랑캐가 우리의 아궁이가 날마다 증가하는 것을 보면, 반드시 군병이 온 것을 맞이한 것이라고 생각할 것이다. 무리가 많고, 속도가 빠르니, 반드시 우리를 추격하는 것을 꺼릴 것이다. 손빈은 약해진 것을 보인 것이고, 나는 지금 강해진 것을 보이는 것이다. 형세에 다르기 때문이다"라고 대답했다.

임술(壬戌) 연광(延光) 원년(122년)

황태후 등씨가 죽었다. 황제가 처음으로 정사를 친히 보았다. 황제는 어려서 총명하다고 알려졌기 때문에 등태후가 그를 즉위시켰다. 성장하자 부덕한 데가 많았고, 점점 태후의 의도대로 할 수 없었다.

태후가 죽자[26], 등씨의 다섯 제후는 모두 폐출되어 서인이 되었다. 염황후의 형제를 모두 구경(九卿)과 교위(校尉)로 삼아 금군을 맡겼다. 그리하여 후궁에 대한 총애[27]가 비로소 커졌고, 중상시(中常侍) 강경(江京) 등은 안팎을 선동해서 다투어 사치하고 포학한 짓을 했다.

○ 여남태수(汝南太守) 왕공(王龔)은 인재를 좋아하고 선비를 아껴, 원랑(袁閬)을 공조(功曹)[28]로 삼고, 군사람[郡人] 진번(陳蕃)과 황헌(黃憲) 등을 데려다 등용했다. 황헌은 굽히지 않았고, 진번은 결국 관직에 나갔다.

황헌은 대대로 가난하고 미천했다. 아버지는 소의사[牛醫]였다. 영천사람 순숙(荀淑)이 황헌을 객사[逆旅]에서 만났는데, 그때 그의 나이 14세였다. 순숙이 놀라며[29] 그를 특별하게 보았다. 읍(揖)을 하고 말을 했는데, 날을 넘겨도

---

26) 등(鄧)태후 사후, 안제(安帝)의 황후 염씨(閻氏)의 오빠 염현(閻顯)이 실권을 장악했다

27) 內寵 내총 : =내폐(內嬖). 특별하게 군은(君恩)을 받는 여자, 특별하게 군은(君恩)을 받는 신하

28) 功曹 공조 : 한 대(漢代) 이래 주군(州郡)의 속료(屬僚). 인재추천 및 공로의 기록을 담당

29) 竦然 송연 : 무서워서 몸을 오그리는 모양. 송(竦) 공경할, 놀랄, 두려워 할

떠날 수 없었다.

그는 황헌에게 "그대는 나의 스승[師表]이요"라고 말했다. 조금 있다가 나가서 원랑이 있는 곳에 가서 "그대의 땅에 안자(顏子)가 있는데, 어떻게 그를 알아봤는가?"라고 물었다. 원랑은 "우리 숙도[叔度=황헌(黃憲)]를 보았는가?"라고 말했다.

이때 같은 군(郡)의 대량(戴良)은 재주가 높아서 거만했는데, 황헌을 볼 때면 용모를 바르게 하지 않은 적이 없었다. 돌아가면 멍한 모습으로[30] 잃은 것이 있는 것 같았다. 그의 어머니가 "너 또 소의사의 아들을 따라다니다가 왔느냐?"고 물으면, 대량은 "제가 숙도를 보지 않을 때는 스스로 미치지 못하는 것이 없다고 생각했습니다. (그런데) 그 사람을 보고 나면, 그가 앞에 있는 것을 쳐다보았는데[瞻], 홀연히 뒤에 있으니, 정말로 예측하기 어렵습니다"라고 대답했다.

진번과 주거(周擧)가 일찍이 서로 "얼마 동안[31] 황생을 보지 못하면, 비루하고 인색한 싹이 다시 마음 속에서[乎] 생긴다"고 말했다.

태원사람 곽태(郭泰)는 어려서 여남을 돌아다녔는데, 먼저 원랑[집]을 지나갈 때는 그 집에서 묵지 않고 나왔다. 나가서 황헌을 따라갈 때는 며칠을 보내고서 돌아왔다. 혹자가 곽태에게 물으니 곽태가 "봉고[奉高=원랑(袁閬)]의 그

---

30) 罔然 망연 : 멍한 모양, 상심한 모양

31) 時月 시월 : 짧은 기간, 수개월

릇은 옆으로 솟아나는 샘물에 비유된다[32]. 깨끗하지만 쉽게 헤아려진다[挹]. 숙도는 물이 넓고 깊어서[33] 1천경(頃)의 물결과 같으니, 맑게 해도 깨끗해지지 않고, 흐리게[淆] 해도 탁해지지 않아서 가늠[量]할 수가 없다"고 대답했다.

을축(乙丑) 4년(125년)

3월 황제가 죽었다. 나이 32세였다.

태후[34]가 섭정을 해서 정사를 대신했는데, 오랫동안 정권을 장악하고 싶어 유아를 즉위시킬 욕심을 냈다. 염현(閻顯) 등과 궁궐에서 조서를 정하고, 제북혜왕(濟北惠王)의 아들 북향후(北鄉侯) 의(懿)[35]를 후계자로 삼았다. 을축(乙丑)일에 북향후를 황제로 즉위시켰다.

○동(冬) 시월(十月) 북향후가 사망했다.

○ 11월에 중상시[환관(宦官)] 손정(孫程) 왕강(王康) 등 19인이 덕양전에서 모여 모의해 제음왕(濟陰王)을 맞이해 황제에 즉위시켰다. 이 때 나이 12세였다. 염현을 잡아 가

---

32) 譬諸氿濫 비제궤람 : 밑에서 솟아나는 샘물과 비교된다. 비(譬) 비유할. 제(諸) 지어(之於). 구(氿) 옆에서 나는 샘물. 람(濫) 밑에서 솟아나는 샘물

33) 汪汪 왕왕 : 물이 깊고 넓은 모양, 도량이 깊은 모양

34) 주(註) 안제(安帝)의 염후(閻后)이다.

35) 주(註) 제북혜왕(濟北惠王)은 장제의 7자이므로 안제와 같은 항렬이다. 태후 염씨는 태후가 갖는 섭정권을 놓고 싶지 않아서, 손자인 효순제(孝順帝)를 세우지 않고, 아들 항렬 중에 나이가 어린 북향후(北鄉侯)를 후계자로 세운 것이다

두어 죽이고, 태후를 이궁으로 옮겼다. 손정 등에게 작위를 주어 모두 열후로 삼았다. 이들이 19후이다[36].

효순황제(孝順皇帝)[37] 재위 19년, 수(壽) 30

정묘(丁卯) 영건(永建) 2년(127년)

예전에 남양사람 번영(樊英)은 어리지만 학문과 행실로 이름이 천하에 유명했는데, 호산의 남쪽에 은거했다. 주군(州郡)에서 계속해 예를 갖추어 (벼슬할 것을) 청했으나 응하지 않았다. 공경(公卿)이 현량하고 방정하며, 도(道)가 있는 사람으로 천거했으나 모두 가지 않았다. 안제(安帝)가 조서를 내려서 불렀으나 가지 않았다.

이 해에 황제가 다시 조서와 적색, 황색 비단[38]으로 예를 갖추어 번영을 부르고 스승[師傅]의 예로 모셨다. 번영이 처음에 황제의 명을 받았을 때 사람들은 모두 (그가) 반드시 뜻을 굽히지 않을 것이라고 생각했다.

남군사람 왕일(王逸)은 번영과 사이가 좋았다. 그 때문에 글을 보내[與] 옛 일을 많이 비유하고 인용해 초빙에 가게끔[39] 권했다. (번영이) 후에 부름에 응해 대면했는데, 기이

---

36) 북향후(北鄕侯)가 급사한 후. 환관 손정(孫程) 왕강(王康) 등이 염씨(閻氏) 일족을 살해하고, 염씨에 의해 폐위되었던 태자 순제(順帝)를 즉위시켰다. 최초로 황제가 환관에 의해 옹립된 사건이다. 황제 옹립에 참여한 환관 19인은 후(侯)에 봉해졌고, 양자를 들여 작위를 세습하도록 허용받았다.

37) 주(註) 이름 보(保), 안제(安帝)의 장자이다.

38) 玄纁 현훈 : 현(玄) 검은 색. 훈(纁) 적색과 황색(주황색)

39) 就 취 : 가다

한 생각이나 깊은 계책이 없었다. 말하는 자들이 실망스럽다고 했다.

하남사람 장해(張楷)가 번영과 함께 부름을 받았는데, 번영에게 말했다.

"천하에는 두 가지 길이 있는데, 출사하거나 은둔하는 것이오. 내가 전에 그대가 출사하면 이 임금을 보필할 수 있고, 이 백성들을 구제할 수 있을 것이라고 생각했소.

그대는 처음에 비교할 수 없는 존귀한 몸40)이 되어 만승의 주인을 노하게 했는데, 그 작위와 봉록을 향수하고 난 다음에는 임금을 바르게 하고 백성을 구제하는 방법을 갖고 있다고 들어보지 못했으니, 나아가거나 물러나거나 별반 다를 바 없구려!"

온공(溫公)이 말했다.

"옛날의 군자는 나라에 도(道)가 있으면 벼슬을 하고, 나라에 도가 없으면 은둔했다. 은둔은 군자가 원하는 것이 아니다. 남들이 자기를 알아주지 않으니, 도를 행할 수 없는 것이고, 여러 옳지 못한 자들과 같이 있게 되므로 자신에게 위해가 미치게 될 것이다. 그 때문에 깊게 숨어서 그것을 피하는 것이다.

왕이 뛰어난 사람41)을 등용하고, 미천한 자를 밝혀서 천

40) 不訾 불자 : 불자(不訾)=불자(不貲). 주(註) 헤아릴 수 없을 만큼 귀중해 최고에 비유된다

41) 逸民 일민 : 주(註) 절행초일(節行超逸), 절개를 지키는 행위가 있고 뛰어나

거하는 것[42]은 정말로 그가 국가에 유익함이 있기 때문이지, 세속의 이목을 따르기[徇] 때문이 아니다. 이 때문에 도(道)와 덕(德)으로 임금을 높일 수 있고, 지혜와 능력으로 백성을 보호할 수 있다.

거친 갈옷을 입고 있지만 옥을 품고 있으니, 깊이 감추고 시장에 내놓지 않으면, 왕이 마땅히 예를 다해 그를 오게 해야 한다. 그에게 몸을 굽히고 자신을 낮추고[下], 마음을 비워서 그를 방문하고, 자기를 누르고 그가 (하는대로) 따라야 한다. 그런 연후에, 사방에 이로움과 은택을 베풀 수 있고, 상하에 공과 위엄[功烈]을 미칠[格] 수 있다.

무릇 그 도(道)를 얻는 것이고, 그 사람을 얻는 것이 아니다. 그 실제에 힘쓰는 것이지, 그 명성에 힘쓰는 것이 아니다. 만약 집안에서 효제(孝悌)의 행위가 뛰어나고, 향리에서 품행이 의롭고 높으며, 이익을 구차하게 갖지 않고, 벼슬에 구차하게 나가지 않고, 자기를 고결하게 하고, 편안한 마음으로 제 분수를 지켜[43] 한가롭게 [44]세상을 마친다면, 비록 임금을 높이고 백성을 보호하기에 충분하지 않아도 이 또한 깨끗하게 수양한 좋은 선비이다.

다. 준민(俊民)의 뜻이고, 은일(隱逸)이 아니다

42) 仄(側)陋 측루 : 주(註) 『서경(書經)』에 이르기를 명양루(明揚陋)라 하고, 그 주(註)에 누추한 중에서 현명한 사람을 밝혀서 천거하는 것은 널리 현인을 구하기 때문이라고 한다. 채씨(蔡氏)왈 : "측루(側陋)는 미천한 사람을 말한다"

43) 安分 안분 : 편안한 마음으로 제 분수를 지킴

44) 優游 우유 : 한가한 모양, 과단성이 없는 모양, 고식(姑息)적인 모양

왕이 마땅히 칭찬하고 우대해 편안하게 살게 해주고, 자기의 뜻을 이루게 해줘야 한다. 예를 들면, 효소제가 한복(韓福)을 대우하고, 광무제가 주당(周黨)을 대우해서 염치를 권장하고[勵] 풍속을 아름답게 했는데, 이것 역시 잘한 것이다. 참으로 범승(范升)처럼 비난하고 헐뜯어서는 안된다. 장해(張楷)같이 책망해서도 안 된다.

거짓으로 꾸며서 영예를 구하고[邀], 기이한 일로 꾀어서[釣] 세속을 놀라게 하는 자에 이를 것 같으면, 임금의 록(祿)은 받지 않으면서 도살하고 술파는 이익은 다투고, 작은 관직은 받지 않으면서 경상(卿相)의 자리를 엿보니, 명성과 사실이 상반되고 마음과 행적이 어긋난다.

이러한 자들은 곧 화사(華士)나 소정묘(少正卯)[45]와 같은 부류이다. 성인들에게 죽임을 면할 수 있다면 다행이다. 오히려 어찌 그들을 부를 수 있겠는가?"

이때 또 광한(廣漢)사람 양후(楊厚), 강하(江夏)사람 황경(黃瓊)이 부름을 받았다. 양후는 오고 나서 한(漢)나라에 350년 만에 있을 재앙을 경계할 것을 예언하고 의랑에 임명되었다. 황경이 가려고 할 때, 이고(李固)가 미리[逆] 글을 써서 그에게 보냈다.

"군자는 백이(伯夷)를 좁다[隘] 하고, 유하혜(柳下惠)를 공손하지 않다고 합니다. 성인은, 백이도 아니고 유하혜도

---

45) 華士 少正卯 화사 소정묘 : 주(註) 태공(太公)이 화사를 제(齊)에서 죽였고, 공자(孔子)가 소정묘(少正卯)를 노(魯)에서 죽였다

아닌, 가부지간(可否之間)에 몸을 두는 것을 귀하게 여깁니다. 정말로 산을 베고[枕] 골짜기에 살며[棲] 소부와 허유의 행적46)을 흉내 내고자[擬] 한다면, 그것 역시 괜찮습니다.

만약 정치를 보좌하고 백성을 구제하려 한다면, 지금이 그때입니다. 백성들이 생긴 이래 선정은 적고, 어지러운 풍속은 많았습니다. 반드시 요순과 같은 임금을 기다려, 이에[此] 선비가 그 뜻을 펴려고 한다면, 끝내 때를 못 만나게 될 것입니다.

일찍이 들은 말에 의하면, 뛰어난 사람은 박해를 받기 쉽고47), 희고 흰 것48)은 쉽게 더러워진다고 했습니다. 큰 명성이 있으면, 실제는 (그 명성에) 가까이 부응하기가 어렵습니다.

가까이에 번영(樊英)이 부름을 받아 처음 조정에 왔을 때, 단(壇)과 자리를 만들어 놓고 천지신명을 대우하는 것 같았습니다. 비록 크게 특별한 것은 없었지만, 말과 행동에 지킬 것을 지켰고, 역시 결점이 없었습니다만, 헐뜯고 비방하는 말이 유포(布流)되고, 시간이 갈수록[應時] 꺾고 깎아 내려진 것은, 보고 들은 것으로 기대가 깊었고, 명성이 너무 컸기 때문이 아니겠습니까?

이 때문에 세속에서 모두 말하기를, 은둔한 선비들은 순

---

46) 巢由 소유 : 소부(巢父)와 허유(許由). 모두 요(堯)임금 때의 고사(高士)

47) 嶢嶢 요요 : 요(嶢) 산이 높은 모양, 위태로운 모양. 요요자이결(嶢嶢者易缺) 뛰어난 사람이 비난이나 박해를 받기 쉬움

48) 皦皦 교교 : 밝음, 흰 옥석

전히 헛된 명성을 도둑질한다고 합니다. 원컨대 선생께서는 원대한 계책을 넓게 펴시어, 사람들을 탄복시키고, 한 번에 이러한 말들을 씻어주십시오"

황경(黃瓊)이 와서 의랑에 임명되고, 조금 후에 상서복야로 승진했다. 황경은 옛날에 아버지 향(香)을 따라 대각[尙書省]에 있으면서, 옛일들을 익히 보아왔다. 후에 벼슬을 하게 되자, 관부의 일에 통달하고 익숙했다. 조정에서 논쟁할 때, 맞서서 이길 수 있는 자가 없었다. 자주 상소를 올려 정사를 말했는데, 황제가 그것을 채용했다.

이고(李固)는 합(郃)의 아들이다 어려서 학문을 좋아했다. 항상 성명을 바꾸고, 채찍을 잡고 당나귀를 몰았다. 책 상자[笈]를 짊어지고 스승을 쫓아서[從] 천리도 멀다 하지 않았다. 고전[49]을 연구해 세상의 큰 유생이 되었다. 매번 대학에 오면, 몰래 관아[公府][50]에 들어가 부모를 잘 모셨고[51], 같이 공부하는 유생들에게 그가 합(郃)의 아들이라는 것을 모르게 했다.

신미(辛未) 6년(131년)

예전에 안제(安帝)가 경학을 경시하자, 박사들이 더 이상 강습을 하지 못했다. 학생들도 서로 본받아서[視], 게을러지

---

49) 墳籍 분적 : 고서, 옛날 서적

50) 公府 공부 : 관부, 관아(官衙)

51) 定省 정성 : =모정신성(暮定晨省) 저녁에 이부자리를 펴드리고, 새벽에 다시 살펴드림

고 흩어졌다. 학교 건물이 부서지고 무너지자, 채마밭[園蔬]을 만들어 채소를 길렀다[鞠]. 혹 목동이나 나무꾼 총각[52]이 그 아래에서 나무하고[薪] 풀을 베었다[刈]. 장작대장(將作大匠) 적포(翟酺)가 상소해 다시 수리하기를 청하고, 후학들을 등용하라고 권유했다. 황제가 따랐다.

임신(壬申) 양가(陽嘉) 원년(132년)
귀인 양씨를 황후로 삼았다.

○ 상서령 좌웅(左雄)이 상소했다.

"옛날에 선제(宣帝)는 관리가 자주 바뀌면 아랫사람이 생업을 하기 불안해하고, 그 일을 오래하면 백성이 복종하고 교화된다고 생각했습니다. 정사에 치적이 있는 자는 번번이 옥새 찍힌 글로 격려하며 품계를 높여주고, 금을 하사하고, 공경 자리가 비면 그들을 순서대로 등용했습니다. 이 때문에 관리는 그 일을 열심히 잘 했고[稱], 백성들은 그들의 생업을 편안히 여겼습니다. 한(漢) 대의 좋은 관리는 여기에서부터 많아졌습니다.

지금 1백리 되는 성(城)을 맡은 자는 일정함이 없이 바뀌고 이동하므로, 각자 임시적인 미봉[53]을 생각하고, 장기적인 것은 생각하지 않습니다. 어리석은 신이 생각하건대, 태수나 상(相), 장(長) 같은 관리 중에 은혜와 화애로 드러난

52) 蕘竪 요수 : 요(蕘) 나무하다. 수(竪) 더벅머리
53) 一切 일체 : 주(註) 구차(苟且). 임시적인 미봉을 말하는 것과 같다

공이 있는 자는 품계를 높여서 가는 것은 괜찮지만, 이동시키지는 마십시오"

황제가 그 말에 감동해 더는 이유 없이 관직을 이동시키지 못하게 하는 영[無故去官之禁]을 거듭 말했으나[申], 환관들이 불편하다고 하자, 끝내 시행하지 못했다.

좌웅이 또 말을 올렸다.

"공자께서는 40세를 '불혹(不惑)'이라 말했고, 『예기(禮記)』에서는 '강사(彊仕)'라고 말했습니다.[54] 청컨대 지금부터 효렴[55]에는 나이가 40세가 되지 않는 자는 살펴서 등용할 수 없게 하시고, 만약 안연(顔淵)과 자기(子奇)[56]처럼 뛰어난 재능과 특별한 행적이 있는 자는 스스로 나이에 구애받지 않게 하소서"

황제가 그것을 따랐다.

오래지 않아 광릉에서 효렴으로 서숙(徐淑)을 천거했다. 나이가 아직 40세가 못되었다. 상서성의 낭(郎)이 그를 힐난했다. 그는 "조서에서 안회나 자기와 같은 자가 있으면, 나이에 구애 받지 말라고 했소. 이 때문에 우리 군에서는 나를 천거한 것이요"라고 대답했다. 낭(郎)이 굴복시킬 수

---

54) 彊仕 강사 : 주(註) 『예기(禮記)』 「곡례(曲禮)」에 사십강이사(四十彊而仕)라 해 40세에는 강(彊)해서 벼슬 한다고 함

55) 孝廉 효렴 : 중국 전한(前漢) 때에 치르던 관리 임용 과목. 또는 그 과(科)에 뽑힌 사람. 무제가 군국에서 매년 부모에 효도하고 우애 있는 사람과 청렴한 사람을 천거하게 한 데서 시작되었다

56) 子奇 자기 : 자기(子奇)는 제인(齊人)이다. 유향(劉向)이 신서(新序)에서 말하기를 '자기(子奇)는 나이 18세 때 임금이 동아현(東阿縣)을 맡겼는데, 현이 크게 교화되었다'고 했다

없었다.

좌웅이 그를 "옛날에 안회는 하나를 들으면 열을 알았는데, 효렴은 하나를 들으면 몇을 아는가?" 꾸짖으니, 서숙이 대답하지 못했다. 그만 물러나게 했다. 군수는 그로 인해[57] 면직되었다.

그러나 좌웅은 공평하고 세심하며 총명했다. 진실과 거짓을 조사해 규명할[58] 수 있었고, 뜻을 결정하면 그것을 실행했다. 얼마 뒤에 호광(湖廣)에서 제음태수와 여러 군수 10여인을 냈는데, 모두 잘못된 천거에 연루되어 면직되고 쫓겨났다. 오직 여남(汝南)의 진번(陳蕃), 영천(永川)의 이응(李膺), 하비(下丕)의 진구(陳球) 등 30여명만이 낭중(郎中)에 임명될 수 있었다.

이때부터 지방 수령들이 두려워 떨어 감히 가볍게 천거하지 못했다. 영가(永嘉) 연간에 이르러서는 청렴하고 공평한 자를 살펴서 등용해 적임자를 많이 구할 수 있었다.

○ 낙양 선덕정에 지진이 나서 땅이 85장정도 갈라졌다[坼]. 황제가 공경과 함께, 돈후하고 질박(敦樸)함으로 천거된 선비들을 데려다 그들에게 책문에 대답하게 했다. 이고(李固)가 "폐하께서 상서(尙書)를 가지신 것은 하늘이 북두를 가지고 있는 것과 같습니다. 북두는 하늘의 목과 혀이고, 상서 또한 폐하의 목과 혀입니다. 북두는 원기를 알맞

---

57) 坐 좌 : 죄에 걸리다. 그를 천거한 죄에 걸림

58) 審竅 심규 : 심(審) 살피다, 훤히 알다. 규(竅) 구멍을 뚫다, 통하다, 두루 알다

게 조절해[59] 사시를 고르게 운용하고, 상서는 왕명을 출납해 정치를 천하에 펼칩니다. 권력이 높고 세력이 크므로 책임이 돌아갑니다. 마땅히 깊이 살피셔서 적임자를 택해 황제의 정사를 돕게 하십시오"라고 대답했다.

을해(乙亥) 4년(135년)
양상(梁商)을 대장군으로 삼았다.

신사(辛巳) 영화(永和) 6년(141년)
양상(梁商)이 죽으니, 양기(梁冀)를 대장군으로 삼았다.

임오(壬午) 한안(漢安) 원년(142년)
8월 두교(杜喬) 주거(周擧) 주허(周栩) 풍선(馮羨) 난파(欒巴) 장강(張綱) 곽준(郭遵) 유반(劉班)을 파견해 주군으로 나누어 다니며, 현량한 자를 표창하고, 성실하게 근무하는 자를 높여주고[顯], 탐오하여 죄를 지은 자(중에서), 자사와 2천석의 경우는 역마로 그 죄를 아뢰고, 현령[60] 이하는 편의한 대로 그 때마다 잡아들이게 했다.

두교 등이 명을 받고 관부로 갔는데, 장강은 홀로 그 수레바퀴를 낙양 도읍의 정자에 파묻었다(埋). "늑대와 승냥이가 길을 막고 있는데, 어찌 여우와 살쾡이가 남몰래 나쁜 짓 하는 것을 묻겠는가?"라고 말하고, 드디어 대장군 양기

---

59) 斟酌 짐작 : 알맞게 조절하다
60) 墨綬 묵수 : 검은 인수(印綬), 현령(縣令)

(梁冀)와 하남윤(河南尹) 불의(不疑)를 탄핵했다.

"그들은 외척으로 은혜를 입어 총리[61]의 자리에 있으면서, 오로지 마음대로 탐욕을 부리고[貪叨], 끝이 없이 방종하고 방자해 충량한 자들을 해칩니다. 삼가 그들이 임금을 무시하는 마음 15가지 일을 조목조목 아뢰겠습니다. 이것들은 모두 신하들이 이를 가는 것들입니다"

글이 올려지자[御] 경사가 두려워 떨었다. 이때 황후를 크게 총애했기 때문에, 여러 양씨들의 인척이 조정에 가득했다. 황제가 비록 장강의 말이 정직한 말이라는 것을 알았지만 쓸 수 없었다.

두교는 연주(兗州)로 갔다. 표문을 올려 태산태수(泰山太守) 이고의 정치가 천하 제일이라고 아뢰었다. 황제가 이고를 불러 장작대장(將作大匠)으로 삼았다.

양기가 장강에게 원한을 품고 그를 중상 모략할 생각이 있었다. 이때 광릉(廣陵)의 도적 장영(張嬰)이 양주와 서주 사이에서 노략질하며 어지럽힌 지가 십여 년 되었는데[積], 2천석이 제어할 수 없었다. 양기가 장강을 광릉태수로 삼았다. 전 태수는 대체로 병마를 요구하는 자가 많았는데, 장강은 혼자서 수레 한 대를 청해서 부임지로 갔다.

도착한 후 지름길로 장영 보루의 문에 이르렀다. 장영이 크게 놀라 황급히 달아나 보루를 닫았다. 장강이 문밖에서 관리와 병사들을 돌려보내고, 오직 가까운 자 10여명만 남

---

61) 阿衡 아형 : 주(註) 이윤(伊尹)의 호(號). 아(阿) 언덕처럼 그 나라를 지켰고, 형(衡) 저울처럼 그 나라를 공평하게 다스림

게 했다. 글을 보내 장영에게 서로 만나보자고 청했다. 장영이 장강의 지극한 마음을 보고, 나와서 절하고 알현했다. 맞아서 (장영을) 상좌에 앉히고 그에게 비유해 말했다.

"전후로 부임한 2천석이 방자하고 탐욕스럽고, 난폭했기 때문에 공들이 분노를 품고 서로 모이게 된 것이오. 참으로[信] 2천석에게 죄가 있소. 그러나 이렇게 행동하는 것 또한 도리가 아니오.

지금 임금께서는 인자하고 지혜로우셔서, 학문의 덕[文德][62]으로 반란하는 자들을 복종시키고자 하시고, 태수(나)를 보내서 온 것이오. 작위와 봉록으로 서로를 영화롭게 해주고 싶지, 서로에게 형벌을 내리는 것을 원하지 않소. 지금이 정말로 전화위복의 때이요"

장영이 듣고는 울면서 말했다.

"임금의 은혜가 미치지 않는 변방[63]의 어리석은 백성이 스스로 조정과 소통할 수 없고, 침탈과 억울함을 감당할 수가 없어 결국 또 서로 모여 도둑질로 살게 되었습니다. 물고기가 솥 안에서 노니는 것과 같아서 그것이 오래갈 수 없고, 우선 숨을 헐떡거리지만 잠시일 뿐임을 압니다. 지금 태수[明府]의 말씀을 들으니 곧 저희들이 갱생할 때입니다"

이에 인사하고 군영으로 돌아갔다. 다음날 (장영이) 거느리고 있던 1만여 명을 이끌고 돌아와 항복했다.

이때 2천석 장리(長吏) 중 정치를 잘하는 자로는 낙양령

---

62) 文德 문덕 : 학문의 덕, 문교의 힘

63) 荒裔 황예 : 임금의 은덕이 미치지 않는 변방 오랑캐의 후예

임준(任峻), 기주자사 소장(蘇章), 교동상 오우(吳祐) 등이 있었다.

소장은 기주자사였는데, 옛 친구가 청하태수였다. 소장이 관청에 가서 그의 범법이나 뇌물죄를 조사하려고 했다. 그는 태수를 청해 술과 안주를 차려 놓고 지난날의 좋았던 일들을 이야기하고 매우 즐거워했다. 태수가 기뻐하며 "남들은 모두 하늘이 하나이지만, 나만 오직 하늘이 두 개다"라고 말했다.

소장은 "오늘 저녁에 소유문(蘇孺文=蘇章)이 옛사람과 술 마시는 것은 사사로운 은혜이고, 내일 기주자사가 일을 조사하는 것은 공적으로 법을 집행하는 것"이라고 말했다. 드디어 그 죄를 들어내어 바르게 했다. 주(州)의 경내가 숙연해 졌다[肅然].

갑신(甲申) 건강(健康) 원년(144년)

8월에 황제가 죽었다. 태자가 황제 위에 올랐는데, 나이가 2세였다. 양태후가 정사를 대신했다.[64]

효충황제(孝冲皇帝)[65] 재위 1년, 수(壽) 3

64) 순제(順帝)가 환관의 옹립으로 즉위했기 때문에 순제 시대에 환관은 후(侯)로 봉해져서 막강한 권력을 가졌고, 그 위에 순제의 황후 양씨 일족 양상(梁商)과 양기(梁冀)는 이어서 대장군이 되어 최대의 실권을 장악했다

65) 주(註) 순제의 아들이다

을유(乙酉) 영가(永嘉) 원년(145년)

정월 황제가 죽었다. 양태후가 발해 효왕 홍(鴻)의 아들 찬(纘)을 황제에 즉위시켰는데, 나이가 8세였다.

○ 태후가 정치를 재상과 보필하는 신하들에게 위임하고, 이고(李固)가 말하는 것을 태후가 많이 따랐다. 황문의 환관들 중 나쁜 짓을 한 자들을 하나같이 모두 쫓아내니, 천하가 모두 태평성대를 바랐다. 그러나 양기가 그를 매우 꺼리고 미워해서, 조서를 내려 이고를 면직시켰다.

효질황제(孝質皇帝)[66] 재위 1년, 수(壽) 9

병술(丙戌) 본초(本初) 원년(146년)

4월 군국에 유학에 밝은 자들을 천거해 태학에 보내라고 했다. 이때부터 배우러 다니는 학생들이 점점 늘어서 유생들의 수자가 3만여 명에 이르렀다.

황제는 어리지만 총명하고 지혜로웠다. 일찍이 조회에서 양기를 눈짓하며 "이 사람이 발호장군이로구나!"[67]라고 말했다.

양기가 듣고는 매우 미워하더니, 여름 6월에 측근들을 시켜 구운 떡에 독을 넣어서 바치게 했다. 황제가 고통스러워하고 심하게 답답해하다가 죽었다. 양기가 여오후(蠡吾侯)

---

66) 주(註) 장제의 고손자[玄孫]로 순제의 아들. 효충황제와 같은 항렬이다

67) 跋扈 발호 : 제멋대로 하다. 세력이 강하다

지(志)[68]를 맞이해 황제에 즉위시켰다. 이때 나이가 15세였다. 태후가 여전히 정사를 대신했다.[69]

---

68) 주(註) 지(志)는 장제의 증손자이고 하간왕 개(開)의 손자이다.

69) 순제(順帝)이후 황제인 충제(冲帝) 질제(質帝) 환제(桓帝)는 각각 2세 8세 15세로 즉위했기 때문에 양씨일가는 태후의 일가인 외척으로서 4대에 걸쳐서 권력을 장악했다.

원 문

卷之十九

孝和皇帝 在位十七年，壽二十七

己丑永元元年

六月，竇憲、耿秉將精騎萬餘，與北單于戰于稽落山，大破之，降者前後八十一部二十餘萬人。憲、秉出塞三千餘里，登燕然山，命中護軍班固刻石勒功，紀漢威德而還。

辛卯三年

正月，竇憲以北匈奴微弱，欲遂滅之，遣耿夔、任尚，圍於金微山，大破之，出塞五千餘里而還，自漢出師所未嘗至也。

○竇憲旣立大功，威名益盛。刺史、守令，多出其門，競斂吏民，共為賂遺。

壬辰四年

竇氏父子兄弟充滿朝廷，是時憲兄弟專權。帝以朝臣上下莫不附憲，獨中常侍鄭衆，謹敏有心幾。遂與衆定議誅憲。帝以太后故，不欲名誅憲，迫令自殺。

◯班固以竇氏賓客，收捕，死獄中。固嘗著漢書，尚未就，詔固女弟曹壽妻昭踵而成之。

◯帝策勳班賞，鄭衆每辭多受少，帝由是賢之，常與之議論政事。宦官用權自此始矣。

丁酉九年

皇太后竇氏崩。追尊母梁貴人為太后，封梁竦三子為侯，梁氏自此盛矣。

壬寅十四年

班超久在絶域，年老思土，上書乞歸曰：「臣不敢望到酒泉郡，但願生入玉門關。」乃徵超還。以戊己校尉任尚代為都護。

乙巳元興元年

十二月，帝崩。少子隆，生始百餘日，卽皇帝位，太后臨朝。

孝殤皇帝 在位一年，壽二歲。

丙午延平元年

八月，帝崩。太后迎清河王慶子祜，為孝和皇帝嗣，卽皇帝位，太后猶臨朝。

○尚書郎樊準以儒風寖衰，上疏曰：「人君不可以不學。光武皇帝受命中興，東西誅戰，不遑啓處，然猶投戈講藝，息馬論道。孝明皇帝庶政萬機，無不簡心，而垂情古典，遊意經藝，每饗射禮畢，正坐自講，諸儒並聽，四方欣欣。又多徵名儒，布在廊廟，每讌會則論難衎衎，共求政化。期門、羽林介胄之士，悉通孝經，化自聖躬，流及蠻荒。是以議者每稱盛時，咸言永平。今學者益少，遠方尤甚。博士倚席不講，儒者競論浮麗，忘謇謇之忠，習諓諓之辭。臣愚以謂宜下明詔，博求幽隱，寵進儒雅，以俟聖上講習之期。」太后深納其言。

孝安皇帝 在位十九年，壽三十二。

丁未永初元年

秋　九月庚午，太尉徐防以災異寇賊策免。三公以災異免，自防始。仲長統昌言曰：「光武皇帝慍數世之失權，忿彊臣之竊命，矯枉過直，政不任下，雖置三公，事歸臺閣。自此以來，三公之職，備員而已。然政有不治，猶加譴責。而權移外戚之家，寵被近習之竪。水旱為災，此皆戚宦之臣所致然也，反以策讓三公，至於死免，如此而欲望三公勳立於國家，績加於生民，不亦遠乎！今人主誠專委三公，分任責成，而在位病民，擧用失賢，百姓不安，爭訟不息，天地多變，人物多妖，然後可以分此罪也！」

庚戌四年

鄧騭在位，頗能推進賢士，弘農楊震，孤貧好學，通達博覽，諸儒為之語曰：「關西孔子楊伯起。」騭聞而辟之，累遷荊州刺史、東萊太守。當之郡，道經昌邑，故所擧荊州茂才王密為昌邑令，夜懷金十斤以遺震。震曰：「故人知君，君不知故人，何也？」密曰：「暮夜無知者。」震曰：「天知，地知，我知，子知，何謂無知者！」密愧而出。性公廉，子孫常素食步行。故舊或欲令為開産業，震不肯曰：「使後世稱為清白吏子孫，以此遺之，不亦厚乎！」

◯朝歌賊甯季等數千人攻殺長吏，屯聚連年，州郡不能禁。鄧騭惡虞詡，以詡為朝歌長。故舊皆吊之，詡笑曰：「事不避難，臣之職也。不遇盤根錯節，無以別利器，此乃吾立功之秋也！」及到官，設三科以募求壯士，自掾史以下各擧所知，其攻劫者為上，傷人偸盜者次之，不事家業者為下，收得百餘人。詡為饗會，悉貰其罪，使入賊中誘令劫掠，乃伏兵以待之，遂殺賊數百人。又潛遣貧人能縫者，傭作賊衣，以采線縫其裙，有出市里者，吏輒禽之。賊由是駭散，咸稱神明，縣境皆平。

乙卯元初二年

太后聞虞詡有將帥之量，以為武都太守。羌衆數千遮詡於陳倉崤谷，詡卽停軍不進，而宣言：「上書請兵，須到當發。」羌聞之，乃分鈔傍縣。詡因其兵散，日夜進道，兼行百餘里，令吏士各作兩竈，日增倍之，羌不敢逼。或問曰：

「孫臏減竈而君增之。兵法日行不過三十里，以戒不虞，而今日且二百里，何也？」詡曰：「虜衆多，吾兵少，徐行則易為所及，速進則彼所不測。虜見吾竈日增，必謂郡兵來迎，衆多行速，必憚追我。孫臏見弱，吾今示彊，勢有不同故也。」

壬戌延光元年

皇太后鄧氏崩，帝始親政事。帝少號聰明，故鄧太后立之。及長，多不德，稍不可太后意。及太后崩，鄧氏、五侯皆廢為庶人。以閻皇后兄弟並為卿、校，典禁兵。於是內寵始盛。中常侍江京等扇動內外，競為侈虐。

○汝南太守王龔，好才愛士。以袁閬為功曹，引進郡入陳蕃、黃憲等。憲不屈，蕃遂就吏。憲世貧賤，父為牛醫。潁川荀淑遇憲於逆旅，時年十四。淑竦然異之，揖與語，移日不能去，謂憲曰：「子，吾之師表也。」旣而前至袁閬所，問曰：「子國有顏子，寧識之乎？」閬曰：「見吾叔度耶？」是時同郡戴良，才高倨傲，而見憲未嘗不正容。及歸，罔然若有失也。其母問曰：「汝復從牛醫兒來耶？」對曰：「良不見叔度，自以為無不及，旣覩其人，則瞻之在前，忽然在後，固難得而測矣。」陳蕃及周擧常相謂曰：「時月之間，不見黃生，則鄙吝之萌復存乎心矣。」太原郭泰，少遊汝南，先過袁閬，不宿而退。進往從憲，累日方還。或以問泰，泰曰：「奉高之器，譬諸氿濫，雖清而易挹。叔度汪汪若千頃波，澄之不清，淆之不濁，不可量也。」

乙丑四年
三月，帝崩，年三十二。太后臨朝，欲久專國政，貪立幼年，與閻顯等定策禁中，迎濟北惠王子北鄉侯懿為嗣。乙酉，北鄉侯卽皇帝位。

○冬 十月，北鄉侯薨。

○十一月，中常侍孫程、王康等十九人聚謀於德陽殿，迎濟陰王，卽皇帝位，時年十二。收閻顯下獄誅，遷太后於離宮，封孫程等皆為列侯，是為十九侯。

孝順皇帝，在位十九年，壽三十。

丁卯永建二年
初 南陽樊英，少有學行，名著海內，隱於壺山之陽，州郡前後禮請，不應。公卿擧賢良方正有道，皆不行。安帝賜策書徵之，不赴。是歲，帝復以策書、玄纁，備禮徵英，待以師傅之禮。英初被詔命，衆皆以為必降志。南郡王逸素與英善，因與其書，多引古譬諭，勸使就聘。及後應對，無奇謀深策，談者以為失望。河南張楷與英俱徵，謂英曰：「天下有二道，出與處也。吾前以子之出，能輔是君也，濟斯民也。而子始以不訾之身，怒萬乘之主，及其享受爵祿，又不聞匡救之術，進退無所據矣。」

溫公曰：古之君子，邦有道則仕，邦無道則隱。隱非君子之所欲也。人莫己知，而道不得行，羣邪共處，而害將及身，故深藏以避之。王者擧逸民，揚仄陋，固為其有益於國家，非以徇世俗之耳目也。是故有道德足以尊主，智能足以庇民，被褐懷玉，深藏不市。則王者當盡禮而致之，屈體以下之，虛心以訪之，克己以從之。然後能利澤施于四表，功烈格于上下。盖取其道，不取其人，務其實，不務其名也。若乃孝弟著於家庭，行誼隆於鄕曲，利不苟取，仕不苟進，潔己安分，優游卒歲，雖不足以尊主庇民，是亦淸修之吉士也。王者當褒優安養，俾遂其志。若孝昭之待韓福，光武之遇周黨，以勵廉恥，美風俗，斯亦可矣。固不當如范升之詆毁，又不可如張楷之責望也。至於飾僞以邀譽，釣奇以驚俗，不食君祿而爭屠沽之利，不受小官而規卿相之位，名與實反，心與迹違，斯乃華士、少正卯之流，其得免於聖人之誅，幸矣。尙何聘召之有哉！

時 又徵廣漢楊厚、江夏黃瓊。厚旣至，豫陳漢有三百五十年之厄以為戒，拜議郞。瓊將至，李固以書逆遺之曰：「君子謂伯夷隘，柳下惠不恭。不夷不惠，可否之間，聖人居身之所珍也。誠欲枕山棲谷，擬迹巢由，斯則可矣。若當輔政濟民，今其時也。自生民以來，善政少而亂俗多，必待堯舜之君，此為士行其志， 終無時矣。嘗聞語曰：『嶢嶢者易缺，皦皦者易汙。』盛名之下，其實難副。近樊英被徵初至，朝廷設壇席，猶待神明，雖無大異，而言行所守，亦無所缺。

而毁謗布流，應時折減者，豈非觀聽望深，聲名太盛乎！是故俗論皆言『處士純盜虛聲。』願先生弘此遠謀，令衆人歎服，一雪此言爾！」瓊至，拜議郎，稍遷尚書僕射。瓊昔隨父在臺閣，習見故事。及後居職，達練官曹，爭議朝堂，莫能抗奪。數上疏言事，上頗采用之。李固，郃之子也，少好學，常改易姓名，杖策驅驢，負笈從師，不遠千里，究覽墳籍，為世大儒。每到太學，密入公府，定省父母，不令同業諸生知其為郃子也。

辛未六年

初　安帝薄於藝文，博士不復講習，朋徒相視怠散，學舍穨敝，鞠為園蔬，或牧兒蕘竪薪刈其下。將作大匠翟酺上疏請更修繕，誘進後學，帝從之。

壬申陽嘉元年

立貴人梁氏為皇后。

○尚書令左雄上疏曰：「昔宣帝以為吏數變易，則下不安業,久於其事，則民服教化。其有政治者，輒以璽書勉勵，增秩賜金，公卿缺，　則以次用之。是以吏稱其職，民安其業，漢世良吏，於茲為盛。今典城百里，轉動無常，各懷一切，莫慮長久。臣愚以為守相長吏惠和有顯效者，可就增秩，勿移徙。」帝感其言，復申「無故去官之禁」，而宦官不便，終不能行。雄又上言：「孔子曰『四十不惑』，禮稱彊仕。請自今，孝廉年不滿四十，不得察擧。若有茂才異行，如顏淵、子奇，自可不拘年齒。」帝從之。久之，廣陵所舉孝廉徐淑，年未四十。臺郎詰之，對曰：「詔書曰：『有如顏回、子奇，不拘年齒。』是故本郡以臣充選。」郎不能屈。左雄詰之曰：「昔顏回聞一知十，孝廉聞一知幾耶？」淑無以對，乃罷却之，郡守坐免。然雄公直精明，能審覈眞僞，決志行之。頃之，胡廣出為濟陰太守，與諸郡守十餘人皆坐謬舉免黜。唯汝南陳蕃、永川李膺、下邳陳球等三十餘人得拜郎中。自是牧守畏慄，莫敢輕擧。迄于永嘉，察選清平，多得其人。

○洛陽宣德亭地坼，長八十五丈。帝引公卿所擧敦樸之士，使之對策。李固對曰：「陛下之有尚書，猶天之有北斗也。斗為天喉舌，尚書亦為陛下喉舌。斗斟酌元氣，運平四時。尚書出納王命，敷政四海，權尊埶重，責之所歸。宜審擇其人，以毗聖政。」

乙亥四年
以梁商為大將軍。

辛巳永和六年
梁商薨，以梁冀為大將軍。

壬午漢安元年
八月，遣杜喬、周擧、周栩、馮羨、欒巴、張綱、郭遵、劉班分行州郡，表賢良，顯忠勤。其貪汙有罪者，刺史、二千石驛馬上之，墨綬以下便輒收擧。喬等受命之部，張綱獨埋其車輪於雒陽都亭曰：「豺狼當路，安問狐狸！」遂劾奏：「大將軍冀、河南尹不疑，以外戚蒙恩，居阿衡之任，而專肆貪叨，縱恣無極，以害忠良，謹條其無君之心十五事，斯皆臣子所切齒者也。」書御，京師震竦。時皇后寵方盛，諸梁姻族滿朝，帝雖知綱言直，不能用也。杜喬至兗州，表奏泰山太守李固，政為天下第一，上徵固為將作大匠。梁冀恨張綱，思有以中傷之。時廣陵賊張嬰寇亂揚、徐間，積十餘年，二千石不能制，冀乃以綱為廣陵太守。前太守率多求兵馬，綱獨請單車之職。旣到，徑詣嬰壘門。嬰大驚，遽走閉壘。綱於門外罷遣吏民，獨留所親者十餘人，以書諭嬰，請與相見。嬰見綱至誠，乃出拜謁。延置上坐，譬之曰：「前後二千石多肆貪暴，故致公等懷憤相聚。二千石信有罪矣，然為之者又非義也。今主上仁聖，欲以文德服叛，故遣太守來，思以爵祿相榮，不願以刑罰相加。今　誠轉禍為福之時也。嬰聞，泣下曰：「荒裔愚民，不能自通朝廷，不堪侵枉，遂復相聚偸生。若魚游釜中，知其不可久，且以喘息須臾間爾！今聞明府之言，乃嬰等更生之辰也！」乃辭還營。明日將所部萬餘人歸降。是時，二千石長吏有能政者，有雒陽令任峻、冀州刺史蘇章、膠東相吳祐。章為冀州刺史，有故人為淸河太守。章行部，欲按其姦贓，乃請太守為設酒肴，陳平生之好甚歡。太守喜曰：「人皆有一天，我獨有二天！」章曰：「今夕蘇孺文與故人飮者，私恩也。明日冀州刺史按事者，公法也。」遂擧正其罪。州境肅然。

甲申建康元年

八月，帝崩。太子卽皇帝位，年二歲。梁太后臨朝。

孝冲皇帝 在位一年，壽三歲

乙酉永喜元年

正月，帝崩。梁太后徵渤海孝王鴻之子纘，卽皇帝位，年八歲。

○太后委政宰輔，李固所言，太后多從之，黃門宦官為惡者一皆斥遣，天下咸望治平。而梁冀深忌疾之，策免固。

孝質皇帝，在位一年，壽九歲。

丙戌本初元年

四月，令郡國擧明經詣太學。自是遊學增盛，至三萬餘生。

○帝少而聰慧，嘗因朝會，目梁冀曰：「此跋扈將軍也！」冀聞，深惡之。夏　六月，冀使左右置毒於煮餠以進之。帝苦煩甚而崩。冀迎蠡吾侯志，卽皇帝位，時年十五。太后猶臨朝聽政。

통감절요 20권

후한기(後漢記) 효환황제(孝桓皇帝)

재위 21년, 수(壽) 36

정해(丁亥) 건화(建和) 원년(서기 147년)

6월 광록훈(光祿勳) 두교(杜喬)가 태위가 되었다. 이고가 폐출된 때부터 안팎으로 기가 죽어 군신들이 옆 발로 서있었는데[1] 오직 두교만이 바른 얼굴색을 하고 굽히거나[回] 흔들림[撓]이 없었다. 이로 말미암아 조정과 재야에서 모두 의지하고 기대했다.

○ 9월 경사에 지진이 났다. 두교가 재해로 인해 조서를 받고 면직되었다. 양기는 이고와 두교가 요망한 도적 유유

---

1) 側足 측족 : 무서워서 바로 서지 못함

(劉鮪)와 내통했다고 모함하고, 체포해 죄를 조사하자고 청했다. 태후가 평소에 두교의 충성심을 알고 있었으므로 허락하지 않았다.

양기가 결국 이고를 잡아 하옥시켜 옥중에서 죽였다. 양기가 사람을 시켜 두교에게 "일찍 자결하면[2] 처자는 온전할 수 있다"고 협박했다. 두교가 하려고 하지 않으니, 결국 잡아서 묶어두고 옥중에서 죽였다.

기축(己丑) 3년(149년)

낭릉후(朗陵侯)의 상(相) 순숙(荀淑)이 죽었다. 순숙은 어려서 박학하고 높은 행실이 있었다. 당대의 유명한 현자인 이고(李固) 이응(李膺) 등이 모두 높여서 으뜸 스승으로 삼았다. 낭릉에 있을 때 일을 보는데[涖], 확실히 잘해서 신군(神君)이라 불렀다. 아들이 8명 있었는데 모두 명성이 있었고, 이때 사람들이 그들을 8용이라 불렀다.

이응(李膺)은 성격이 대범하고 강직해[3] 사귀고 만나는 사람이 없었다. 오직 순숙(荀淑)을 스승으로 삼고, 같은 군의 진식(陳寔)을 벗으로 삼았다. 순상(荀爽)이 일찍이 이응을 만나러 갔다가 그 기회에 그의 마부가 되었다. 돌아온 다음 기뻐하며 "금일에야 곧 이군의 마부가 될 수 있었다"고 했다. 그가 흠모 받는 것이 이 정도였다[4].

---

2) 從宜 종의 : 마땅함을 쫓는다, 자결

3) 簡亢 간항 : 간(簡) 소박하다, 대범하다. 항(亢) 굳셀, 강직함, 비굴하지 아니함

4) 후한(後漢)에서는 관리가 되기 위해서 스승에게 유학을 배워야 했는데, 그 때

신묘(辛卯) 원가(元嘉) 원년(151년)

11월 백관에게 조서를 내려 정도를 지키고 아첨을 하지 않는 선비[5]를 천거하라고 했다. 탁군에서 최식(崔寔)을 천거하니 공거(公車)[6]에 이르러 병을 핑계대고 책문에 대답하지 않았다. 물러나서 세상일을 논했는데, 「정론(政論)」이라고 한다.

"무릇 천하가 잘 다스려지지 않는 까닭은 태평을 이은 날이 오래되어 풍속이 점점 퇴폐해져도 임금이 깨닫지 못하고, 정치가 점점 쇠퇴해져도 알지 못하기 때문이다. 천하를 다스리는 자가 스스로 성인이 아닐 경우, 엄하게 하면 잘 다스려지고 관대하게 하면 어지러워진다.

어떻게 그렇다는 것을 증명할 수 있는가? 근래에 효선황제(孝宣皇帝)가 임금의 도에 밝고 정치의 이치를 깊이 알았기 때문에 형벌을 엄하게 하고 법을 준수해 간사한 자들의 담력을 서늘하게[破] 하니, 해내(海內)가 깨끗하고 엄숙해지고, 천하가 조용해[密如]졌다. 효과를 본 것을 헤아려보면 효문제보다 뛰어나다. 원제(元帝)가 즉위하자 정치가 많이

문에 태학을 중심으로 문생관계가 성립되었다. 질제(質帝) 무렵에 태학생 수가 3만을 넘었으니, 폭넓은 유대가 가능했다. 또 지방장관이 관리를 추천하는 경우도 있었는데, 이 경우 천거해준 관리에 대해 은혜를 느껴 고리(故吏)라 칭했다. 이처럼 문생과 고리로 사적인 관계가 정계에 굳게 형성되었고, 이들이 환관정치를 반대하고 저항운동을 했다. 이들은 환관과 결탁한 관료를 탁류(濁流)라 하고, 자신들을 청류(淸流)라 했다. 태위 진번(陳蕃), 사예교위(司隷校尉) 이응(李膺), 두무(竇武)를 영수로 여겼다.

5) 獨行之士 독행지사 : 주(註) 정도를 지키고 남에게 아부하지 않는 사람

6) 公車 공거 : 한(漢)대 때 상소를 받는 관서

관대해지고 타락했고, 결국 처음으로 위엄과 권력을 빼앗겨 결국 한실에 재앙의 기틀을 만든 임금이 되었다.

정도(政道)의 득실은 이것에서 볼 수 있다. 옛날에 공자가 『춘추(春秋)』를 지었는데, 제 환공을 칭찬하고 진 문공을 아름답다 하고, 관중의 공에 감탄했다. 어찌 문왕과 무왕의 도를 아름답다고 하지 않겠느냐마는[7], 정말로 권도에 통달하고 폐해를 구하는 다스림이었기 때문이다.

고로 성인은 세상의 변화[推移]와 함께 옮겨갈 수 있지만, 속리(俗吏)는 변화를 알지 못하고 힘들어 한다. 그러면서 새끼줄로 매듭지어 정령(政令)의 부호로 했던 태고 때의 정치[8]로 어지러운 진(秦)나라를 다시 잘 다스릴 수 있는 단서로 여기거나, 도끼로 추는 춤[9]이 평성의 포위[10]를 풀기에 충분하다고 생각한다.

무릇 곰처럼 나무에 매달린 것과 새처럼 몸을 쭉 펴는 것은 비록 나이[11]를 늘리는 방법이 될지언정, 다치고 추운 것을 다스릴 수는 없다. 호흡하며 숨을 들이마시고 내쉬는 것은, 비록 수명을 연장하는 방법[12]은 될지언정, 뼈를 이어

---

7) 豈不~哉 기불~재 : 기불(豈不) 어찌~하지 않았겠는가의 반어, 했다는 의미

8) 結繩之約(政) 결승지약(정) : 중국 태고적 문자가 없던 때, 노끈으로 매듭을 맺어 정령(政令)의 부호로 한 일. 전(轉)하여 태고의 간이한 정사

9) 干戚 간척 : 방패와 도끼, 또 그것을 가지고 추는 악무. 주(註) 예악(禮樂)의 가르침을 닦고 넓히는 행위

10) 平城之圍 평성지위 : 주(註) 한(漢) 고제(高祖)가 평성에서 포위되었을 때, 어찌 이 문무(文舞, 예술 춤)로 포위를 풀 수 있었겠는가?

11) 年歷 연력 : =연치(年齒), 나이

주는 고약은 못된다.

대개 나라를 다스리는 방법은 몸을 다스리는 것과 비슷하다. 평안할 때는 보양[養]하고, 아프면 치료한다[攻]. 무릇 형벌이라는 것은 혼란을 다스리는 약과 침[13]이고, 은덕과 교화는 평온을 일으키는 양식과 고기이다. 무릇 은덕과 교화로 흉악함을 제거하는 것은 양식과 고기로 질병을 치료하는 것이고, 형벌로 평온을 다스리는 것은 약과 침으로 부양하는 것이다.

지금 백왕의 폐단을 잇고, 액운의 시기[會]를 만나고 있는데, 여러 세대 이래로 정사는 은혜를 많이 빌려주었다[貸]. 말을 부리는데[馭] 고삐를 버리면[委], 말은 그 재갈[銜]을 벗고[14] 4마리 말이 마음대로 달아날 것이다. 큰 길[15]과 험하고 기울어진 길에서는 당장에[方] 나무로 재갈을 물리고 굴레를 채워서[16], 수레의 끌채에 묶어 고정시켜서[17] 구해야할 것이다. 어찌 방울[和鑾][18]을 울려 리듬을

---

12) 度紀 도기 : =연년(延年). 수명의 연장

13) 藥石 약석 : 약과 침(鍼). 전하여 병의 치료. 경계가 되는 유익한 말

14) 駘 이 : 말이 재갈을 벗다. 둔마. 주(註) 옛날에 천자는 덕(德)과 법(法)을 재갈과 굴레[銜勒]로 하고, 백관(百官)을 고삐와 채찍[轡策]으로 했다. 때문에 말을 잘 부리는 자는 재갈과 굴레를 바르게 씌우고, 고삐와 채찍을 잘 갖추었다[齊]. 사람을 잘 부리는 자는 덕과 법을 한결같이 해 백관을 바르게 다스린다

15) 皇路 황로 : 큰 길, 대도(大道). 일설에는 천자의 도, 군도(君道)
주(註) 목마(牝馬) 4마리가 끄는 수레는 천자가 타는 수레이다. 황로(皇路)는 대로이다

16) 拑勒 겸륵 : 말의 입에 재갈을 물리다. 겸(拑) 재갈 먹일. 륵(勒) 굴레

17) 鞬輈 건주 : 수레의 끌채를 묶어 고정시킴. 건(鞬) 묶을. 주(輈) 수레의 끌채

맑게 맞출 겨를이 있겠는가?

옛날에 문제(文帝)는 비록 육형을 없앴으나, 오른발을 베는 형벌의 경우 기시를 했고, 태형을 맞는 사람은 종종 죽었다. 이것은 문제(文帝)가 엄하게 해서 평온하게 다스린 것이지, 관대하게 해서 평온하게 한 것이 아니다"

산양사람 중장통(仲長統)이 일찍이 그 글을 보고 탄식하며 말했다.

"임금은 마땅히 한통을 베껴서, 그것을 앉은 자리 옆에 놓아야 한다"

온공(溫公)이 말했다.

"한(漢)의 법은 이미 엄격한데, 최식(崔寔)이 오히려 그 관대함이 병폐라고 했으니 어째서인가? 대개 쇠퇴해가는 세상의 임금은 대략 유약하고 나약한데, 어리석은 자가 보좌하면 오직 잠시의 편안함[姑息]만을 안다.

이 때문에 권력 있고 총애 받는 신하는 죄가 있어도 걸리지 않고, 힘 있고 교활한 백성은 법을 범해도 처벌받지

---

18) 和鑾 화란 : 주(註) 화(和)도 난(鑾)도 모두 방울이다. 수레의 속도를 조절한다. 화(和)는 식(軾) 위, 난(鑾)은 형(衡) 위의 말 가까이에 있다. 식(軾)은 수레 위의 가로 지른 널빤지로 손으로 기대고, 엎드려서 공경을 표시한다. 형(衡)은 수레 앞의 횡목으로, 말을 모는 자가 곧 멍에를 매는 곳이다[월(軏)]. 수레에 오르면 말이 움직이고, 말이 움직이면 방울이 울린다. 방울이 울리면 식(軾) 위의 방울(和)이 따라 울린다. 자연히 각각 속도를 조절하게 된다. 만약 수레가 너무 빨리 가면 서로 호응하지 못하고, 너무 늦으면 소리가 안 울린다. 만약 섞여 울리면 리듬에 맞지 않는다. 화란(和鑾)을 울린다는 것은 왕이 아랫사람을 적절하게 부리는 일의 하나이다

않는다. (임금의) 사랑과 은혜는 눈앞에서만 베풀어지고, (그것으로) 그치므로, 간교한 도둑[奸宄]들이 뜻을 펴고, 기강이 서지 않는다.

고로 최식의 논리는 한 때의 잘못됨을 바로잡는 것이지, 백세에 통용되는 도리는 아니다. 공자께서는 정치가 관대하면 백성이 태만해진다고 했다. 태만해지면 엄하게[猛] 규제하는데, 엄하게 규제하면, 백성은 포악[殘]해진다. 포악해지면 관대함을 베풀어야 한다. 관대함으로 엄함을 제어하고, 엄함으로 관대함을 구제하게 되므로[濟], 정치는 이로써 조화를 이루게 된다. 이것은 바뀌지 않는 떳떳한 도리이다"

병신(丙申) 영수(永壽) 2년(156년)

태산(泰山) 낭야의 도적 공손거(公孫擧) 등이 무리 3만명을 모아 군과 현을 파괴했다. 몇년 동안 토벌했어도 이길 수 없었다. 상서에서 이 극심하게 어려운[劇]일을 다스릴 수 있는 사람을 뽑았다. 사도연(司徒掾) 영천사람 한소(韓韶)를 영현(嬴縣) 영장(令長)을 삼았다.

도적들은 그가 어질다는 소식을 듣고 서로 경계하며 영현의 경내로 들어가지 않았다. 나머지 현의 유민 1만여호가 영현의 경계로 들어오니, 한소가 창고를 열어 그들을 진휼했다. 담당자가 막으면서[爭] 안된다고 하니, 한소가 "영장(令長)으로서 구덩이에 빠진 자들을 구하는 것인데, 이것 때문에 벌을 받는다면 웃음을 머금고 땅으로 들어가겠다"고 말했다.

태수가 평소 한소의 명성과 덕망을 알아 끝내 죄에 걸린 바가 없었다. 한소와 같은 군의 구숙(苟淑) 종호(鍾皓) 진식(陳寔)이 모두 일찍이 현(縣)의 장(長)이 되었는데, 이르는 곳마다 덕정으로 칭찬을 받았다. 이때 사람들이 그들을 영천 4장(四長)이라 불렀다.

기해(己亥) 영희(延熹) 2년(159년)

양기(梁冀)의 한 가문에서 계속해서 일곱 제후와 세 황후, 여섯 귀인, 두 대장군이 나왔다. 부인과 딸 중에 식읍을 받아 군(君)이라고 불리는 자가 7명이고, 공주에게 장가간 자가 3명이었다. 그 나머지 경(卿), 장(將), 윤(尹), 교(校)는 57명이었다.

양기(梁冀)가 권력을 오로지 마음대로 하고, 흉포함과 방자함이 날로 심해졌다. 정권을 잡은 지 거의 20년이 되니 위엄이 안팎에 떨쳐졌고, 천자도 팔짱을 끼고 친히 참여하는 것이 없었다. 황제가 그것을 불평했다.

(양기가) 자객을 보내 의랑(議郞) 병존(邴尊)을 살해했다. 황제가 대노했다. 중상시 선초(單超), 서황(徐璜), 황문령 구원(具瑗), 소황문사 좌관(左悺), 당형(唐衡)을 불러서 그를 죽이려고 의론을 정해 그들을 쳤다. 양기와 처 수(壽)가 그날로 모두 자살하니, 백성들중 축하하지 않는 자가 없었다.

양기의 재산을 거두어 현(縣)의 관리가 내다 팔았는데[19], 도합 삼십억이었다. 그것을 가지고 왕부(王府)의 비용을 충

19) 斥賣 척매 : 물리쳐서 파는 것. 척(斥) 물리치다, 나타내다, 배척하다

당하고, 천하 조세의 반을 감해주었다. 그의 정원과 사냥터를 나누어 주고, 가난한 백성에게 일을 하게 했다. 선초(單超) 서황(徐璜) 등 5인을 현후(懸侯)로 삼으니, 세상에서 그들을 5후라 불렀다[20].

○ 대사농(大司農) 황경(黃瓊)이 태위가 되었다. 이 때 막[新] 양기를 죽였기 때문에 천하에서는 정치가 달라질 것이라고 생각하고 기대했다. 황경이 3공(公) 자리의 수장이 되자, 주군(州郡)에 평소 행실이 탐오한 자들을 들어서 아뢰게 했다. 죽거나 유배형을 받은 자가 10여명이었다. 천하가 기뻐하며[21] 그를 칭찬했다.

황경(黃瓊)이 여남인(汝南人) 범방(范滂)을 불렀다. 범방(范滂)은 어려서 청렴한 절조를 닦아 고을 사람들을 탄복시켰다. 청조사(淸詔使)가 되어 기주(冀州)를 조사하고 감찰

---

20) 後漢 宦官政治와 黨錮事件 후한의 환관정치와 당고사건 : 후한은 화제(和帝) 이후, 어린 황제가 즉위하고, 외척들이 대대로 실권을 장악했는데, 황제가 성인이 되어 외척을 억제하려고 할 때, 측근인 환관을 이용했다. 이 때문에 외척에 이어서 환관이 정권을 장악하게 되고, 환제(桓帝) 이후는 환관 전횡기가 되었다. 환관은 매관매직을 일삼았기 때문에 부정부패가 사회에 만연되어 정치가 혼란하게 되었다. 이에 관료와 사대부들의 불만이 커졌다. 특히 후한 때는 유교가 뿌리를 내려 중앙의 태학뿐만 아니라, 지방에도 사숙이 만들어져 있었고, 유교적 논리로 무장하고 명예와 정절을 중시하는 사람들의 수가 많아졌고, 문생(門生)관계, 고리(故吏)관계가 성립되어 있었다. 이들은 자신들을 청류(淸流)라 하면서, 인물을 품평하고, 청렴한 선비를 선정하며 여론을 조성하고, 반(反)환관운동을 벌였다. 이에 대해 환관들이 선수를 쳐서 '당고(黨錮)의 화(禍)'라고 불리우는 2차(166, 169년)에 걸친 대 지식인 탄압을 벌였고, 이 탄압으로 청류지식인은 관계에서 일축되었다. 당고란 종신토록 관직에 임용되지 못하는 것을 말한다.

21) 翕然 흡연 : 화합하는 모양, 기뻐하는 모양

[察]하게 되었다. 범방이 수레에 올라 고삐를 잡고 개탄하면서[22], 천하를 깨끗하게 하려는 뜻을 보였다. 수령들 중에 뇌물을 받은 자는 모두 멀리서 바라만 보고도 도장과 끈을 풀고 떠났다.

○ 상서령(尙書令) 진번(陳蕃)이 상소를 올려 다섯 처사(處士)를 천거했다. 예장사람 서치(徐穉), 팽성 강굉(姜肱), 여남 원굉(袁閎), 경조 위저(韋著), 영천 이담(李曇)이었다. 황제가 모두 편안한 수레와 황색, 적색 비단으로 예를 갖추고 그들을 불렀으나 모두 오지 않았다.

진번의 성격은 방정하고 준수했으나, 빈객을 접대하지 않았다. 오직 서치(徐穉)가 오면 특별히 걸상[榻] 하나를 놔뒀다가 가고나면 곧 그것을 매달았다. 황제가 또 안양 사람 위환(魏桓)을 부르자, 고향사람이 그에게 갈 것을 권했다. 위환은 "벼슬자리를 원해 조정에 나가려는 것은 그 뜻을 펴려는 것 때문이다. 지금 후궁이 수천인데, 그것을 덜 수 있겠는가? 마구간에 말이 1만필이 있는데 그것을 줄일 수 있겠는가? 좌우의 권력을 가진 호족을 제거할 수 있겠는가?"라고 말했다. 모두가 할 수 없을 것이라고 대답했다.

위환(魏桓)은 개탄하면서 "내가 살아서 가서 죽어서 돌아오게 된다면, 여러분들에게 무슨 덕이 있겠는가?"고 했다. 드디어 몸을 숨기고 나가지 않았다.

---

22) 慨然 개연 : 개탄하다, 탄식하다, 슬퍼하다

○ 황제가 양기를 죽인 후, 권세가 오로지 환관에게 돌아갔다. 5후가 더욱 탐욕스럽고 방종해 내외를 기울게 했다.

○ 황제가 조용히 시중 원연(爰延)에게 "짐은 어떤 군주인가"라고 물었다. 대답하기를 "폐하는 한(漢)에서 중간이 되는 임금입니다"라고 했다. 황제가 "무엇을 가지고 그렇게 말하는가?" 하니, "상서령 진번에게 일을 맡기면 잘 다스려지고, 중상시와 환관들이 정치에 참여하면 어지러워집니다. 이 때문에 폐하는 함께 하는 것으로 잘 할 수도 있고, 함께 하는 것으로 잘못할 수도 있습니다"라고 대답했다.

황제가 "옛날에 주운(朱雲)은 조정의 난간을 부러뜨렸는데, 지금 시중이 면전에서 짐이 잘못됐다고 말하는구나. 삼가 잘못된 것을 듣겠다"고 하고는, 오관중랑장(五官中郎將)으로 임명했다.

○ 9월에 대홍려(大鴻臚) 유총(劉寵)이 사공(司空)이 되었다. 유총은 일찍이 회계태수였다. 번거롭고 가혹한 것들을 간이하게 하거나 제거하고, 불법인 것들은 금지하고 살폈다. 군내가 크게 잘 다스려지니, 부름을 받고 장작대장이 되었다.

산음현에 5~6명의 노인들이 약야산(若邪山) 골짜기 사이에서 나와 사람마다 1백전씩을 싸가지고 와서 유총을 전송하면서 "산골짜기의 시골선비라 군의 행정 일[郡朝]은 알지 못하지만, 다른 태수 때에는 관리가 민간에서 징발하고 요구해, 밤이 되어도 끊이지 않았고, 혹 개가 밤새[23] 짖어대서 백성들이 편안할 수가 없었습니다. 태수[明府]께서 수레를 타고 오신 이후 개가 밤에 짖지 않게 되고, 백성은 관리를 보지 못했습니다. 나이 먹어서 훌륭한 분[聖明]을 만났는데, 지금 듣기에 버리고 떠나시게 되었다 하니, 스스로 부지하고 와서 전송합니다"라고 말했다.

유총은 "내 정사가 어찌 공들의 말에 미칠 수 있겠습니까? 어르신들께서 애쓰셨습니다"라고 말하고, 사람들에게 한 개의 큰 동전만을 뽑게 해 받았다.

○ 곽태(郭泰)는 박학하고 담론을 좋아했다. 처음 낙양에 유학할 때에는 사람들이 알아보지 못했다. 진류인(陳留人) 부융(符融)이 한번 보고 감탄하고 특별하게 여겼다. 그로 인해 하남윤(河南尹) 이응(李膺)에게 소개시켰다.

이응이 함께 만나보고 "내가 본 선비가 많은데, 아직 곽림종(郭林宗)같은 사람은 없었다. 그는 총명하고 화통하고 높고 고상하고 꼼꼼하면서 넓다. 지금의 중화[華夏]에서는 그와 짝[儔]이 될 사람이 드물다"고 말했다. 드디어 그와 친구가 되었다.

그리하여 경사에서 명성을 떨쳤다. 후에 고향으로 돌아갈 때, 의관을 갖춘 여러 유생들이 황하까지 전송했는데, 수레가 수천 대였다. 이응이 오직 태와 함께 배를 타고 건너는데, 여러 빈객들이 멀리서 보고는 신선이라 생각했다. 곽태는 천성적으로 사람을 잘 알아보고, 선비들을 격려하고 가르치기를 좋아했고, 군국을 돌아다녔다.

---

23) 竟夕 경석 : 저녁 끝까지, 즉 밤새

맹민(孟敏)은 태원(太原)에서 객으로 살았다. 메고 있던 시루가 땅에 떨어졌는데도 돌아보지 않고 갔다. 곽태가 보고 그의 생각을 물었더니, 대답하기를 "시루가 이미 깨졌는데 그것을 돌아본들 무슨 도움이 되겠는가?"라고 했다. 곽태가 그 덕과 성품을 알고 그로 인해 배움을 권했고, 드디어 이름이 당세에 알려졌다.

혹자가 범방(范滂)에게 "곽림종은 어떤 사람입니까?"라고 물었다. 범방은 "은거하더라도 부모를 버리지 않고[24], 올곧지만 세속과 단절하지 않으며[25], 천자도 신하로 할 수 없고, 제후도 친구로 삼을 수 없다. 내가 다른 것은 모르겠다"고 대답했다.

진류사람 구향(仇香)은 행실이 지극히 순수하고 과묵[純嘿]했다. 고향에서는 알아주는 자가 없었다. 40세에 포(蒲)읍의 정장(亭長)[26]이 되었다. 백성 중에 진원(陳元)이라는 자가 있었는데, 홀로 어머니를 모시고 살았다. 어머니가 구향(仇香)에게 와서, 진원이 불효한다고 고발했다. 구향이 진

---

24) 隱不爲親者 은불위친자 : 주(註) 개자추(介子推) 같은 사람이다. 진문공(晉文公)이 나라로 돌아왔는데, 개자추에게 작위를 주지 않자, 개자추가 떠나서 (어머니와) 개산(介山)으로 들어갔다. 문공이 찾았으나, 찾지 못하자 산에 불을 질렀고, (나오지 않고) 죽었다

25) 貞不絶俗者 정불절속자 : 주(註) 유하혜(柳下惠)같은 사람이다. 유하혜(柳下惠)는 춘추시대 노공(魯公)의 친족이다. 성(姓)은 전(展), 이름은 금(禽), 자(字)는 계(季)이다. 유하(柳下)에 살면서 덕과 은혜를 베풀었기 때문에 그렇게 호칭했다

26) 亭長 정장 : 주(註) 포정(蒲亭)은 진류군(陳留郡) 고성현(考城縣)에 있다. 한(漢)은 진(秦)을 이어서 10리(十里)에 1정(亭)을 두고, 장(長)을 두었다. 도적을 금지했다

원의 집에 가서 인륜과 효행에 대해 진술하며 화와 복을 가지고 비유해 말해주었다. 진원이 감동받고 깨달아서 마침내 효자가 되었다.

고성(考城)의 현령 왕환(王奐)이 구향을 주부로 임명하고[署] "듣건대, 포(蒲)읍의 정장(亭長)으로 있을 때 진원을 벌주지 않고 교화시켰다고 하던데, 조금이라도 매와 송골매처럼 맹위를 떨치며 징벌하려는 뜻[27]이 없었는가?"라고 물었다. 구향이 "매와 송골매는 난새와 봉황만 못하다고 생각했으므로, (그렇게) 하지 않았습니다"라고 대답했다.

왕환은 "탱자와 가시나무 숲[28]은 난새와 봉황이 모이는 곳이 아니고, 백리는 큰 현자의 길이 아니네"라고 말하고는, 1개월치 봉급으로 받은 돈을 구향에게 주고 태학에 들어가도록 했다.

곽태와 부융이 명함[29]을 싸가지고 가서 그를 만났고, 그로 인해 유숙했다. 다음날 아침에 곽태가 절을 하며 "어르신은 저의 스승이지, 저의 친구가 아닙니다"라고 말했다.

을사(乙巳) 8년(165년)

이응(李膺)이 다시 사예교위에 임명되었다. 이때 소황문

---

27) 鷹鸇之志 응전지지 : 매나 송골매가 참새를 잡는 것처럼 맹위를 떨치는 기세, 註『좌전』에 계손행부가 말하기를 "임금에게 무례한 자를 보면 마치 매와 송골매가 참새를 쫓듯이 주벌해야 한다"고 했다.

28) 枳棘之林 지극지림 : 탱자와 대추나무 혹은 가시나무 숲

29) 刺 자 : 찌를, 깍을, 명함, 이름을 종이에 쓴 것

(小黃門) 장양(張讓)의 동생 삭(朔)이 야왕(野王) 영(令)이었는데, 탐욕스럽고 잔인무도했다. 응의 위엄을 두려워해 도망가서 경사로 돌아가 형 집의 벽 사이30)에 숨어 있었다. 이응이 그 상황을 알고 관리와 부하들을 거느리고 기둥을 부수어 삭을 잡아 낙양 옥에 맡겼다가 진술을 받는 것을 마친 후 즉시 그를 죽였다.

이때부터 여러 환관들이 모두 몸을 굽히고31) 숨을 죽였고32), 목욕 휴가33) 때도 감히 궁중의 관서를 나가지 못했다. 황제가 이상해서 그 이유를 물으니, 모두 머리를 조아리고 울면서 "이교위가 두려워서 입니다"라고 대답했다.

이때 조정이 날로 어지러워지고 기강이 무너지고 해이해졌는데, 이응만이 혼자서 날래고 예리한 판별력34)으로 명성이 스스로 높아졌다. 선비들 중에 그에게 허용되거나 교제하는[接] 자를 이름해 등용문(登龍門)이라고 했다.

○ 동해상 유관(劉寬)을 불러 상서령으로 삼았다. 유관(劉寬)은 3군을 계속해서 맡았는데, 따뜻하고 인자해서 많이 용서해주었다. 비록 급한 일이 생겨도 빨리 말하거나 황급한[遽] 얼굴빛이 없었다.

관리와 백성들에게 잘못이 있으면, 단지 부들가지 회초리

30) 合柱 합주 : 주(註) 협벽(夾壁, 벽 사이)
31) 鞠躬 국궁 : 허리 굽히고 인사하다. 몸을 굽히다
32) 屛氣 병기 : 숨을 죽이다. 위축되다
33) 休沐 휴목 : 목욕휴가. 한률(漢律)에는 5일에 한번 목욕휴가를 주었다
34) 風裁 풍재 : 날쌤과 판단력

[蒲鞭]로 그를 벌주어 욕만 보일 뿐이었고, 끝내 고통을 주지 않았다. 매번 어른들을 볼 때마다 농촌의 (사정을) 말하면서 위로하고, 어린아이들에게는 효제의 가르침으로 격려하니, 사람들이 모두 기뻐하고 교화되었다.

병오(丙午) 9년(166년)

예전에 황제가 려오후(蠡吾侯)였을 때, 감릉(甘陵)사람 주복(周福)에게 수학했다. 즉위하자 주복을 발탁해 상서로 삼았다. 그때 같은 군의 하남윤(河南尹) 방식(房植)은 조정에서 명성이 있었다. 고향사람들이 그것을 노래해서 "천하의 본보기[35] 방백무(房伯武), 스승이었기에 벼슬을 얻은 주중진(周仲進)"이라고했다.

두 집안의 빈객이 서로 비난하고 헤아려보고[揣], 드디어 각각 무리들이 생겼다. (무리가) 점점 커지면서 더욱 틈이 생겼다. 이로 말미암아 감릉에 남부, 북부가 있게 되었다. 당인(黨人)들의 논의는 이때부터 시작되었다.

여남태수 종자(宗資)는 범방을 공조(功曹)로 삼고, 남양태수 성진(成瑨)은 잠질(岑晊)을 공조로 삼아, 모든 판결과 일을 맡기고, 그들로 하여금 선한 것를 포상하고 어긋난 것을 바로잡게 했다. 군의 조정이 엄숙하고 깨끗해졌다.

그리하여 두 군에서는 "여남태수는 범맹박(范孟博)이네. 남양사람 종자는 승인만 한다네. 남양태수는 잠공효(岑公

---

35) 規矩 규구 : 행위의 표준, 준칙, 법도

孝)네. 홍농사람 성진은 단지 앉아서 휘파람만 분다네"라는 노래를 만들었다.

태학의 여러 유생 3만여명 중 곽태와 영천사람 가표(賈彪)가 으뜸이었다. 이응, 진번, 왕창(王暢)과 함께 서로 높이고 중시했다. 학내에 "천하의 규범 이원례(李元禮), 강한 자를 두려워 않는 진중거(陳仲擧), 천하의 수재 왕숙무(王叔茂)"라는 말이 있었다.

그리하여 안팎으로 분위기를 타고 경쟁하면서, 잘했는가 못했는가 하며 서로를 높이니, 공경 이하가 깎아내리고 비난하는 것을 두려워하지 않는 자가 없어서 황급히 가서[36] 문하에 들었다.

○ 가표는 일찍이 신식현(新息縣) 장(長)이었는데, 힘없는 백성들이 가난해 자식을 기르지 않는 자가 많았다. 표가 엄하게 제도를 만들어 살인과 죄를 같이 했다. 성의 남쪽에서 도둑이 사람을 해친 일이 발생했고, 북쪽에서는 부인이 아들을 죽인 일이 발생했다.

표가 조사하려 나가니 연리가 모시고 남쪽으로 가려고 했다. 표가 화를 내며 "도적이 남을 노략질하고 해치는 것은 상식이다. 모자가 서로 해치는 것은 하늘을 거스르고 도를 어기는 것"이라고 말하며, 수레를 몰아 북쪽으로 갔다.

조사해 그 죄를 이르게 하자, 성 남쪽의 도둑이 소식을 듣고 얼굴을 드러내고 (스스로를) 묶어 자수했다. 수년 간

---

36) 屣履到門 사이도문 : 허둥지둥 신을 신고 문하에 이르다

에 사람들이 아들을 기르니 1천여 명이었다. 말하기를 "이는 가부(賈父)가 살려준 아이다" 하고는 모두 이름을 가(賈)라고 지었다.

○ 하내의 장성(張成)이 바람점[風角][37]을 잘 쳤다. 점을 쳐서 사면당할 것을 알고, 아들에게 살인하라고 가르쳤다. 사예교위 이응이 독촉해 잡아들였는데, 조금 있다 사면을 받아 죄를 면했다. 응이 더욱 분노하고 미워했다. 끝까지 조사해 그를 죽였다.

장성은 평소에 점술을 가지고 환관들과 내왕을 했는데, 황제 또한 그의 점을 물었다. 환관이 장성의 제자 뇌수(牢修)에게[38] 글을 올려 이응 등을 고발하게 했다. 그들이 태학의 유학하는 선비들을 길러 여러 군의 유생들과 교류하고 결탁해, 서로 몰려다니면서 함께 붕당을 만들고, 조정을 헐뜯고, 풍속을 헛갈리게 하고, 어지럽힌다고 고발했다.

천자가 진노했다. 군국에 조서를 반포해 당인들을 체포하게 하고, 천하에 포고해 함께 분노하고 미워하자고 했다. 사건이 3공부에 오자 태위 진번이 (이 사건을) 물리치며 "지금 조사받는 자들은 모두 천하 사람들의 명예이고, 나라를 근심하고 공공에 충성하는 신하들이다. 이들은 앞으로 10대를 용서해주어야 할 것같은데, 어찌 죄명도 드러나지

---

37) 주(註) 사방(四方)과 네 모퉁이의 바람을 궁(宮) 상(商) 각(角) 치(徵) 우(羽)의 오음(五音)으로 감별(鑑別)해서 길흉(吉凶)을 점치는 방술(方術)

38) 주(註) 교(敎)는 ~로 하여금 ~하게 하다

않은 상황에서 잡아다가 때리는가?" 하고 연서하려 하지 않았다.

황제가 더욱 노해 이응 등을 황문북사(黃門北寺)의 감옥에 가두었다. 그 글에 언급된 자 및 두밀, 진상과 진식, 범방의 무리 2백여 명과 혹 도망쳐 잡지 못한 자들은 모두 현상금을 걸고 찾았다. 사자들이 사방으로 나갔는데, 서로 멀리서 보일 정도였다. 진식은 "내가 옥에 가지 않으면 사람들이 의지할 바가 없다"며, 스스로 가서 갇히기를 청했다.

범방이 옥에 이르자 옥리가 "무릇 죄에 걸려 묶인 자들은 모두 고요에게 제사 지냅니다"라고 말했다. 범방이 "고요는 옛날의 곧은 신하이다. 범방이 무죄임을 아니, 황제에게 순리대로 고할 것이다. 만약 죄가 있을 것 같으면 제사를 지낸들 무엇이 이롭겠는가?"라고 말했다. 사람들이 이로 말미암아 고요에게 제사지내는 것을 그쳤다.

진번이 다시 상서해 극간을 했다. 황제가 그 말이 간절해서 피했다. 진번이 적합하지 않는 자를 등용했다고 핑계대고[39] 조서를 내려 면직시켰다.[40]

이때 당인의 옥에 연루되어 체포된 자가 모두 천하의 유명한 현자들이었다. 도요장군 황보규(皇甫規)는 서주호걸로써 함께 하지 못함을 부끄럽게 여겼다. 스스로 "신이 전에 옛 대사농 장환을 천거했으니, 이것은 당에 붙은 것입니다.

39) 주(註) 탁(託)은 핑계 대다

40) 이것이 1차 당고(黨錮) 사건이다.

또 신이 옛날에 판결 받아 좌교에 수송될 때, 태학생 장봉(張鳳) 등이 글을 올려 신을 변호해주었으니, 이것은 당인들에게 붙임을 당한 것입니다. 신은 마땅히 죄에 걸려야 합니다"라고 말을 올렸다. 조정이 알았으나 조사하지 않았다.

두밀은 평소에 이응과 명성과 행적이 서로 비슷했다. 이때 사람들이 그들을 이두라고 불렀는데, 이런 이유로 동시에 체포되었다.

정미(丁未) 영강(永康) 원년(167년)

진번이 면직되자 조정의 신하들이 떨고 무서워 해 다시 당인을 위해 말하는 자가 없었다. 가표가 "내가 서쪽으로 가지 않으면 큰 화는 풀어지지 않겠다"면서, 낙양으로 들어가 성문교위 두무(竇武), 상서 곽서(霍諝) 등을 설득해 그들을 변호하게 했다.

두무가 "폐하가 즉위하신 이래 정치가 잘 된다는 말을 듣지 못했는데, 근래에 간사한 신하 뇌수가 붕당의 논의를 조작해 전 사예교위 이응 등을 잡아 체포해 고문했습니다. 연루된 자가 수백명에 달했는데, 오랜 세월 잡아가두었지만, 일에 나타나는 증거들이 없습니다. 이응 등은 정말로 폐하의 후직, 자설, 이윤, 여상과 같은 보좌관입니다. 헛되이 간신적자들에게 모함을 당했습니다. 오직 폐하께서 정신을 모아 깨끗하게 살펴 주십시오"라고 상소했다.

곽서 또한 표문을 올려 청했다. 황제의 뜻이 점점 풀어져 중상시 왕보(王甫)를 옥으로 보내 당인들을 신문하게 했다. 범방 등이 모두 세 곳에 칼을 차고 주머니를 머리에 쓰고,

계단 아래에 드러났다. 왕보가 차례로 꾸짖었다. "경 등은 번갈아가면서 서로 뽑고 천거해 순서대로 입술과 이가 되었으니, 그 뜻이 무엇인가?" 물었다.

범방이 말했다.

"공자께서 말씀하시기를 선을 보면 모자란 것처럼 하고, 악을 보면 뜨거운 것을 잡는 것처럼 하라고 했습니다. 저는 선한 사람들에게 그 깨끗함을 함께 하는 것을 좋아하게 하고, 악한 사람들에게 그 더러움을 함께 하는 것을 싫어하게 하고, 왕정에서 듣고 싶어 하는 바를 말하려고 한 것입니다. 더욱이 그것이 붕당이 된다는 것은 깨닫지 못했습니다.

옛날에는 선을 닦으면 스스로 많은 복을 구한다고 했는데, 지금은 선을 닦으면 몸이 큰 죽임에 빠집니다. 몸이 죽는 날에 원하건대 저를 수양산 옆에 묻어서 위로는 하늘을 등지지 않고 아래로는 백이와 숙제에게 부끄럽지 않게 해주십시오"

왕보가 불쌍하다고 느꼈다. 그로 인해 얼굴이 풀어지고, 곧 묶인 것을 다 풀 수 있게 해주었다. 이응 등 또한 환관의 자제를 끌어다 연루시키니, 환관들이 두려워 황제에게 일식을[41] 핑계로 마땅히 풀어주어야 한다고 청했다.

6월에 천하에 사면령을 내리고 연호를 고쳤다. 당인 2백명이 석방되어 고향으로 돌아갔다. 이름을 3부에 써서 종신토록 벼슬을 못하게 했다. 범방이 곽서를 방문했지만, 사례

---

41) 천시(天時)는 하늘의 때, 이 해 5월에 일식이 있었다

는 하지 않았다. 혹자가 그것을 꾸짖으니 범방은 "옛날에 숙향(叔向)이 기해(祁奚)를 보지 않았는데, 내가 어찌 사례하겠소"[42]라고 말했다.

범방이 남쪽으로 가서 여남에 돌아갔다. 남양의 사대부들이 그를 맞이했는데, 수레가 수천대였다. 고향사람 은도(殷陶) 황목(黃穆)이 범방을 모시고 호위하며 빈객을 응대했다. 범방이 은도 등에게 "지금 자네들이 서로 따르면, 이것은 나의 화를 무겁게 하는 것"이라 하고는, 도망쳐 고향으로 돌아갔다.

○ 처음에 조서가 내려져 관계된 당인들을 찾아내라고 했다. 군국에 보고되는 것 중 서로 연결되어 언급된 사람들이 많으면 1백여 명에 이르렀다. 오직 평원상 사필(史弼)만이 홀로 올린 바가 없었다. 조서가 계속해 주, 군을 절박하게 압박했다. 연(椽), 사(史)의 머리를 깎고, 매질을 했다.

종사관이 전사(傳舍)에 앉아 책망하며, "조서는 당인을

---

42) 주(註) 『좌전(左傳)』 양공(襄公) 21년에 "진(晉)나라의 집정(執政)인 범선자(范宣子)가 난영(欒盈)의 당인(黨人)들을 죽일 때, 숙호(叔虎)가 여기에 포함되었다. 선자가 숙향(叔向)을 함께 가두자, 기해(祁奚)가 그것을 듣고 선자를 만나 말했다. "곤(鯀)을 사형시켰음에도 (아들인) 우(禹)를 등용했는데, 어찌하여 숙호 때문에 사직(의 신하=숙향)을 버리십니까" 했다. 범선자가 기뻐하고 진나라 평공(平公)에게 말해 죄를 사면했는데, 기해는 숙향을 보지 않고 그대로 돌아갔다. 숙향 또한 면죄되었음을 말하지 않고 조회에 참석했다고 한다. 그 주(註)에서 말하기를 기해는 나라를 위함이지 숙향을 사사롭게 대한 것은 아니기 때문이고, 숙향이 기해에게 감사의 말을 하지 않고 임금에게 가서 조회에 참석한 것은 (기해의 은혜가) 자신을 위한 것이 아님을 안 것이다.

매우 싫어해 뜻이 간절하다. 청주 6군에서 5군은 당인이 있는데 평원은 어찌 다스렸기에 홀로 없을 수 있는가?"고 물었다. 필이 대답했다.

"선왕께서 천하의 영토를 다스리실 때, 경계를 긋고 지경을 나누신 것은 물과 풍토가 같이 화합할 수 없고, 풍속이 같지 않아서 입니다. 다른 군에는 있지만, 평원은 없는 것이 어찌 서로 비교가 될 수 있습니까?

만약 상관의 뜻을 잇는다면 선량한 자들을 무고에 빠뜨리고, 형을 부당하게 하고, 벌을 남용해서 비리를 과시하는 것인 즉, 평원의 사람들은 집집마다 당인이 될 것입니다. 저는 죽을 뿐이지 할 수 없습니다"

○ 12월 정축(丁丑)에 황제가 죽었다. 두태후가 섭정을 했다. 성문교위 두무가 궁중에서 조서를 만들어 하간효왕(河間孝王)[43]의 증손자 굉(宏)을 맞이해 그를 즉위시키니, 나이가 12세였다.

---

43) 주(註) 장제(章帝)의 아들이다. 그러므로 증손자 굉은 장제의 고손(현손)이다. 환제의 5촌 조카

원 문

卷之二十

孝桓皇帝 在位二十一年, 壽三十六

丁亥建和元年

六月, 光祿勳杜喬, 為太尉。自李固之廢, 內外喪氣, 羣臣側足而立, 唯喬正色, 無所回橈。由是, 朝野皆倚望焉。

○九月, 京師地震。喬以災異策免, 梁冀誣李固 杜喬, 以為與妖賊劉鮪交通, 請逮按罪。太后素知喬忠, 不許。冀遂收固下獄, 死於獄中。冀使人脅杜喬曰:「早從宜, 妻子可得全。」喬不肯, 遂收繫之, 亦死獄中。

己丑三年

朗陵侯相荀淑卒。淑少博學, 有高行, 當世名賢李固 李膺等, 皆宗師之。在朗陵, 涖事明治, 稱為神君。有子八人, 並有名稱, 時人謂之八龍。膺性簡亢, 無所交接。唯以淑為師, 以同郡陳寔為友。荀爽嘗就謁膺, 因為其御既還喜曰:「今日乃得御李君矣。」其見慕如此。

辛卯元嘉元年

十一月，詔百官，舉獨行之士。涿郡舉崔寔，詣公車，稱病不對策。退而論世事，名曰政論。其辭曰：「凡天下所以不治者，常由人主承平日久，俗漸敝而不悟，政浸衰而不知。為天下者，自非上德，嚴之則治，寬之則亂。何以明其然也。近孝宣皇帝，明於君人之道，審於為政之理，故嚴刑峻法，破姦軌之膽，海內清肅，天下密如。筭計見效，優於孝文。及元帝卽位，多行寬政，卒以墮損，威權始奪，遂為漢室基禍之主。政道得失，於斯可監。昔孔子作春秋，褒齊桓，　懿晉文，歎管仲之功。夫豈不美文武之道哉，誠達權救弊之理也。故聖人能與世推移，而俗士苦不知變，以為結繩之約，可復治亂秦之緒，干戚之舞，足以解平城之圍。夫熊經鳥伸，雖延歷之術，非傷寒之理。呼吸吐納，雖度紀之道，非續骨之膏。蓋為國之法，有似治身。平則致養，疾則攻焉。夫刑罰者，治亂之藥石也，德教者，興平之梁肉也。夫以德教除殘，是以梁肉治疾也，以刑罰治平，是以藥石供養也。方今承百王之弊，值厄運之會。自數世以来，政多恩貸。馭委其轡，馬駘其銜，四牡橫犇。皇路險傾，方將拑勒鞬輈，　以救之，豈暇鳴和鑾，　清節奏哉。昔，文帝雖除肉刑，當斬　右趾者，棄市　笞者，往往至死，是文帝以嚴致平，非以寬致平也。」山陽仲長統，嘗見其書，嘆曰：「凡為人主，宜寫一通，置之坐側。」

温公曰：漢家之法，已嚴矣，而崔寔猶病其寬，何哉？蓋衰世之君，率多柔懦，凡愚之佐，唯知姑息。是以，權幸之臣，有罪不坐，豪猾之民，犯法不誅。仁恩所施，止於目前，奸宄得志，紀綱不立。故崔寔之論，以矯一時之枉，非百世之通義也。孔子曰:「政寬則民慢。慢則糾之以猛，猛則民殘。殘則施之以寬。寬以制猛，猛以濟寬，政是以和。」斯不易之常道矣。

丙申永壽二年

泰山琅琊賊公孫擧等聚衆至三萬人，破壞郡縣。連年討之，不能克。尙書選能治劇者，以司徒掾穎川韓韶為嬴長。賊聞其賢，相戒不入嬴境。餘縣流民萬餘戶入縣界，韶開倉賑之。主者爭謂不可，韶曰:「長活溝壑之人，而以此伏罪，含笑入地矣。」太守素知韶名德，竟無所坐。韶與同郡荀淑 鍾皓 陳寔皆嘗為縣長，所至以德政稱。時入謂之潁川四長。

己亥延熹二年

梁冀一門，前後七侯 三皇后 六貴人 二大將軍。夫人女食邑，稱君者七人，尙公主者三人。其餘 卿 將 尹 校 五十七人。冀專擅威柄，凶恣日積。秉政幾二十年，威行內外，天子拱手，不得有所親與。帝旣不平之。又遣客刺殺議郎邴尊。帝大怒，呼中常侍單超 徐璜 黃門令具瑗，小黃門史左悺 唐衡，定議誅之。冀及妻壽，卽日皆自殺，百姓莫不稱慶。收財貨，縣官斥賣，合三十餘萬萬。以充王府用，減天下稅租之半。散其苑囿，以業窮民。封單超 徐璜等五人為縣侯，世謂之五侯。

○大司農黃瓊為太尉。是時新誅梁冀，天下想望異政。黃瓊首居公位，乃舉奏州郡素行貪汙，至死徙者十餘人。海內翕然，稱之。瓊辟汝南范滂，滂少厲清節，為州里所服。為清詔使，案察冀州，滂登車攬轡，慨然，有澄清天下之志。守令贓汙者，皆望風解印綬去。

○尙書令陳蕃上疏，薦五處士。豫章徐穉 彭城姜肱 汝南袁閎 京兆韋著 潁川李曇，帝悉以安車玄纁，備禮徵之，皆不至。蕃性方峻，不接賓客。唯穉来，特設一塌，去則縣之。帝又徵安陽魏桓，其鄉人勸之行。桓曰:「夫干祿求進，所以行其志也。今後宮千數，其可損乎? 廏馬萬匹，其可减乎? 左右權豪，其可去乎?」皆對曰:「不可。」桓乃慨然歎曰:「使桓生行死歸，於諸子，何有哉。」遂隱身不出。

○帝既誅梁冀，權勢專歸宦官。五侯尤貪縱，傾動內外。

○帝從容問侍中爰延:「朕何如主也?」對曰:「陛下為漢中主。」帝曰:「何以言之?」對曰:「尙書令陳蕃任事則治，中常侍 黃門與政則亂。是以知陛下可與為善，可與為非。」帝曰:「昔朱雲廷折欄檻，今侍中面稱朕違。敬聞闕矣。」拜五官中郎將。

○九月 以大鴻臚劉寵為司空。寵嘗為會稽太守，簡除煩苛，禁察非法。郡中大治，徵為將作大匠。山陰縣有五六老叟，自若邪山谷間出，人齎百錢，以送寵曰:「山谷鄙生未嘗識郡朝，他守時，吏發求民間，至夜不絕，或狗吠竟夕，民不得安。自明府下車以来，狗不夜吠，民不見吏。年老遭值聖明，今聞當見棄去故，自扶奉送。」寵曰:「吾政何能及公言邪。勤苦父老。」為人選一大錢，受之。

○郭泰博學善談論。初遊雒陽，時人莫識。陳留苻融一見嗟異。因以介於河南尹李膺。膺與相見曰:「吾見士多矣，未有如郭林宗者也。其聰識通朗高雅密博，今之華夏鮮見其儔。」遂與為友。於是名震京師。後歸鄉里，衣冠諸儒送至河上，車數千兩。膺唯與泰同舟而濟，衆賓望之，以為神仙焉。泰性明知人，好奬訓士類，周遊郡國。孟敏客居太原。荷甑墮地，不顧而去。泰見而問其意，對曰:「甑已破矣，視之何益。」泰知其德性，因勸令遊學，遂知名當世。或問范滂曰:「郭林宗何如人?」滂曰:「隱不違親，貞不絕俗，天子不得臣，諸侯不得友。吾不知其他。」陳留仇香，至行純嘿，鄉黨無知者。年四十，為蒲亭長。民有陳元，獨與母居。母詣香，告元不孝。香到元家，為陳人倫孝行，譬以禍福之言。元感悟，卒為孝子。考城令王奐署香為主薄，謂之曰:「聞在蒲亭，陳元不罰而化之，得無少鷹鸇之志耶?」香曰:「以為鷹鸇不若鸞鳳，故不為也。」奐曰:「枳棘之林非鸞鳳所集，百里非大賢之路。」乃以一月俸資香，使入太學。郭泰 苻融齎刺謁之，因留宿。明旦，泰拜之曰:「君泰之師，非泰之友也。」

乙巳八年

李膺復拜司隸校尉。時小黃門張讓弟朔為野王令，貪殘無道。畏膺威嚴，逃還京師，匿於兄家合柱中。膺知其狀，率吏卒破柱取朔，付雒陽獄，受辭畢，卽殺之。自此，諸黃門常侍，皆鞠躬屛氣，休沐不敢出宮省。帝怪問其故，並叩頭泣曰:「畏李校尉。」時朝廷日亂，綱紀頹弛，而膺獨持風裁，以聲名自高。士有被其容接者，名為登龍門云。

○徵東海相劉寬為尙書令。寬歷典三郡，溫仁多恕。雖在倉卒，未嘗疾言遽色。吏民有過，但用蒲鞭罰之，示辱而已，終不加苦。每見父老，慰以農里之言，少年勉以孝悌之訓，人皆悅而化之。

丙午九年
初帝為蠡吾侯，受學於甘陵周福。及卽位，擢福為尙書。時同郡河南尹房植有名當朝。鄕人為之謠曰:「天下規矩 房伯武，因師獲印 周仲進。」二家賓客，互相譏揣，遂各樹朋徒，漸成尤隙。由是甘陵有南北部。黨人之議自此始矣。
汝南太守宗資以范滂為功曹，南陽太守成瑨以岑晊為功曹，皆委心聽任，使之褒善糾違， 肅淸朝府。於是二郡為之謠曰:「汝南太守 范孟博，南陽宗資 主畫諾。南陽太守 岑公孝，弘農成瑨 但坐嘯。」太學諸生三萬餘人，郭泰 及潁川賈彪為其冠。與李膺 陳蕃 王暢 更相褒重。學中語曰:「天下模楷 李元禮，不畏彊禦 陳仲擧，天下俊秀 王叔茂。」於是中外承風， 競以臧否相尙，自公卿以下，莫不畏其貶議，屣履到門。

○賈彪嘗為新息長，小民貧困，多不養子。彪嚴為其制，與殺人同罪。城南有盜刼害人者，北有婦人殺子者。彪出案驗，掾吏欲引南。彪怒曰：「賊冦害人，此則常理。母子相殘，逆天違道。」遂驅車北行，按致其罪，城南賊聞之，亦面縛自首。數年間，人養子者以千數。曰：「此賈父所生也。」皆名之為賈。

○河內張成善風角。推占當赦教子殺人。司隸李膺督促收捕，既而逢宥獲免。膺愈懷憤疾，竟案殺之。成素以方技交通宦官，帝亦頗訊其占。宦官教成弟子牢脩，上書告膺等養太學遊士，交結諸郡生徒，互相驅馳，共為部黨，誹訕朝廷，疑亂風俗。於是天子震怒，班下郡國逮捕黨人，布告天下，使同忿疾。案經三府，太尉陳蕃郤之曰：「今所案者，皆海內人譽憂國忠公之臣。此等猶將十世宥也。豈有罪名不章，而致收掠者乎。」不肯平署。帝愈怒，遂下膺等於黃門北寺獄。其辭所連及杜密　陳翔　及陳寔　范滂之徒二百餘人，或逃遁不獲，皆懸金購募。使者四出相望。陳寔曰：「吾不就獄，衆無所恃。」乃自往請囚。范滂至獄，獄吏謂曰：「凡坐繫者，皆祭皐陶。」滂曰：「皐陶　古之直臣。知滂無罪，將理之於帝。如其有罪，祭之何益。」衆人由此亦止。陳蕃復上書極諫，帝諱其言切，託以蕃辟召非其人，策免之。時黨人獄所染逮者，皆天下名賢。度遼將軍皇甫規，自以西州豪傑，耻不得與，乃自上言：「臣前薦故大司農張奐，　是附黨也。又臣昔論輸左校時，太學生張鳳等上書訟臣，是為黨人所附也。臣宜坐之。」朝知而不問。杜密素與李膺名行相次，時人謂之李杜故，同時被繫。

丁未永康元年

陳蕃既免，朝臣震栗，莫敢復為黨人言者。賈彪曰：「吾不西行，大禍不解。」乃入雒陽，說城門校尉竇武 尚書霍諝等，使訟之。武疏曰：「陛下卽位以来，未聞善政，近者，奸臣牢脩造設黨議，遂收前司隷校尉李膺等，逮考，連及數百人，曠年拘録，事無效驗。膺等誠陛下稷 卨 伊 吕之佐，而虛為奸臣賊子之所誣枉。惟陛下留神，澄省。」書奏， 霍諝亦為表請。帝意稍觧，使中常侍王甫就獄，訊黨人。范滂等皆三木囊頭，暴拎階下。甫以次辯詰曰：「卿等更相拔舉， 迭為唇齒，其意如何?」滂曰：「仲尼有言：『見善如不及，見惡如探湯。』滂欲使善善同其清，惡惡同其汙，謂王政之所願聞。不悟更以為黨。古之修善，自求多福，今之修善，身陷大戮。身死之日，願埋滂拎首陽山側，上不負皇天，下不愧夷齊。」甫愍然。為之改容，乃得並觧桎梏。李膺等，又引宦官子弟，宦官懼，請帝以天時宜赦。六月 赦天下，改元。黨人二百餘人，放歸田里。書名三府，禁錮終身。范滂往候霍諝，而不謝。或讓之，滂曰：「昔，叔向不見祁奚，吾何謝焉。」滂南歸汝南。南陽士大夫迎之者，車數千兩。鄉人殷陶黄穆侍衞於滂，應對賓客。滂謂陶等曰：「今子相隨，是重吾禍也。」遂遁還鄉里。

○初 詔書下舉鉤黨。郡國所奏相連及者，多至百數。唯平原相 史弼，獨無所上。詔書前後迫切州郡，髠笞掾史。從事坐傳舍，責曰：「詔書疾惡黨人， 旨意懇惻。青州六郡，其五有黨，平原何治，而得獨無?」弼曰：「先王疆理天下，畫界分境，水土異齊，風俗不同。他郡自有，平原自無，胡可相比。若承望上司，誣陷良善，淫刑濫罰，以逞非理，則平原之人，戶可為黨，相有死而已，所不能也。」

○十二月，丁丑 帝崩。竇太后臨朝，城門校尉竇武定策禁中，迎河間孝王曾孫 宏 立之。時年十二。

통감절요 21권

후한기(後漢紀) 효령황제(孝靈皇帝)

재위 22년, 수(壽) 34

무신(戊申) 건녕(建寧) 원년(서기 168년)

두무(竇武) 진번(陳蕃) 호광(胡廣) 3명에게 녹상서사(錄尙書事)를 맡겼다.

○ 처음에 두태후(竇太后)가 황후로 봉해질 때 진번(陳蕃)의 도움을 받았다. 두태후(竇太后)가 수렴청정하게 되자 정사의 대소를 막론하고 진번에게 맡겼다. 진번이 두무와 마음을 합해 힘을 다해 황실을 도왔다[1]. 또 천하의 명현(名賢)인 이응(李膺) 두밀(杜密) 윤훈(尹勳) 유유(劉瑜) 등을

---

1) 奬 장 : 돕다, 권면하다, 권장하다, 알선하다

불러 모두 조정에서 함께 일하고 정사에 참여케 했다. 천하의 선비들이 목을 빼고 태평을 바라지 않는 자가 없었다.

그러나 중상시(中常侍) 조절(曹節)과 왕보(王甫) 등이 함께 무리[2]를 이루고, 태후에게 아첨해 섬기니, 태후가 그들을 신임했다. 진번과 두무가 그들을 미워했다.

일찍이 함께 조정에 모여 있을 때 진번이 두무에게 은밀히 "조절과 왕보 등이 선제(先帝) 때부터 국가의 권력을 쥐고 농락해, 온 천하를 혼탁하고 어지럽게 하고 있습니다. 지금 그들을 죽이지 않으면 뒤에는 반드시 도모하기 어려울 것입니다"라고 말하니, 두무도 그렇다고 여겼다. 이에 진번이 크게 기뻐하며 손으로 자리를 밀치고 일어났다.

마침 일식의 변고가 있자, 진번이 두무에게 "옛날 소망지(蕭望之)는 석현(石顯) 한 명에게 곤궁을 당했는데[3], 지금은 석현의 무리가 수십입니다. 일식을 통해 환관들을 배척하고 파면해서, 하늘의 변고를 막을 수 있습니다"라고 했다. 두무가 이에 태후에게 아뢰어 조절 등을 죽이려 했으나, 태후가 머뭇거리고[4] 차마 하지 못했다.

조절이 상서(尙書)를 불러 위협해 임시로 임금의 명령을 새긴 문장[詔版][5]을 만들게 했다. 또 왕보를 황문령(黃門

---

2) 朋 붕 : 벗, 친구, 무리, 떼, 무리를 이루다

3) 주(註) 원제(元帝) 때 환관 석현(石顯)이 망지(望之)를 무고(誣告)로 참소(譭訴)해 망지가 짐독(鴆)을 먹고 자살했다

4) 猶豫 유예 : 의심해 결정하지 못함, 할까 말까 망설이는 모양

5) 詔版 조판 : 주(註) 목간으로 만든다. 길이는 1척(尺). 당(唐) 고종(高宗) 때 부인(婦人)이 80세 이상이면 모두 글판으로 군군(郡君)을 수여했다. 조서(詔

令)에 임명해 임금의 명령을 알리는 부절(符節)[6]을 가지고 가서 두무 등을 체포해 가두게 했다. 두무가 조서를 받지 않았다. 진번을 붙잡아 북사옥(北寺獄)으로 보내서 죽였다.

왕보가 천자의 근위병 호분(虎賁)과 우림(羽林) 등 도합 1천여명을 거느리고 두무를 포위하니, 두무가 자살했다. 낙양의 도정(都亭)에 그를 효수하고 (그의) 종친과 빈객, 인척들을 체포해 가두어 다 죽였다. 황태후를 남궁으로 옮겼다. 소인배들이 득의양양하고, 사대부들은 모두 기가 죽었다.

기유(己酉) 2년(169년)

처음에 이응(李膺) 등이 폐출되어 금고(禁錮)를 당했으나, 천하의 사대부들이 모두 그의 도(道)를 높이고 숭상하며 조정을 더럽게 여겼다. 그렇게 되기를 희망하는 자들은 오직 미치지 못할 것을 걱정했다. 그리하여 서로 그의 선행을 칭송하기 위해 그 사실을 패에 적어 문 같은데 걸어두고[7], 그들의 칭호(稱號)를 만들었다.

두무, 진번, 유숙(劉淑)을 3군(三君)이라 했는데, 군(君)이란 온 세상에서 존경받는 사람[8]을 말한 것이다. 이응, 순익, 두밀, 왕창(王暢), 유우(劉祐), 위랑(魏郞), 조전(趙典),

---

書)로 고명(告命)을 주지 않고, 판책(版策)을 수여한 것이다

6) 節 절 : 마디, 절개, 때, 부신(符信), 부절(符節)

7) 標榜 표방 : 남의 선행을 칭송하기 위해 그 사실을 패에 적어 문 같은데 걸음. 명목을 붙여 칭송함, 주의 주장 같은 것을 어떠한 명목을 붙여 내세움

8) 宗 종 : 밑동, 근본, 존숭하는 사람

주우(朱寓)를 8준(八俊)이라 했는데, 준(俊)이란 사람 중에 영걸을 말한 것이다. 곽태(郭泰), 범방(范滂), 윤훈(尹勳), 파숙(巴肅) 및 종자(宗慈), 하복(夏馥), 채연(蔡衍), 양척(羊陟)을 8고(八顧)라 했는데, 고(顧)란 덕행으로 남을 인도할 수 있는 자를 말한 것이다.

장검(張儉), 적초(翟超), 잠질(岑晊), 범강(范康) 및 유표(劉表), 진상(陳翔), 공욱(孔昱), 단부(壇敷)를 8급(八及)이라 했는데, 급(及)이란 남을 인도해 세상에서 존경받는 사람[宗]을 추종하게 할 수 있는 자를 말한 것이다. 탁상(度尙) 및 장막(張邈), 왕효(王孝), 유유(劉儒), 호무반(胡毋班), 진주(秦周), 번향(蕃嚮), 왕장(王章)을 8주(八廚)라 했는데, 주(廚)란 재물을 가지고 사람을 구제할 수 있는 자를 말한 것이다.

진번과 두무가 권력을 잡게 되자, 다시 이응 등을 천거해 발탁했는데, 진번과 두무가 죽자 이응 등이 다시 폐출을 당했다. 환관들이 이응 등을 미워해 매번 조서를 내릴 때마다 당인의 금지를 거듭 말했다. 후람(侯覽)이란 사람은 장검(張儉)을 특히 심하게 원망했다. 후람과 고향 사람인 주병(朱竝)이 평소 아첨하는 사악한 사람인데, 장검에게 버림을 받았었다. 후람의 뜻을 받들어 글을 올려서 '장검(張儉)이 같은 고을 사람 34명과 별도로 기록과 호칭을 만들고 함께 거느릴 무리[9]를 결성해 사직을 위태롭게 할 것을 도모했습

9) 部黨 부당 : 거느릴 무리

니다. 장검이 괴수입니다'라고 무고했다. 조서로 글을 내서 장검 등을 체포하게 했는데, 조절이 이것을 이용해 유사에게 은근히 비유해주고[10] "사람을 끌어모아 무리를 만든 자[11] 여러 명은 옛 사공(司空) 우방(虞放) 및 이응, 두밀, 주우, 순익, 적초, 유유, 범방 등이니, 주군(州郡)에 내려 조사해[12] 다스리도록" 청하게 했다.

이때 황제의 나이 14세였다. 황제가 조절 등과 논의했다.

"무엇을 구당(鉤黨)이라 하는가?"

"구당이란 곧 당인입니다"

"당인이 무슨 악행을 저질렀기에 죽이고자 하는가?"

"모두 서로 결탁해 법도에 맞지 않는 행동[不軌]을 하려고 했습니다"

"법도에 맞지 않는 행동이라니, 어떻게 하고자 한 것인가?"

"사직을 도모하려고 했습니다".

황제가 이에 그 아뢴 것을 허락했다.

혹자가 이응에게 "도망할 수 있다"고 했다. 이응은 "임금을 섬김에 어려움을 사양하지 않고, 죄가 있음에 형벌을 피하지 않는 것은 신하의 절개이다. 내 나이가 이미 60세이며 죽고 사는 것은 천명에 있으니, 간들 어디로 갈 것이겠는가?" 하고는, 칙명에 따라 옥에 가서[13] 고문을 받아 죽었

---

10) 諷 풍 : 풍자할, 비유해 간할

11) 鉤黨 구당 : 사람을 끌어 모아 무리를 만듦, 끌어들여서 동아리가 됨

12) 考 고 : 고문하다, 살피다, 고찰하다

다. 그의 제자(門生)와 옛날에 천거해준 옛 부하관리[14]들이 모두 금고 당했다[15].

○ 여남(汝南)의 독우(督郵) 오도(吳道)가 조서를 받고 범방을 체포하러 정강현(征羌縣)에 갔다. 객사를 닫고 조서를 안고 침상에 엎드려 우니, 온 현 사람들이 왜 저러는지를 몰랐다. 범방이 그 소식을 듣고 "반드시 나 때문일 것이다" 하고는 즉시 스스로 옥으로 갔다.

현령 곽읍(郭揖)이 크게 놀랐다. 나와서 인장과 끈을 풀고 (범방을) 인도하면서 "천하는 큽니다. 그대는 어찌 이곳에 있으려 합니까"며 함께 도망가자고 말했다. 범방이 말하기를 "내가 죽으면 화가 그칠 것인데, 어찌 감히 내 죄를 그대에게 연루시키며, 또 노모로 하여금 떠돌게 하겠는가"고 말했다.

범방의 어머니가 가서 아들과 결별하며[16] "네가 이제 이응, 두밀과 명성을 나란히 하니 죽어도 무슨 한이 있겠느냐. 이미 훌륭한 명성[17]을 얻었는데, 거기다가 목숨[18]까지

---

13) 詔獄 조옥 : 칙명에 의해 옥을 다스리는 일

14) 門生故吏 문생고리 : 문생과 옛 부하

15) 2차 당고(黨錮) 사건(169년)이다. 다음해 전국적으로 일대 검거가 시작되어 1백여 명이 사형되는 등, 6~7백명이 처벌되었다. 심지어 당인을 도왔다고 의심되는 자들까지 처형되었다. 1, 2차에 걸친 당고의 화로 청류 지식인들이 크게 위축되었다.

16) 訣 결 : 헤어지다, 끊다, 비결, 꾸짖다

17) 令名 영명 : 좋은 이름, 훌륭한 이름

18) 壽考 수고 : 목숨

살려고 한다면, 겸해서 얻을 수 있겠는가"라고 말했다. 범방이 무릎을 꿇고 가르침을 받고, 재배하며 하직인사를 했다.

범방이 자기 아들을 돌아보면서 "내가 너에게 악한 일을 하라고 하고 싶지만, 악한 일이란 해서는 안되는 것이다. 너에게 선한 일을 하라고 해야 하는데, 그렇다면 나는 악한 일을 한 적이 없다"고 말했다. 길 가는 사람들이 그 말을 듣고 눈물을 흘리지 않은 이가 없었다.

무릇 당인으로 죽은 자가 1백여 명이다. 처자식은 모두 변경으로 옮겨졌다. 천하의 호걸과 훌륭한 행실이 있는 유학자를 환관들이 모두 당인(黨人)이라 지목해, 죽이거나 귀양 보내거나 폐출되어 금고시킨 자가 또 6, 7백명이었다.

곽태(郭泰)는 당인(黨人)들의 죽음을 듣고 은밀히 그들을 위해 속으로 애통해 했다. "『시경』에 이르기를 '사람들이 죽어나가면, 나라가 망한다[19]'고 했으니, 한(漢)나라 황실은 멸망할 것이다. 다만 저 까마귀를 보건데[20], 누구의 지붕에서 멈출 것인지를 알지 못할 뿐이다"라고 했다. 곽태는 비록 인물의 착하고 아닌 것[21]을 평가하기를 좋아했으나 위험한 말과 격한 논의를 하지 않았다. 고로 혼탁한 세상에 살면서도 원망과 화가 미치지 않았다.

---

19) 殄瘁 진췌 : 멸할, 남김없이 죽다
20) 瞻 첨 : 보다, 우러러보다, 굽어보다
21) 臧否 장부 : 착하고 아닌 것

○ 장검(張儉)이 망명해 곤궁하고 절박하므로, 문만 보면 들어가서 머무르고 유숙했다.[22] 그의 이름과 덕행을 중히 여겨 집안이 망하는 후환을 무릅쓰고 서로 용납하고, 숨겨 주지 않는 자가 없었다.

그리하여 그가 지나가는 곳마다 중한 벌을 받아 죽은 자가 수십으로 헤아려지고, 연좌되어 체포되고 고문을 받은 자가 천하에 널려 펴져 있었다. 그의 종친들은 모두 멸족되고, 군현이 이 때문에 쇠잔해지고 파괴[23]되었다.

장검은 노국(魯國)의 공포(孔褒)와 옛 교분이 있었다. 도망해 공포에게 갔다. 만나지 못했는데, 공포의 아우 공융(孔融)이 나이 16세인데, 장검을 숨겨 주었다. 뒤에 이 일이 탄로나자 장검은 도망쳐 달아났다. 노국의 국상(相)이 공포와 공융을 체포해 감옥에 보냈는데, 누구에게 죄를 주어야 할지를 판단하기 어려웠다.

공융은 "(장검을) 받아들이고 집에 숨겨 준 것은 나이니, 내가 죄를 받아야 합니다"고 했다. 공포는 "그가 나를 찾아온 것이니, 아우의 잘못이 아닙니다" 라고 했다. 옥리가 그 어머니에게 묻자, 어머니는 "집안 일은 어른이 맡는 것이니, 첩이 그 죄를 당하겠습니다"라고 해 온 집안사람들이 죽기를 다투었다. 군현에서 어찌할지를 몰라 결정할 수 없었다. 마침내 그 일을 조정에 올려 물었다.[24] 조서를 내려

---

22) 門望投止 문망투지 : 머무르다, 투숙하다, 곤궁하고 절박한 중에 문만 보면 들어가서 머물다

23) 殘破 잔파 : 잔(殘) 해칠, 멸할, 잔인할, 죽일, 쇠잔할. 파(破) 깨뜨릴, 망칠

공포를 벌주었다.

당금이 풀리자 장검이 비로소 향리로 돌아왔다. 뒤에 위위(衛尉)가 되었고 죽을 때의 나이가 84세였다.

○ 하복(夏馥)은 장검(張儉)이 망명했다는 말을 듣고 "재앙이 자기(장검)에게서 일어났는데, 부질없이 선량한 사람들을 욕보이는구나.[25] 한 사람이 죽음을 피함에 화가 만가(萬家)에 미치는데, 어찌하여 살려고 하는가"하고 탄식했다. 마침내 스스로 수염을 깎고 모습을 바꾸고는 임려산(林慮山) 속에 들어갔다. 성명을 숨기고 대장장이 집의 머슴이 되어 사람들이 (그를) 알아볼 수 없었다. 당금이 풀리기 전에 죽었다.

○ 처음에 범방(范滂) 등이 조정을 비방하니, 공경 이하가 모두 허리를 굽혀[26] 그에게 몸을 낮추었다.[27] 태학생들이 다투어 그의 풍모를 사모해 문학이 장차 흥성하고 처사(處士)가 다시 등용될 것이라고 여겼다.

신도반(申屠蟠)이 혼자 탄식하기를 "옛날 전국시대 때, 처사가 (조정을) 비난 하더라도[28] 열국(列國)의 왕들은 빗자루를 들고 길을 쓸며, 앞에서 인도하기[29]까지 했다. 그러

24) 讞 언 : 평의하다, 의심스러운 옥사를 묻다, 아뢰다, 정직하다
25) 汚 오 : 더럽다, 추잡하다, 욕, 욕보이다
26) 折節 절절 : 자기를 굽히고 의지를 꺾음
27) 下之 하지 : 그에게 자신의 몸을 낮추다
28) 橫議 횡의 : 마음대로 멋대로 논의함[恣意議論]. 물의(物議), 비난(非難)

나 끝내는 선비를 구덩이에 묻고 책을 불태우는 화가 있었으니, 지금을 말한 것이다"라고 하고는, 양(梁)국의 탕현(碭縣) 사이에 자취를 숨기고, 나무로 집을 짓고 스스로 머슴처럼 생활했다. 2년이 지난 뒤 범방 등은 과연 당고의 화를 입었으나[30], 오직 신도반은 평가하고 판결하는 데에서 초연히 빠졌다.

온공(溫公)이 말했다.

"천하에 도(道)가 있으면, 군자는 왕의 조정에서 세력을 떨쳐 소인의 죄를 바로 잡아준다. 감히 복종하지 않음이 없다. 천하에 도(道)가 없으면 군자는 주머니의 주둥이를 묶듯이[31] 말을 하지 않아 소인의 화를 피했으나, 그래도 간혹 (화를) 면치 못하는 경우도 있었다.

당인(黨人)들은 혼란한 세상을 살면서 그 자리에만 있지 않고, 온 천하가 혼탁할 때 입과 혀로써 세상을 구원하고자 했다. 인물의 선과 악을 평가하며, 혼탁한 것에 부딪치고[32], 맑은 것을 드날리고자 하다가, 살모사와 뱀[33]의 머리를 건드리고[34], 호랑이와 이리의 꼬리를 밟아 자신은 혹독한 형

---

29) 擁篲先驅 옹수선구 : 대빗자루를 잡고 앞서서 마당을 쓸다

30) 罹 리 : 만날, 근심하다, 걸리다, 화를 입다

31) 囊括 낭괄 : 자루에 넣고 주둥이를 동여맴

32) 激 격 : 물결이 부딪치다

33) 虺蛇 훼사 : 살모사와 뱀

34) 撩 요(료) : 다스리다, 돋우다, 어지럽다(엉키어~)

벌을 입고, 화는 친구에게까지 미쳤다.

선비들은 다 죽고 나라가 따라서 멸망함에 이르렀으니, 또한 슬프지 않은가. 무릇 오직 곽태만이 명석하고 지혜로워서, 자기 몸을 보전했으며, 신도반은 징조[35]를 보고 나서서 하루를 기다리지 않고 떠나갔으니, 뛰어나구나! 그들을 따라갈 수가 없었을 뿐이다"

임자(壬子) 희평(熹平) 원년(172년)

3월에 태부 호광(胡廣)이 죽었다. 나이가 81세였다. 호광은 사공(四公)[36]을 두루 거쳤고, 30여 년 동안 여섯 황제를 내리 섬겼다. 예우와 신임이 지극히 높았다. (그가) 부른 사람들은 대부분 천하의 명사였다. 옛 부하관리[37]인 진번(陳蕃) 이함(李咸)과 함께 삼사(三司)로 오랫동안 국사에 숙달되어 조정의 법에 밝았다.

이 때문에 경사에서 흔히 "만사가 다스려지지 않거든 호광[伯始]에게 물어라. 천하의 중용이 호공(胡公)에게 있다"고 말했다. 그러나 삼가고 조심하면서[38] 항상 말을 겸손히 하고, 얼굴빛을 공손히 하는 등 시대에 아부해[39] 충직한 기

35) 機 기 : 틀, 재치, 거짓, 계기, 실마리, 조짐

36) 四公 사공 : 사공(司空) 사도(司徒) 태위(太尉) 태부(太傅). 주(註) 맨 먼저 사공에 올랐고, 다음에 사도가 되었으며, 세번째로 태위에 올랐고, 또 태부가 되었다.

37) 故吏 고리 : 부하관리

38) 謹慤 근각 : 삼가고 성실함, 각(慤)=원(愿) 삼가다

39) 媚 미 : 아첨하다, 아양 부리다

풍은 없었다. 이래서 천하 사람들은 그를 얄팍하다고 했다.

기묘(己卯) 4년(175년)

3월에 여러 유학자들에게 명해 오경(五經)의 문자를 바로 잡게 했다. 의랑(議郞) 채옹(蔡邕)에게 명령해 고문(古文)[40] 전서(篆書)[41] 예서(隸書)[42] 세 가지의 서체로 글을 써서 돌에 새겨 태학의 문 밖에 세우게 했다.

병진(丙辰) 5년(176년)

영창태수(永昌太守) 조란(曹鸞)이 상서하기를 "당인(黨人)들 중 혹자는 60, 70세의 고령으로[43] 덕이 깊은 사람들입니다. 또 혹자는 관리 사대부로 훌륭한 인재들입니다. 모두 마땅히 왕실의 팔 다리[44]가 되어 좌우에서 큰 계책[45]을 세워야 할 사람들입니다. 오랫동안 금고 당해 진흙[46] 속에서 욕을 당하고 있습니다. 재이(災異)와 홍수와 가뭄은 모두 이 때문입니다"라고 했다.

황제가 상주문을 살펴보고는 크게 노했다. 곧 명령을 내려 조란을 체포해 옥에 가두고 매질해[47] 죽였다. 그리고 주

40) 古文 고문 : 상형문자

41) 篆書 전서 : 진(秦)나라 이사(李斯)가 창안한 통일문체(과두문자)

42) 隸書 예서 : 전서(篆書)를 간략화한 문체(과두문자). 해서(楷書) 한나라 말엽 출시, 오늘날 통용한자

43) 耆年 기년 : 예순살, 또는 일흔살 이상의 노인

44) 股肱 고굉 : 팔다리. 고굉지신(股肱之臣) 팔 다리가 되는 신하, 충신

45) 猷 유 : 꾀, 모계, 꾀할

46) 途泥 도니 : 도(途) 길. 니(泥) 진흙. 더럽혀질

군(州郡)에 명해 다시 당인(黨人)의 제자[門生][48]와 부하 관리, 부자(父子)와 형제 중에 지위에 있는 자를 조사해 모두 관직에서 파면시키고 금고 시켰다. 이리하여 화가 오족[49]에게까지 미쳤다.

정사(丁巳) 6년(177년)

시장에서 장사하는 백성들이 서로 모여 선릉(宣陵)[50]에서 임시로 능묘를 지킨다고 하는 자[孝子]들[51]이 수십 명이었다. 조서를 내려 이들에게 모두 태자사인(太子舍人)을 제수했다.

무오(戊午) 광화(光和) 원년(178년)

2월에 홍도문학(鴻都門學)을 설치했다. 그 학생들은 모두, 주군(州郡)과 삼공(三公)에게 명령해 천거하게 해서 불러들였다. (그 학생 중에) 혹자는 나가서 자사, 태수가 되고 (혹자는) 들어와서 상서, 시중이 됐으며, 후(侯)에 봉해지고 작위를 하사받은 자들도 있었다. 사대부와 군자들이 모두 이들과 나란히 있는 것을 부끄럽게 여겼다.

---

47) 掠 략 : 노략질하다, 치다, 매질하다, 베다, 서법의 하나

48) 門生 문생 : 제자

49) 주(註) 속(屬)은 족(族)이다. 참최(斬衰, 3년) 제최(齊衰, 주년周年=1년) 대공(大功, 9개월) 소공(小功, 5개월), 시마(緦麻, 3개월)

50) 宣陵 선릉 : 환제(桓帝)

51) 孝子 효자 : 부모의 상(喪) 중에 있는 자, 능참봉, 시묘

○ 이 해에 처음으로 서원(西園)[52]에 있는 관사[西邸]를 열고 관직을 팔아 돈을 받아들였다. 각각 차등을 두었다. 2천석은 2천만이고, 4백석은 4백만이며, 덕(德)의 순서에 따라 선발에 응한 자는 절반을 바치거나 혹은 3분의 1을 바쳤다.

서원에 창고를 세워 돈을 저장했다. 혹자는 대궐에 가서 글을 올려 영(令), 장(長)을 차지했는데, 현의 좋고 나쁨과 풍족함과 궁핍함[53]에 차이가 있었다. 장사를 해 부유한 자는 돈을 먼저 바치고, 가난한 자는 관에 도달한 연후에 배로 냈다. 또 은밀히 좌우의 측근들에게 공경(公卿)을 팔게 하니, 공(公)은 1천만이고, 경(卿)은 5백만이었다.

처음에 황제가 제후였을 때 항상 가난함을 고통스럽게 여겼다. 즉위하자 환제는 매번 집의 재산[54]을 만들 수 없어 일찍이 개인 돈이 없다고 한탄했다. 때문에 관직을 팔아 돈을 모아 그것을 사사로이 쌓았다.

경신(庚申) 3년(180년)

필규원(畢圭苑)과 영곤원(靈昆苑)을 만들자, 사도(司徒) 양사(楊賜)가 간언했다. 상이 그것을 시중 임지(任芝)와 낙송(樂松)에게 물었다. 그들은 "옛날에 문왕(文王)의 동산은

---

52) 西園 서원 : 상림원(上林苑)의 별칭

53) 豊約 풍약 : 넉넉해 남아도는 일과 줄여서 아끼는 일, 풍부와 절약, 빈부, 성쇠, 다과(多寡)

54) 家居 가거 : 집에 쌓아 둠

1백리였으나 백성들이 작다고 했고, 제(齊)나라 선왕(宣王)의 동산은 4십리였으나 백성들이 크다고 했습니다. 지금 백성들과 그것을 함께 하신다면 정치에 해가 없을 것입니다"라고 대답했다. 황제가 기뻐하며 마침내 동산을 만들었다.

○ 환전(桓典)이 시어사가 되니, 환관들이 그를 두려워했다. 환전이 항상 청백색의 말[55]을 타고 다니니, 경사 사람들이 그것을 말하기를 "가다가 가다가 멈추어라. 총마어사(驄馬御使)를 피하라"고 했다.

갑자(甲子) 중평(中平) 원년(184년)

처음에 거록(鉅鹿)의 장각(張角)이 황로(黃老)[56]를 받들고 섬기며, 요망한 방술로 사람을 가르치고 전수하면서, 태평도(太平道)라 불렀다. 주술[呪]과 부적[符] 물[水][57]로 병을 치료하니, 따르는 무리들이 모두 그를 신으로 여겼다. 장각이 제자를 나누어 보내 사방으로 두루 돌아다니게 했다. 돌아다니면서 서로 속이고 현혹하게 하니, 10여년 사이에 신도가 수십만명에 이르렀다.

청주(靑州)로부터 서(徐) 유(幽) 기(冀) 형(荊) 양(揚) 연

---

55) 驄馬 총마 : 청총마, 청백색의 말

56) 黃老 황로 : 황제와 노자

57) 주(註) 주수(呪水)는 무속신앙으로 물에 주술을 걸어 마시게 해서 치료하는 행위. 부수(符水)는 도가에서 흔히 사용하는 것으로 부적을 태운 물을 마시게 하는 방법과 물에 부적의 모양을 그려 주술을 걸어 마시게 해 병을 낫게 하는 행위

(兗) 예(豫)주 등 8주의 사람들이 모두 호응했다. 무릇 36방(方)으로, 대방(大方)은 1만여 명, 소방(小方)은 6, 7천 명이었다.

장각의 제자인 당주(唐周)가 글을 올려 그를 고발하자, 조서를 내려 장각 등을 쫓아 체포하게 했다. 장각이 여러 방(方)에 함께 봉기하도록 명령했다. 모두 누런 수건을 쓰고, 그것을 표식[58]으로 삼았다. 고로 당시 사람들이 그들을 일러 황건적(黃巾賊)이라 했다. 한 달 사이에 천하가 호응하니, 경사가 진동했다.

황제가 여러 신하들을 불러 회의했는데, 북지태수(北地太守) 황보숭(皇甫嵩)이 "당금을 풀고, 중장전(中藏錢)의 돈을 내고, 서원(西園) 마구간의 말을 내어 군사들에게 나누어[59] 주소서"라고 했다.

상이 중상시 여강(呂强)에게 계책을 묻자 "당인들의 금고가 오래되고 쌓여서, 사람들의 마음이 원망하고 분해합니다. 만약 용서하지 않는다면, 돌아서서 장각과 함께 모의할 것이고, 변란이 점점 커질 것입니다"라고 대답했다. 황제가 두려워 해 그의 말을 따랐다. 이에 천하의 당인들을 사면하고, 귀양 보낸 자들을 돌아오게 했으나, 오직 장각만은 사면하지 않았다.

○ 천하의 정예병을 징발하고 노식(盧植)을 파견해 장각

---

58) 標幟 표치 : 표식, 표기, 표적

59) 班 반 : 나눌, 자리 줄

을 토벌하게 하고, 황보숭과 주준(朱儁)에게 영천(潁川)의 황건적을 토벌하게 했다. 주준이 황건적과 싸워 패했다. 마침 기도위(騎都尉) 조조(曹操)가 군사를 거느리고 왔다. 황보숭과 조조(曹操)가 주준의 군대를 합해 다시 황건적과 싸워 그들을 크게 격파했다.

조조는 어려서부터 기민(機敏)[60]하고 권모술수가 있었으며, 호협한 기개[任俠][61]가 있고, 방탕했다. 태위(太尉) 교현(橋玄)이 기이하게 여겨 조조에게 이르기를 "천하에 장차 난리가 일어날텐데, 당세의 저명하고 걸출한 인재[命世材]가 아니면 구제할 수 없을 것이다. 이를 안정시킬 수 있는 자는 그대가 아닐까? 그대는 이름난 사람이 아니니, 허자장(許子將)과 사귀는 것이 좋겠다"고 했다. 자장은 허훈(許訓)의 누이의 아들 허소(許劭)였다.

허소(許劭)는 인물 가리기[倫][62]를 좋아하고, 아름답거나 좋은 것을 감상하며 깨달은 바[63]가 많았다. 사촌형 허정(許靖)과 함께 높은 이름이 있었다. 향당 인물들을 함께 조사해 밝히기[64]를 좋아해, 매월마다 품평의 표제[品題]를 바꾸었다. 그러므로 여남의 풍속에 월단평(月旦評)이 있었다.

조조가 소(劭)에게 가서 물었다. "나는 어떤 사람인가?"

---

60) 機敏 기민 : 총기 있고 민첩함, 눈치가 빠르고 행동이 민첩하다

61) 任俠 임협 : 호협한 기개, 협기(俠氣)

62) 倫 륜 : 인륜, 무리, 순서, 가릴 선(選)

63) 賞識 상식 : 상(賞) 보고 즐김. 식(識) 지식. 아름답거나 좋은 것을 가려 깨닫다

64) 覈論 핵론 : 사실을 조사해 밝힘

소가 그를 비루하게 여겨서 대답하지 않았다. 그래서 조조가 그를 위협했다. 소가 "그대는 치세(治世)의 능신(能臣)이고, 난세(亂世)의 간웅(奸雄)이오"라고 대답했다. 조조가 기뻐하며 떠났다.

○ 노식(盧植)이 장각을 격파해 거의 점령하게 되었는데, 환관이 노식을 모함해 죄에 걸리게 되었다. 황보숭에게 명해 장각을 토벌하게 했다. 황보숭이 장각의 아우 장량(張梁)과 싸워 크게 격파하고, 장량을 목 베었다. 장각은 이미 병으로 죽었으므로, 관을 쪼개 시신을 욕보이고, 머리를 수레에 실어 경사로 보냈다.

을축(乙丑) 2년(185년)

최열(崔烈)이 부모(傅母)[65]를 통해 돈 5백만을 바치고 사도(司徒) 관직을 얻었다. 그를 임명하는 날 황제는 친애하고 신임하는 자를 돌아보면서 "조금 아끼지[66] 않은 것이 후회스럽다. 1천만전은 되는데"라고 했다.

정묘(丁卯) 4년(187년)

전 대구장(大丘長) 진식(陳寔)이 죽으니, 천하에서 달려와 조문한 자가 3만여명이었다. 진식이 향리에 있을 때 평정한

65) 傅母 부모 : 주(註) 궁중의 아보(阿保), 이때 삼공도 왕왕 상시 아보(常侍 阿保)를 통해 서원(西園)에 돈을 바치고 벼슬을 얻었다. 아보(阿保)=유모, 보모

66) 靳 근 : 가슴걸이, 욕보이다, 아끼다

마음으로[67] 사람들의 모범[68]이 되었다. 쟁송에서 번번이 판결을 바로잡으려고 했다.[69] 옳고 그름을 비유해 깨우쳐 주니, 물러가서 원망하는 자가 없었다. 이랬기에 "차라리 형벌을 당하더라도, 진군(陳君)에게 책망 당하지는 않겠다"고 탄식하는 말을 하기에 이르렀다.

양사(楊賜)와 진탐(陳耽)이 공경에 임명될 때마다 여러 동료들이 모두 축하해줬는데, 그들은 그때마다 진식이 큰 지위에 오르지 않았는데, 그보다 먼저 한 것에 대해서 부끄럽다고 탄식했다.

기사(己巳) 6년(189년)

4월에 황제가 붕어하고 황자 변(辯)이 황제에 즉위하니, 이때 나이가 14세였다. 하태후가 수렴청정했다. 황제의 동생 협(協)에게 진류왕의 작위를 내렸다. 환관 건석(蹇碩)이 하진(何進)을 죽이고 협을 세우고자 했다.

중군교위(中軍校尉) 원소(袁紹)가 하진에게 환관들을 모두 죽일 것을 권했다. 하진이 태후에게 아뢰었으나 태후가 따르지 않았다. 원소(袁紹) 등이 또 계책을 세웠는데, 사방의 용맹한 장수들을 많이 불러서 함께 군대를 이끌고 경성을 향해 태후를 위협하자는 것이었다. 하진이 그 말을 옳게 여겼다.

---

67) 平心 평심 : 고요한 마음, 침착한 마음
68) 率物 솔물 : 사물의 모범이 되다
69) 判正 판정 : 판결해 바로잡다

전군교위(典軍校尉) 조조(曹操)가 듣고 웃으면서 말했다.

"환관의 화는 고금(古今)에 있었다. 다만 그 시대의 군주가 부당하게 그들에게 권력과 총애를 빌려주어 이 지경에 이르게 된 것이다. 기왕[70] 그들의 죄를 다스리려면 마땅히 원흉[71]을 죽여야 하니 한 명의 옥리(獄吏)면 충분하다. 어찌 번잡하게[72] 외부의 군대를 부르기까지 한다는 말인가? 환관들을 다 죽이고자 한다면, 일이 반드시 알려져 누설될 것이니, 나는 그 실패를 보게될 것이다"

○ 하진(何進)이 동탁(董卓)에게 군대를 거느리고 경사로 오게 했다. 동탁은 즉시 길을 나서며 아울러 상서했다.

"중상시 장양(張讓) 등이 황제의 총애를 받아 온 천하를 혼탁하게 하고 어지럽히고 있습니다. 신이 듣건대 '뜨거운 물을 퍼냈다 부었다 하면서[73] 끓는 것을 그치게 하는 것보다는 장작을 빼는 것이 낫고[74], 종기[75]를 터뜨리는 것이 비록 고통스럽지만, 안으로 살을 먹어가는 것보다 낫다'고 했습니다.

---

70) 旣 기 : 이미, 처음부터

71) 元惡 원악 : 악의 우두머리, 매우 악한 사람

72) 紛紛 분분 : 어지러운 모양, 번잡한 모양

73) 揚湯 양탕 : =양탕지비(揚湯止沸). 물을 퍼냈다 부었다 하면서 물이 끓지 않도록 함, 겉만 치료하고 근본을 치료하지 않음을 말함(從鍋里舀起開水再倒回去, 以制止水的沸滾. 喻治標而不治本)

74) 주(註) "끓는 물을 식히고자 할 때 한사람이 불을 때고 백 사람이 그것을 퍼내도 무익하다. 장작을 빼서 불을 그치게 하는 것이 낫다"(『後漢書』)

75) 癰 옹 : =옹(癰) 악창, 등창, 종기

옛날에 조앙(趙鞅)이 진양(晉陽)의 군대를 일으켜 군주 곁에 있는 악한 자를 축출했으니, 지금 신이 곧 종과 북을 울리며 낙양에 가서 장양 등을 체포해 간신의 부정함[76]을 깨끗이 제거할 것을 청합니다"

태후가 오히려 따르지 않았다.

중상시 장양(張讓)과 단규(段珪)가 태후의 명령을 사칭해 하진을 불러내 가덕전(嘉德殿) 앞에서 목 베었다. 원소(袁紹)와 하묘(何苗)는 하진이 살해 당했다는 말을 듣고, 군대를 이끌고 주작궐(朱雀闕) 아래 주둔해 조충(趙忠) 등 여러 환관들을 체포해 죽이니, 모두 2천여 명이었다.

군대를 진격해 성 안을 공격하니, 장양(張讓) 등이 몹시 곤궁하고 절박해, 마침내 황제와 진류왕을 데리고 곡문(穀門)으로 나갔다. 장양 등은 황하에 투신해 죽었다.

황제가 홀로 한 필의 말을 타고 낙사(雒舍)에서부터 남쪽으로 내려갔다. 동탁은 황제가 북쪽에 있다는 말을 듣고 북망(北芒) 언덕 아래에서 (황제를) 맞이했다. 동탁이 황제와 대화를 해보니, (황제는) 말을 분명하게 하지 못했다.[77] 다시 진류왕과 대화를 해 보니 (진류왕은) 빠진 것이 없었다.

동탁은 크게 기뻐하며 진류왕이 현명하다 여겨 황제를 폐위하고 (진류왕을 세울) 뜻을 가졌다. 마침내 태후를 위협해 황제를 폐위해 홍농왕(弘農王)으로 하고, 진류왕 협을 황제로 세웠다.

---

76) 奸穢 간예 : 간신의 더러움, 부정

77) 了 료 : 마치다, 깨닫다, 명확히 이해하다

○ 동탁이 여러 공들을 거느리고 글을 올려 진번과 두무 및 여러 당인들을 거슬러서 심리해[78] 그들의 관작을 모두 회복시키고, 사자를 보내 사당에 가서 조문[79]하게 하고, 그 자손들을 발탁해 등용했다.

오경(伍瓊)이 동탁을 설득해 환제와 영제의 잘못된 정사를 바로잡고, 천하의 명사들을 발탁해 등용하게 하니, 동탁이 이를 따랐다. 이에 초야에 묻혀 살던 선비 순상(荀爽)과 신도반(申屠蟠) 등을 불러 다시 나오게 했다.

순상을 평원상(平原相)에 임명했다. (순상이) 가다가 완릉(宛陵)에 이르자, 광록훈(光祿勳)으로 승진되었다. 또 사무를 본지 3일 만에 진급해 사공(司空)에 임명되었다. 부르는 명령을 받은 날로 부터 재상[台司][80]에 오르기까지 총 93일이었다.

○ 동탁이 원소를 발해태수(渤海太守)에 임명하니, 원술(袁術)은 남양(南陽)으로 도망했다. 조조는 성명을 바꾸고 샛길로 동쪽으로 달아나, 진류(陳留)로 돌아갔다. 가산을 흩어 병력을 모아 5천 명을 얻었다.

---

78) 追理 추리 : 거슬러서 심리하다

79) 弔祠 조사 : 사당에 조문하다

80) 태사(台司)는 삼공 등 재보대신(宰輔大臣)이다.

원 문

卷之二十一

孝靈皇帝 在位二十二年，壽三十四

戊申建寧元年
以竇武 陳蕃 胡廣 參録尚書事。

◯初 竇太后之立也，陳蕃有力焉，及臨朝政無大小，皆委於蕃。蕃與竇武同心戮力，以奬王室，徵天下名賢李膺 杜密 尹勳 劉瑜等，皆列於朝廷，與共參政事。於是，天下之士莫不延頸想望太平。而中常侍曹節 王甫等共相朋結，諂事太后，太后信之。蕃武疾之。嘗共會朝堂，蕃私謂武曰：「曹節王甫，自先帝時，操弄國權，濁亂海內，今不誅之，後必難圖。」武深然之，蕃大喜，以手椎席而起。會有日食之變。蕃謂武曰：「昔，蕭望之困一石顯，况今石顯數十輩乎，可因日食，斥罷宦官，以塞天變。」武乃白太后，誅曹節等，太后猶豫未忍。曹節召尚書，脅使作詔版，拜王甫為黄門令，持節捕收武等，武不受詔，執蕃送北寺獄殺之。王甫將虎賁 羽林等，合千餘人，圍武，武自殺。梟首雒陽都亭。收捕宗親賓客姻屬，悉誅之，遷皇太后於南宮。於是，群小得志，士大夫皆喪氣。

己酉二年

初 李膺等雖廢錮，天下士大夫皆高尚其道，而汙穢朝廷。希之者唯恐不及，更共相標榜，為之稱號。以竇武 陳蕃 劉淑為三君，君者言一世之所宗也。李膺 荀翌 杜密 王暢 劉祐 魏朗 趙典 朱寓為八俊，俊者言人之英也。郭泰 范滂 尹勳 巴肅 及宗慈 夏馥 蔡衍 羊陟為八顧，顧者言能以德行引人者也。張儉 翟超 岑晊 苑康 及劉表 陳翔 孔昱 檀敷爲八及，及者言其能導人追宗者也。度尚 及張邈 王孝 劉儒 胡毋班 秦周 蕃嚮 王章為八厨，厨者言能以財救人者也。及陳 竇用事，復舉拔膺等，陳 竇誅，膺等復廢。宦官疾惡膺等，每下詔書，輒申黨人之禁，侯覽怨張儉尤甚。覽鄉人朱並素佞邪，為儉所棄，承覽意指，上書告儉與同鄉三十四人，別相署號，共為部黨，圖危社稷，而儉為之魁。詔刋章捕儉等，曹節因此諷有司， 奏:「諸鉤黨者，故司空虞放 及李膺 杜密 朱寓 荀翌 翟超 劉儒 范滂等，請下州郡，考治。」是時，上年十四。問節等曰:「何以為鉤黨。」對曰:「鉤黨者，卽黨人也。」上曰:「黨人何用為惡，而欲誅之耶。」對曰:「皆相舉羣輩，欲為不軌。」上曰:「不軌欲如何。」對曰:「欲圖社稷。」上乃可其奏。或謂李膺曰:「可去矣。」對曰:「事不辭難，罪不逃刑，臣之節也。吾年已六十，死生有命，去將安之。」乃詣詔獄考死。門生故吏並被禁錮。

○汝南督郵吳道受詔，捕范滂至征羌，抱詔書，閉傳舍，伏牀而泣。一縣不知所為。滂聞之曰:「必為我也。」卽自詣獄，縣令郭揖大驚出，解印綬，引與俱亡，　曰:「天下大矣，子何為在此。」滂曰:「滂死則禍塞，何敢以罪累君，又令老母流離乎!」其母就與之訣曰:「汝今與李杜齊名，死亦何恨，既有令名，復求壽考，可兼得乎。」滂跪受教，再拜而辭。顧其子曰:「吾欲使汝為惡，　則惡不可為，使汝為善，則我不為惡。」行路聞之，莫不流涕。凡黨人死者百餘人，妻子皆徙邊，天下豪傑 及儒學 有行義者，宦官一切指為黨人，其死徙廢禁者又六七百人。

○郭泰聞黨人之死，私為之慟　曰:「詩云:『人之云亡，邦國殄瘁滅矣。』但未知，瞻烏，爰止于誰之屋爾。」泰雖好臧否人物，而不為危言激論，故能處濁世，而怨禍不及焉。

○張儉亡命困迫，望門投止。莫不重其名行，破家相容。其所經歷伏重，誅者以十數，連引收考者，布徧天下。宗親竝皆殄滅，郡縣為之殘破。儉與魯國孔褒有舊，亡抵褒，　不遇。褒弟融年十六，匿之，後事泄，儉得亡走。國相收褒融送獄，未知所坐。融曰:「保納舍藏者融也　當坐。」褒曰:「彼來求我，非弟之過。」吏問其母，母曰:「家事任長，妾當其辜。」一門爭死，郡縣疑不能決，乃上讞之，詔竟坐褒。及黨禁解，儉乃還鄉里。後為衛尉，卒年八十四。

○夏馥聞張儉亡命，　歎曰:「孽自己作，空汙良善。一人逃死，禍及萬家，何以生為。」乃自翦鬚變形，入林慮山中，隱姓名為冶家傭人，無知者。黨禁未解而卒。

◯初　范滂等非訐朝政，自公卿以下，皆折節下之，太學生爭慕其風，以為文學將興，　與處士復用。申屠蟠獨歎曰:「昔，戰國之世，處士橫議。列國之王，至為擁篲先驅，卒有坑儒燒書之禍，今之謂矣。」乃絕迹於梁碭之間，因樹為屋，自同傭人。居二年，滂等果罹黨錮之禍，唯蟠超然免於評論。

溫公曰:天下有道，君子揚于王庭，以正小人之罪，而莫敢不服。天下無道，君子囊括不言，以避小人之禍，而猶或不免。黨人生昏亂之世，不在其位，四海橫流，而欲以口舌救之。臧否人物，激濁揚清，撩虺蛇之頭，踐虎狼之尾，以至身被淫刑，禍及朋友。士流殲滅，而國隨以亡。不亦悲乎！　夫惟郭泰既明且哲，以保其身，申屠蟠見幾而作，不俟終日，卓乎其不可及已！

壬子熹平元年

三月，太傅胡廣薨，年八十一。廣周流四公，三十餘年歷事六帝，禮任極優。所辟多天下名士，與故吏陳蕃　李咸並為三司，練達故事，明解朝章，　故京師諺曰:「萬事不理，問伯始。天下中庸，有胡公。」然溫柔謹慤，常遜言恭色，以取媚於時，無忠直之風。天下以此薄之。

乙卯四年

三月，詔諸儒，正五經文字。命議郎蔡邕，為古文 篆 隷三體書之刻石，立于太學門外。

丙辰五年

永昌太守曹鸞上書曰:「夫黨人者，或耆年淵德，或衣冠英賢，皆宜股肱王室，左右大猷者也。而久被禁錮，辱在塗泥，災異水旱皆由於斯。」帝省奏，大怒，卽詔收鸞下獄，掠殺之。於是詔州郡更考黨人門生故吏父子兄弟在位者，悉免官禁錮，爰及五屬。

丁巳六年

市賈小民有相聚，為宣陵孝子者數十人，詔除太子舍人。

戊午光和元年

二月，置鴻都門學。其諸生皆敕州郡，三公擧用。辟召，或出為刺史 太守，入為尙書侍中，有封侯賜爵者。士君子皆恥與列焉。

○是歲初開西邸，賣官入錢各有差。二千石 二千萬，四百石 四百萬，其以德次應選者，半之或三分之一。於西園立庫，以貯之。或詣闕，上書占令長，隨縣好醜豐約，有賈。富者則先入錢，貧者到官，然後倍輸。又私令左右賣公卿，公 千萬，卿 五百萬。初帝為侯時，常苦貧，及卽位，每嘆:「桓帝不能作家居，曾無私錢。」故賣官聚錢，以為私藏。

庚申三年
作罼圭靈昆苑。司徒揚賜諫。上以問侍中任芝 樂松。對曰:「昔，文王之囿百里，人以為小，齊宣王四十里，人以為大。今與百姓共之，無害於政也，」帝悅，遂為之。

◯桓典為侍御史，宦官畏之。典常乘驄馬，京師為之語曰:「行行且止，避驄馬御史。」

甲子中平元年
初 鉅鹿張角奉事黄老，以妖術教授，號太平道。呪符水以療病，衆共神之。角分遣弟子，周遊四方，轉相誑誘，十餘年間，徒衆數十萬。自青 徐 幽 冀 荊 揚 兗 豫八州之人，莫不畢應。凡三十六方，大方萬餘人，小方六七千。角弟子唐周上書告之，有詔逐捕角等。角敕諸方俱起，皆著黄巾，以為標幟故，時人謂之黄巾賊。旬月之間，天下響應，京師震動。帝召羣臣會議，北地太守皇甫嵩以為:「宜解黨禁，益出中蔵錢，西園廏馬，以班軍士。」上問計於中常侍呂強，對曰:「黨錮久積，人情怨憤。若不赦宥，轉與張角合謀，為變滋大。」帝懼而從之。乃赦天下黨人，還諸徙者。唯張角不赦。

◯發天下精兵，遣盧植討張角。皇甫嵩 朱儁討穎川黄巾。儁戰敗。會 騎都尉曹操將兵適至。嵩 操與朱儁合軍，更與賊戰，大破之。操少，機警有權數，而任俠放蕩。太尉橋玄異焉， 謂操曰:「天下將亂，非命世之才，不能濟也。能安之者，其在君乎! 君未有名，可交許子將。」子將者訓之從

子　劭也。好人倫，多所賞識。與從兄靖俱有高名。好共覈論鄉黨人物，每月輒更其品題。故汝南俗有月旦評焉。曹操徃造劭，而問之曰:「我何如人。」劭鄙其為人，不答。操乃刼之。劭曰:「子治世之能臣，亂世之姦雄。」操大喜而去。

◯盧植破張角，　垂當拔之，宦官誣植，抵罪。詔皇甫嵩討角。嵩與角弟梁戰，大破之，斬梁。角先已病死，剖棺戮屍，傳首京師。

己丑二年

崔烈因傅母，入錢五百萬，得為司徒。及拜日，帝顧謂親幸者曰:「悔不小靳，可至千萬。」

丁卯四年

前大丘長陳寔卒，海內赴吊者，三萬餘人。寔在鄉閭，平心率物，其有爭訟，輒求判正，曉譬曲直，退無怨者，至乃嘆曰:「寧為刑罰，所加不為陳君所短。」楊賜陳耽每拜公卿，群僚畢賀，輒歎:「寔大位未登，愧於先之。」

己巳六年

四月，帝崩。皇子辯卽皇帝位，年十四。何太后臨朝，封皇帝協為陳留王。宦官蹇碩欲誅大將軍何進，而立協。中軍校尉袁紹，因勸進悉誅諸宦官。進乃白太后，太后不聽。紹等又為畫策，多召四方猛將，使並引兵向京城，以脅太后，進然之。典軍校尉曹操，聞而笑曰:「宦者之禍，古今宜有，但世主不當假之權寵，使至於此。既治其罪，當誅元惡，一獄吏足矣。何至紛紛召外兵乎，欲盡誅之。事必宣露，吾見其敗也。」

◯何進召董卓，使將兵詣京師，卓卽時就道，并上書曰:「中常侍　張讓等竊倖承寵，濁亂海內。臣聞揚湯止沸，莫若去薪，潰癰雖痛勝於內食。昔趙鞅興晉陽之甲，以逐君側之惡。今臣輒鳴鐘鼓，如洛陽，請收讓等，以清姦穢。」太后猶不從。中常侍張讓　段珪，詐以太后詔，召進，斬進於嘉德殿前。袁紹及何苗，聞進被害，乃引兵屯朱雀闕下，捕得趙忠等及諸宦者，皆殺之，凡三千餘人。進兵攻省內，張讓等困迫，遂將帝與陳留王，出穀門。讓等投河而死。帝獨乘一馬，從雒舍南行。董卓聞帝在北，迎於北芒阪下。卓與帝語，語不可了，乃更與陳留王語，無所遺失。卓大喜，以王為賢，有廢立之意。遂脅太后，廢帝為弘農王，立陳留王協為帝。

◯董卓率諸公上書，追理陳蕃竇武及諸黨人，悉復其爵位，遣使弔祠，擢用其子孫。伍瓊說卓:「矯桓靈之政，擢用天下名士。」卓從之。於是 徵處士荀爽 申屠蟠等，復就。拜爽平原相，行至宛陵，遷光祿勳，視事三日，進拜司空。自被徵命，及登台司，凡 九十三日。

◯董卓拜袁紹渤海太守，袁術出犇南陽。曹操變易姓名，間行東歸至陳留，散家財合兵，得五千人。

통감절요 22권

후한기(後漢紀) 효헌황제(孝獻皇帝)

삼국(三國) 3세기 경

재위 31년, 수(壽) 41

경오(庚午) 초평(初平) 원년(서기 190년)

정월 관동(關東)의 주군(州郡)이 동탁을 토벌하기 위해 모두 군대를 일으켰다. 발해태수 원소(袁紹)를 맹주로 추대했다. 원소(袁紹)는 하내(河內)에 주둔하고, 조조는 산조(酸棗)에 주둔하고, 원술(袁術)은 노양(魯陽)에 주둔했다. 군대가 각각 수만명이었다. 호걸들 중에 원소에게 귀의하는 자가 많았다.

포신(鮑信)만이 홀로 조조에게 "큰 지략을 가졌고, 세상에 보기 드문 인재이다. 난을 다스려서[撥] 평정할 수 있는 자는 그대일 것이다. 만일 그 사람이 아니라면, 비록 강하더라도 반드시 죽을 것이로다! 그대는 아마 하늘이 인도한[啓]한 사람일 것"이라고 말했다.

○ 동탁은 산동의 군사들이 강성하므로 천도해 그들을 피하고자 했다. 마침내 궁과 종묘(宮廟) 관부(官府)를 불태우고, 천자를 위협해 옮겼다. 3월에 어가가 장안으로 들어갔다.

○ 장사태수 손견(孫堅) 또한 동탁을 토벌하려고 군대를 일으켰다. 남양에 이르니, 군대가 이미 수만명이었다. 전진해서 노양에 도착해 원술과 병력을 합했다. 원술이 이로 말미암아 남양을 점거할 수 있었다. 표문을 올려 손견에게 파로장군(破虜將軍)을 실제로 겸하게[1] 했다.

○ 유주목 유우(劉虞)가 정사를 관대하게 유지하는데 힘쓰고, 농사와 양잠을 권면하고 살피니, 백성들이 기뻐했다. 해마다 풍년이 들어 곡식이 한 섬에 30이었다. 청주와 서주의 백성들이 전란을 피해 유우에게 간 자가 1백만이었다. 모두가 옮긴 일(그 당시의 고생)을 잊었다.

신미(辛未) 2년(191년)

손견이 진격해 양인(陽人)에 주둔했다. 동탁과 싸워 그를 크게 격파했다. 손견이 진격해 낙양에 이르러 능묘(陵廟)를 청소했다. 동탁은 달아나서 장안으로 돌아갔다. 손견이 마침내 노양에 주둔했다.

○ 유표(劉表)는 이때 형주자사였다. 원술이 손견에게 유표를 공격하게 했다. 유표가 황조(黃祖)를 보내 역습해서[2], 손견을 활 쏘아 죽였다.

○ 공손찬(公孫瓚)이 청주의 황건적을 크게 격파해 위엄과 명성을 크게 떨쳤다.

○ 탁군(涿郡)의 유비(劉備)[3]는 중산정왕(中山靖王)의 후

---

1) 장사태수 직은 유지하고, 파로장군직을 더 해준 것이다(行:謂兼攝官職)

2) 逆戰 역전 : 역습하여 싸우다

3) (시대개관) 三國時代 삼국시대 : 후한 말, 황건의 난 토벌을 구실로 각지에서 군웅이 세력을 얻어 할거하는 양상이 되면서, 화북의 조조(曹操), 강남의 손권(孫權), 사천의 유비(劉備)가 천하통일의 대업을 두고 각축전을 벌였다. 가장 큰 세력을 이루었던 조조는 헌제(獻帝)를 옆에 끼고 후한(後漢)의 권력을 장악했다. 그는 화북의 통치를 공고히 하여 그 아들 조비(曹丕)에게 위(魏)왕

손이었다. 손을 늘어뜨리면 무릎까지 내려오고, 돌려서 자기 귀를 볼 수 있었다. 큰 뜻이 있었고, 말수가 적으며, 기뻐하고 노여워하는 감정을 얼굴에 드러내지 않았다. 일찍이 공손찬과 함께 노식을 스승으로 섬겼는데, 이로 말미암아 공손찬을 찾아가 만났다. 공손찬이 평원상으로 삼았다.

유비는 젊어서 하동(河東)의 관우(關羽), 탁군(涿郡)의 장비(張飛)와 서로 벗이 되어 친하게 지냈다. 관우와 장비를 별부사마(別部司馬)로 삼아 부대[4]를 나누어주고 통솔하게 했다. 유비는 두 사람과 함께 잘 때 같은 침상에서 같이 자고, 형제에게처럼 은혜를 베풀었다.

(관우 장비는) 여러 사람들이 빽빽이 모여 있는 자리[5]에서 종일토록 유비를 모시고 서 있었다. 유비를 따라가면서 주위를 빙빙 돌며[6] 어려움과 험함을 피하지 않았다.

○ 공손도(公孫度)의 위엄이 다른 나라에까지 알려졌다. 중국의 백성으로 난을 피한 자들이 많이 그에게 귀의했다. 북해의 관녕(管寧), 병원(邴原)의 왕열(王烈)이 모두 가서 의지했다.

관녕은 젊었을 때 화흠(華歆)과 벗이었는데, 일찍이 화흠

조의 기반을 제공했다. 유비 사후(死後) 위는 촉(蜀)을 멸망시켰으나, 위(魏) 문제(文帝) 조비(曹丕)가 죽은 후, 권신(權臣) 사마씨(司馬氏)에게 나라를 빼앗겼다. 사마염(司馬炎)이 진(晉=西晉)을 세우고, 280년 강남의 오(吳)를 멸망시켜 천하를 통일하고 삼국시대를 마감했다.

4) 部曲 부곡 : =항오(行伍)

5) 稠人廣坐 조인광좌 : 조인(稠人) 빽빽이 모인 많은 사람, 광좌(廣坐) 넓은 자리

6) 周旋 돌봐주다 : 빙빙 돔, 왔다갔다하다, 뒤쫓아 감

과 함께 채소밭을 호미질 하다가 땅에 금이 있는 것을 보았다. 관녕은 호미만 휘두를 뿐 (금을) 돌아보지 않고, 기와나 돌과 다름 없이 여겼다. 화흠은 금을 주웠다가 던졌다. 사람들이 이 때문에 그 우열(優劣)을 알았다.

왕열은 재간과 도량[7]이 남보다 뛰어났다. 젊었을 때의 명성은 병원과 관녕보다 높았다. 사람들을 가르쳐 감동시키는 일[8]을 잘 했다. 향리에 소를 훔친 자가 있었는데, 소 주인이 그를 잡았다. 도둑이 죄를 청하며 "형벌은 달게 받겠으나 왕언방(王彦方)이 알지 못하게 해주시오"라고 말했다.

왕열이 이를 듣고 사람을 시켜 사례하고 베 한 단(端)을 주었다. 혹자가 그 이유를 물었다. 왕열은 "도둑이 내가 자신의 잘못을 들을까 두려워 했다. 이는 악을 부끄러워 하는 마음이 있는 것이다. 이미 악을 부끄러워할 줄 안다면, 선한 마음이 생겨날 것이다. 고로 베를 주어 선행을 권장한 것이다"라고 말했다.

후에 어떤 노인이 길에서 검을 잃어버렸다. 길 가던 어떤 사람이 그 검을 보고는 지키고 서 있었다. 저녁 때가 되어 노인이 찾으러[尋] 돌아와서 검을 찾았다. 기이하게 여겨 이 일을 왕열에게 알렸다. 왕열이 캐어보니[9] (검을 지킨 행인은) 바로 전에 소를 훔쳤던 자였다.

여러 사람들이 서로 곡직(曲直)을 가려달라고 할 때, 왕

---

7) 器業 기업 : 기국(器局)과 학문, 재간과 도량

8) 敎誘 교유 : 가르쳐서 마음을 움직이게 함

9) 推究 추구 : 근본을 캐어 들어가며 연구함

열에게 물으려고 하다가 혹자는 길에서 돌아가고, 혹자는 왕열의 오두막을 바라보고 돌아갔다. 모두 정직을 서로 숭배해 [10]감히 왕열이 듣지 못하게 했다.

임신(壬申) 3년(192년)

순숙(荀淑)에게 손자가 있었는데, 순욱(荀彧)이었다. 어려서 재능이 있다고 이름났다. 하옹(何顒)이 그를 보고 특이하게 여기면서, "왕을 보좌할 재목"이라고 했다. 천하가 혼란하게 되자 순욱은 조조가 재주와 지략이 있다는 말을 듣고, 조조를 따랐다. 조조는 순욱과 말을 해보고 크게 기뻐하며, "나의 장량(자방)이다"라고 하고, 분무사마(奮武司馬)로 삼았다.

○ 동탁의 수레, 의복이 분수에 넘치고 천자와 비견됐다[11]. 사도 왕윤(王允)이 사예교위 황완(黃琬), 복야 사손서(士孫瑞)와 함께 동탁을 죽이려고 몰래 모의했다. 중랑장 여포(呂布)에게 창을 잡고 동탁을 찌르게 하고, 군대를 보내 동탁을 목 베었다. 백성들이 길에서 노래하고 춤추었다.

○ 청주의 황건적이 연주를 침략해 자사를 죽였다. 제북(濟北) 상(相) 포신 등이 동군태수(東郡太守) 조조를 맞이해 연주자사를 맡겼다. (조조가) 황건적을 추격해 모두 항복시

---

10) 推 추 : 옮을, 밀, 밀어올라가 캐어냄, 연유를 캐어냄, 공구함

11) 僭擬 참의 : 분수에 넘치게 윗사람과 견줌

키고, 정예 30여만 명을 얻었다.

○ 동탁의 부장 이각(李傕)과 곽사(郭汜) 등이 장안을 공격해 왕윤을 죽였다.

○ 원술이 진격해 수춘(壽春)을 점거하고, 마침내 그 주를 맡았다.

계유(癸酉) 4년(193년)

처음에 수도 낙양이 동탁의 난을 만났을 때, (낙양의) 백성들이 유민이 되어 동쪽으로 옮겨가 서주 땅에서 많이 의지하고 살았다.

조조가 와서 백성 수십만명을 사수(泗水)에 빠뜨려 죽였다. 물이 그 때문에 흐르지 못했다. (조조가) 전진해 수릉(睢陵)과 하구(夏丘)를 공격해 모두 도륙했다. 닭, 개 또한 없어지고, 황폐해진[12] 고을에는 다시는 행인이 없었다.

○ 공손찬이 유우를 공격해 죽이고, 유주 땅을 다 차지했다.

갑술(甲戌) 흥평(興平) 원년(194년)

조조가 도겸(陶謙)을 공격했다. 평원상(平原相) 유비가 군대를 거느리고 그를 구원했고, 마침내 도겸과 한 패가 되었다. 도겸의 병이 심해지자, 별가(別駕)인 동해(東海)사람 미

12) 墟 허 : 터, 언덕, 옛 터, 공허해진 땅, 황폐해진 옛터

축(糜竺)에게 "유비가 아니면 이 주를 안정시킬 수 없다"고 말하고 도겸이 죽었다. 미축이 서주 사람들을 거느리고 유비를 맞이하니, 유비가 마침내 서주를 맡았다.

○ 처음 손견은 네 아들을 낳았다. 손책(孫策) 손권(孫權) 손익(孫翊) 손광(孫匡)이다. 손책은 나이 십여세에 이미 이름이 알려진 사람과 교분을 맺었다. 서현(舒縣)사람 주유(周瑜)는 손책과 같은 나이로 또한 영민하고[13] 조숙했다. 손책의 명성을 듣고, 서현에서 와서 곧 교분을 맺고[14] (서로) 좋아했다. 손견이 죽을 때 손책의 나이 17세였다.

이에 양자강을 건너 강도(江都)에 거주하면서, 호걸들과 교분을 맺고, 복수할 뜻이 있었다. 수춘에 이르러 원술을 만났다. 원술이 매우 기특하게 여겨 손견의 남은 병력 1천여명을 손책에게 돌려주었다. 표문을 올려 회의교위(懷義校尉)로 삼았다.

을해(乙亥) 2년(195년)

조조가 거야(鉅野)를 공격해 여포의 장수 설란(薛蘭)을 목 베었다. 조조는 도겸이 이미 죽었으므로, 먼저 서주를 점령하고 나서 곧 여포를 정벌하려고 했다. 순욱이 말했다.

"옛날에 고조는 관중을 보전하고, 광무제는 하내(河內)를

---

13) 英達 영달 : =영명(英明). 영민하고 총명함

14) 推結分好 추결분호 : 주(註) 추결교분애호(推結交分愛好). 교분을 맺고 좋아하다

점거해 뿌리를 깊게 하고, 근본을 견고히 해서 천하를 제압했습니다. (그것을 기반으로) 나아가면 충분히 적을 이길 수 있었고, 물러나면 굳게 지킬 수 있었기 때문입니다. 비록 곤경과 패배가 있었으나, 끝내 대업을 성취했습니다.

장군은 본래 연주(兗州)에서 일을 시작해 산동의 난리를 평정했는데, 백성들의 마음이 돌아와 기뻐하고 복종하지 않는 자가 없었습니다. 또 황하와 제수(濟水)는 천하의 요해처입니다. 지금 비록 허물어졌지만[15], 오히려 스스로 지키기 쉽습니다. 이 또한 장군의 관중, 하내(河內)입니다. 먼저 평정하지 않으면 안됩니다"

조조가 이에 그쳤다.

○ 이각과 곽사가 권력을 다투어, 군대를 거느리고 서로 공격했다. 이각이 황제를 맞이해 자기 군영으로 행차하게 하고, 궁전과 관부를 불태웠다. 7월에 양봉(楊奉)과 동승(董承) 등이 군대를 거느리고 어가를 전송해 동쪽으로 가게 했다. 어가가 가시 울타리[16] 속에 있었다.[17]

○ 손책은 "저희 집안은 강동지방에서 오랫동안 덕을 베풀었습니다. 원컨대 외삼촌[18]을 도와 횡강(橫江)을 쳐서 함락시키겠습니다. 그래서 본토에 들어가[投] 병력을 불러모

---

15) 殘壞 잔괴 : 허물어지다

16) 棘籬 극리 : 가시나무 울타리

17) 註 후에 조조가 이곽의 3족을 멸했고, 곽사는 그 부하장수에게 죽임을 당했다.

18) 주(註) 손책의 외삼촌은 오경(吳景)이다

을 수 있다면, 천하를 평정하는 일을 돕겠습니다"고 원술을 설득했다. 원술이 이를 허락했다.

손책이 양자강을 건너 여러 곳을 돌아다니며 싸웠다. 가는 곳마다 모두 격파했다. 감히 그의 예봉을 당해 내는 자가 없었다. 백성들은 손랑(孫郞)이 온다는 말을 들으면 모두 혼비백산했다.[19]

손책이 오자 군사들이 명령을 받들고 감히 노략질하지 않았다. 닭 개와 채소를 하나도 범하지 않았다. 백성들이 이에 크게 기뻐하며, 다투어 소를 잡고 술을 가지고 와서 군사들을 위로했다.

손책은 얼굴이 아름답고, 웃는 얼굴로 담소를 잘 했다. 성품이 활달해 남의 말을 들어주고 받아주었으며, 사람을 잘 썼다. 이 때문에 백성들 중 (그를) 만난 자들은 마음을 다 하고 즐겁게 목숨을 바치지 않은 자가 없었다. 강동지방에 위엄을 떨쳤다.

병자(丙子) 건안(建安) 원년(196년)

원술이 유비를 공격해 서주에서 싸웠다. 유비가 장비에게 하비(下邳)를 지키게 하고, 직접 군대를 거느리고 원술을 막았다. 여포가 하비를 습격하니 장비가 패해 도망쳤다. 유비가 여포에게 항복하고, 여포가 다시 유비를 예주자사로 삼았다. 여포는 스스로 서주목이라 칭했다.

---

19) 皆失魂魄 개실혼백 : 모두 혼백을 잃었다, 혼비백산(魂飛魄散)

○ 양봉(楊奉)과 한섬(韓暹)이 어가를 받들어 낙양에 이르렀다. 이때에 궁실이 다 불타서 백관들이 가시나무와 대추나무 덤불을 헤치고[披], 담장과 벽 사이에 의지했다. 조조가 허(許)땅에 있으면서 천자를 맞이할 것을 계획했다. 부하들은 산동지방이 아직 평정되지 않았다고 했다. 순욱이 말했다.

"옛날에 진(晉) 문공(文公)이 주(周) 양왕(襄王)을 맞아들이자, 제후들이 그림자처럼 따랐고, 한(漢) 고조(高祖)가 의제(義帝)를 위해 소복을 입자 천하의 마음이 귀부했습니다.

천자가 피난한[20] 뒤로 장군께서 먼저 의병을 일으킬 것을 제창했으나, 산동이 어지러웠으므로 멀리 달려갈 겨를이 없었습니다.[21] 지금 어가[22]가 되돌아갔는데[23], 낙양[東京]은 잡초가 무성합니다.[24] 충의의 선비는 근본을 보존할 생각이 있고, 만백성들은 옛날을 생각하며 슬픔을 느낍니다.

참으로 이 때 황제를 받들어 사람들의 바람을 따르는 것이 큰 순리입니다. 지극히 중요한 공무(公務)를 지켜[秉] 천하를 감복시키는 것은 큰 지략입니다. 큰 도리를 지키면서

---

20) 蒙塵 몽진 : 먼지를 뒤집어씀, 욕을 봄, 수치를 당함. 임금이 난리를 당해 피난함. 평상시와 같이 길을 깨끗이 소제한 다음 거동하지 못하고 먼지를 뒤집어쓰며 간다는 뜻

21) 未遑 미황 : 겨를이 없다

22) 鑾駕 난가 : 천자가 타는 수레, 난(鑾) 천자가 타는 수레의 말고삐에 다는 방울

23) 旋軫 선진 : 선(旋) 돌릴. 진(軫) 수레 뒤턱 나무, 수레의 총칭

24) 榛蕪 진무 : 진(榛) 개암나무 덤불, 잡목 숲. 무(蕪) 잡초가 우거지다

영걸, 준걸들을 오게 하는 일은 큰 덕(德)입니다. (그렇게 한다면) 사방에 비록 반역하는 작은 무리[節]가 있더라도 그들이 무엇을 할 수 있겠습니까?"

조조가 곧 군대를 거느리고 낙양으로 갔다. 동소(董昭)를 데려다 계책을 물었다. 동소는 "오직 어가를 옮겨 허(許)땅으로 행차하는 것 뿐입니다"라고 했다. 조조는 "이것이 나의 본 마음"이라고 했다. 마침내 허 땅으로 천도했다.

○ 중평(中平)[25] 이래로 천하가 혼란하고 분열되어 백성들이 농업을 버렸다. 여러 군대가 모두 일어났지만, 대체로 양곡이 부족해 한 해를 보낼 계책도 없었다. 굶주리면 노략질하고, 배부르면 남은 것을 버렸다. 와해되고 유리되어 적이 없는데도 스스로 무너지는 자가 수를 헤아릴 수 없었다.[26]

원소가 하북에 있을 때 군사들은 뽕나무 열매 오디[27]라도 먹기를 바랐다. 원술이 양자강과 회수 사이에 있을 때는 부들과 고둥 우렁 소라 등[28]을 채취해 공급했다. 백성들이 서로 잡아먹는 일이 많아 마을[州里]이 스산했다.[29]

우림감(羽林監) 조지(棗祗)가 둔전을 일으키자고 청했다.

---

25) 주(註) 중평은 영제의 마지막 연호, 서기 184~189년

26) 不可勝數 불가승수 : 불가승(不可勝)+A(동사) 너무 많아 A(동사)를 이겨낼 수 없다

27) 桑椹 상심(침) : 뽕나무열매, 오디

28) 蒲蠃 포라 : 부들과 고동 소라 우렁 등(권패류의 총칭)

29) 蕭條 소조 : 쓸쓸한 모양

조조가 그의 말에 따라 조지를 둔전도위(屯田都尉)로 삼고, 기도위(騎都尉) 임준(任峻)을 전농중랑장(典農中郎將)으로 삼았다. 백성을 모집해 도읍지 허(許) 아래에서 둔전을 경작하게 했다. 곡식 1백만 곡을 얻었다.

이에 주군(州郡) 대부분[例]에 전관(田官)을 두었다. 소재지마다 곡식을 쌓으니 창고가 모두 가득 찼다. 이 때문에 조조가 사방을 정벌하면서도 양곡을 운반하는 수고를 안했고, 마침내 군웅들을 겸병할 수 있었다. 군대와 국가의 풍요가 조지에서 시작되고 임준에서 이루어졌다.

○ 유비가 병사를 모아[合] 1만여 명을 얻었다. 여포가 이를 미워해 직접 군대를 내어 유비를 공격했다. 유비가 패주해 조조에게 귀의했다. 조조가 그를 후하게 대우하고, 예주목을 하게 했다.

정축(丁丑) 2년(197년)

봄에 원소가 조조에게 편지를 보냈는데, 언사가 교만했다. 조조가 순욱, 곽가에게 "지금 불의한 자를 토벌하려는데, 힘으로 대적하지 못하니, 어찌해야 하는가?"고 물었다. "유방이 항우를 대적하지 못했던 것은 공이 아시는 바입니다. 한(漢) 고조는 오직 지혜로 항우를 이겼습니다. 때문에 항우가 비록 강했으나 끝내 패했습니다. 지금 원소에게는 열가지 패인이 있고, 공에게는 열 가지 승리할 이유가 있습니다. 원소가 비록 강하나 할 수 있는 일이 없을 것입니다"라고 대답했다.

○ 원술이 수춘(壽春)에서 황제를 칭했다.

○ 처음에 여포가 진등(陳登)을 통해 서주목을 요구했다가 얻지 못했다. 진등이 돌아오자, 여포가 노해 창을 뽑아 책상을 내리치며 "경의 아버지가 나에게 권해 조조와 협동[30]하고 원술[公路]과의 혼인관계를 끊으라고 했다. 지금 나는 구하는 바를 못 얻었고, 경의 부자는 모두 벼슬이 높아졌으니[31], 단지 경에게 속임[賣]을 당한 것일 뿐"이라고 말했다.

진등이 얼굴을 바꾸지 않고 천천히 말하며, "제가 조공(曹公)을 만나 '장군을 기르는 것을 비유하자면, 호랑이를 기르는 것과 같습니다. 마땅히 고기를 배불리 먹여야 합니다. 배부르지 않으면 사람을 씹을 것입니다'라고 했습니다. 조공은 '경의 말과 같지 않다. 비유하자면 매를 기르는 것과 같다. 배고프면 곧 쓰일 것이고, 배부르면 날아갈[颺]것'이라고 말했습니다. 그의 말이 이와 같았습니다"라고 대답했다. 여포의 마음이 비로소 풀렸다.

무인(戊寅) 3년(198년)

조조가 여포를 공격해 죽였다.

---

30) 叶同 협동 : 화합해 함께하다

31) 顯重 현중 : 영달해 높아지다

기묘(己卯) 4년(199년)

원소가 공손찬을 공격해 그를 멸망시켰다.

○ 처음에 동승(董承)이 황제에게 허리띠[衣帶]안의 밀조를 받았다 칭하고, 유비와 함께 조조 죽일 것을 계획했다.

조조가 가만히 유비에게 "이제 천하의 영웅은 오직 자사[32]와 나뿐이다. 원술[本初] 따위는 셀 것도 없다"고 말했다. 유비는 그때 밥을 먹다가 수저를 놓쳤는데, 마침[値] 우레가 쳤다. 유비는 그래서 "성인이 말씀하기를 '우레와 바람이 심하면 반드시 변고가 있다'고 했습니다. 참으로 일리 있는 말입니다"고 말했다. 마침내 동승(董承) 및 충집(种輯) 등과 한 편이 되었다.

마침 조조가 유비를 보내 원술을 만나게[邀] 했다. 유비가 드디어 서주자사 차주(車胄)를 죽이고, 관우에게 하비에 남아 지키면서 태수의 일을 수행하게 했다. 자신은 소패로 돌아갔다. 군현들이 대부분 조조를 배반하고 유비의 편이 되었다. 유비의 군대가 수만 명이 되었다. 사자를 보내 원소와 군대를 연합했다.

경진(庚辰) 5년(200년)

조조가 직접 유비를 공격하려 했다. 여러 장수들이 모두 "원소가 지금 쳐들어올 것입니다. 그를 버리고 동쪽으로 갔다가 원소가 배후를 틈타서 공격하면 어떻게 합니까?"라고

---

32) 使君 사군 : 사신의 존칭, 칙사, 한(漢)대의 자사(지방장관)의 존칭

말했다. 곽가는 "원소는 성질이 느리고 의심이 많으니 오더라도 반드시 빨리 오지 않을 것입니다. 유비가 새로 봉기했지만, 사람들의 마음이 완전히 따르지 않고 있습니다. 급히 그를 공격하면 반드시 패배시킬 수 있을 것입니다"고 말했다. 조조의 군대가 마침내 동쪽으로 갔다.

○ 기주별가(冀州別駕) 전풍(田豐)이 원소를 "조조와 유비의 병력이 대치 중[連兵]이니 갑자기 해산하지 않을 것입니다. 공께서 군대를 일으켜 조조의 후미를 습격하면, 한 번 가서 평정할 수 있습니다"라고 설득했지만, 원소는 아들의 병 때문에 갈 수 없다고 사양했다.

○ 조조가 유비를 공격해 격파하고 그 처자를 사로잡았다. 진격해 하비를 점령하고 관우를 사로잡았다. 유비는 청주로 달아나 원소에게 갔다. 조조가 관도(官渡)로 회군했다.

○ 원소가 곧 허(許)를 공격한다고 말하고, 여양(黎陽)으로 진군했다. 장수 안량(顔良)을 보내 백마(白馬)에 있는 유연(劉延)을 공격하니, 조조가 북쪽으로 가서 유연을 구원했다. 안량이 와서 역습하니, 조조가 장료(張遼)와 관우를 선봉으로 올려보내 공격하게 했다.

관우가 멀리서 안량의 대장 깃발과 덮개[蓋]를 보고는 말을 채찍질해서[策] 수많은 무리 속에서 안량을 찔러 그 머리를 베어 돌아왔다. 원소의 군사들 중 당할 수 있는 자가 없었다. 마침내 백마의 포위를 풀었다.

○ 처음에 조조는 관우의 사람됨을 장하게 여겼다. 그러

나 그의 마음을 살피니, 오랫동안 머물 뜻이 없었다. 장료를 시켜 그의 속마음[情]을 물었다. 관우가 탄식하며 "나는 조공께서 나를 후하게 대우하시는 것을 극히 잘 알고 있습니다. 그러나 나는 유장군의 은덕을 받았고, 함께 죽기로 맹세했습니다. 그를 배신할 수 없습니다. 나는 결국 남아있지 않을 것입니다. 기다렸다가[要] 마땅히 공을 세워 조공에게 보답하고 곧 떠날 뿐입니다"라고 말했다.

장료가 관우의 말을 조조에게 보고하니 조조가 그를 의롭게 여겼다. 관우가 안량을 죽이고는 글을 받들어[33] 하직 인사를 하고, 원소군의 유비에게로 달아났다. 좌우에서 그를 추격하려고 했다. 조조가 "그것도 각자 그 주인을 위해서이다. 쫓지 말라"고 했다.

○ 손책의 병이 심해졌다. 손권을 불러 도장과 끈을 채워주면서 "강동의 군대를 들어 양 진영 사이에서 중요한 일을 결단하고[34], 천하의 승패를 다투는 일[35]은 경이 나만 못하다. 현명한 사람을 천거하고 능력 있는 사람에게 맡기고, 각각 그 마음을 다 바치게 해서, 강동 지방을 보전하는 것은 내가 경만 못하다"고 말했다.

손책이 죽었다. 장소(張昭)와 주유 등이 '손권과 함께라면 대업을 이룰 수 있다'고 말하고, 마침내 마음을 바쳐 복종

33) 拜書 배서 : 경의를 표시하는 말, 삼가 글을 받들어
34) 決機 결기 : 중요한 일(중요한 시기에)을 결정(결단)하다
35) 爭衡 쟁형 : 세력을 다투다. 형(衡) 저울대

하고 섬겼다.

○ 원소가 양무(陽武)에 주둔했다. 조조가 그를 격파해 그의 양곡을 다 불태우고[燔], 사졸 1천여 명을 죽이고, 그 코를 모두 베어 원소의 군사들에게 보였다. 이에 원소의 군사들이 놀라서 동요했고, 크게 무너졌다. 원소가 8백명의 기병과 황하를 건너 도망했다. 조조가 추격했으나 따라잡지 못했다.

원소는 사람됨이 너그럽고 고상[雅]했다. 사물을 잘 처리하는 능력과 사람을 포섭하는 도량[36]이 있었고, 낯빛에 기쁨과 노여움을 나타내지 않았다. 그러나 성격은 거만[矜]하고 괴퍅[愎]했다. 자신을 높게 여겨서 좋은 말을 잘 따르지 못했다. 그래서 실패하게 된 것이다.

신사(辛巳) 6년(201년)

조조가 직접 여남(汝南)에 있는 유비를 공격했다. 유비가 유표에게 달아났다. 유표는 유비가 왔다는 말을 듣고, 직접 교외에까지 나가 맞이하고, 상객[上賓]의 예로 대우했다. 병력을 더해 주고 신야(新野)에 주둔하게 했다.

유비가 형주에 있게 된지 몇년이 되었다. 일찍이 유표와 함께[於=與] 앉아 있다가 일어나 측간에 가서는 개탄하면서[37] 눈물을 흘렸다. 유표가 괴이하게 여겨 유비에게 물었

---

36) 局度 국도 : 기국과 도량, 사물을 처리하는 능력과 사람을 포섭하는 도량

37) 慨然 개연 : 분개, 개탄, 슬퍼하는 모양

다. 유비가 "평상시에 몸이 말안장을 떠나지 않았기 때문에 넓적다리 살이 항상 적었습니다. 지금은 더 이상 말을 안타니, 넓적다리 안에 살이 생겼습니다.38) 세월은 흐르는 물과 같아 곧 늙을 것인데, 공적을 세우지 못했습니다. 이 때문에 슬퍼하는 것입니다"라고 말했다.

임오(壬午) 7년(202년)

원소는 군대가 패하고부터 부끄럽고 분해 병이 났다. 여름 5월에 죽었다. 원소에게는 세 아들을 있었는데, 원담(袁潭) 원희(袁熙) 원상(袁尙)이다. 사람들은 원담이 나이가 많으므로, 그를 세우고자 했다. 심배(審配)가 원소의 명을 사칭해 원상을 세웠다. 원담은 즉위하지 못하자, 스스로 장군이라 칭하고 여양에 주둔했다.

계미(癸未) 8년(203년)

원담과 원상이 군대를 거느리고 서로 공격했다. 이때 조조는 서평(西平)에 주둔하고, 유표를 공격하고 있었다. 원담이 신비(辛毗)를 보내 조조에게 구원을 요청했다. 조조의 여러 부하들 대부분이 '유표가 강성하니 마땅히 먼저 평정해야 하고, 원담 원상은 근심할 만한 자들이 못된다'고 말했다.

그러나 순유(荀攸)는 "천하에는 지금 전념할 일[事]이 있

---

38) 髀肉 비육 : 넓적다리 살

습니다. 유표는 앉아서 양자강과 한수[江漢]사이를 확보하고 사방에 대한 뜻이 없다는 것을 알 수 있습니다. 원씨는 4개 주의 땅을 점거하고, 병사는 수십만명입니다. 가령[使] 두 아들이 화목하다면, 천하에는 전쟁이 그치지 않을 것입니다. 지금 그들의 전란에 가서 그들을 공격한다면, 천하는 평정될 것입니다"라고 건의했다. 조조가 그 말을 따랐다.

갑신(甲申) 9년(204년)

조조가 원상을 공격해 격파했다. 원상과 원희는 요서로 함께 달아나고, 원담이 배반해 남피(南皮)로 도망갔는데, 추격해 그의 목을 베었다.

○ 9월, 조서를 내려 조조에게 기주목(冀州牧)을 맡겼다.

정해(丁亥) 12년(207년)

처음 낭야(琅邪)의 제갈량(諸葛亮)은 양양(襄陽) 융중(隆中)에서 임시로 기거했다.[39] 항상 자신을 관중(管仲)과 악의(樂毅)에 비교했는데, 당시 사람들은 그것을 받아들이지 않았다. 오직 영천(潁川)의 서서(徐庶)와 최주평(崔州平)만은 그렇다고 믿었다.

유비가 형주에 있을 때 양양(襄陽)의 사마휘(司馬徽)에게 선비를 물었다[訪]. 사마휘가 "유생이나 세속의 선비가 어찌 시무(時務)를 알겠습니까? 시무는 준걸에게서 알 수 있

---

39) 寓居 우거 : 남의 집에 임시로 살다. 타향에서 임시로 살다

습니다. 우리 동네에는 엎드려있는 용[伏龍]과 봉황새[鳳雛]가 있습니다"라고 말했다. 유비가 누구인지 물었더니, "제갈공명(諸葛孔明)과 방사원(龐士元)입니다"라고 대답했다.

서서가 신야(新野)에서 유비를 만났다. 유비는 그를 훌륭한 인물이라고 생각했다. 서서가 유비에게 "제갈공명은 와룡(臥龍)입니다. 장군은 왜 그를 만나보려고 하지 않습니까?"라고 말했다. 유비가 "그대가 그를 데리고 함께 오도록 하라"고 하니, 서서는 "이 사람은 찾아가서 볼 수는 있지만, 굽혀서 오게 할 수는 없습니다. 장군이 마땅히 수레를 타고 왕림해[40] 직접 그를 만나야 합니다"고 대답했다.

유비가 그래서 제갈량에게 갔다. 세 번을 가서야 겨우 만났다. 사람들을 물리치고 (제갈량에게) 말했다.

"한(漢)나라 왕실이 기울어 무너지고, 간신들이 임금의 명령을 도둑질해 명령하고 있습니다. 제가 덕과 힘을 헤아리지 않고, 천하에 대의를 펼치고자[信=伸] 했습니다. 그러나 지모와 재주가 천박해 부정한 세력이 자꾸 퍼지고, 걷잡을 수 없이 일어나서[41] 오늘이 되었습니다. 그러나 뜻은 아직도 그만두지 않았습니다. 그대가 어떤 계책을 낼 것인가를 말해주십시오"

제갈량이 말했다.

---

40) 枉駕 왕가 : =왕림(枉臨), 남의 방문의 경칭(敬稱)

41) 猖蹶(=猖獗) 창궐 : 한편으로 쏠리어 넘어감, 전염병이나 부정적인 세력이 세상을 휩쓸어 퍼지거나 날뛰는 것, 부정한 세력이 자꾸 퍼져서 걷잡을 수 없이 일어남

"지금 조조는 이미 1백만의 병력을 끼고, 천자를 잡고 제후에게 명령합니다. 참으로 예봉(銳鋒)을 더불어 다툴 수 없습니다. 손권은 강동지방을 점거해 이미 3대를 지냈고, 땅이 험하고 백성들이 따르며, 현명한 자와 유능한 자들이 그에게 쓰여지고 있습니다. 이와는 함께 원조할 수는 있지만, 도모할 수는 없습니다.

형주(荊州)는 북쪽으로 한수와 면수(沔水)를 차지하고, 남쪽 바다의 이익을 다 차지하며, 동쪽으로 오회(吳會)와 연결되고, 서쪽으로 파촉(巴蜀)과 통합니다. 이는 무력을 쓸 수 있는 땅인데, 그 주인이 지킬 수 없습니다. 이것은 하늘이 장군을 돕는 것입니다.

익주(益州)는 험하고 막혀 있고, 비옥한 들이 천리이며, 물산이 풍부한[天府][42] 땅입니다. 그러나 유장(劉璋)이 어리석고 무능합니다. 장로(張魯)[43]는 북쪽에 있으면서 백성이 많고 나라가 부유하나, 백성들을 구휼[44]할 줄 모릅니다.

지혜롭고 유능한 선비들이 현명한 군주를 얻고 싶어합니다. 장군은 이미 황실의 후손[45]으로 신의가 사방에 알려져 있습니다. 만약 형주(荊州)와 익주(益州)를 둘 다 모두 차지

---

42) 天府 천부 : 하늘이 내린 곳집, 주(註) 재물을 모아두는 곳을 부(府)라 한다. 익주(益州) 땅은 물산이 풍부하고 많아서, 넉넉하게 준비해 공급할 수 있다는 말

43) 주(註) 장로(張魯)는 5두미(五斗米)의 도적으로, 괴이한 도(道)로 사람을 현혹해 오랫동안 한중(漢中)을 점거하고 있었다

44) 存恤 존휼 : =구휼(救恤). 구휼함, 불쌍히 여김

45) 胄 주 : 자손, 맏아들

해 그 험함을 확보할 수 있다면, 융 월(戎 越)을 달래서 화합하고, 손권과 동맹을 맺으십시오.

안으로 정치를 닦고, 밖으로 시기의 변화를 관찰하십시오. 곧 패업을 이룰 수 있고, 한(漢) 황실을 부흥시킬 수 있을 것입니다"

유비가 "좋다"고 했다. 이리하여 제갈량과 사이가 날로 좋아지고 긴밀해졌다. 관우와 장비가 좋아하지 않았다. 유비가 그들(마음)을 풀어주며 "나에게 공명이 있는 것은 물고기에게 물이 있는 것과 같다. 제군들은 더는 말하지 말라"고 말했다. 관우와 장비가 이에 (불평을) 안했다.

○ 사마휘(司馬徽)는 깨끗하고 고상하며, 사람을 알아보는 안목이 있었다. 같은 현의 방덕공(龐德公)은 본래 큰 명성이 있었다. 사마휘가 그를 형으로 섬겼다. 방덕공이 항상 공명을 '와룡'이라 하고, 사원을 '봉추'라 하고, 덕조(德操)를 '수감(水鑑)'이라 했다. 그런 연고로 사마휘가 유비와 대화할 때 그를 칭찬한 것이다.

○ 가을 7월에 조조가 남쪽으로 가서 유표를 공격했다. 마침 유표가 죽고 아들 유종(劉琮)이 계승했다. 9월에 조조가 신야에 이르자, 유종이 마침내 주(州)를 들어 조조에게 항복했다.

○ 이때 유비는 번(樊)에 주둔해 있다가, 크게 놀라 부하[46]를 불러 함께 의논했다. 어떤 사람이 유비에게 유종을 공격하면 형주를 얻을 수 있다고 말했다. 유비는 "유형주

(劉荊州)[47]가 임종 시 내게 남은 고아를 부탁했다. 신의를 저버리고 자신의 일을 이루는 짓을 나는 하지 않는다"고 대답했다.

유비가 그의 군대를 거느리고 떠났다. 양양을 지나가니, 형주의 많은 사람들이 유비를 따랐다. 당양(當陽)에 거의 이르자[比到], 백성들이 십여만 명이었고, 짐수레[輜重]가 수천대였다. 하루에 십여리를 행군했다.

별도로 관우에게 배 수백척을 주고, 강릉(江陵)에서 만나자고 했다. 어떤 사람이 유비에게 "마땅히 빨리 가서 강릉을 확보해야 합니다"라고 말했다. 유비는 "무릇 큰일을 이루려면[濟] 반드시 사람을 근본으로 해야 한다. 지금 사람들이 나에게 귀의하는데, 내 어찌 차마 버리고 가겠는가?"라고 말했다.

○ 조조는 강릉에 군대에서 쓰는 물자[48]가 있으므로, 유비가 점거할까봐 걱정했다. 그래서 군대의 짐[輜重]을 놔둬 버리고, 가볍게 무장한 군사를 데리고 양양으로 갔다. 유비가 이미 지나갔다는 말을 듣고, 조조는 정예기병 5천명을 거느리고 그를 추격했다. 하루 밤낮 3백여 리를 행군해 당양(當陽)의 장판(長坂)에서 따라잡았다. 유비가 처자를 버리고 도망쳤다.

---

46) 部曲 부곡 : 부대, 부하

47) 劉荊州 유형주 : =유표(劉表)

48) 軍實 군실 : 군대에서 쓰는 기구, 군인, 군대, 노획물, 전리품

○ 조조가 강릉(江陵)으로 진격해 주둔했다.

○ 처음 노숙(魯肅)은 유표가 죽었다는 말을 듣고, 손권에게 "청컨대 가서 유비를 설득해 유표의 부하들을 위무하게 해 함께 조조에게 대응[治]해야 합니다"라고 말했다. 마침 유비가 남쪽으로 도망쳐 왔다.

노숙이 당양(當陽)의 장판(長坂)에서 그를 맞이하고, 유비에게 "손권[孫討虜][49]은 현명한 자를 공경하고 선비를 예우하며, 군사들이 정예이고 양식이 많으니, 충분히 일을 할 만합니다. 지금 그대를 위해 계책을 내건데, 심복을 보내 직접 강동과 동맹을 맺는 것이 가장 좋습니다"라고 말했다. 유비가 노숙의 계책을 따랐다. 진군해 악현(鄂縣)의 번구(樊口)에 주둔했다.

○ 조조가 강릉에서 장차 강을 따라 동쪽으로 내려오려고 했다. 제갈량이 "일이 급합니다. 청컨대 명령을 받들어 손권장군에게 원병을 요구하겠습니다"라고 말하고, 노숙과 함께 손권에게 갔다.

제갈량이 손권을 설득했다.

"천하가 크게 어지러워져 장군은 강동에서 군대를 일으켰고, 유비[劉豫州][50]는 한수의 남쪽에서 병력을 거두어 조조와 함께 천하를 다투었습니다. 지금 조조가 큰 난리를 진

---

49) 주(註) 손권(孫權)은 토로장군(討虜將軍)이다

50) 주(註) 유비(劉備)는 예주자사(豫州刺史)이다

압해[51] 대략 이미 평정되었습니다. 마침내 형주를 격파해 위엄이 사방에 진동하니, 영웅이 무력을 쓸 땅이 없게 되었습니다. 그 때문에 유예주가 도망해 여기까지 온 것입니다.

원컨대 장군께서 힘을 헤아려 그에 대처해 주십시오. 만약 오(吳)와 월(越)의 병사로 중원에 맞설[52] 수 있다면, 일찍 그와 끊어 버리는 것이 낫습니다. 만약 할 수 없다면 어찌 신하가 되어[北面] 조조를 섬기지 않을 수 있겠습니까"

손권이 "유예주는 어찌해 끝내[遂] 그를 섬기지 않는가?"고 물었다. 제갈량은 "전횡(田橫)은 제나라의 장사(壯士)였을 뿐인데, 여전히 의를 지키고 굴복하지 않았습니다. 하물며 유예주는 황실의 후손[冑]이고, 재주가 탁월해 세상을 덮을 만합니다. 어찌 그의 아래 사람이 될 수가 있겠습니까?"라고 대답했다.

손권이 갑자기 안색이 바뀌면서[53] "내가 오(吳)의 모든 땅을 들어 남에게 제재 받을 수는 없다. 나의 계책은 결정되었다. 유예주가 아니면 조조를 당해 낼만한 자가 없다. 그러나 유예주는 새로 패전한 후이다. 어떻게 이 어려움에 맞설 수 있겠는가?"라고 물었다. 제갈량이 대답했다.

"지금 전투에서 돌아온 병사와 관우의 수군 정예병이 1만명입니다. 유기(劉琦)가 강하(江夏)의 병사를 규합하면, 또한 1만명 이하로 내려가지 않을 것입니다.

---

51) 芟夷 삼이 : 난적을 베고 평정함, 풀을 다 베고 버림, 풀을 베다
52) 抗衡 항형 : 대항하다, 맞서다
53) 勃然 발연 : 갑자기 안색이 바뀌며 성내는 모양, 급한 모양, 갑작스러운 모양

조조의 군사는 먼 길을 와서 피곤하고 지쳐 있습니다. 유예주를 추격할 때 날쎈 기병이 하루 밤낮으로 3백여리를 행군했다고 들었습니다. 이것은 말하자면 '강한 쇠뇌도 끝에 가면 노(魯)나라의의 부드러운 비단[縞]을 뚫지 못한다'는 것입니다. 때문에 병법에서는 그것을 꺼려 '반드시 상장군이 죽는다'고 말했습니다.

또 북방 사람들은 수전(水戰)에 익숙하지 못합니다. 또 형주의 백성들이 조조에게 귀의한 것은 군대의 위세에 압력을 받아서일 뿐이고, 마음으로 복종한 것은 아닙니다.

지금 장군이 진실로 유예주와 함께 책략[規=規]을 합하고 힘을 같이 한다면, 조조의 군대를 틀림없이 격파할 수 있습니다. 조조의 군대가 패하면, 형주와 오(吳)의 형세가 강해져, 세발솥(鼎)의 형세가 이루어질 것입니다"

이때 조조가 손권에게 편지를 보냈다. "근래에 황제의 명령을 받들어 죄가 있는 자를 정벌했다. 깃발이 남쪽으로 향하니[指], 유종(劉琮)은 속수무책이었다. 이제 수군 80만명을 거느리고 바야흐로 장군과 오(吳)에서 만나 싸우려고[獵] 한다"고 했다. 손권이 이 편지를 부하들에게 보였다. 두려워 떨고, 낯빛이 변하지 않은 자가 없었다.

장사(長史) 장소(張昭) 등은 "장군의 큰 형세로 조조를 막을 수 있는 곳은 장강입니다. 지금 조조가 형주를 얻어 장강의 험함을 우리와 함께 공유하니, 그를 맞이하는[迎] 것이 낫습니다"라고 말했다. 노숙이 은밀하게 손권에게 말하기를 "조금 전[向]의 여러 사람들의 의논을 살펴보니, 오로지 장군을 그르치고자 합니다. 함께 큰일을 도모할 수 없습니다. 원컨대 큰 계책을 속히 정하십시오"라고 했다. 이때 주유가 파양(鄱陽)에 이르렀다. 노숙이 손권에게 권해 주유를 불러 돌아오게 했다. 주유가 와서 손권에게 말했다.

"조조가 비록 한(漢)나라 재상을 칭탁하고 있으나, 실제는 한(漢)의 도적입니다. 장군은 강동지방에 할거하며, 군사들은 정예이고, 쓸 것은 충분합니다. 마땅히 천하를 횡행해 한(漢)을 위해 해로운 자들, 더러운 자들을 제거해야 합니다. 하물며 조조가 스스로 죽음으로 가는데, 그를 맞이할 수 있겠습니까? 청컨대 장군을 위해 계책을 세우겠습니다.

지금 북쪽지방은 아직 평정되지 않았고, 마초(馬超)와 한수(韓遂)가 아직 관서(關西)지방에 있으니, 조조의 후환입니다. 그런데 조조는 안장[鞍]얹은 말을 버리고 배(舟)와 노(楫)를 잡고, 오(吳) 월(越)과 형세를 다툽니다.

또 지금 추위가 매서워서, 말의 짚과 풀[藁草]이 없는데, 중원의 군사들을 몰아 멀리 강호(江湖) 사이를 건너면, 물과 흙[水土]에 익숙하지 못해 반드시 질병이 생길 것입니다. 이 몇 가지는 병법에서 걱정하는 일입니다. 제가 청컨대 정예 5만명을 얻어서 보장하고, 장군을 위해 조조를 격파하겠습니다"

손권이 "늙은 도적이 한(漢)을 폐하고 스스로 서려고 한지 오래되었다. 다만 두 원씨와 여포와 유표, 나를 꺼렸을 뿐이었다. 지금 몇 영웅들이 이미 죽고 오직 나만 남아 있다. 나는 늙은 도적과 형세가 양립할 수 없다. 그대가 마땅히 공격해야 한다고 말하니, 이는 하늘이 그대를 나에게 준 것이다"라고 말했다.

손권이 그리하여 칼을 뽑아 책상을 내리치며 말하기를 “여러 장수와 관리 중에 감히 다시 조조를 맞이해야 한다고 말하는 자가 있으면, 이 책상과 똑같이 될 것이다”라고 했다. 그리고 주유의 등을 어루만지며 말하기를 “주유[公瑾]! 경의 말이 여기에 이르니, 나의 마음과 매우 같다. 5만의 병력은 갑자기 모으기 어려우나 이미 3만명을 선발했다. 경이 자경(子敬=노숙) 정공(程公=정보)과 함께 곧 앞에서 출발하라. 나는 마땅히 계속해 군사들을 징발해 경의 후원(後援)이 되겠다”고 했다.

마침내 주유와 정보(程普)를 좌, 우 도독으로 해 병력을 거느리고 유비와 힘을 합해 조조를 맞이하게[逆] 했다. 노숙을 찬군교위(贊軍校尉)로 삼아 전쟁의 방법과 계략을 돕게 했다.

유비는 번구에 있으면서 날마다 순찰하는 관리[54]를 물가 망루[55]에 보내 손권의 군대를 기다리면서 멀리서 살펴보게 했다. 순찰하는 관리가 주유의 배를 멀리서 바라보고는 달려가 유비에게 아뢰었다. 유비가 마침내 한 척의 큰 배[56]를 타고 가서 주유를 만나 “지금 조공에게 대항한다는 것은 참으로 좋은 계책이다. 싸울 병력이 얼마나 되는가?”라고 물었다. 주유는 “3만 명입니다”라고 대답했다. 유비가 “적어서 유감이다”라고 말하니, 주유는 “이것으로 충분히 쓸 수

54) 邏吏 나리 : 순라하는 관리
55) 水次 수차 : 물가 망루
56) 單舸 단가 : 한척의 큰 배

있습니다. 예주께서는 다만 제가 그를 격파하는 것을 보기만 하십시오"라고 대답했다. (주유가) 진격해 조조와 적벽(赤壁)에서 만났다.

이때 조조의 군사들은 이미 역병을 앓고 있었다. 처음 한 번 교전했는데, 조조의 군대가 불리하자, 군대를 이끌고 강의 북쪽에 주둔했다[次].

주유의 부장 황개(黃蓋)가 "지금 적은 병력이 많고 우리는 적으니, 같이 오래 싸우기는 어렵습니다. 조조의 군대는 지금 함선을 연결시켜 머리와 꼬리가 서로 이어져 있으니, 불을 지르고 도망할 수 있습니다"라고 말했다.

마침내 몽충(蒙衝)[57] 전투함(鬪艦)에 마른 갈대와 마른 나무[58]를 싣고, 그 가운데에 기름을 댔다. 먼저 조조에게 편지를 보내 거짓으로 항복하고자 한다고 했다. 이때 동남풍이 거세게 불었다.

황개가 10척의 전함을 가장 전면에 드러나게 하고, 강 복판에서 돛[帆]을 올렸다. 나머지 배들도 순서에 따라 함께 나아갔다. 조조군의 관리와 군사들이 모두 군영을 나와 서서 보고 손가락질하며 황개가 항복한다고 말했다.

북군에서 2리 정도 떨어진 데에서 동시에 불을 놓았다. 불이 맹렬하고 바람이 세차서 배가 화살같이 갔다. 북쪽의 배들을 모두 불태우고, 언덕 위에 있는 군영과 부락에까지 (불이) 이어졌다. 사람과 말이 불타거나 물에 빠져 죽은 자

---

57) 蒙衝 몽충 : 뱃머리에 상대편 배를 부술 수 있는 충격이 달린 배

58) 燥荻枯柴 조적고시 : 마른 갈대, 마른 잡목

가 매우 많았다.

주유 등이 날랜 기병을 거느리고, 그 뒤를 이어 천둥치듯 북을 치며 크게 진격하니, 북군이 크게 무너졌다. 조조가 군대를 이끌고 화용도(華容道)를 따라 걸어서 도망쳤다. 유비와 주유가 수륙(水陸)으로 함께 진격했다. 조조를 추격해 남군(南郡)까지 갔다.

이때 조조의 군사들은 굶주림과 역병이 겹쳐 죽은 자가 태반이었다. 조조가 이에 조인(曹仁)과 서황(徐晃)을 남겨두어 강릉을 지키게 하고, 군대를 이끌고 북쪽으로 돌아갔다. 이리하여 (유비, 주유 등의) 장수와 군사들의 형세가 스스로 배가 되었다. 주유가 곧 강을 건너 북쪽 언덕에 주둔해 조인과 서로 대치했다.

○ 12월에 유비가 표문을 올려 유기(劉琦)를 형주자사로 삼고, 군대를 이끌고 남쪽을 순행했다. 무릉(武陵) 장사(長沙) 계양(桂陽) 영릉(零陵) 4개의 군(郡)이 모두 유비에게 항복했다.

원 문

卷之二十二

孝獻皇帝上 在位三十一年，壽四十一

庚午初平元年

正月，關東州郡皆起兵，以討董卓，推渤海太守袁紹爲盟主。紹屯河內，曹操屯酸棗，袁術屯魯陽，衆各數萬。豪傑多歸心袁紹者。鮑信獨謂曹操曰:「大略不世出，能撥亂反正者，君也。苟非其人，雖强必斃，君殆天之所啓乎。」

○董卓以山東兵盛，欲遷都以避之。遂燒焚宮廟官府，刼遷天子。三月 車駕入長安。

○長沙太守孫堅亦起兵，討董卓。至南陽，衆已數萬人。前到魯陽，與袁術合兵。術由是得據南陽，表，堅行破虜將軍。

○幽州牧劉虞務存寬政，勸督農桑，民悅。年登，穀石三十。青徐士庶避難，歸虞者百萬，皆忘其遷徙焉。

辛未二年

孫堅進屯陽人，與董卓戰，大破之。堅進至雒陽， 掃除陵廟。卓奔還長安。堅遂軍魯陽。

◯劉表時為荊州刺史。袁術使孫堅，擊表，表遣黃祖逆戰，射堅殺之。

◯公孫瓚大破青州黃巾，威名大震。

◯初 涿郡劉備 中山靖王之後也。垂手下膝，顧自見其耳，有大志，少語言，喜怒不形於色。嘗與公孫瓚同師事盧植，由是往見瓚，瓚以為平原相。備少與河東關羽 涿郡張飛相友善，以羽 飛為別部司馬，分統部曲。備與二人寢則同牀，恩若兄弟。而稠人廣坐，侍立終日，隨備周旋，不避艱險。

◯公孫度威行海外，中國人士避亂者，多歸之。北海管寧 邴原 王烈皆往依焉。寧少時，與華歆為友，嘗與歆共鋤菜，見地有金，寧揮鋤不顧， 與瓦石無異。歆捉而擲之。人以是知其優劣。王烈器業過人。少時，名聞在原寧之右，善於教誘，鄉里有盜牛者，主得之。盜請罪曰：「刑戮是甘，乞不使王彥方知也。」烈聞而使人謝之，遺布一端。或問其故，烈曰：「盜懼吾聞其過，是有耻惡之心。既知耻惡，則善心將生，故與布，以勸為善也。」後有老父遺劍於路，行道一人見，而守之。至暮， 老父還尋得劍。怪之。以事告烈，烈使推求，乃先盜牛者也。諸有爭訟曲直，將質之於烈， 或至塗而反，或望廬而還。皆相推以直，不敢使烈聞之。

壬申三年
初 荀淑有孫, 曰彧, 少有才名。何顒見而異之曰:「王佐才也。」及天下亂, 彧聞曹操有才略, 乃從操。操與語大悅曰:「吾子房也。」以為奮武司馬。

○董卓車服僭儗天子。司徒王允 與司隷校尉黄琬 僕射士孫瑞密謀誅卓。使中郎將呂布, 持矛刺卓, 趣兵斬之。百姓歌舞於道。

○青州黄巾寇兖州殺刺史。濟北相鮑信等迎東郡太守曹操, 領兖州刺史, 追擊黄巾, 悉降之。得精兵三十餘萬。

○董卓部將李傕 郭汜等攻長安, 殺王允。

○袁術進據壽春, 遂領其州。

癸酉四年
初 京雒遭董卓之亂, 民流移東出, 多依徐土, 遇曹操, 至坑殺男女數十萬口於泗水, 水為不流。進攻睢陵 夏丘, 皆屠之, 雞犬亦盡, 墟邑無復行人。

○公孫瓚攻劉虞殺之, 盡有幽州之地。

甲戌興平元年
曹操之攻陶謙也。平原相劉備將兵救之, 遂歸謙。謙疾篤謂別駕東海糜竺曰:「非劉備, 不能安此州也。」謙卒, 竺率州人, 迎備, 備遂領徐州。

○初 孫堅生四男 策 權 翊 匡，策年十餘歲已交結知名。舒人 周瑜，與策同年，亦英達夙成，聞策聲問，自舒来造焉，便推結分好。及堅死，策年十七。乃渡江，居江都，結納豪俊，有復讎之志。到壽春，見袁術，術甚奇之，以堅餘兵千餘人還策，表為懷義校尉。

乙亥二年

曹操攻鉅野，斬呂布將薛蘭。操以陶謙已死，欲遂取徐州還乃定布。荀彧曰：「昔高祖保關中，光武據河内，皆深根固本以制天下。進足以勝敵， 退足以堅守， 故雖有困敗， 而終濟大業。將軍本以兖州首事，平山東之難，百姓無不歸心悅服，且河濟天下之要地也。今雖殘壞，猶易以自保。是亦將軍之關中河内也。不可以不先定。」操乃止。

○李傕郭汜爭權，治兵相攻。傕迎帝幸其營，遂燒宮殿官府。七月 楊奉 董承等，將兵送乘輿東歸，乘輿居棘籬中。

○孫策說袁術曰：「家有舊恩在江東。願助舅，討橫江，橫江拔,因投本土，召募可得兵，以佐定天下。」術許之。策渡江轉鬪，所向皆破，莫敢當其鋒者。百姓聞孫郎至，皆失魂魄。及策至，軍士奉令，不敢虜掠，雞犬菜茹一無所犯，民乃大悅，競以牛酒勞軍。策為人美姿顏能笑語，性闊達，聽受，善於用人。是以，士民見者，莫不盡心，樂為致死，威震江東。

丙子建安元年

袁術攻劉備，以爭徐州，備使張飛守下邳，自將拒術。呂布襲下邳，張飛敗走。備降於布，布復以備為豫州刺史，布自稱徐州牧。

◯楊奉 韓暹奉車駕，至雒陽。是時 宮室燒盡，百官披荊棘，依墻壁間。曹操在許謀迎天子，衆以為山東未定。荀彧曰：「昔 晉文公納周襄王，而諸侯景從，漢高祖為義帝縞素，而天下歸心。自天子蒙塵，將軍首唱義兵，徒以山東擾亂，未遑遠赴。今鑾駕旋軫，東京榛蕪。義士有存本之思，兆民懷感舊之哀。誠因此時奉主上，以從人望大順也，秉至公以服天下，大略也。扶弘義以致英俊，大德也。四方雖有逆節，其何能為。」操乃將兵詣雒陽。引董昭問計，昭曰：「惟有移駕幸許耳。」操曰：「此，孤之本志也。」遂遷都許。

◯中平以來，天下亂離，民棄農業。諸軍幷起，率乏糧穀，無終歲之計。飢則寇略，飽則棄餘，瓦解流離，無敵自破者不可勝數。袁紹在河北，軍人仰食桑椹，袁術在江淮，取給蒲蠃。民多相食，州里蕭條，羽林監棗祗請建置屯田。曹操從之。以祗為屯田都尉，以騎都尉任峻為典農中郎將。募民屯田許下，得穀百萬斛。於是州郡例置田官，所在積穀倉廩皆滿，故操征伐四方，無運糧之勞，遂能兼并羣雄。軍國之饒，起於祗而成於峻。

◯劉備合兵得萬餘人，呂布惡之，自出兵攻備，備敗走歸曹操。操厚遇之，以為豫州牧。

丁丑二年

春　袁紹與曹操書，辭語驕慢。操謂荀彧　郭嘉曰:「今將討不義，而力不敵，何如。」對曰:「劉項之不敵，公所知也。漢祖唯智勝項羽，故羽雖強，終為所禽。今紹有十敗，公有十勝，紹雖強，無能為也。」

○袁術稱帝於壽春。

○始呂布因陳登求徐州牧，不得。登還布怒，拔戟斫几曰:「卿父勸吾，叶同曹操，絕婚公路，今吾所求無獲，而卿父子並顯重，但為卿所賣耳。」登不為動容，徐對之曰:「登見曹公言，養將軍譬如養虎，當飽其肉，不飽則，將噬人。公曰:『不如卿言，譬如養鷹，飢卽為用，飽則颺去』其言如此。」布意乃解。

戊寅三年

曹操攻呂布殺之。

己卯四年

袁紹擊公孫瓚滅之。

○初　董承稱受帝依帶中密詔，與劉備謀誅曹操。操從容謂備曰:「今天下英雄，惟使君與操耳。本初之徒不足數也。」備方食，失匕箸，值雷震。備因曰:「聖人云迅雷風烈必變，良有以也。」遂與承及种輯等同謀。會操遣備邀袁術，備遂殺徐州刺史車冑，留關羽守下邳，行太守事，身還小沛。郡縣多叛操為備，備衆數萬人。遣使與袁紹連兵。

庚辰五年

操欲自攻備，諸將皆曰:「袁紹方来，而弃之東，紹乘人後，若何。」郭嘉曰:「紹性遲而多疑，来必不速。備新起，衆心未附。急擊之，必敗。」操師遂東。

◯冀州別駕田豐說袁紹曰:「曹操與劉備連兵，未可卒解，公舉軍而襲其後，可一徃而定。」紹辭以子疾，未得行。

◯曹操擊劉備， 破之，獲其妻子。進拔下邳，禽關羽，備犇青州歸袁紹，操還軍官渡。

◯紹乃議攻許，進軍黎陽，遣其將顏良，攻劉延於白馬，曹操北救劉延。顏良来逆戰，操使張遼　關羽先登擊之。羽望見良麾盖，策馬刺良於萬衆之中，斬其首而還。紹軍莫能當者，遂解白馬之圍。

◯初　操壯關羽之為人。而察其心神，無久留之意。使張遼以其情問之，羽嘆曰:「吾極知曹公待我厚，然吾受劉將軍恩，誓言共死，不可背之。吾終不留，要當立效以報曹公，乃去耳。」遼以羽言報操，操義之。及羽殺顏良，拜書告辭， 而犇劉備於袁軍。左右欲追之，操曰:「彼各為其主，勿追也。」

◯孫策病甚，呼權，佩以印綬謂曰:「舉江東之衆，決機於兩陳之間，與天下爭衡，卿不如我。舉賢任能，各盡其心以保江東，我不如卿。」策卒，張昭周瑜等，謂權可與共成大業，遂委心，而服事焉。

○袁紹軍陽武。曹操擊破之，盡燔其糧穀，殺士卒千餘人，皆取其鼻以示紹軍。於是，紹軍驚擾大潰，紹與八百騎，渡河走，操追之，不及。紹為人寬雅有局度，喜怒不形於色，而性矜愎自高，短於從善，故至於敗。

辛巳六年

曹操自擊劉備於汝南，備奔劉表，表聞備至，自出郊迎，以上賓禮待之，益其兵，使屯新野。備在荊州數年。嘗於表坐，起至厠，慨然流涕。表怪問備，備曰：「平常身不離鞍，髀肉皆消，今不復騎，髀裏肉生。日月如流，老將至矣，而功業不建，是以悲耳。」

壬午七年

袁紹自軍敗，慙憤發病，夏五月 薨。紹有三子 譚 熙 尚。衆以譚長欲立之，審配矯紹命立尚。譚不得立，自稱將軍，屯黎陽。

癸未八年

袁譚　袁尚治兵相攻。時曹操擊劉表，軍西平，譚遣辛毗詣操請救，操羣下多以為劉表彊，宜先平之，譚尚不足憂也。荀攸曰：「天下方有事，而劉表坐保江漢之間，其無四方之志，可知矣。袁氏據四州之地，帶甲數十萬，使二子和睦則，天下之難未息也。今及其亂而取之，天下定矣。」操從之。

甲申九年
曹操擊袁尚，破之。尚與熙俱奔遼西，譚叛走南皮，追斬之。

○九月 詔以操領冀州牧。

丁亥十二年
初琅邪諸葛亮，寓居襄陽隆中，每見自比管仲　樂毅，時人莫之許也。惟潁川徐庶與崔州平謂為信然。劉備在荊州，訪士於襄陽司馬徽，徽曰：「儒生俗士，豈識時務。識時務者在乎俊傑。此間自有伏龍　鳳雛。」備問為誰，曰：「諸葛孔明，龐士元也。」徐庶見備於新野，備器之。庶謂備曰：「諸葛孔明，卧龍也。將軍豈願見之乎。」備曰：「君與俱来。」庶曰：「此人可就見，不可屈致也。將軍宜枉駕顧之。」備由是詣亮，凡三徃乃見。因屏人曰：「漢室傾頹，姦臣竊命，孤不度德量力，欲信大義於天下，而智術短淺，遂用猖蹶，至于今日。然志猶未已。君謂計將安出。」亮曰：「今曹操已擁百萬之衆，挾天子，以令諸侯，此誠不可與爭鋒。孫權據有江東，已歷三世，國險而民附，賢能為之用。此可與為援，而不可圖也。荊州北據漢沔，利盡南海，東連吳會，西通巴蜀，此用武之國，而其主不能守。此殆天所以資將軍也。益州險塞，沃野千里，天府之土，劉璋闇弱。張魯在北，民殷國富，而不知存恤，智能之士，思得明君。將軍既帝室之冑，信義著於四海。若跨有荊益，保其巖阻，撫和戎越，結好孫權，内脩政治，外觀時變，則霸業可成，漢室可興矣。」備曰：「善。」於是與亮情好日密，關羽　張飛不悅。備解之曰：「孤之有孔明，猶魚之有水也。願諸君勿復言。」羽 飛乃止。

○司馬徽清雅，有知人之鑑。同縣龐德公，素有重名，徽兄事之。德公常謂孔明為臥龍，士元為鳳雛，德操為水鑑，故德操與劉備語而稱之。

○秋 七月 曹操南擊劉表，會表卒，子琮為嗣。九月 操至新野，琮遂舉州降操。

○時 劉備屯樊，大驚呼部曲，共議，或勸備。「攻琮，荊州可得。」備曰:「劉荊州臨亡，託我以孤遺，背信自濟，吾所不為。」備將其衆去。過襄陽，荊州人多歸備。比到當陽，衆十餘萬人，輜重數千兩，日行十餘里。别遣關羽，乘船數百艘，使會江陵。或謂備曰:「宜速行保江陵。」備曰:「夫濟大事，必以人為本。今人歸吾，吾何忍棄去。」

○曹操以江陵有軍實，恐劉備據之，乃釋輜重，輕軍至襄陽。聞備已過，操將精騎五千，往追之。一日一夜，行三百餘里，及於當陽之長阪，備棄妻子走。

○曹操進軍江陵。

○初 魯肅聞劉表卒，言於孫權:「請往說劉備，使撫表衆，共治曹操。」會備南走，肅迎之於當陽長阪，謂備曰:「孫討虜敬賢禮士，兵精糧多，足以立事。今為君計，莫若遣腹心，自結於東。」備用肅計，進住鄂縣之樊口。

◯曹操自江陵，將順江東下。諸葛亮曰:「事急矣。請奉命求救於孫將軍。」遂與魯肅詣孫權。亮說權曰:「海內大亂，將軍起兵江東，劉豫州收衆漢南，與曹操幷爭天下。今操芟夷大難，略已平矣。遂破荊州，威震四海，英雄無用武之地。故豫州遁逃至此。願將軍量力而處之。若能以吳越之衆， 與中國抗衡，不如早與之絕。若不能，何不北面而事之。」權曰:「劉豫州何不遂事之乎。」亮曰:「田橫齊之壯士耳，猶守義不辱。况劉豫州王室之冑，英才盖世，安能為之下乎。」權勃然曰:「吾不能舉全吳之地受制於人，吾計決矣。非劉豫州，莫可以當曹操者。然豫州新敗之後，安能抗此難乎?」亮曰:「今戰士還者及關羽水軍精甲萬人，劉琦合江夏戰士，亦不下萬人。曹操之衆，遠来疲敝，聞追豫州，輕騎一日一夜行三百餘里。此所謂強弩之末，勢不能穿魯縞者也。故兵法忌之曰:『必蹶上將軍』。且北方之人，不習水戰，又荊州之民，附操者偪兵埶耳，非心服也。今將軍誠能與豫州協規同力，破操軍必矣。操軍敗則，荊吳之埶強，鼎足之形成矣。」是時曹操遺權書曰 :「近者奉辭伐罪，旌麾南指，劉琮束手。今治水軍八十萬衆，方與將軍會獵於吳。」權以示羣下，莫不響震失色。長史張昭等曰:「將軍大埶可以拒操者，長江也。今操得荊州，長江之險以與我共之矣。不如迎之。」魯肅密言於權曰:「向察衆人之議，專欲誤將軍，不足與圖大事，願早定大計。」時周瑜至番陽，肅勸權，召瑜還，瑜至謂權曰:「操雖托名漢相，其實漢賊也。將軍割據江東，兵精足用。當橫行天下，為漢家除殘去穢。況操自送死，而可迎之耶？ 請為將軍籌之。今北土未平，馬超　韓遂尚在關西，為操後患，而操舍鞍馬，杖舟楫與吳越爭衡。又今盛寒馬無藁草，驅中國士衆，遠涉江湖之間，不習水土，必生疾病。此數者用兵之患也。瑜請得精兵五萬人，保為將軍破之。」權曰：「老賊欲廢漢，自立久矣。徒忌二袁　呂布　劉表與孤耳。今數雄已滅，惟孤尚存。孤與老賊，勢不兩立，君言當擊，此天以君授孤也。」因拔刀斫案曰：「諸將吏敢有復言當迎操者，與此案同。」因撫瑜背曰：「公瑾！ 卿言至此，甚合孤心。五萬兵難卒合，已選三萬人。卿與子敬　程公，便在前發。孤當續發人衆，為卿後援。」遂以周瑜　程普為左右督將兵，與備并力，逆操。以魯肅為賛軍校尉，助畫方略。劉備在樊口，日遣邏吏於水次，候望權軍。吏望見瑜船，馳往白備。備乃乘單舸往見瑜，問曰：「今拒曹公，深為得計，戰卒有幾。」瑜曰：「三萬人。」備曰：「恨少。」瑜曰：「此自足用。豫州但觀瑜破之。」進與操遇於赤壁。時操軍衆已有疾疫。初一交戰，操軍不利，引次江北。瑜部將黄蓋曰：「今寇衆我寡，難與持久。操軍方連船艦，首尾相接，可燒而走也。」乃聚蒙衝鬪艦，載燥荻枯柴，灌油其中。先以書遺操詐，云：「欲降。」時東南風急。蓋以十艘最著前，中江舉帆。餘船以次俱進。操軍吏士皆出營，立觀指言蓋降。去北軍二里餘，同時發火。火烈風猛，船往如箭，燒盡北船，延及岸上營落，人馬燒溺死者甚衆。瑜等率輕騎，繼其後，靁鼓大進，北軍大壞。操引兵，從華容道，步走。劉備周瑜水陸並進，追操至南郡。時操軍兼以飢疫，死者太半。操乃留曹仁　徐晃，守江陵，引兵北還。於是 將士形勢自倍。瑜乃渡江，屯北岸與仁相拒。

○十二月，劉備表劉琦為荊州刺史，引兵南徇。武陵 長沙 桂陽 零陵四郡，皆降之。

통감절요 23권

후한기(後漢紀)

기축(己丑) 건안(建安) 14년(서기 209년)

12월에 주유(周瑜)가 조인(曹仁)을 공격한 지 1년여가 되었다. 죽거나 부상당한 사람이 매우 많았다. 조인이 성을 버리고[委] 달아나자, 주유가 강릉을 점거하고자 했다. 마침 유기가 죽으니, 손권이 유비에게 형주목(荊州牧)을 맡겼다. 주유가 남쪽 언덕의 땅을 나누어 유비에게 주었다.

손권이 누이동생을 유비에게 시집보냈다. 손권의 누이동생은 재주 있고 민첩하고 강하고 용맹하며, 여러 오라비의 기풍이 있었다. 수행원 1백여 명이 모두 칼을 잡고 모시고 서 있었다. 유비가 매번 들어갈 때마다 속으로 항상 두려워했다.[1)]

○ 조조가 은밀히 장간(蔣幹)을 보내 주유를 설득하게 했

다. 장간이 곧 포의(布衣)를 입고 갈건(葛巾)을 쓰고, 스스로 사사로운 행차라 둘러대고 주유에게 갔다. 주유가 나와서 그를 맞이했다.

곧 장간에게 "자익(子翼)이 참으로 고생한다. 멀리 강호를 건너와 조씨를 위해 세객이 되다니!"라고 말했다. 그리하여 장간을 맞이해 함께 진영 안을 두루 보고, 창고와 군수물자와 병장기를 시찰했다.

마치고[訖] 돌아와 연회에서 술 마시며 장간에게 "장부[丈夫]가 세상을 살아감에, 자신을 알아주는 군주를 만나 밖으로는 군신의 의리로 결탁하고, 안으로는 골육의 은혜를 맺으니, 말을 하면 실행되고, 계책은 따라주며, 화와 복을 함께 한다. 가령 소진(蘇秦)과 장의(張儀)가 다시 살아온다고 해도 그 뜻을 바꾸게 할 수 있겠는가?"라고 말했다. 장간은 다만 웃기만 할 뿐 끝내 말하지 않았다. 돌아가서 조조에게 주유의 고상함과 높은 도량을 칭찬하며, 말[言辭]로 이간할 수 없다고 보고했다.

경인(庚寅) 15년(210년)

조조가 명령을 내리고 말했다.

"나는 처음에 초군(譙郡) 동쪽에 서재[2]를 짓고, 가을과 여름에는 책을 읽고, 겨울과 봄에는 활을 쏘고 사냥하면서,

---

1) 凜凜 늠름 : 늠름하다, 두려워하다

2) 精舍 정사 : 학문을 닦거나 독서하는 곳. 학교, 학사, 서원, 서재, 사찰, 정신이 머물러 있는 곳

20년을 도모하며 살다가[3] 천하가 깨끗해지기를 기다려 벼슬하고자 했을 뿐이었다. 그러나 뜻처럼 할 수 없었다.

부름을 받고 전군교위(典軍校尉)가 되었고, 마음이 마침내 바뀌어 국가를 위해 도적을 토벌하고 공을 세워, 묘비의 제목에 '한(漢) 정서장군 조후(曹侯)의 묘'라고 말하고 싶어졌다. 이것이 그 뜻이었기 때문이다.

그러나 동탁의 난을 만나 의병을 일으켰고, 후에 연주를 맡아 황건적 30만 명을 격파해 항복시켰다. 또 원술을 토벌해 그를 곤궁하게 몰아 기를 꺾게 해[沮] 죽였으며, 원소를 꺾어 격파하고 그의 두 아들을 효수했다. 다시 유표를 평정해 마침내 천하를 평정했다. 내 자신이 재상이 되었으니, 신하로서의 귀함은 이미 극치에 도달했고, 마음에서 소망했던 것을 이미 넘어섰다.

그렇다 하더라도[4] 국가에 내가 없으면, 몇 사람이 황제를 칭하고, 몇 사람이 왕을 칭할지 알 수 없다. 혹 어떤 자들은 내가 강성한 것을 보고는, 망령되이 서로 짐작해[5] 두려워하면서, 불손한 뜻이 있다고 말한다. 매번 마음이 편치 않다.[6] 그러므로 제군들에게 이런 말을 하는 것이다. 모두 심중[7]의 간절함[要]이다.

---

3) 規 규 : 주(註) 규(規)는 도(圖)이다

4) 設使 설사 : 그렇다고 하더라도, 설령, 가령

5) 忖度 촌탁 : 남의 마음을 헤아릴, 짐작할

6) 耿耿 경경 : 마음이 편치 않은 모습

7) 肝鬲 간격 : =흉금(胸襟). 심중, 흉금

그러나 나 편하려고[8] 거느린 병력을 버린다는 것은 실로 불가능하다. 어째서인가? 진실로 내가 군사를 떠난다면, 남에게 화를 당하게 될 것이고, 내가 낭패한 일을 겪으면, 국가가 기울어져 위태로울까 두려워서이다. 이 때문에 헛된 명성을 흠모해 실제의 화에 처할 수 없는 것이다"

○ 유표의 옛 관리와 군사들이 유비에게 많이 귀의했다. 유비는 주유가 준 땅이 협소하므로, 그 무리를 수용할 수가 없었다. 곧 직접 경사에 가서 손권을 만나보고 형주 도독을 요구했다.

주유가 손권에게 "유비는 사납고 용맹한 영웅[9]의 자질을 가졌고, 관우와 장비 등 곰과 범같은[之] 장수가 있습니다. 반드시 오랫동안 굽히면서 남에게 쓰여질 자가 아닙니다. 교룡(蛟龍)이 구름과 비를 얻으면, 끝내는 연못 속의 물건이 아닐까 두렵습니다"고 상소했다.

손권이 따르지 않았다. 돌아와 말을 듣고 "천하의 지모 있는 선비의 소견은 대략 같구나! 당시 공명이 나에게 가지 말라고 간언했다. 그의 뜻이 또한 이것을 염려했기 때문이었구나!"하고 감탄했다.

○ 주유가 경사에 가서 손권을 만나 "바라건데, 분위장군(奮威將軍)[10]과 함께 전진해 촉(蜀)을 점령하고, 장로를 겸

8) 便爾 편이 : =편연(便然) =편여(便如). 편하다

9) 梟雄 효웅 : 사납고 날랜 영웅

10) 奮威 분위 : 손권의 종제(從弟) 손유(孫瑜)

병하겠습니다. 그래서 분위장군을 남겨 두어 그 땅을 굳게 지키면서, 마초와 원조[援]를 약속하고, 저는 돌아와 장군과 함께 양양을 거점으로 해 조조를 압박[蹙]한다면, 북방을 도모할 수 있을 것입니다"고 요청했다. 손권이 그것을 허락했다.

주유가 강릉으로 돌아가다가 도중에 병이 들었다. 손권에게 "지금 조조가 북쪽에 있으니, 국경[11]이 조용하지 못하고, 유비는 우리에게 의지해 살지만 범을 기르는 것과 같으니, 줄곧[12] 천하의 일을 알 수 없습니다. 노숙은 충성스럽고 공이 있고 일을 하면 꺼려하지 않습니다. 저를 대신할 수 있습니다. 만일[儻] 말씀드린 것을 채택하신다면, 저는 죽어도 영원히 없어지지 않을 것입니다"[13]라고 편지[牋]를 보냈다. 마침내 파구(巴丘)에서 죽었다.

○ 처음에 정보는 자신이 나이가 많다고 자주 주유를 능멸하고 업신여겼다. 주유는 자기를 굽히고[14] 낮추고[下] 끝내 함께 싸우지[校] 않았다. 정보가 후에 스스로 공경하고 탄복해 그를 가까이 하고 중히 여겼다. 그리고 사람들에게 "주공근과 함께 사귀는 것은 마치 진한 막걸리[15]를 마시는 것과 같다. 스스로가 취함을 깨닫지 못한다"고 말했다.

---

11) 疆埸 강장 : 국경
12) 始終 시종 : 처음부터 끝까지, 항상, 줄곧, 일관되게
13) 不朽 불후 : 썩지 않다. 후(朽) 썩다, 부패하다, 쇠하다
14) 折節 절절 : 자기를 굽히고 의지를 꺾음
15) 醇醪 순료 : 진한 막걸리

○ 손권이 노숙에게 주유를 대신해 군대를 거느리게 했다. 노숙이 손권에게 형주를 유비에게 빌려 주고, 유비와 함께 조조를 막으라고 권했다. 손권이 그 말을 따랐다.

○ 처음에 손권이 여몽(呂蒙)에게 이르기를 "경은 지금 권세를 잡고[16] 일을 하고 있으니, 배우지 않으면 안된다"고 했다. 여몽이 군중에 일이 많다고 하며 사양했다. 손권은 "내가 어찌 경에게 경서를 연구해 박사가 되라고 하겠는가? 다만 여러가지 책을 많이 읽어서[17], 지나간 일을 알라고 할 뿐이다. 경은 일이 많다고 말하나, 나와 비교하면 어떤가[18]? 나는 항상 책을 읽으면서, 스스로 크게 유익한 바가 있다고 생각한다"고 말했다.

여몽이 그래서 배우기 시작했다. 노숙이 심양(尋陽)을 지나다 여몽과 함께 논의하다 크게 놀라면서 "경의 지금의 재주와 지략은 더 이상 오하(吳下)의 아몽(阿蒙)이 아닐세!"라고 말했다. 여몽은 "선비가 헤어진지 사흘이면 곧 다시 눈을 비비고 보며 놀랍니다.[19] 대형(大兄)은 어찌 보는 것이 늦으십니까?"라고 대답했다. 노숙이 마침내 여몽의 어머니에게 절하고, 벗이 되기로 하고 헤어졌다.

---

16) 當塗 당도 : 권세를 잡음, 주(註) '승냥이 이리가 권세를 잡고 있는데, 여우와 너구리를 물어서 무엇 하느냐?(豺狼當塗)'에서 유래함

17) 涉獵 섭렵 : 여러 가지 책을 많이 읽음, 많이 돌아다님

18) 孰若 숙약 : =숙여(孰如), 비교해서 어떠한가?

19) 刮目相對 괄목상대 : 눈을 비비고 남의 학식이나 재주가 늘어난 것을 보고 놀라서 하는 말

○ 유비가 종사(從事) 방통(龐統)에게 뇌양 영(耒陽 令)을 맡겼다. 현에 있으면서 다스리지 않자 방통을 파면했다. 노숙이 유비에게 "방사원은 1백 리의 현을 다스릴 재목이 아닙니다. 그를 치중(治中) 별가(別駕)의 직임에 있게 해야 비로소 그 천리마의 발을 펼칠 수 있을 것입니다"라고 편지를 보냈다. 제갈량 또한 그렇게 말했다.

유비가 방통을 만나 함께 사이좋게 이야기를 해보고[譚], 그를 큰 그릇이라고 여겼다. 마침내 방통을 등용해 치중을 삼았다. 제갈량 버금으로[亞] 아끼고 우대했다.

신묘(辛卯) 16년(211)

마초(馬超)와 한수(韓遂) 등 10부(部)가 모두 반란을 일으켜 동관(潼關)을 점령했다. 조조가 아들 조비(曹丕)를 남겨 업(鄴)을 지키게 하고, 직접 군대를 거느리고 마초를 공격해 그를 대파했다. 한수와 마초가 양주(凉州)로 달아났다.

○ 법정(法正)은 유장(劉璋)의 군의교위(軍議校尉)였다. (법정은) 유장이 (자신을) 써주지 않아 뜻을 얻지 못해 답답하고 마음이 편치 못했다.[20] 익주별가(益州別駕) 장송(張松)이 법정과 사이가 좋았다. 스스로 법정의 재능을 자신했고[負], 유장은 할 수 있는 일이 없을 것이라고 짐작했다. 유장에게 유비와 동맹을 맺고 장로(張魯)를 토벌하라고 권했다. 유장이 "누구를 시킬 수 있는가?"고 물었다. 장송은

20) 邑邑 읍읍 : 답답해 마음이 편치 못함

법정을 천거했다. 유장이 그렇게 했다. 법정을 보내면서 4천명을 거느리고 가서 유비를 맞이하게 했다. 주부(主簿) 황권(黃權)이 간언했으나, 유장이 듣지 않았다.

법정이 형주에 도착해서 유비에게 은밀히 익주를 차지하라고 설득했다. 유비가 주저하고[疑] 결정하지 못했다. 방통이 "익주는 토지가 비옥하고 재물이 풍부하니, 대업을 이룰 수 있습니다"라고 말했다.

유비는 "(사람들이) 가리키기를 지금 나와 함께 물과 불의 관계인 사람이 조조라고 한다. 조조는 가혹하고, 나는 너그럽다. 조조는 포악하고 나는 어질다. 조조는 속이지만 나는 정직하다. 매번 조조와 반대이므로 일을 비로소 이룰 수 있었다. 지금 작은 이익 때문에 천하에서 신의를 잃는다면 어쩌겠는가?"라고 말했다.

방통은 "역(逆)으로 빼앗지만 순리대로 지키는 것을 옛사람들은 귀하게 여겼습니다. 만약 일이 평정된 후에 (유장을) 큰 땅에 봉해 준다면, 어찌 신의를 저버리는 것이겠습니까? 오늘 빼앗지 않으면 끝내는 남의 이익이 될 뿐일 것입니다"라고 대답했다. 유비가 옳다고 여겼다.

드디어 유비는 제갈량과 관우 등을 남겨 두어 형주를 지키게 하고, 보병 수만명을 거느리고 익주로 들어갔다.

유비가 파군(巴郡)에 이르렀다. 태수 엄안(嚴顔)이 가슴을 치며[拊] 한탄하기를 "이는 이른바 홀로 깊은 산 속에 앉아 호랑이를 풀어 스스로를 호위하게 하는 것이다"라고 했다.

유비가 부현(涪縣)에 이르렀다. 유장이 가서 그를 만났다. 유비에게 병력을 더해주고 물자를 넉넉히 보급해 장로를 공격하게 했다. 유비가 북쪽으로 가서 가맹현(葭萌縣)에 도달해서, 바로 장로를 토벌하지 않고, 은덕을 후하게 베풀어서 백성들의 마음을 수습했다.

임진(壬辰) 17년(212년)

손권이 석두성(石頭城)을 만들고, 말릉(秣陵)으로 도읍을 정하고[治] 옮겼다. 말릉을 건업(建業)이라고 고쳤다.

○ 동소가 조조에게 말하기를 "예로부터 신하가 세상을 바로잡았어도 지금과 같은[之] 공훈이 있지 않았습니다. 지금과 같은[之] 공훈이 있는데도, 신하의 상태[勢][21]로 오랫동안 있었던 자도 없었습니다. 지금 명공(明公)께서 부끄러운 덕을 갖는 것을 수치스럽게 여기고, 즐겁게 명예와 절개를 보존하십니다. 그러나 대신의 상태로 있으니, 사람들에게 대사(大事)를 주저하게 할 뿐입니다. 진실로 심히 우려하지 않을 수 없습니다"라고 했다.

마침내 열후와 여러 장수들이 논의해 "승상을 마땅히 국공(國公)으로 작위를 올리고, 구석(九錫)[22]의 물건을 갖추어 뛰어난 공훈을 표창해야 합니다"라고 했다.

그러나 순욱은 "조공(曹公)은 본래 의로운 군대를 일으켜, 조정을 바로잡고 나라를 안정시켰다. 충정의 성심을 갖

---

21) 埶(=勢) 세력 : 형(환경의 상태), 형편

22) 九錫 구석 : 천자가 공로 있는 신하에게 하사하는 물품. 의복(衣服) 거마(車馬) 부월(斧鉞) 주호(朱戶) 납폐(納幣) 호분(虎賁) 궁시(弓矢) 울창주(鬱鬯酒) 악칙(樂則)

고서 물러나고 양보하는 실제를 지켰다. 군자는 덕으로 사람을 사랑한다. 마땅히 이와 같이 해서는 안된다"며 반대했다. 조조가 이 때문에 좋아하지 않았다.

손권을 공격하게 되자, 표문을 올려 순욱이 초현에서 군사들을 위로하게 할 것을 청했다. 곧 순욱을 남게 해 승상의 군대 일에 참여하게 했다. 조조의 군대가 유수(濡須)로 향했다. 순욱은 병 때문에 수춘에 머물렀는데, 약을 마시고 죽었다. 순욱은 행동이 의롭고 단정하고 지모가 있었다. 현명한 자를 추천하고, 선비를 천거하기를 좋아했다. 그러므로 당시 사람들이 모두 애석하게 여겼다.

온공(溫公)이 말했다.

"공자께서는 인(仁)을 크게 말씀하셨다. 자로(子路) 염유(冉有) 공서적(公西赤) 등 문인 중의 훌륭한 제자들과 영윤 자문(令尹 子文) 진문자(陳文子) 등 제후의 현명한 대부들이 모두 거기에 합당하기에 부족했다.

그러나 (공자께서는) 오직 관중에 대해서는 어질다[仁]고 칭송했다. 어찌 그가 제환공(齊桓公)을 보좌해 백성들을 크게 구제했기 때문이 아니겠는가. 제나라 환공의 행실은 개, 돼지와 같았다. 관중이 부끄러워하지 않고 그를 도왔다. 그 뜻이 대체로[蓋] 환공이 아니면 백성들을 구제할 수 없다고 생각했기 때문이었다.

한(漢)나라 말엽에 (세상이) 크게 혼란해 백성들이 도탄에 빠졌고, 스스로 세상에서 높은 재주가 아니면 구제할 수가 없었다. 그렇다면 순욱이 위(魏) 무제(武帝, 조조)를 버리고 누구를 섬길 수 있었겠는가?

제(齊) 환공 때 주(周) 황실이 비록 쇠했으나, 건안(建安) 초기 같지는 않았다. 건안 초기에는 천하가 싹 쓸어 없어지고 전복되어[23] 한 자의 땅도, 한 명의 백성도 모두 한(漢)나라 것이 아니었다. 순욱이 위 무제를 보좌해, 그를 일으켜 현명한 자를 천거하고, 능력 있는 자를 쓰고, 병사들을 훈련시키고 병기를 정돈하고, 기회(시기)를 결정하고 정책을 만들었고, 사방을 정벌해 이겼다. 마침내 약함으로 강함을 만들고, 혼란함이 바뀌어 잘 다스려지게 되었다. 천하를 10으로 나누어 그 8을 차지했으니, 그 공이 어찌 관중의 뒤에 있겠는가.

관중은 공자 규(糾)를 따라 죽지 않았지만, 순욱은 한(漢) 황실을 위해 죽었으니, 그 어짐[仁]은 다시 관중의 앞에 있다. 그런데 두목(杜牧)은 '순욱이 위 무제에게 연주(兗州)를 빼앗을 것을 권해 한(漢) 고제(高帝)와 광무제에 견줄 수 있게 했고, 관도에서 허도로 돌아가지 않게 해 초(楚), 한(漢)에 견줄 수 있게 했지만, 일이 이루어지고 공(功)을 마치자, 곧 한 대(漢代)에서 명예를 구[邀]하고자 했다. 그것을 비유하면, 도둑에게 담장에 구멍을 뚫고 궤를 꺼내도록 가르치고는 (도둑과) 함께 들지 않았다고 하는 것이다. 도둑이 안 될 수 있겠는가' 라고 했다.

내가 생각건대, 공자께서 '꾸밈[文]이 본바탕[質]을 넘으면

---

23) 蕩覆 탕복 : 싹 쓸어 없어지고 옮겨 전복됨

간사하다[史]'고 했다. 무릇 역사를 하는 자는 남의 말을 기록하면서, 반드시 그것을 꾸미는 경우가 있다. 그러한 즉 위 무제를 고제와 광무제, 초(楚)와 한(漢)에 견준 것은 사관(史官)이 꾸민 것이다. 어찌 모두 순욱의 입으로 말한 것이겠는가? 이것으로 순욱을 폄하하는데, 그의 죄가 아니다.

또 가령 위 무제가 황제가 되었다면, 순욱은 임금을 도운[佐命] 으뜸 공신[元公][24]이 되어 소하(蕭何)와 똑같은 상을 받을 수 있었을 것이다. 순욱은 이것을 이롭게 여기지 않고, 자신이 죽어서 명예를 추구하는 것을 이롭게 여겼으니, 어찌 사람의 마음[人情]이 아니겠는가?"

유비는 가맹현에 있었다. 방통이 유비에게 성도(成都)를 습격할 것을 권했다. 유비가 마침내 진격해 부성(涪城)을 점령했다.

계사(癸巳) 18년(213년)

정월에 조조가 유수구(濡須口)로 진군했다. 보병과 기병이 40만명이라고 말했다. 손권의 강 서쪽 진영을 공격해 격파했다. 손권이 군사 7만 명을 거느리고 그것을 막았다.

서로 대치한 지 한 달여에 조조가 손권의 선박과 병장기, 군대의 대오가 정돈되고 엄숙한 것을 보았다. 감탄하기를 "자식을 낳으려면 마땅히 손중모(孫仲謀, 손권)와 같아야

---

24) 佐命元功 좌명원공 : 좌명(佐命) 천자를 도움, 천명을 받아 천자가 될 사람을 도움. 원공(元功) 으뜸 공로

한다. 유경승(劉景升, 유표)의 자식은 다만 돼지, 개와 같을 뿐이었다"라고 했다.

○ 5월에 기주(冀州)의 10군(郡)을 조조에게 분봉해주고, 위공(魏公)이라 하고, 구석(九錫)을 내렸다.

○ 유비가 전진해 성도를 포위했다. 이때 유장의 성 안에는 아직 정예병 3만 명이 있었고, 곡식과 비단이 1년을 버틸 수 있었으며, 관리와 백성들이 모두 죽기로 싸우고자 했다.

그러나 유장은 "부자(父子)가 고을에 있은지 20여 년에 백성에게 은덕을 베푼 것이 없다. 어찌 마음이 편안할 수 있겠는가"라고 말하고, 마침내 성문을 열고 나와 항복했다. 유비는 유장을 공안(公安)으로 옮기고 그의 재물을 다 보내주었다. 유비가 익주목을 맡았다.

○ 유비가 신야에서 강남으로 도망갈 때, 형(荊) 초(楚)의 여러 선비들이 구름처럼 그를 따랐다. 그러나 유파(劉巴)는 홀로 위공 조조에게 갔다. 제갈량이 편지로 그를 불렀으나, 유파가 따르지 않았다. 유비가 매우 한스럽게 여겼다.

유파가 마침내 촉으로 들어가 유장에게 의지했는데, 유비가 성도를 공격하면서 군중에 명령하기를 "유파를 해치는 자가 있으면 주벌이 삼족에 미칠 것이다"라고 했다. 유비는 유파를 얻게 되자, 매우 기뻐했다.

이때 익주의 군현들은 모두 먼 곳에서 보고 그림자처럼 따랐다. 그러나 유독 황권(黃權)은 성문을 닫고 굳게 지키다가, 유장이 머리를 조아리고[稽] 복종할 때까지 있다가 비로소 항복했다.

동화(董和) 황권 이엄(李嚴) 등은 본래 유장이 임명해 쓴 사람들이고, 오의(吳懿)와 비관(費觀) 등은 유장이 혼인해서 친척이 된 사람들이었다. 팽양(彭羕)은 유장이 물리쳐 버린 사람이고, 유파는 옛적부터 오랫동안[25] (유장이) 꺼리고 미워한 사람이었다.

유비는 그들을 모두 높은 자리에 있게 하고, 그들의 도량과 능력을 다 펼 수 있게 해주었다. 뜻있는 선비들이 다투어 권면하니, 익주의 백성들이 이 때문에 크게 화합했다.

○ 성도를 포위하면서 유비가 군사들과 약속하기를 "만약 일이 평정되면 관청 창고의 온갖 물건은 내가 관여하지 않겠다"고 했다. 성도가 함락되자 군사들이 모두 방패와 창을 버리고 여러 창고로 달려가서 보물을 다투어 가져가니 군대의 비용이 부족했다. 유비가 그것을 매우 걱정했다.

유파가 "이것은 쉬운 일일 뿐입니다. 1백전 가치가 되는 돈을 주조하고, 여러 물건의 가격을 고르게 해 관리들을 시켜 관에서 물건을 팔게 하십시오"라고 건의했다. 유비가 그 말을 따랐다. 수개월 사이에 관청의 창고가 충실해졌다.

○ 제갈량은 유비를 보좌해 촉(蜀)을 다스리면서 자못 준엄함을 숭상했다. 사람들 중에 원망하고 한탄하는 자가 많

---

25) 宿昔 숙석 : 오랫동안, 옛적부터

았다. 법정이 제갈량에게 "옛날에 고조가 관중에 들어가 법 3장(三章)을 약속하니, 진(秦)나라 백성들이 은혜로 여겼습니다. 지금 군께서 위엄과 무력을 빌려 한 주를 차지[26]하고, 처음으로 그 땅을 다스리면서, 은혜를 베풀거나 위무하지 않았습니다. 또 손님과 주인의 도리는 마땅히 서로 낮추어야 합니다. 원컨대 형벌을 완화하고 금지한 것을 느슨히 해서 그들의 바람을 위로해야 합니다"라고 말했다.

제갈량이 말했다.

"그대는 한 가지만 알고, 두 가지는 알지 못한다. 진(秦)나라는 무도해 정사가 가혹하고 백성들이 원망했으므로, 필부가 크게 소리치자 천하가 무너졌다. 고조께서 그것을 통해 넓게 이룰 수 있었다. 유장은 어리석고 유약해 덕정이 시행되지 않고, 위세와 형벌이 엄숙하지 못했다. 촉(蜀)지방의 인사들이 권력을 마음대로 휘두르고, 스스로 방자해져서 군신의 도가 점점 쇠퇴해졌다.[27]

그들에게 지위를 주어 은혜를 베풀었는데, 줄 지위가 다 끝나자 잔악해졌고, 은혜를 베풀어서 그들을 따르게 했는데, 은혜가 다하자 오만해졌다. 피폐함에 이른 까닭은 실로 여기에서 연유한 것이다.

나는 지금 법으로 그들에게 위엄을 보이니, 법이 시행되면 은혜를 알 것이다. 작위로 그들을 제한하니, 작위가 내

---

26) 跨據 과거 : 점거함, 과(跨) 넘을, 사타구니, 넓적다리 사이

27) 陵替 능체 : 아랫사람이 윗사람을 능가해 윗사람의 권위가 떨어지는 것, 점점 쇠퇴함

려지면 영예를 알 것이다. 영예와 은혜가 모두 이루어지고, 상하에 절도가 있게 되면, 정치하는 요점이 여기에서 드러날 것이다”

○ 유비가 영릉의 장완(蔣琬)을 광도장(廣都長)으로 삼았다. 유비가 일찍이 돌아다니며 순시하다가, 문득[奄] 광도에 가서 장완을 만났는데, 여러 일이 다스려지지 않았고, 이때 또 술에 취해 있었다. 유비가 크게 노해 장차 죄로 죽이려고 했다.

제갈량이 “장완은 사직[정부]을 다스릴 그릇이지, 1백리를 다스릴 재목이 아닙니다. 그는 정치를 하면서 백성을 안정시키는 것을 근본으로 하고, 겉을 꾸미는 일을 우선으로 하지 않았습니다. 원컨대 공께서는 다시 그를 살피십시오”라고 부탁했다. 유비는 평소[雅] 제갈량을 공경했다. 그래서 장완을 벌주지 않았고, 얼마 후에 다만 관직을 파면했다.

○ 위(魏)나라 상서령 순유(荀攸)가 죽었다. 순유는 깊고 치밀하며 지모와 준비성이 있었다. 조조를 따라 공격하고 토벌하면서, 항상 대장의 장막[28]에서 대책을 세웠다. 당시 사람들과 그 제자들은 그가 한 말을 모두 이해하지 못했다.

조조는 항상 그를 칭찬했다. “순문약(荀文若, 순욱)은 선을 권하는데, 받아들여지지 않으면 그치지 않았다. 순공달(荀公達, 순유)은 잘못된 것을 제거하라고 해 제거되지 않

---

28) 帷幄 유악 : 유(帷) 악(幄) 모두 장막. 진영에 쓰이는 것, 전(轉)하여 대장이 작전계획을 세우는 곳, 모신(謀臣)

으면 그치지 않았다"고 했다. 또 "두 명의 순령(荀令, 상서령)이 다른 사람을 평가했는데, 오래되었어도 더욱 믿어진다. 내가 죽을 때까지 잊지 못할 것이다"라고 칭찬했다.

을미(乙未) 11년(215년)

3월에 위공 조조가 직접 장로를 공격했다.

○ 유비가 형주에 있었을 때, 주유가 자주 손권에게 촉(蜀)을 공격하라고 권했었다. 손권이 사신을 보내 유비에게 (촉 공격계획을) 말했다. 유비는 "나는 유장과 함께 (한나라의) 종실입니다. 영령(英靈)의 힘으로 한나라 조정을 바로 잡으라고 위탁받았습니다. 지금 어르신[左右]께[29] 죄를 지었지만[30], 원컨대 관대함[31]을 베풀어주소서"라고 했다.

손권이 듣지 않고 주유를 보내 수군을 거느리고 가서 하구(夏口)에 주둔하게 했다. 유비는 군대가 지나가는 것을 허락하지 않고, 주유에게 "네가 촉(蜀)을 빼앗고자 한다면, 나는 당장 머리를 풀고 산 속으로 들어가 천하에다 신의를 잃지 않겠다"고 말했다.

손권이 어쩔 수 없이 주유를 불러 돌아오게 했다. 유비가 서쪽으로 유장을 공격하자, 손권이 말하기를 "교활한 놈, 그리고 보니 감히 이렇게 사기를 쳤구나!"라고 했다.

---

29) 左右 좌우 : 편지에 상대방에 대한 경칭으로 씀

30) 주(註) 손권이 유장을 치려는 것은 유장이 조조로 부터 스스로 자신의 땅을 지킬 능력이 없어서였다. 이것을 유비는 득죄(得罪)라고 표현했다.

31) 寬貸 관대 : 관(寬) 너그러울. 대(貸) 용서할

○ 유비가 익주를 얻자, 손권이 유비에게 제갈근(諸葛瑾)을 보내 형주의 여러 군을 요구했다. 유비가 허락하지 않았다. 손권이 마침내 장사, 영릉, 계양의 세 군(郡)에 관리를 두자, 관우가 그들을 다 쫓아 버렸다. 손권이 크게 노해 여몽을 보내 세 군을 빼앗게 했다. 유비가 이 말을 듣고 촉(蜀)으로부터 직접 공안에 왔다. 관우를 보내 세 군을 막게 했다.

손권은 진격해 육구(陸口)에 주둔하고, 여러 군대를 지휘하고[節度], 노숙을 시켜 1만명을 거느리고 익양(益陽)에 주둔해 관우를 막게 했다.

마침 위공 조조가 한중(漢中)을 공격하려 한다는 소식을 듣자, 유비는 익주를 잃을까 두려워했다. 사자를 시켜 손권에게 화친을 요구했다. 손권이 제갈근을 시켜 일의 경과를 보고[32]하게 하고는 다시 맹약과 우호를 다졌다[尋]. 마침내 형주를 상수(湘水)를 경계로 나누었다. 장사, 강하, 계양 등 동쪽 지역은 손권에게 주고, 남군, 영릉, 무릉 등 서쪽 지역은 유비에게 속하게 했다.

○ 7월에 위공 조조가 양평(陽平)을 함락시켰다. 장로가 남산(南山)으로 도망쳤다. 조조가 남정(南鄭)으로 들어갔다.

사마의(司馬懿)가 조조에게 "유비는 속임수와 무력으로 유장을 사로잡았기 때문에 촉(蜀)사람들이 따르지 않습니다. 그런데도 멀리서 강릉을 막고 있습니다. 이 기회를 놓

---

32) 報命 보명 : 일의 결과를 보고함

쳐서는 안 됩니다. 지금 한중을 이기면 익주가 동요할 것이고, 군대를 진격시켜 그 곳에 가면, 형세가 반드시 와해될 것입니다"라고 말했다. 그러나 조조는 "사람은 만족할 줄을 몰라서 고통을 겪는다. 이미 농(隴)을 얻었는데, 또 다시 촉(蜀)을 바란단 말인가"라고 대답했다.

유엽(劉曄)이 "유비는 인걸입니다. 도량이 있으나 더디게 행동합니다. 촉을 얻은 지 얼마 되지 않아 촉의 사람들이 따르지 않습니다. 지금 한중을 격파한다면 촉(蜀) 사람들이 떨고 두려워할 것이고, 그 형세가 스스로 기울 것입니다. 그들이 기울어지는 것을 틈타 그들을 제압[壓]한다면, 이기지 못할 것이 없을 것입니다. 만약 조금이라도 그것을 늦춘다면, 제갈량은 나라를 다스리는 일에 밝아 재상이 될 것이고, 관우와 장비는 용맹이 삼군의 으뜸이어서 장수가 될 것입니다. 촉의 백성들이 안정되고 나면 험한 곳을 차지하고 요충지를 지킬 것이니, 범할 수가 없을 것입니다"라고 말했다. 조조가 따르지 않았다.

7일 있다가 촉에서 투항해 온 자들이 말하기를 "촉 사람들은 하루에도 수십 차례 놀랍니다[驚]. 지키는 장수들이 그들을 목 베어도 안정시킬 수 없습니다"라고 했다. 조조가 유엽에게 묻었다. "지금 공격할 수 있는가?"고 물으니, 유엽은 "지금은 이미 조금 안정되었습니다. 공격할 수 없습니다"라고 대답했다. (조조가) 곧 돌아가고, 하후연(夏侯淵)과 장합(張郃) 서황(徐晃) 등에게 한중을 지키게 했다.

병신(丙申) 21년(216년)

5월에 위공(魏公) 조조의 작위가 더 올라가 왕이 되었다. 위나라는 오관중랑장(五官中郞將) 조비(曹丕)를 태자로 삼았다.

○ 법정이 유비에게 "조조는 한 번 군사를 일으켜 장로를 항복시키고 한중을 평정했습니다. 그런데 이 형세를 이용해 파촉(巴蜀)을 도모하지 않고, 하후연과 장합을 남겨 주둔해 지키게 하고, 자신은 급히 북쪽으로 돌아갔습니다. 지금 하후연과 장합을 헤아려보면[策], 재주와 지략은 우리나라의 장수를 이길 수 없습니다. 군대를 일으켜 가서 토벌한다면, 반드시 이길 수 있을 것"이라고 설득했다. 유비가 그의 계책을 옳게 여겼다. 곧 여러 장수들을 거느리고 한중으로 진군했다.

○ 유비가 양평관에 주둔했다. 하후연, 장합, 서황 등이 유비와 서로 대치했다. 유비가 그의 장수 진무(陳武) 등을 보내 마명각(馬鳴閣)의 길을 끊게 했다. 서황이 그들을 격파했다.

익주의 병력을 급히 징발했는데, 제갈량이 이 일을 종사 양홍(楊洪)에게 물었다. 양홍은 "한중은 익주의 목구멍[咽喉]이고, 존망의 기회입니다. 만약 한중이 없다면 촉도 없을 것입니다. 이는 가문(家門)의 화입니다. 병력 징발을 어찌 주저하십니까?"라고 대답했다.

이때 법정이 유비를 따라 북쪽에 가 있었다. 제갈량이 표문을 올려 양홍에게 촉군태수(蜀郡太守)를 맡기고, 여러 일을 모두 하게 했다. 마침내 그에게 정식으로 (촉군태수를) 하게 했다.

○ 처음에 건위태수(犍爲太守) 이엄이 양홍을 불러[辟] 공조(功曹)로 삼았다. 이엄이 건위를 떠나기 전에 양홍은 이미 촉군태수가 되었다. 양홍이 문하서좌(門下書佐)인 하지(何祗)가 재주와 계책이 있다고 천거했다.

양홍이 아직 촉군에 있었는데, 하지가 이미 광한태수(廣漢太守)가 되었다. 이 때문에 서쪽지방 사람들은 모두 제갈량이 당시 사람들의 재능을 다 쓸 수 있다고 탄복했다.

기해(己亥) 24년(219년)

3월에 위왕(魏王) 조조가 장안에서 사곡(斜谷)으로 나와 차요(遮要)에 주둔했다가 한중에 도착했다. 유비가 "조공이 왔으나 할 수 있는 것이 없다. 우리가 반드시 한천(漢川)을 차지할 것"이라고 말했다. 마침내 병력을 거두어 험한 곳을 막고 끝내 교전하지 않았다.

조조가 북산(北山) 아래로 쌀을 운반했다. 황충(黃忠)이 군대를 끌고가서 그것을 빼앗으려고 했는데, 기일이 지나도 돌아오지 않았다. 조운(趙雲)이 수십 명의 기병을 거느리고 진영을 나가 시찰하다가, 대오를 갖추고 오고 있는 조조의 대(大) 부대(揚兵=陳兵)를 만났다.

조운은 갑자기 서로 만나게 되자, 마침내 그 진영으로 돌진했다. 한편으로[33] 싸우고 한편으로는 퇴각했다. 위나라 군대가 흩어졌다가 다시 모여 (조운의) 진영 아래까지 쫓아 왔다. 조운이 진영으로 들어와서 다시 문을 크게 열고 깃발을 눕히고 북소리를 그쳤다.

위나라 군사들은 조운이 군사를 매복해 두었는가를 의심해 군대를 이끌고 떠났다. 조운이 우레처럼 북을 치니 하늘이 진동했다. 늘어서서[惟] 후미에서 강한 쇠뇌를 위나라 군사들에게 발사했다. 위나라 군사들이 놀라서 자기들끼리 서로 밟혔고[34], 한수 가운데에 빠져 죽은 자도 매우 많았다. 유비가 다음 날 새벽 직접 조운의 진영에 왔다. 전날 전투했던 곳을 보고 말하기를 "자룡(子龍, 조운)의 온몸은 모두 담[膽]이다"라고 했다. 조조가 군대를 이끌고 장안으로 돌아가고, 유비가 마침내 한중을 차지했다.

○ 7월에 유비가 스스로 한중왕(漢中王)을 칭하고, 돌아와서 성도를 다스렸다. 관우가 직접 군대를 거느리고 번(樊)에 있는 조인을 공격했다. 조인은 우금(于禁)과 방덕(龐德)을 시켜 번성 북쪽에 주둔하게 했다.

8월에 큰 장맛비[35]가 내려 한수가 넘쳐 우금 등 7군이 모두 수몰되었다. 우금과 여러 장수들은 높은 곳으로 올라가 물을 피했는데, 관우가 배를 타고 가서 그들을 공격하니, 우금 등이 끝까지 몰리자 급박해 마침내 항복했다. 그

---

33) 且~ 且 차~차 : 한편으로 ~하고, 또 한편으로 ~하다

34) 蹂踐 유천 : 밟다, 짓밟다

35) 霖雨 임우 : 장마, 3일 이상 계속 내리는 비

리하여 허(許) 이남 지역이 때때로 멀리서 관우에게 호응했고, 관우의 위엄이 화하(華夏)에 진동했다.

위왕 조조가 허의 도읍지를 옮겨 그 예봉을 피할 것을 의논했다. 사마의(司馬懿)와 장제(蔣濟)가 조조에게 "유비와 손권이 겉으로는 친하나 속으로는 소원합니다. 관우가 뜻을 얻는 것을 손권은 반드시 원하지 않을 것입니다. 사람을 보내 손권에게 권해 관우의 뒤를 밟게[躡] 하십시오. 강남을 떼어서 손권에게 줄[封] 것을 허락하신다면, 번의 포위는 저절로 풀릴 것"이라고 건의했다. 조조가 그 말을 따랐다.

○ 처음 노숙이 손권에게 "조조가 아직도 있으니, 마땅히 우선 관우를 어루만지고 친목해서[輯] 그와 함께 짝이 되어야 합니다. 놓쳐서는 안 됩니다"라고 권한 적이 있었다. 그러나 여몽이 노숙을 대신해 육구(陸口)에 주둔하게 되자, 여몽은 '관우는 평소 용맹한 사람이고, 겸병할 마음이 있고, 또 나라의 상류에 있기 때문에 형세로 보아 (우호 관계가) 오래 가기 어렵다'고 생각했다.

그래서 비밀리에 손권에게 "이제 정로장군[손교 孫皎]을 시켜 남군을 지키게 하고, 반장(潘璋)은 백제(白帝)에 주둔하게 하고, 장흠(蔣欽)은 유격병 1만 명을 거느리고 강을 따라 오르내리다가 적이 있는 곳에서 호응하게 하십시오. 저는 국가를 위해 전진해 양양을 차지하겠습니다. 이와 같이 한다면 어찌 조조를 걱정하며, 어찌 관우에게 의지하겠습니까? 또 관우의 군신들은 그 속임수와 무력을 자랑스럽게 여겨, 있는 곳마다 엎었다 뒤집었다 합니다. 심복으로 기대할 수 없습니다. 관우를 잡고 온전히 장강을 차지함이 낫습니다. 형세가 더욱 커지면 지키기 쉬울 것입니다"라고 건의했다. 손권이 그 말을 좋게 여겼다.

손권이 일찍이 그의 자식을 위해 관우에게 혼인을 요구했다. 관우가 그 사자를 꾸짖고 혼인을 허락하지 않았다. 손권이 이 때문에 노했다. 관우가 번을 공격하자, 여몽이 "관우가 번성을 토벌하면서 수비병을 많이 남겨둔 것은 반드시 제가 그 후미를 도모할까 두려워하기 때문입니다. 제가 일찍이 병이 있으니, 바라건대 군 병력을 나누어 건업으로 돌아가 병을 치료한다는 구실을 대겠습니다. 관우가 그 말을 들으면 반드시 수비병을 모두 철수하고, 양양으로 달려갈 것입니다. 대군께서 강에 배를 띄워 밤낮으로 달려 상류로 가서 그의 빈 땅을 습격한다면, 여러 군을 함락시키고, 관우를 사로잡을 수 있을 것입니다"라고 상소했다. 마침내 (여몽이) 병이 심해졌다고 말했다. 손권이 곧 급히 격문을 보내 여몽을 불러 돌아오게 했다.

여몽이 무호(蕪湖)에 도착했다. 정위교위(定威校尉) 육손(陸遜)이 여몽에게 "관우와 국경을 접하고 있는데, 어찌하여 멀리 내려오셨습니까? 후임자가 (임무를) 감당하지 못할까 근심스럽습니다. 관우는 용맹한 기운을 자랑해 남을 업신여깁니다[36]. 처음 큰 공을 세우자 마음이 교만해져서 그릇된[逸] 뜻을 갖게 되었습니다. 다만 북진(北進)에만 힘쓰

---

36) 陵轢 능역 : 유린함, 능(陵) 업신여김, 역(轢) 삐걱거릴. 전(轉)하여 서로 반목함

고 우리를 의심하지[嫌] 않습니다. 병에 걸렸다는 말을 서로에게 들으면, 반드시 더욱 대비가 없을 것이고, 지금 그가 생각하지 못한 곳으로 출병한다면, 직접 사로잡아 제어할 수 있을 것입니다"라고 말했다. 여몽은 "관우는 평소 용맹하니 쉽게 도모할 수 없다"고 대답했다.

여몽이 도성에 이르자, 손권이 "누가 경을 대신할 수 있는 사람인가?"를 물었다. 여몽은 "육손은 사려가 깊고 훌륭하며 재능이 있으니, 막중한 임무를 감당할 수 있습니다. 그의 규모와 생각을 살펴보건대, 큰 임무를 맡길 수 있습니다. 아직 멀리 이름이 알려지지 않았으니, 관우가 꺼려하지 않을 것입니다. 다시는 이보다 나은[過] 자가 없을 것입니다. 만약 그를 쓴다면 겉으로는 자신을 감추고 때를 기다리며[37], 안으로는 형편을 살필 수 있습니다. 그런 다음에 이길 수 있을 것입니다"라고 대답했다.

손권이 마침내 육손을 불러 편장군(偏將軍)에 제수하고, 여몽을 대신하게 했다. 육손은 육구에 이르자 편지를 써서 관우에게 보내 그의 공이 아름답다고 칭찬하고, 깊이 겸양해 자신을 낮추고, 충심을 다해 자신을 의탁하겠다는 뜻을 밝혔다.

관우의 마음이 크게 안정되어 다시는 의심하지 않았다. 점차 수비병을 철수해서 번으로 갔다. 육손이 장계[啓]에 상황과 사로잡을 수 있는 요점을 갖추어 진술했다.

---

37) 韜隱 도은 : 감추다, 비밀로 하다, 속에 넣어두다

손권이 마침내 군대를 징발해 관우를 습격했다. 여몽을 대도독으로 하고, 정로장군 손교에게 명해 뒤를 잇게 했다. 여몽이 심양(尋陽)에 이르러 정예병을 배 안에 모두 숨겨두고, 백성을 시켜 노를 젓게[38] 했다. 장사꾼의 의복을 입혀 밤낮으로 행군해 관우가 배치한 강변의 주둔 척후들을 모두 잡아 포박했다. 이 때문에 관우는 듣거나 아는 것이 없었다.

미방(糜芳)과 부사인(傅士仁)은 본래 모두 관우가 자신들을 가볍게 여기는 것을 미워했는데, 성문을 열고 나와 항복했다. 여몽은 강릉으로 들어가 갇혀 있던 우금 등의 죄수들을 풀어주었다. 관우 및 장수, 군사들의 가솔들을 찾아 모두 그들을 어루만지고 위로했다.

군중에 명령을 내려 "인가를 범하거나 다니거나[39] 요구해 빼앗는 것이 있어서는 안된다"고 제재[約]했다. 여몽의 휘하 병사 한 사람이 여몽과 같은 고을 사람이었다. (그가) 민가에서 삿갓[笠] 하나를 가져다가 관의 투구[鎧]를 덮었다. 관의 투구는 비록 공(公)의 것이었으나, 여몽은 그래도 군령을 범했다고 여겼다. 고향 사람이라는 이유 때문에 법을 폐기할 수 없었다. 마침내 눈물을 흘리며 그를 목 베었다. 이리하여 군중이 놀라서 벌벌 떨고[震慄], 길에 떨어진 것도 줍지 않았다.[40]

---

38) 搖櫓 요로 : 노를 젓다

39) 干歷 간력 : 간(干) 구할, 범할, 저촉할. 역(歷) 지낼, 다닐

40) 道不拾遺 도불습유 : 길에 떨어진 것을 줍지 않는다

○ 관우는 남군이 격파되었다는 말을 듣고, 즉시 달려 남쪽으로 돌아왔다. 자주 사람을 보내 여몽과 서로 소식을 주고 받았다. 여몽이 번번이 관우의 사자를 후하게 대하고, 성 안을 두루 다니면서 집집마다 위문하고, 혹은 손수 쓴 편지로 신의를 보였다. 관우의 사람이 돌아와서 사적으로 서로 소식을 전했다.41) 모두가 집안에 걱정[恙]이 없고, 대우가 평상시보다 낫다는 것을 알았다. 그러므로 관우의 군사와 백성들에게 싸울 마음이 없어졌다.

마침 손권이 강릉에 오니, 형주의 장수와 관리들이 모두 다 귀의했다. 관우는 스스로가 고립되고 곤궁함을 알았다. 마침내 서쪽의 맥성(麥城)을 확보하고 맥성으로 도망쳤다. 마충(馬忠)이 관우와 그의 아들 관평(關平)을 장향(章鄕)에서 사로잡아 목 베었다. 드디어 형주가 평정되었다. 여몽은 봉작을 받지 못하고 병으로 죽었는데, 나이가 42세였다. 손권이 매우 애통해 했다.

○ 손권이 후에 육손과 함께 주유와 노숙 및 여몽에 대해 논평했다.

"공근[주유]은 굳세고 맹렬한 영웅으로 다른 사람의 갑절[兼]이 되게 담력과 지략이 뛰어나다. 맹덕[조조]을 격파하고 형주를 개척했으니, 짝이 될 사람[儔]이 아주42) 적었다[寡].

---

41) 參訊 참신 : 참(參) 섞일, 교착할. 신(訊) 소식

42) 邈焉 막언 : =막호(邈乎). 먼 모양, 아득한 모양

자경[노숙]은 공근을 통해 나에게 와 벼슬을 했다. 나와 함께 술자리에서 얘기할 때 큰 지략과 제왕의 대업을 언급했다. 이것이 첫번째 기분 좋은 일이다.

후에 맹덕이 유종의 세력을 얻고서, 수십만군을 거느리고 수군과 보병이 함께 내려온다고 호언장담했다. 내가 여러 장수들에게 청하고 마땅한 바를 자문했으나, 마침 먼저 대답하는 자가 없었다. 장자포(張子布)와 진문표(秦文表)[43]에 이르자 모두 마땅히 맹덕에게 사자를 보내 회신[44]을 고쳐 써서 그를 맞이해야 한다고 했다. 그러나 자경은 즉시 반박하고 불가함을 말하면서, 나에게 급히 공근을 부르도록 권하고, 군대를 맡겨 맹덕을 맞이해 싸우게 했다. 이것이 두 번째 기분 좋은 일이다.

뒤에 내게 유현덕(유비)에게 땅을 빌려 주기를 권했는데, 이것이 그의 한 가지 잘못이나, 그 두 가지 잘한 점을 덜 수는 없다. 주공(周公)은 한 사람에게서 모든 것이 갖추어지기[備]를 요구하지 않았다. 그러므로 나는 그의 잘못을 잊고, 그의 잘한 점을 귀하게 여겨 항상 그를 등우(鄧禹)[45]에 비교했다.

자명(子明, 여몽)이 젊었을 때 나는 (그가) 어려운 일이건 쉬운 일이건[46] 사양하지 않아, 과감하고 담력이 있다고 여

43) 주(註) 장소(張召) 진송(秦松)

44) 脩(修)檄 수격 : 수(脩, 修) 닦다, 고치다. 격(檄) 격서, 편지, 회장(回狀, 회답하는 문서), 회문(廻文)

45) 鄧禹 등우 : 광무제(光武帝) 때의 명신(名臣)

졌을 뿐이었다. 몸과 키가 커지고 학문이 더 크게 열리자, 지략이 기이해져 공근에 버금갈 수 있었다. 다만 말로 논의할 때 (공근은) 재기가 밖으로 드러났는데, (그 점에서) 그만 못했을 뿐이다. 관우를 도모해 잡은 것은 자경보다 잘 했다.

자경이 내게 답한 글에서 이르기를 '제왕이 일어나면 모두가 (제왕을 위해) 적들을 몰아 쫓아냅니다[驅除]. 관우는 거리낄 것이 없습니다'라고 했다. 이것은 자경이 안으로 해낼 수 없으면서, 겉으로 큰소리 친 것일 뿐이다. 나는 역시 그를 용서해 구태여 꾸짖지 않았다.

그는 군대를 조직해 군영에 주둔시켰는데, 명령은 시행되고, 금지하면 그쳐졌다. 부대의 경계 내에 해이[廢]해지거나 약속을 저버리는[負] 사람이 없었고, 길에 떨어진 물건도 줍는 사람이 없었다. 그 법은 역시 아름다웠다"

○ 위왕 조조가 표문을 올려 손권을 표기장군으로 하고, 신표를 주어 형주목을 맡게 했다. 손권이 교위 양우(梁寓)를 보내 공물을 바치면서, 조조에게 신하를 칭하고, 천명을 말하며 찬양했다.

시중 진군(陳羣) 등은 모두 "한(漢) 왕조가 끝난 것은 이미 오늘 뿐만이 아닙니다. 전하의 공덕이 우뚝 섰으니[47], 여러 백성들이 모두 바랍니다. 그러므로 손권이 먼 곳에서

---

46) 劇易 극이 : 주(註) 간여이(艱與易). 어려운 일과 쉬운 일

47) 巍巍 외외 : 산이 높이 홀로 서있는 모습. 크고 웅장함

신하를 칭한 것입니다. 이는 하늘과 사람이 호응한 것으로, 기운은 다르나 소리는 같은 것입니다. 전하께서 마땅히 대위(大位)를 바르게 하셔야 합니다. 다시 무엇을 주저하십니까?"라고 말했다. 조조는 "만약 천명이 내게 있다면, 나는 주나라 문왕이 되겠다"고 대답했다.

온공(溫公)이 말했다.

"교화는 국가의 급한 일인데, 세속의 관리들이 그것을 태만히 한다. 풍속은 천하의 큰일인데, 용렬한 군주는 그것을 소홀히 한다. 오직 명석하고 지혜로운 군자라야 깊이 알고 멀리 생각한다. 그런 다음에야 그것이 크게 유익하다는 것과, 공을 거두기 위해서는 오랜 시간이 걸린다는 것을 알게 된다.

광무제는 한(漢)나라 중엽 쇠퇴할 때를 만났다. 군웅들이 들끓을[48] 때 평민의 신분으로 분발해 일어났다. 전대의 실마리를 이어받아 이를 키우고[49], 사방을 정벌해 날마다 겨를이나 넉넉함[50]이 없었다. 그렇지만 경학을 돈독히 숭상하고, 훌륭한 유학자[51]들을 손님의 예로 맞이하며, 학교를 널리 열어 예악을 닦고 밝힐 수 있었다. 무공(武功)이 이루어지고 나서, 문덕 또한 두루 미쳤다[洽].

---

48) 糜沸 미비 : 죽이 끓음. 어지러움

49) 紹恢 소회 : 선대의 사업을 이어받아 이를 크게 함. 회(恢)=대(大)

50) 暇給 가급 : 시간이 넉넉함

51) 儒雅 유아 : 유교의 바른 의리, 유학자

이어서 (효)명제와 (효)장제는 광무제의 유지를 이어받고 닦아서[52], 학교[辟雍]에 가서 노인을 받들고, 경서를 가로 놓고[橫] 도를 물었다. 공경대부로부터 군현의 관리에 이르기까지 모두 경학에 밝고 행실이 닦여진 사람을 뽑아 등용했다. 천자를 호위하는 군사[53]와 궁중을 지키는 군사[54] 모두가 『효경』을 배웠다. 흉노의 자제들도 태학에 유학했다.

이 때문에 교화가 위에서 확립되고 풍속이 아래에서 이루어졌다. 중후하고 행실이 깨끗한 선비들이 어찌 오직 벼슬아치들[55]에게서만 존중을 받았겠는가? 또한 백성들에게서도 흠모를 받았다. 어리석고 비루하고 더러운 무리들이 어찌 오직 조정에서만 용납되지 못했을 뿐이었겠는가. 또한 향리에서도 버림을 당했다.

삼대(三代)가 망하고 나서부터 풍속과 교화의 아름다움이 동한(東漢)때 같이 융성한 경우가 없었다. (효)화제(和帝) 이후, 귀척들이 권력을 독점하고, 총애 받는 자들이 요직을 맡아[56], 상벌이 규정 없이 행해졌고, 뇌물도 공공연히 행해졌다. 현명한 자와 어리석은 자가 뒤섞이고[57], 옳고 그름이 전도되었으니, 혼란하다고 이를 수 있다.

---

52) 遹追 휼추 : 뒤따라 쫓음, 이어받아 닦음

53) 虎賁 호분 : 천자를 호위하는 군사 또는 용사, 날쌔다는 뜻

54) 衛士 위사 : 궁중을 지키는 군사

55) 搢紳 진신 : 높은 벼슬아치. 주(註) 신(紳)은 큰 띠. 진신(搢紳)은 홀(笏)을 띠에 꽂는 것이다

56) 用事 용사 : 요직에서 권력을 좌지우지함

57) 混淆 혼효 : 혼탁하다, 뒤섞이다

그러나 오히려 면면히 이어지고[58] 망하지 않은 것은, 위로는 공경대부인 원안(袁安) 양진(楊震) 이고(李固) 두교(杜喬) 진번(陳蕃) 이응(李膺)의 무리가 임금의 면전에서 (임금을) 꺾고 조정에서 다투어[59] 공명정대한 의론으로 국가의 위태로움을 잡아주었고, 아래로는 포의지사인 부융(符融) 곽태(郭泰) 범방(范滂) 허소(許邵)의 부류가 개별적인 의론으로 그 망함을 구했다.

이 때문에 정치는 비록 혼탁했으나 풍속은 쇠하지 않았다. 죽음[60]을 무릅쓰고 앞에서 엎어지면[61] 충의로 분발해 뒤를 이어 일어나고, 뒤따라서 나가서 죽었다. 죽음을 보기를 돌아가는 것처럼 했으니, 어찌 몇사람의 현명한 자들 때문이었겠는가. 역시 광무제와 명제와 장제가 남긴 교화 때문이었다.

당시에 만일 현명한 군주가 정치를 하고, 떨치고 일어났다면[振], 오히려 한(漢)나라의 국운은 헤아릴[量] 수 없었을 것이다. 불행히도 쇠퇴하고[62] 퇴폐한 끝을 이었으며, 거기다가 환제와 영제는 어리석고 포학했다. 간사한 자들을 보호하고 기르면서, 형제간에게 하는 것보다 더 넘치게 해주었다. 충신과 어진 자를 죽이면서, 원수에게 하는 것보다

---

58) 綿綿 면면 : 이어지다, 가늘고 길게 이어지다

59) 面折廷爭 면절정쟁 : 임금의 면전에서 꺾고 조정에서 막다

60) 斧鉞 부월 : 도끼

61) 僵仆 강부 : 엎어지다, 엎어져 죽다

62) 陵夷 능이 : 사물이 차차 쇠퇴해짐, 언덕이 점점 평탄해진다는 뜻

더 심하게 멸족시켰다. 많은 선비들에게 분노를 쌓게 하고, 천하에 노여움을 쌓게 했다.

이에 하진이 군대를 불렀고, 동탁이 틈을 탔으며, 원소의 무리가 이어서 난리를 만들었다. 마침내 천자의 수레가 도성을 떠나 피난가고[63], 종묘는 폐허[64]가 되었다. 왕실이 싹 쓸어 없어져 전복되고, 백성들은 도탄에 빠졌다. 천명[大命]이 떨어지고[殞], 끊어져 다시는 구원할 수 없었다.

그러나 주군(州郡)에서 병력을 끼고 땅을 차지하고 있던 자들은 비록 서로는 물어뜯고 삼켰으나, 여전히 한(漢)나라를 높인다는 것을 핑계대지 않은 적이 없었다.

위(魏) 무제는 포악하고 강건했다. 거기다가 천하에 큰 공이 있으므로, 군주를 무시하는 마음을 오랫동안 쌓았다. 그렇지만 죽을 때까지 감히 한(漢) 천자를 폐위하고 스스로 즉위하지 못했다. 어찌 그 마음이 하고 싶지 않았겠는가. 오직 명분과 의리를 두려워해 스스로 억제했기 때문일 것이다. 이로써 보건대, 교화를 어찌 태만히 할 수 있으며, 풍속을 어찌 소홀히 할 수 있겠는가"

경자(更子) 25년(220년)

정월에 위왕 조조가 낙양에 와서 죽었다. 조조는 인물을 알아보고 잘 파악해서, 거짓으로 현혹하기 어려웠다. 재주가 뛰어나 인재를 알아보고, 미천한 신분임에도 불구하고

---

63) 播越 파월 : =파탕(播蕩) =파천(播遷). 방랑함

64) 丘墟 구허 : 빈터, 큰 언덕, 성터

발탁했다. 재능에 따라 임무를 맡겨 모두 잘 썼다.

적과 함께 대진(對陣)하면, 마음이 편안하고 여유로워서 싸울 것같지 않았다. 그러나 중요한 시기를 결정하고 승세를 타게 되면, 기세가 충만해 넘쳤다. 공훈과 수고로 상을 줄 때에는 천금을 아끼지 않았으나, 공이 없으면 털끝만큼도 망령되게 베풀어주지 않았다.

법을 준엄하게 써서, 범한 것이 있으면 반드시 죽였다. 혹 그러한 일에 대해서 눈물을 흘렸으나, 끝내 용서하는 경우가 없었다. 평소[雅]의 성품이 절약하고 검소했고, 화려한 것을 좋아하지 않았다. 그러므로 여러 효웅들을 풀 베듯이 하고 거의 천하를 평정할 수 있었다.

조조의 태자 조비가 왕에 즉위했다.

○ 상서(尙書) 진군(陳群)이 조정에서 (관리를) 등용할 때 인재를 다 뽑지 못한다고 해 구품관인법(九品官人法)을 만들었다. 주군(州郡)에 모두 중정관(中正官)을 두고, 주군(州郡)의 능력 있는 자를 선발해 결정하게 했다. 지식 있고 식견 있는[65] 자가 그 일을 맡아 인물을 식별하고, 높고 낮은 순서를 정하게 했다.

○ 10월에 한(漢) 황제가 어사대부 장음(張音)을 시켜 임금의 명령을 알리는 깃발[節]을 잡고, 옥새(璽)와 인끈(綬)과 칙서(詔冊)를 받들어 위(魏)왕에게 선양했다. 위왕이 황

65) 識鑒 식감 : 판별하다 살피다. 견식(見識)

제[66]에 즉위해 황초(黃初)라 연호를 고치고, 천하에 크게 사면령을 내렸다. 한(漢) 황제를 받들어 산양공(山陽公)이라 하고, 아버지 조조를 추존해 무황제(武皇帝)라고 했다.

66) 시대개관 : 위진남북조(魏晉南北朝). 220년 조비(曹丕)가 한(漢)의 헌제(獻帝)로부터 제위(帝位)를 선양받아 위(魏)를 수립한 시점에서부터 589년 수 문제(隋 文帝) 양견(楊堅)이 남조의 마지막 왕조 진(陳)을 멸망시키고 천하를 통일할 때까지 약 370여년의 분열의 시대가 시작된다.

원 문

卷之二十三

後漢紀

孝獻皇帝 下

己丑建安十四年

十二月，周瑜攻曹仁，歲餘所殺傷，甚衆。仁委城走，瑜屯據江陵，會劉琦卒，權以備領荊州牧。周瑜分南岸地，以給備。權以妹妻備，妹才捷剛猛，有諸兄風。侍婢百餘人，皆執刀侍立。備每入，心常凜凜。

◯曹操密遣蔣幹，往說周瑜。幹乃布衣葛巾，自託私行，詣瑜。瑜出迎之，立謂幹曰：「子翼良苦。遠涉江湖，為曹氏作說客邪。」因延幹，與周觀營中，行視倉庫 軍資 器仗，訖還飮宴，因謂幹曰：「丈夫處世，遇知己之主，外託君臣之義，內結骨肉之恩，言行計從，禍福共之。假使蘇 張更生，能移其意乎。」幹但笑終無所言，還白操，稱瑜雅量高致，非言辭所能間也。

庚寅十五年

曹操下令曰:「孤始於譙東築精舍，欲秋夏讀書，冬春射獵，為三十年規，待天下清，乃出仕耳。然不能得如意，徵為典軍校尉。意遂更，欲為國家討賊立功。使題墓道言，漢故征西將軍曹侯之墓，此其志也。而遭值董卓之難，興舉義兵。後領兖州，破降黄巾三十萬衆，又討袁術，使窮沮而死。摧破袁紹，梟其二子，復定劉表，遂平天下。身為宰相，人臣之貴已極，意望已過矣。設使國家無有孤，不知當幾人稱帝，幾人稱王。或者人見孤彊盛，恐妄相忖度，言有不遜之志，每用耿耿。故為諸君陳道此言。皆肝鬲之要也。然欲孤便爾，委捐所典兵衆，實不可也。何者?誠恐已離兵為人所禍，已敗則，國家傾危。是以不得慕虛名而處實禍也。」

○劉表故吏士，多歸劉備。備以周瑜所給地少，不足以容其衆，乃自詣京，見孫權，求都督荊州。瑜上疏於權曰:「劉備以梟雄之姿，而有關羽 張飛熊虎之將。必非久屈為人用者。恐蛟龍得雲雨，終非池中物也。」權不從。備還聞之。歎曰:「天下智謀之士所見，略同。時孔明諫孤莫行，其意亦慮此也。」

○周瑜詣京見權，乞:「與奮威俱進， 取蜀而并張魯。因留奮威，固守其地，與馬超結援，瑜還，與將軍據襄陽，以蹙操，北方可圖也。」權許之。瑜還江陵道病。與權牋曰:「方今曹操在北，疆埸未靜，劉備寄寓，有似養虎，天下之事，未知終始。魯肅忠烈，臨事不苟，可以代瑜。儻所言可采，瑜死不朽矣。」卒於巴丘。

◯初程普頗以年長，數陵侮瑜。瑜折節下之，終不與校。普後自敬服而親重之。乃告人曰:「與周公瑾交，若飲醇醪，不覺自醉。」

◯權以魯肅代瑜領兵。魯肅勸權，以荊州借劉備，與共拒曹操，權從之。

◯初孫權謂吕蒙曰:「卿今當塗掌事，不可不學。」蒙辭以軍中多務。權曰:「孤豈欲卿治經為博士邪。但當涉獵，見往事耳。卿言多務，孰若孤?　　孤常讀書，自以為大有所益。」蒙乃始就學。及魯肅過尋陽，與蒙論議，大驚曰:「卿今者才略，非復吳下阿蒙。」蒙曰:「士別三日，卽更刮目相待，大兄何見事之晩乎。」肅遂拜蒙母，結友而別。

◯劉備以從事龎統，守耒陽令，在縣不治，免官。魯肅遺備書曰:「龎士兀非百里才也。使處治中別駕之任，始當展其驥足耳。」諸葛亮亦言之，備見統與言譚，大器之。遂用統為治中，親待亞於諸葛亮。

辛卯十六年

馬超　韓遂等，十部皆反，據潼關。操留子丕守鄴，自將擊超，大破之，遂　超犇凉州。

◯法正為劉璋軍議校尉，璋不能用，邑邑不得志。益州別駕張松與正善，自負其才，忖璋不足以有為。勸璋結劉備，以討張魯。璋曰:「誰可使者。」松乃舉正，璋然之。遣正將四千人，迎備。主簿黃權諫，　璋不聽。法正至荊州，陰說備，取益州，備疑未決。龐統曰:「益州土沃財富，大業可成。」備曰:「今指與吾為水火者，曹操也。操以急，吾以寬，操以暴，吾以仁，操以譎，吾以忠，每與操反，事乃可成耳。今以小利，而失信義於天下，柰何?」統曰:「逆取順守，古人所貴，若事定之後，封以大國，何負於信。今日不取，終為人利耳。」備以為然。乃留諸葛亮　關羽等，守荊州，備將步卒數萬人，入益州。備至巴郡，太守嚴顏，拊心歎曰:「此所謂獨坐窮山，放虎自衛者也。」備至涪，璋往會之。增備兵，厚加資給，使擊張魯。備北到葭萌，未卽討魯，厚樹恩德，以收衆心。

壬辰十七年
孫權作石頭城，徙治秣陵，改秣陵為建業。

◯董昭言於曹操曰:「自古以来，人臣匡世，未有今日之功，有今日之功，未有久處人臣之埶者也。今明公恥有慙德，樂保名節。然處大臣之埶，使人以大事疑己，誠不可不重慮也。」乃與列侯　諸將議，以丞相宜進爵國公，九錫備物，以彰殊勳。荀彧以為「曹公本興義兵，以匡朝寧國，秉忠貞之誠，守退讓之實。君子愛人以德，不宜如此。」操由是不悅。及擊孫權，表請彧勞軍于譙，因輒留彧，參丞相軍事。操軍向濡須，彧以疾留壽春，飲藥而卒。彧行義脩整，而有智謀。好推賢進士，故時人皆惜之也。

溫公曰 孔子之言:「仁也重矣。」自子路 冉有 公西赤門人之高弟，令尹 子文 陳文子諸侯之賢大夫，皆不足以當之。而獨稱管仲之仁，豈非以其輔佐齊桓大濟生民乎。齊桓之行若狗彘，管仲不羞而相之，其志蓋以非桓公則生民不可得而濟也。漢末大亂，羣生塗炭，自非高世之才，不能濟也。然則，荀彧捨魏武，將誰事哉。齊桓之時，周室雖衰，未若建安之初也。建安之初，四海蕩覆，尺土一民皆非漢有，荀彧佐魏武，而興之。擧賢用能，訓卒厲兵，決機發策，征伐四克，遂能以弱為強，化亂為治，十分天下而有其八。其功，豈在管仲之後乎。管仲不死子糾，而荀彧死漢室，其仁復居管仲之先矣。而杜牧乃以為彧之勸魏武，取兗州則比之高光。官渡不令還許， 則比之楚漢。及事就功畢，乃欲邀名於漢代,譬之教盜穴墻發匱，而不與同挈，得不為盜乎。臣以為孔子稱文勝質則史，凡為史者，記人之言，必有以文之。然則，比魏武於高 光 楚 漢者，史氏之文也，豈皆彧口所言邪。用是貶荀彧，非其罪矣。且使魏武或為帝， 則彧為佐命元功，與蕭何同賞矣。彧不利此，而利於殺身以邀名，豈人情乎。

劉備在葭萌，龐統勸備襲成都，備遂進據涪城。

癸巳十八年

正月，曹操進軍濡須口，號步騎四十萬，攻破孫權江西營，權率衆七萬禦之。相守月餘，操見其舟船器仗，軍伍整肅，歎曰:「生子，當如孫仲謀，如劉景升兒子，豚犬耳。」

○五月，以冀州十郡，封曹操為魏公，加九錫。

○劉備進圍成都，時劉璋城中，尚有精兵三萬人，穀帛支一年，吏民咸欲死戰。璋言:「父子在州二十餘年，無恩德以加百姓，何心能安。」遂開城出降，備遷璋于公安，盡歸其財物，備領益州牧。

○備之自新野犇江南也，荊楚羣士，從之如雲，而劉巴獨詣魏公操。諸葛亮以書招之，巴不從。備深以為恨。巴遂入蜀，依劉璋。備攻成都，令軍中曰:「有害巴者，誅及三族。」及得巴，甚喜。是時，益州郡縣皆望風景附。獨黄權，閉城堅守，須璋稽服，乃降。於是 董和 黄權 李嚴等，本璋之所授用也，吳懿 費觀等璋之婚親也，彭羕璋之所擯棄也，劉巴宿昔之所忌恨也。備皆處之顯任，盡其器能。有志之士，無不競勸，益州之民，是以大和。

○成都之圍也，備與士衆約，若事定，府庫百物，孤無預焉。及拔成都，士衆，皆捨干戈，赴諸蔵，競取寶物，軍用不足，備甚憂之。劉巴曰:「此易耳。但當鑄直百錢，平諸物價，令吏為官市。」備從之。數月之間，府庫充實。

○諸葛亮佐備治蜀，頗尚嚴峻，人多怨歎者。法正謂亮曰:「昔 高祖入關，約法三章，秦民知德。今君假借威力，跨據一州，初有其國，未垂惠撫。且客主之義，宜相降下，願緩刑馳禁，以慰其望。」亮曰:「君知其一，未知其二。秦以無道，政苛民怨，匹夫大呼，天下土崩，高祖因之，可以弘濟。劉璋暗弱，德政不擧，威刑不肅。蜀土人士，專權自恣，君臣之道，漸以陵替。寵之以位，位極則殘，順之以恩，恩竭則慢。所以致敝，實由於此，吾今威之以法，法行則知恩，限之以爵，爵加則知榮，榮恩幷濟，上下有節，為治之要於斯而著矣。」

◯劉備以零陵蔣琬為廣都長。備嘗因遊觀，奄至廣都，見琬衆事不治，時又沈醉，備大怒，將加罪戮。諸葛亮請曰:「蔣琬社稷之器，非百里之才也。其為政，以安民為本，不以脩飾為先。願主公，重加察之。」備雅敬亮，乃不加罪，倉卒，但免官而已。

◯魏尚書令荀攸卒。攸深密有智防，自從操攻討，常謀謨帷幄，時人及子弟莫知其所言，操常稱「荀文若之進善，不進不休。荀公達之去惡，不去不止。」又稱二荀令之論人「久而益信，吾沒世不忘。」

乙未二十年
三月，魏公操自擊張魯。

◯初 劉備在荊州，周瑜數勸孫權取蜀，權遣使謂備，備曰:「備與璋託為宗室，冀憑英靈，以匡漢朝。令得罪於左右，願加寬貸。」權不聽，遣瑜率水軍，住夏口，備不聽軍過，謂瑜曰:「汝欲取蜀，吾當被髮入山，不失信於天下也。」權不得已召瑜還。及備西攻劉璋，　權曰:「猾虜乃敢挾詐如此。」

◯備已得益州，權令諸葛瑾，從備求荊州諸郡，備不許。權遂置長沙 零陵 桂陽三郡長吏，關羽盡逐之。權大怒，遣呂蒙取三郡。劉備聞之，自蜀，親至公安，遣關羽，爭三郡。孫權進住陸口，為諸軍節度，使魯肅將萬人，屯益陽以拒羽。會聞魏公操將攻漢中，劉備懼失益州，使使求和於權，權令諸葛瑾報命，更尋盟好。遂分荊州，以湘水為界，長沙 江夏 桂陽以東屬權，南郡 零陵 武陵以西屬備。

◯七月，魏公操拔陽平，張魯犇南山，操入南鄭。司馬懿言於操曰:「劉備以詐力虜劉璋，蜀人未附，而遠爭江陵。此機不可失也。今克漢中，益州震動，進兵臨之，勢必瓦解。」操曰:「人苦無足，既得隴，復望蜀邪。」劉曄曰:「劉備人傑也。有度而遲，得蜀日淺，蜀人未附也。今破漢中，蜀人震恐，其勢自傾，因其傾而壓之，無不克也。若小緩之，諸葛亮明於治國，而為相，關羽 張飛勇冠三軍，而為將。蜀民既定，據險守要，則不可犯矣。」操不從。居七日蜀降者說蜀中一日數十驚，守將雖斬之，而不能安也。操問曄曰:「今可擊不?」曄曰:「今已小定，未可擊也。」乃還，以夏侯淵 張郃 徐晃等，守漢中。

丙申二十一年
五月，魏公操進爵為王，魏以五官中郎將丕，為太子。

◯法正說劉備曰:「曹操一舉而降張魯，定漢中，　　不因此執，以圖巴蜀， 而留夏侯淵 張郃屯守，身遽北還。今策，淵 郃才略不勝國之將帥，擧衆往討，必可克之。」備善其策，乃率諸將，進兵漢中。

◯劉備屯陽平關，夏侯淵 張郃 徐晃等與之相拒。備遣其將陳武等，絕馬鳴閣道，徐晃擊破之。急發益州兵，諸葛亮以問從事楊洪，洪曰:「漢中益州咽喉，存亡之機會，若無治中則，無蜀矣。此家門之禍也，發兵何疑。」時法正從備北行，亮於是表洪領蜀郡太守，衆事皆辦，遂使卽眞。

◯初 犍為太守李嚴，辟洪為功曹，嚴未去犍為，而洪已為蜀郡，洪擧門下書佐何祗有才策，洪尙在蜀郡，而祗已為廣漢太守。是以西土咸服 諸葛亮能盡時人之器用也。

己亥二十四年

三月， 魏王操自長安，出斜谷，軍遮要，以臨漢中。劉備曰:「曹公雖来，無能為也。我必有漢川矣。」乃斂衆拒險，終不交鋒。操運米北山下，黃忠引兵欲取之，過期不還。趙雲將數十騎，出營視之，值操揚兵大出。雲猝與相遇，遂前突其陳，且鬪且却，魏兵散而復合，追至營下。雲入營，更大開門，偃旗息鼓。魏兵疑雲有伏，引去。雲雷鼓震天，惟以勁弩，於後射魏兵，魏兵驚駭，自相蹂踐，墮漢水中， 死者甚衆。備明旦，自来至雲營，視昨戰處，曰:「子龍一身，都是膽也。」操引軍還長安。劉備遂有漢中。

◯七月，劉備自稱漢中王，還治成都。關羽自率衆，攻曹仁於樊，仁使于禁 龐德屯樊北。八月 大霖雨，漢水溢，禁等七軍，皆沒。禁與諸將登高避水，羽乘船攻之。禁等窮迫，遂降。自許以南，往往遙應羽，羽威震華夏。魏王操議徙許都，以避其銳。司馬懿 蔣濟言於操曰:「劉備 孫權外親內踈，關羽得志，權必不願也。可遣人勸權，躡其後，許割江南，以封權，則樊圍自解。」操從之。

○初 魯肅嘗勸孫權，以曹操尚存，宜且撫輯關羽，與之同仇，不可失也。及呂蒙代魯肅，屯陸口，以為羽素驍雄，有兼并之心， 且居國上流，其勢難久。密言與權曰:「今令征虜守南郡，潘璋住白帝，蔣欽將游兵萬人，循江上下，應敵所在。蒙為國家，前據襄陽。如此，何憂於操，何賴於羽。且羽君臣矜其詐力，所在反覆，不可以腹心待也，不如取羽全據長江。形勢益張，易為守也。」權善之。權嘗為其子，求昏於羽，羽罵其使，不許昏。權由是怒。及羽攻樊，呂蒙上疏曰:「羽討樊，而多留備兵，必恐蒙圖其後故也。蒙嘗有病，乞分士衆，還建業，以治疾為名。羽聞之，必撤備兵，盡赴襄陽。大軍浮江，晝夜馳上，襲其空虛，則諸郡可下，而羽可禽也。」遂稱病篤，權乃馳檄，召蒙還。蒙至蕪湖。定威校尉陸遜謂蒙曰:「關羽接境，如何遠下? 後不當可憂也。羽矜其驍氣，陵轢於人。始有大功，意驕志逸，但務北進，未嫌於我。有相聞病，必益無備，今出其不意，自可禽制。」蒙曰:「羽素勇猛，未易圖也。」蒙至都，權問:「誰可代卿者。」蒙對曰:「陸遜意思深長， 才堪負重。觀其規慮，終可大任，而未有遠名，非羽所忌，無復是過。若用之，當令外自韜隱，内察形便，然後可克。」權乃召遜，拜偏將軍，以代蒙。遜至陸口，為書與羽，稱其功美，深自謙抑，為盡忠自託之意。羽意大安，無復所嫌，稍撤兵，以赴樊。遜具啓形狀，陳其可禽之要。權遂發兵襲羽。令吕蒙為大都督，命征虜將軍孫皎為後繼。吕蒙至尋陽，盡伏其精兵□　舟鹿中，使白衣搖櫓。作商賈人服，晝夜兼行，羽所置江邊屯候，盡收縛之。是故羽不聞知。麋芳　傅士仁素皆嫌羽輕己，開門出降。蒙入江陵，釋于禁之囚，得關羽及將士家屬，皆撫慰之。約令軍中，不得干歷人家有所求取。蒙麾下士，與蒙同郡人，取民家一笠，以覆官鎧。官鎧雖公，蒙猶以為犯軍令。不可以鄉里故而廢法，遂垂涕斬之。於是軍中震慄，道不拾遺。

◯羽聞南郡破，卽走南還。數使人與吕蒙相聞。蒙輒厚遇其使，周游城中，家家致問，或手書示信。羽人還，私相參訊，咸知家門無恙，見待過於平時，故羽吏士無鬬心。會權至江陵，荊州將吏悉皆歸附。羽自知孤窮，乃西保麥城，因遁走。馬忠獲羽及其子平於章鄉，斬之。遂定荊州。吕蒙未及受封，而疾發卒，年四十二。權哀痛殊甚。

◯權後與陸遜，論周瑜　魯肅及蒙曰:「公瑾雄烈，膽略兼人。遂破孟德，開拓荊州，邈焉寡儔。子敬因公瑾致達於孤。孤與宴語,便及大略帝王之業，　此一快也。後孟德因獲劉琮之勢，張言方率數十萬衆，水步俱下。孤普請諸將，咨問所宜，無適先對。至張子布　秦文表俱言，宜遣使脩檄，迎之。子敬卽駁，言不可，勸孤急呼公瑾，付任以衆，逆而擊之。此二快也。後雖勸吾借玄德地，是其一短，不足以損其一長也。周公不求備於一人。故孤忘其短，而貴其長，常以比方鄧禹也。子明少時，孤謂不辭劇易，果敢有膽而已。及身長大，學問開益，籌略奇至，可以次於公瑾。但言議英發不及之爾。圖取關羽，勝於子敬。子敬答孤書云:『帝王之起，皆有驅除，羽不足忌。』此子敬內不能辦，外為大言耳。孤亦恕之，不苟責也。然其作軍屯營，不失令行禁止。部界無廢負，道無拾遺，其法亦美矣。」

◯魏王操表孫權為票騎將軍，假節領荊州牧。權遣校尉梁寓，入貢稱臣於操，稱說天命。侍中陳羣等皆曰:「漢祚已終，非適今日，殿下功德巍巍，羣生注望，　故孫權在遠稱臣。此天人之應，異氣齊聲。殿下宜正大位，復何疑哉。」操曰:「若天命在吾，吾為周文王矣。」

溫公曰：教化國家之急務也，而俗吏慢之。風俗天下之大事也，而庸君忽之。夫惟明智君子深識遠慮。然後，知其為益之大而收功之遠也。光武遭漢中衰，羣雄糜沸，奮起布衣，　紹恢前緖，征伐四方，日不暇給。乃能敦尚經術，賓延儒雅，開廣學校，脩明禮樂。武功既成，文德亦洽。繼以孝明　孝章遹追先志，臨雍拜老，橫經問道。自公卿大夫，至于郡縣之吏，咸選用經明行修之人。虎賁衛士皆習孝經，匈奴子弟，亦遊太學。是以教立於上，俗成於下，其忠厚清脩之士，豈惟取重於縉紳，亦見慕於衆庶。愚鄙汚穢之人，豈唯不容於朝廷。

亦見棄於鄉里。自三代既亡，風化之美，未有若東漢之盛者也。及孝和以降，貴戚擅權，　嬖倖用事，賞罰無章，賄賂公行，賢愚渾殽，是非顚倒，可謂亂矣。然猶緜緜，不至於亡者，上則有公卿大夫 袁安 楊震 李固 杜喬 陳蕃 李膺之徒，面折廷爭，用公義，以扶其危。下則有布衣之士 苻融 郭秦 范滂 許劭之流，立私論以救其敗。是以政治雖濁，而風俗不衰。至有觸冒斧鉞，僵仆於前，而忠義奮發，繼起於後，隨踵就戮，　視死如歸，夫豈特數子之賢哉。亦光武 明章之遺化也。當是之時，苟有明君，作而振之，則漢氏之祚，猶未可量也。不幸承陵夷頹敝之餘，重以桓靈之昏虐，保養姦回，過於骨肉，殄滅忠良，甚於寇讎，積多士之憤，蓄四海之怒。於是何進召戎，董卓乘釁，袁紹之徒，從而構難。遂使乘輿播越，宗廟丘墟，王室蕩覆，烝民塗炭，大命殞絕，不可復救。然州郡擁兵專地者，雖互相呑噬，猶未嘗不以尊漢為辭。以魏武之暴戾強伉，加有大功於天下，其蓄無君之心，久矣。乃至沒身，不敢廢漢而自立，豈其意之不欲哉。猶畏名義，而自抑也。由是觀之，教化安可慢，風俗安可忽哉。

庚子二十五年

正月，魏王操至洛陽，薨。操知人善察，難眩以偽。識拔奇才，不拘微賤，隨能任使，皆獲其用。與敵對陳，意思安閑，如不欲戰。然,及至決機，乘勝，氣埶盈溢。勳勞宜賞，不吝千金，無功妄施，　分毫不與。用法峻急，有犯必戮。或對之流涕，然終無所赦。雅性節儉，不好華麗。故能芟刈羣雄，幾平海內。操太子丕，卽王位。

◯尙書陳羣以天朝選用不盡人才，乃立九品官人之法。州郡皆置中正，以定其選擇州郡之賢。有識鑒者為之，區別人物，第其高下。

◯十月，漢帝使御史大夫張音，持節奉璽綬詔冊，禪位于魏王。王卽帝位，改元黃初，大赦。奉漢帝為山陽公，追尊父操，曰武皇帝。

통감절요 24권

한기(漢紀) 소열(昭烈)황제

재위 3년, 수(壽) 63

윤(尹)씨[1]가 말했다.

"촉한(蜀漢)이 친히 대통을 이으니, 명분이 바르고 말하기가 순조롭다. 근본적으로 주저할 만한 것이 없다. 진수(陳壽)가 삼국을 기록하면서부터 모든 천자의 법[制]을 위(魏)나라에만 부여하고, 촉한(蜀漢)은 열국(列國)으로 대우

1) 윤씨(尹氏)는 『통감강목발명(通鑑綱目發明)』을 저술한 윤기신(尹起莘)이다. 윤기신은(生·沒年 未詳) 자(字)가 경도(耕道)이고 대자장(大柘莊) 사람이다. 대략 송나라 영종(寧宗)에서 이종(理宗) 때 사람인 것 같다. 어려서부터 독서를 좋아했고 특히 역사연구를 좋아했다. 일생 은거하면서 벼슬을 하지 않았고 오로지 저술활동만 했다. 그가 고금의 치란흥망의 변화에 감동해, 주희(朱熹=朱子)의 『자치통감강목(資治通鑑綱目)』을 저본으로 해 그 뜻을 펼치기 위해 『자치통감강목발명(資治通鑑綱目發明)』 59권을 지었다.

했다. 그러므로 『자치통감(自治通鑑)』에서는 이것에 근거해 위나라를 천자의 사적(史跡)으로 기록했다[2].

강목(綱目)에 이르러서야 비로소 소열(昭烈)을 헌제(獻帝)의 뒤를 계승케 해, 한(漢)나라가 잃은 왕통을 잇게 하고, 춘추(春秋)의 정의(正義)를 채택해 천하에 만세의 정론을 제시했다. 나는[愚] 스승의 명을 이어서 하나같이 주자(朱子)의 예시를 좇아 왼쪽(이후/아래)의 내용에서 그것을 바로잡겠다"

신축(辛丑) 장무(章武) 원년(서기 221년)

촉(蜀)나라에 한(漢) 황제가 이미 해를 당했다는 말이 전해졌다. 이리하여 한중왕(漢中王)이 상(喪)을 발표하고 상복을 입었다. 시호를 효민황제(孝愍皇帝)라고 했다.

여름 4월에 한중왕이 무담(武擔)의 남쪽에서 황제에 즉위했다. 크게 사면령을 내리고, 연호를 고쳤다. 제갈량(諸葛亮)을 승상으로 삼고, 허정(許靖)을 사도로 삼았다.

온공(溫公)이 말했다.

"3대 이전에 천하 모든 나라에서 백성과 사직을 가진 자를 통틀어 군주라 일컬었다. 만국을 합해 그들에게 군림하고, 법도를 세우고 호령(號令)을 반포하고, 천하가 감히 어기지 못하는 자를 곧 왕(王)이라 일컬었다. 왕덕(王德)이 쇠

---

2) 紀年 기년 : 역사에서 천자의 사적을 적는 부분, 본기라고 함

퇴하고 난 이후, 강대국으로 제후들을 거느리고 천자를 받들 수 있는 자를 패(覇)라 일컬었다.

한(漢)나라의 유학자가 오행(五行)의 상생(相生)과 상극(相剋)[3]을 받들어서 진(秦)을 비정통[4]이라 했다. 물과 불의 사이에 있으니, 패자이고 왕이 아니라는 것이다. 이리하여 정통과 비정통에 대한 논의가 일어나게 되었다.

한(漢) 왕실이 전복되자 삼국이 정립해 대치[5]했고, 진(晉)이 실권을 잡은 후 오호(五胡)가 구름처럼 일어나 요란해졌다. 송(宋) 위(魏) 이후 남북이 나뉘어 다스려졌는데, 각각 국사(國史)가 있었고, 서로를 배척했다.

주씨(朱氏)가 당(唐)을 대신하자, 사방으로 분열되었다[6]. 주야(朱邪)가 변경(汴京)에 들어오자, 그를 궁(窮)[7]과 신(新)[8]에 비유해 역사와 햇수[9]를 모두 버리고 세지 않았다. 이것은 모두 편벽된 말이고, 공적인 의론은 아니다.

그러므로 지금 이 글에서는 오직 주(周) 진(秦) 한(漢) 진(晉) 수(隋) 당(唐) 만을 정통으로 삼았다. 그 후에 자손들이 비록 미약하고 이리저리 떠돌아 다녔으나[播遷], 그래도

---

3) 生勝 생승 : 상생(相生)과 상극(相剋). 승(勝)은 극(剋)

4) 閏位 윤위 : 정통이 아닌 임금 자리. 달에 차지 않는 역수(曆數) 상의 여분. 윤(閏)은 정수(正數)가 아닌 잉여

5) 鼎峙 정치 : 솥발과 같이 세 곳에 섬

6) 幅裂 폭열 : 분열되다

7) 窮 궁 : 주(註) 후예(后羿)를 말한다. 하(夏)나라를 찬탈

8) 新 신 : 전한(前漢)을 찬탈한 왕망(王莽)이 세운 나라

9) 運歷年紀 운력연기 : 운력(運歷) 운영된 역사. 연기(年紀) 나이, 연령, 해, 세월

조종(祖宗)의 업적을 계승했고, 사방에서 그와 권력을 다툰 자들은 모두 옛 신하들이었다.

그러므로 전부 천자의 법으로 그들을 기록하고, 천하가 나누어지고 분열되면, 본래 군신(君臣) 관계가 아닌 자들은 모두 열국의 법으로 그들을 대우하겠다.

그러나 해와 월일로서 일의 선후(先後)를 기록하지 않을 수가 없다. 한(漢)이 위(魏)에 전하고, 그리고 진(晉)이 받았다. 진(晉)은 송(宋)에 전했고, 진(陳)에 이르러 수(隋)가 빼앗았다. 당(唐)이 양(梁)에 전해서, 주(周)에 이르러 대송(大宋)이 그것을 이었다. 그러므로 그 연호로 그 국가의 일을 기록하지 않을 수 없다. 이것을 높여서 저것을 낮춘다거나, 정통과 비정통의 구별이 있는 것이 아니다.

한(漢)에 있어서 소열이 비록 중산정왕의 후손이라 했으나, 종친관계도 드물고 멀어서 몇 대인가의 수(數)와 작위와 지위를 기록할 수가 없다. 역시 마치 남당(南唐)의 열조(烈祖)가 오(吳)왕 각(恪)의 후손이라 칭한 것과 같아, 시비(是非)를 분별하기 어렵다. 그러므로 감히 광무제 및 진원제(晉元帝)와 비유해 소열(昭烈)에게 한(漢)의 남은 전통을 잇게 할 수는 없다"

종묘를 세우고, 고황제(高皇帝) 이하에게 합제사[10]를 지냈다.

---

10) 祫 협 : 합제사, 조상의 모든 신주를 함께 합쳐 지내는 제사

○ 5월에 부인 오씨를 세워 황후로 삼고, 아들 유선(劉禪)을 황태자로 삼았다.

○ 소열제가 관우(關羽)가 전사한 것을 수치스럽게 여겨 손권(孫權)을 공격하려 했다. 이때 군신들 중에 간언하는 자가 매우 많았으나, 소열제는 모두 듣지 않았다.

거기장군(車騎將軍) 장비(張飛)는 호걸이며, 위세와 용맹이 관우 다음이었다. 관우는 사졸들을 잘 대우해주었으나 사대부에게는 교만했는데, 장비는 군자를 사랑하고 예우했으나, 사졸들은 돌보지 않았다.

소열제가 항상 장비에게 "경은 형벌을 내리거나 죽이는 것이 이미 지나치다. 또 날마다 건장한 사내들을 채찍으로 때리고[撾], 그들을 좌우에 둔다. 이는 화를 초래하는 길"이라고 경계했으나 장비가 그래도 고치지[悛] 않았다.

소열제가 손권을 정벌하기로 하자, 장비가 병졸 1만명을 맡아서 인솔하고, 낭주(閬州)로부터 강주(江州)에 모이기로 했다. 출발할 때 장비의 휘하에 있던 장달(張達)과 범강(范彊)이 장비를 죽여 그 머리를 가지고 물길을 따라 손권에게 달아났다. 소열제는 장비 군영의 도독이 표문을 올렸다는 것을 듣고 "아! 장비가 죽었구나!"라고 소리쳤다.

○ 7월에 황제가 직접 여러 군대를 거느리고 손권을 공격했다. 손권이 진서장군(鎭西將軍) 육손(陸遜)을 대도독으로 삼아 그를 막게 했다.

○ 8월에 오(吳)의 손권이 위(魏)에 사신을 보내 신하를

칭했다. 언사를 낮추어 글을 받들고, 우금(于禁) 등을 함께 송환했다. 조정의 신하들이 모두 축하했다. 유엽(劉曄)이 혼자 말했다.

“손권이 이유 없이 와서 항복한 것은 반드시 나라 안에 급한 일이 있어서 입니다. 손권이 지난번 관우를 습격해 죽였으니, 유비(劉備)가 반드시 군대를 크게 일으켜 공격할 것입니다. 밖에 강한 적이 있으니, 사람들의 마음이 편안하지 못하고, 또 중국[中原]이 그 틈을 타 공격할까 두려워합니다.

그러므로 땅을 바치고 항복한 것입니다. 첫 번째는 중국의 군대를 물리치는 것이고, 두 번째는 중국의 원조를 빌려 그들의 군사를 강하게 해 적들을 주저하게 하려는 것일 뿐입니다.

천하를 셋으로 나누어 중국이 10중 8을 차지하고, 오(吳)와 촉(蜀)은 각각 주(州) 하나씩을 확보해 산으로 막고 물에 의지해, 급한 일이 있으면 서로를 구원합니다. 이것은 소국의 이로움인데, 지금 도리어 자기들끼리 서로를 공격하니, 하늘이 그들을 멸망하게 하려는 것입니다.

마땅히 크게 군사를 일으켜 곧 바로 양자강을 건너 손권을 습격하십시오. 촉(蜀)이 그들을 밖에서 공격하고, 우리는 그 안을 습격한다면, 오(吳)는 한 달 못되어 멸망할 것입니다. 오(吳)가 멸망하면 촉(蜀)은 고립됩니다.

만약 오의 절반을 떼어 촉에게 준다 해도 촉은 오래 보존할 수 없을 것입니다. 하물며 촉이 그 밖을 차지하고, 우리가 그 안을 차지하게 된다면 어떻겠습니까?”

위(魏)의 군주는 "그들이 신하를 칭하고 항복했는데, 그를 공격한다면, 천하의 귀부하려는 자들의 마음을 주저하게 할 것이다. 우선 오(吳)의 항복을 받아들이고, 촉(蜀)의 뒤를 습격하는 것이 낫다"고 했다. 마침내 오(吳)의 항복을 받아들였다. 태상(太常) 형정(邢貞)을 보내 황제의 명령[策]을 받들고 가서, 손권을 임명해 오(吳)왕으로 삼게 하고, 구석(九錫)을 내렸다.

형정이 오에 이르자, 오왕이 군현의 마을에 있는 정자[11]까지 나가서 형정을 기다렸다. 형정이 마을 문으로 들어와 수레에서 내리지 않았다. 장소(張昭)가 형정에게 "무릇 예란 공경해야 하고, 법이란 시행해야 한다. 그대는 감히 스스로를 높이고 있는가? 어찌 우리 강남이 적고 약하다고 한 치의 칼날도 없겠는가?"라고 말했다. 형정이 곧 바로 수레에서 내렸다.

중랑장(中郞將) 서성(徐盛)이 분개해 같이 도열하고 있던 사람들을 돌아보며 "우리들이 나라를 위해 허와 낙양[魏]을 겸병하고, 파촉[蜀]을 삼킬 수 없어서 우리 군주로 하여금 형정과 맹약을 맺게 했으니, 역시 치욕스럽지 않은가?"라고 말하면서, 눈물을 줄줄 흘렸다. 형정이 그것을 듣고 그 일행들에게 "강동의 장수와 재상이 이와 같으니, 오랫동안 남의 밑에 있을 자들이 아니구나"라고 말했다.

오의 군주가 중대부(中大夫) 조자(趙咨)를 보내 들어가

---

11) 都停 도정 : 군현의 마을이 있는 곳에 지은 나그네가 휴식하기 위해 지은 옥사(屋舍)

사례하게 했다. 위 군주 조비가 조자에게 "오왕은 어떤 군주인가?"라고 물었다. 조자는 "총명하고 어질며, 지혜롭고 영웅의 지략을 가진 군주입니다"라고 대답했다.

위의 군주가 상황을 물으니, "노숙을 평범한 품계[12]에서 받아들였으니, 이는 그가 총명하기 때문입니다. 여몽을 병사의 대오에서 발탁했으니, 이는 그가 명석하기 때문입니다. 우금을 잡고도 해치지 않았으니, 이는 그가 어질기 때문이요, 형주를 빼앗으면서 병사들이 칼날에 피를 묻히지 않았으니, 이는 그가 지혜롭기 때문입니다. 3주를 차지하고 천하를 호랑이처럼 보고 있으니, 이는 그가 영웅이기 때문입니다. 폐하에게 몸을 굽혔으니, 이는 그가 전략이 있기 때문입니다"라고 답했다.

조비가 "오왕은 학문을 아는가?" 물으나, "오왕은 강에 떠있는 배가 1만 척이고, 갑옷 입은 군사가 1백만이지만, 현명한 자에게 맡기고 능력 있는 자를 시킵니다. 뜻은 사방을 경략하는 것이지만, 여가가 있으면 서책을 널리 살피고 사적을 두루 섭렵해 기이한 것을 채택합니다. 옛사람의 글을 따서 시를 짓는[13] 서생들을 본받지 않을 뿐입니다"라고 대답했다.

조비가 "오를 정벌할 수 있겠는가?" 하니, "대국은 정벌하는 군대가 있고, 소국은 대비해 막는 견고함이 있습니다"라고 답했다. 조비가 "오는 위를 근심[難][14]으로 여기는

---

12) 凡品 범품 : 범(凡) 평범한, 품(品) 가지, 종류, 품수, 벼슬, 차례, 관위, 법식
13) 尋章摘句 심장적구 : 옛사람의 글귀를 따서 시를 적음

가?" 하니, "갑옷 입은 군사가 1백만이고 양자강과 한수가 해자(垓字)인데, 무슨 근심으로 여기겠습니까"고 답했다.

조비가 "오나라에 대부와 같은 자가 몇 사람인가?" 물으니, "총명하고 특별히 통달한 자는 80, 90명입니다. 신과 같은 자는 수레에 싣고 말로 헤아립니다. 너무 많아 다 셀 수가 없습니다"라고 대답했다.

임인(壬寅) 2년 5월(222년)

황제가 무협(巫峽) 건평(建平)에서부터 이릉(夷陵)의 경계에까지 군영을 설치하고 수십개의 주둔지를 세웠다. 정월부터 오와 서로 대치했으나, 6월에 이르도록 결판나지 않았다. 황제가 오반(吳班)을 보내 수천명을 거느리고 평지에 군영을 세우게 했다.

오의 장졸들이 모두 공격하려 했는데, 육손은 "이는 반드시 속임수[譎]가 있을 것이니, 우선 살펴보자"고 막았다. 황제는 이 계책이 시행되지 못할 것을 알고, 결국 복병 8천명을 이끌고 골짜기에서 나왔다. 육손은 "제군들이 그를 공격하는 것을 따르지 않은 까닭은 그에게 반드시 계교가 있음을 헤아렸기 때문이었다"고 말했다.

○ 윤달에 육손이 진격해 촉한의 군대를 공격하려 했다. 제장들이 모두 "유비를 공격하려면, 마땅히 초기에 했어야

---

14) 難 난 : 어려울, 근심(재난 또는 난처한 처지를 당해 속을 썩임), 재앙, 난리, 원수, 적

합니다. 지금 그런데 저들에게 국경을 5, 6백리나 들어오게 했고, 서로 대치한지 7, 8개월이 지나서 여러 요충지들을 모두 견고하게 지켜지고 있습니다. 그들을 공격한다면 반드시 이로움이 없을 것입니다"라고 말했다.

육손은 "유비는 교활한 놈이다. 일찍이 많은 일을 겪었다. 그 군대가 처음 모였을 때에는 사려깊고 치밀하고 (일에) 전념[15]했기 때문에 범할 수 없었다. 지금은 주둔한 지 이미 오래 되어 자신들에게 유리한 것을 생각해내지 못하고 있고, 병사들은 피로하고 의욕이 꺾였다. 더 이상 계책을 낼 수가 없을 것이다. 이 적을 완전히 잡는 것[16]은 바로 오늘이다"라고 말했다.

마침내 먼저 한 진영을 공격했으나 불리했다. 제장들이 모두 "공연히 병사만 죽였을 뿐입니다"고 말했으나, 육손은 "내 이미 그들을 격파할 방법을 깨달았다"고 대답했다.

마침내 명령해 각각 한 줌 씩의 띠풀을 쥐게 하고, 불로 그들을 공격해서 장남(張南) 풍습(馮習) 등을 목 베고, 40여 개의 군영을 격파했다. 촉한(蜀漢)의 장수 두로(杜路) 유녕(劉寧) 등은 궁지에 몰리자[窮逼] 항복을 청했다.

소열제가 마안산(馬鞍山)으로 올라가 군대를 늘어세워[陳] 자기 주위를 둘러싸게[繞] 했다. 육손이 여러 군을 독촉해 사면에서 포위를 좁혀왔다[蹙]. 흙이 무너지듯 와해되어 죽은 자가 1만 명으로 헤아려졌다.

---

15) 精專 정전 : 정(精) 정밀. 전(專) 전념

16) 掎角 기각 : 사냥하여 사슴을 붙잡음. 다리 잡음

소열제가 밤에 도망쳐서 겨우 백제성(白帝城)으로 들어갈 수 있었다. 그의 선박과 병장기와 수군과 보병의 군수물자를 한순간에 모두 잃었다. 시체가 강을 막고 떠내려갔다. 소열제가 크게 부끄러워하며 화가 나서 "내가 결국은 육손에게 꺾이고 모욕을 당했다. 어찌 하늘의 뜻이 아니겠는가?"라고 말했다.

○ 처음에 제갈량은 상서령 법정과 좋아하는 것과 숭상하는 것이 같지 않았다. 그러나 공적인 도리로 서로를 도왔다. 제갈량이 매번 법정의 지혜와 술책을 뛰어나게[奇] 여겼다. 황제가 오를 공격하다가 패배했는데, 이때 법정은 이미 죽고 없었다.

제갈량이 탄식하며 "효직(孝直)[17]이 만약 있었다면, 주상이 동쪽으로 가는 것을 반드시 막았을 것이고, 가령[18] 동쪽으로 갔다 해도 반드시 뒤집혀서 위태롭게[傾危] 되지는 않았을 것이다"라고 말했다.

○ 처음에 위의 군주 조비는 촉한의 군대가 7백여 리에 목책을 세워 군영을 연결했다는 말을 들었다. 여러 신하들에게 "유비는 병법을 알지 못하는구나. 어찌 7백리 군영으로 적과 대치할 수 있겠는가? 언덕과 습지[19], 험한 지형을 안에 넣고 진을 치는 자는 적에게 사로잡힌다. 이는 병법에

---

17) 孝直 효직 : 주(註) 법정(法正)의 자(字)

18) 就使 취사 : =가사(假使). 가령. 취(就) 이를, 나갈, 마칠, 즉시, 가령

19) 原濕 원습 : 높고 건조한 땅과 낮고 습한 땅, 낮고 습한 들

서 기피하는 것이다. 손권의 올리는 글이 이제 올 것이다" 라고 말했다. 7일 후에 오가 촉한을 격파했다는 글이 도착했다.

○ 오왕의 시자(侍子)[20]가 오지 않자, 위의 군주 조비가 노해 마침내 오를 공격했다.

○ 오왕이 사신을 보내 황제의 안부를 물었다[聘]. 소열제가 사신을 보내 그에게 보답했다. 오와 촉한이 다시 통했다.

계묘(癸卯) 3년(223년)

처음에 위의 군주 조비가 가후(賈詡)에게 "내가 명령을 따르지 않는 자들을 정벌해서 천하를 통일하고자 한다. 오(吳)와 촉한[蜀] 중에서 어느 쪽을 먼저 정벌해야 하는가?" 고 물었다. 가후가 대답했다.

"공격해서 빼앗는 자는 군사와 권모술수를 우선시 하고, 근본을 세우는 자는 덕화(德化)를 숭상합니다. 폐하께서는 시기에 응(應)해 선양을 받아서 온 나라[21]에 군림해 어루만지고 계십니다. 만약 문덕(文德)을 베풀어서 그들을 편안하게[綏]해주고 그들의 변고를 기다린다면, 그들을 평정하기는 어렵지 않을 것입니다.

오와 촉한은 비록 매우 좁고 작은[22] 소국이지만, 산에 의

---

20) 주(註) 천자를 모시는 제후나 왕의 아들, 질자(質子, 볼모)와 같은 의미이다.
21) 率土 솔토 : 온 나라
22) 蕞爾 최(체)이 : 좁고 작은 모양

지하고 물로 막혀 있습니다. 유비는 뛰어난 재주가 있고, 제갈량은 나라를 잘 다스립니다. 손권은 일의 상황[23]을 잘 판단하고, 육손은 군사의 형세를 잘 봅니다. (촉한은) 험한 곳을 차지하고 요충지를 지키며, (오는) 강호에 배를 띄우고 있으니[24], 모두 갑자기 도모하기는 어렵습니다.

전쟁하는 방법은 먼저 승세를 잡은 뒤에 싸우고, 적을 헤아리며 장수를 평가합니다. 그러면 거병해도 버릴[遺] 계책이 없는 것입니다. 신이 가만히 헤아려보건대, 여러 신하 중에 유비와 손권을 대적할 자가 없습니다. 비록 하늘의 위엄으로 그들에게 간다 해도, 만전의 형세는 드러나지 않을 것입니다"

조비가 받아들이지 않았다. 군대는 끝내 공이 없었다.

○ 소열제가 병이 심해졌다. 승상 제갈량에게 명령해 태자를 보필하게 하고, 상서령 이엄(李嚴)에게 보좌[副]하게 했다. 황제가 제갈량에게 "그대의 재주는 조비의 열 배이다. 반드시 나라를 안정시키고 끝까지 큰일을 평정할 수 있을 것이다. 만일 계승자가 보필할 만하거든 그를 보필하고, 만일 그가 재주가 없거든 그대 스스로 해도 된다"고 말했다. 제갈량은 눈물을 흘리며 "신이 감히 신하[25]로서의 힘을 다 하고, 충정의 절개를 다 바치지 않는다면, 죽음으로써

---

23) 虛實 허실 : 방어의 유무, 거짓과 참, 공허와 실질

24) 汎舟 범주 : 배를 물 위에 띄어놓음

25) 股肱 고굉 : 보좌하는 신하. 고굉(股肱) 넓적다리와 팔

대신 하겠습니다"라고 대답했다.

소열제가 또 조서를 만들어 태자에게 명령했다.

"사람이 50세면 요절했다고 말하지 않았다. 내 나이 이미 60세가 넘었다. 어찌 더 한스럽겠느냐? 다만 경의 형제 때문에 걱정될 뿐이다. 힘쓰고 힘써라. 악(惡)이 적다 해도 악한 일을 해서는 안 되고, 선(善)이 적다 해도 선을 안해서는 안된다. 오직 현명하고, 오직 덕이 있어야만, 남을 복종시킬 수 있다. 네 아버지는 덕이 적어 본받을 만한 사람이 못된다. 너는 승상과 함께 일을 하면서, 승상을 아버지처럼 섬겨라"

4월에 소열제가 영안(永安)에서 붕어했다. 시호(謚號)를 소열(昭烈)이라고 했다. 승상 제갈량이 상(喪)을 받들고 성도로 돌아왔다. 이엄을 남겨두어 영안을 다스리게 했다.

5월에 태자 선(禪)이 제위에 올랐다. 이때 나이가 17세였다. 황후를 황태후로 높였다. 승상 제갈량에게 무향후(武鄉侯)의 작위를 주고, 익주목을 맡겼다. 크고 작음을 가리지 않고 정사는 모두 제갈량에게 결정하게 했다. 그리하여 제갈량이 관직을 줄이고 법제를 닦았다.

제갈량이 일찍이 직접 문서를 검토[校]했다. 주부 양옹(楊顒)이 곧바로 들어와 간언했다.

"정치를 하는데도 바탕이 있습니다. 상하(上下)가 서로 침범해서는 안 됩니다. 이 때문에 옛사람은 '앉아서 도를 논하면 그를 왕공(王公)이라 하고, 일어나서 일을 하면 사대부(士大夫)'라 했습니다.

그러므로 병길(丙吉)은 길에 가로 누워 죽어 있는 사람에 대해서는 묻지 않고, 소가 헐떡거리는[喘] 것은 걱정했습니다. 진평(陳平)은 돈과 곡식의 수를 알려고 하지 않고, 주관하는 사람이 있다고 말했습니다. 그들은 참으로 지위와 분수의 바탕에 대해 통달한 것입니다.

지금 명공께서는 정치를 하시면서 이렇게 직접 문서를 검토하시고, 종일토록 땀을 흘리고 계시는데, 역시 힘들지 않습니까"

제갈량이 사과했다. 양옹이 죽자, 제갈량은 사흘 동안 눈물을 흘렸다.

○ 8월에 상서(尙書) 등지(鄧芝)를 보내 오와 우호를 닦았다. 이때 오왕이 아직 위와 절교하지 않아 제 때에 등지를 만나주지 않았다. 등지가 스스로 "신이 지금 온 것은 또한 오를 위해서이지, 단지 촉을 위해서만은 아닙니다"라는 표문을 올려 알현을 청했다.

오왕이 그를 만나 "나는 진실로 촉과 화친하기를 원한다. 그러나 촉은 군주가 유약하며, 나라는 작고 세력이 약하므로[逼], 위에게 공격당하면 스스로 보전하지 못할까 걱정될 따름이다"라고 말했다. 등지가 대답했다.

"오와 촉 두 나라는 4주의 땅입니다. 대왕은 세상에서 뛰어난 영웅이고, 제갈량 또한 한 시대의 인걸입니다. 촉은 겹겹의 험한 지세로 견고하고, 오는 삼강(三江)의 막힘이 있습니다. 이 두 가지 장점을 합친다면 함께 입술과 이가 될 것이니, 진격하면 천하를 겸병할 수 있고, 물러서면 삼국이 세발솥[鼎]처럼 정립할 수 있습니다.

대왕이 지금 만약 위나라에 신하로서의 예물을 바치신다면[26], 위나라는 반드시 위로는 대왕의 입조를 바랄 것이고, 아래로는 태자가 들어와서 모시기[內侍]를 요구할 것입니다. 만약 명령을 따르지 않는다면, 왕명을 받들어 배반한 자를 공격할 것이고, 촉 또한 강물을 따라 내려와 진격할 수 있는지를 살필 것입니다. 이와 같다면 강남의 땅은 다시는 대왕의 것이 아닙니다"

오가 마침내 위와 절교하고 오로지 촉한과 연합했다.

○ 장씨(張氏)를 황후로 삼았다. 장비의 딸이다.

후황제(後皇帝)[27]는 재위 40년, 수(壽) 65

갑진(甲辰) 건흥(建興) 2년(224년)

위의 군주 조비가 크게 군대를 일으켜 오를 정벌했다. 상서복야(尙書僕邪) 사마의(司馬懿)를 남겨두고 허창을 다스리게 했다. 수군을 만들어 친히 용주(龍舟)[28]를 타고 광릉(廣陵)에 도착했다.

때마침 양자강의 물이 불어서 넘쳤다. 조비가 강에 가서 바라보고는 "위나라에 비록 무장을 갖춘 기병이 많으나, 그

26) 委質 위질 : 처음 벼슬하는 사람이 예물을 바쳐 임금 앞에 둠. 처음 사신(仕臣)한다는 뜻

27) 後皇帝 후황제 : 주(註) 이름은 선(禪), 자(字)는 공사(公嗣). 소열황제(昭烈皇帝)의 아들

28) 龍舟 용주 : 천자가 타는 배

들을 쓸 곳이 없다. 도모할 수 없구나!"라고 탄식했다. 조비가 용주에 탔는데, 마침 폭풍을 만나 배가 떠다니고 흔들려[29] 거의 뒤집혀 가라앉을[30]뻔 했다. 결국 군대를 돌렸다.

을사(乙巳) 3년(225년)

승상 제갈량이 병력을 거느리고 옹개(雍闓)를 토벌했다. 참군(參軍) 마속(馬謖)이 그를 전송했다. 제갈량이 "비록 함께 일을 도모한 지 여러 해가 지났지만, 지금 다시 좋은 계책[良規]을 베풀어[良]줄 수 있는가?"고 물었다. 마속이 대답했다.

"남쪽 지방은 멀고 험하다는 것만 믿고, 복종하지 않은 지가 오래되었습니다. 비록 오늘 그들을 격파한다 해도 내일 다시 배반할 것입니다. 무릇 군대를 쓰는 방법에 마음을 공격하는 것이 상책(上策)이고, 성을 공격하는 것이 하책(下策)입니다. 마음을 공격하는 것이 상책이고, 군대로 싸우는 것은 하책입니다. 원컨대 공께서는 그들의 마음을 복종시켜야 할 뿐입니다"

제갈량이 그 말을 받아들였다.

○ 7월에 승상 제갈량이 남중(南中)에서 도착해 가는 곳마다 싸워 이겼다. 월수(越嶲)에서 들어가 옹개를 목 베었

---

29) 飄蕩 표탕 : 표(飄) 풍파에 떠다닐. 탕(蕩) 쓸어 없앨, 움직일, 옮길, 광대한 모양

30) 覆沒 복몰 : 뒤집혀서 가라앉다

다. 맹획(孟獲)이 옹개의 남은 병력을 거두어 제갈량에게 대항했다. 맹획은 평소 오랑캐와 한족에게 복속되어 있었는데, 제갈량이 널리 알려서 생포해오게 했다.

사로잡아서 그에게 군영 곳곳을 보여주고 "이 군대는 그대의 진영과 비교해 어떠한가?"를 물었다. 맹획은 "아까는 허실(虛實)을 알지 못했기 때문에 실패했지만, 지금 은혜를 입어[蒙賜] 군영 곳곳을 구경했습니다. 만약 단지[祗] 이와 같다면, 곧 공격해서 쉽게 이길 수 있습니다"라고 했다.

제갈량이 웃으며 풀어 주고, 다시 싸우게 해주었는데, 일곱번 풀어 주었다가 일곱 번 사로잡았다[七縱七擒]. 그런데도 제갈량은 여전히 맹획을 보내 주었다. 맹획이 멈추고 가지 않으며 "공은 하늘의 위엄이십니다. 남쪽 사람들은 감히 다시는 배반하지 않을 것입니다"하고 했다. 이로부터 제갈량이 죽을 때까지 오랑캐가 다시는 배반하지 않았다.

○ 8월에 위의 군주 조비가 배와 군대를 거느리고, 초현(譙縣)에서 와수(渦水)를 따라 회수(淮水)로 들어가 10월에 광릉에 도착했다. 강에 가서 군대를 사열하니, 병졸이 십여만명이고, 깃발이 수백 리 이어졌다. 강을 건너갈 뜻이 있었다. 오나라 사람들이 군대를 급히 (정돈하고) 견고하게 수비했다.

때마침 큰 추위로 얼음이 얼어 배가 강으로 들어갈 수 없었다. 조비가 파도가 세차게 일어나는 것[31]을 보고 "아!

---

31) 洶涌 흉용 : 물이 용솟음치는 모습

이는 참으로 하늘이 남북을 가로막았기 때문이로다!"라고 탄식했다.

병오(丙午) 4년 5월(226년)

위의 군주 조비의 병이 심해졌다. 조예(曹叡)를 태자로 세웠다.

병진(丙辰)에 조진(曹眞) 진군(陳羣) 사마의(司馬懿)를 불러 유조를 받고, 함께 정사를 보필하게 했다.

정사(丁巳)일 조비가 죽었다[殂]. 태자 조예가 즉위했다.

정미(丁未) 5년(227년)

3월에 승상 제갈량이 여러 군대를 거느리고 북쪽으로 가서 한중에 주둔했다. 장사(長史) 장예(張裔)와 참군(參軍) 장완(蔣琬)에게 남아서 승상부의 일을 통솔하게 했다. 출발에 앞서 출사표를 올렸다[上疏].

"선제께서 창업을 하시고 반도 이루지 못하시고 중도에 돌아가셨습니다. 지금 천하는 셋으로 나뉘어 있는데, 우리 익주가 피폐합니다. 이는 참으로 위급하며, 흥하느냐 망하느냐의 시기[秋]입니다.

그러나 모시고 호위하는 신하들은 안에서 태만히 하지 않고, 충성스럽습니다. 뜻있는 선비들은 밖에서 자신을 잊고 충성을 다하고 있습니다. 무릇 선제와의 특별한 만남을 그리워 해 폐하께 이를 갚고자 하기 때문입니다.

참으로 마땅히 해야할 일은, 군주[聖]로서 신하들의 언로[聽]를 활짝 열어[開張], 선제께서 남긴 덕을 빛내고, 뜻있는 선비들의 사기를 넓혀주는 것입니다.[32] 해서는 안되는 일은 망령되게 스스로 옹졸[33]해지는 것입니다.

예를 들어보겠습니다. 도리를 잃고 충성스러운 간언[忠諫]의 길을 막는 것입니다. 현명한 신하를 가까이 하고 소인을 멀리한 것은 선[先漢]이 흥성했던 이유입니다. 소인을 가까이 하고 현명한 신하를 멀리한 것이 후한(後漢)이 기울고 피폐한 까닭입니다. 선제께서 살아 계셨을 때 언제나 신과 함께 이 일을 논하면서, 일찍이 환제와 영제에 대해서 탄식하셨습니다. 대단히 유감으로 여기지 않은 적이 없었습니다.

신은 본래 평민으로, 남양(南陽)에서 농사짓고 있었습니다. 구차하게 난세에 목숨[性命][34]을 보전하고, 제후들에게 알려져 영달하기를 구하지 않았습니다. 선제께서는 신을 비천하게 여기지 않으시고, 외람되게도 스스로를 굽히고, 세 번이나 초려(草廬)로 신을 찾아오셔서 신에게 당면한 세상의 일을 자문하셨습니다.

이 때문에 감격해서 마침내 선제께 함께 달릴 것을 약속했습니다. 후에 기울어지고 엎어짐을 만났고, 군대가 패한 때 임무를 받았고, 위태롭고 어려운 때 명령을 받들었는데, 거의 21년이 되었습니다.

선제께서는 신의 근면 성실을 아셨기 때문에 임종하시면

---

32) 恢弘 회홍 : 회(恢) 넓을. 홍(弘) 넓힐

33) 菲薄 비박 : 적어서 변변하지 아니함. 주(註) 미박(微薄) 자잘구레하고 가볍다

34) 性命 성명 : 목숨, 천부의 성질

서, 신에게 대사를 맡기셨습니다. 신은 명령을 받은 이래 밤낮으로 근심하고 걱정했고, 부탁하신 것을 이루지 못해 선제의 명철함을 손상시킬까 두려웠습니다. 그러므로 5월에 노수(瀘水)를 건너 깊이 불모지로 들어갔습니다. 지금 남방은 이미 평정되었고, 무장한 병력도 이미 충분합니다.

마땅히 삼군을 부추겨[獎] 거느리고, 북쪽으로 가서 중원을 평정해야 합니다. 저의 노둔한 재주를 다해 간흉을 제거하고, 한(漢) 황실을 부흥시켜 옛 도읍으로 돌아가겠습니다. 이것은 신이 선제에게 보답하고, 폐하에 대한 직분에 충실하려는 행동입니다.

손실과 이로움을 헤아려서35) 충언을 다 진술하는 것은 곽유지(郭攸之) 비위(費禕) 동윤(董允) 등의 임무입니다. 원컨대 폐하께서는 신에게 적을 공격해서 한(漢) 황실을 부흥시키는 일을 맡겨주시고, 신이 일을 이루지 못하면, 신의 죄를 다스려 선제의 영전에 고하십시오. 곽유지 비위 동윤 등이 태만하면 책망하시어, 그 잘못을 밝히십시오.

폐하께서도 또한 스스로 생각하고, 정사의 좋은 방법을 아랫사람에게 자문하고36), 바른 말을 살펴 받아들이고, 선제의 유조를 깊이 따르십시오[追].

신은 받은 은혜에 대한 감격을 이겨내지 못하겠습니다. 지금 마땅히 멀리 떠나야 하는데, 표문을 앞에 두고는 눈물

---

35) 斟酌 짐작 : 선악을 헤아려 취사선택함, 사정을 추찰함, 요량해 처리함, 잔에 술을 따름

36) 諮諏 자추 : 아랫사람에게 정사에 대해서 자문하다

[涕]이 떨어져[零] 말할 바를 알지 못하겠습니다"

마침내 출정했다.

○ 6월에 위나라는 사마의를 도독형예주제군사(都督荊豫州諸軍事)로 삼았다.

무신(戊申) 6년(228년)

처음 위나라가 하후무(夏侯楙)를 시켜 장안을 지키게 했다. 이 때 승상 제갈량이 위를 정벌하려고 여러 부하들과 함께 의논했다. 위연(魏延)이 "하후무는 겁쟁이이고 지모가 없습니다. 지금 저에게 정예병 5천 명을 빌려 주십시오. 곧바로 포중(褒中)으로 나가 진령(秦嶺)을 돌아 동쪽으로 가서 자오곡(子午谷)에 당도[當]해 북쪽으로 간다면, 열흘을 넘기지 않고 장안에 도달할 수 있을 것입니다. 하후무는 제가 갑자기 도착했다는 말을 들으면 반드시 성을 버리고 도주할 것입니다. 동방(東方)에 가서 서로 군대를 집결하는데, 적어도 20여일이 걸릴 것이니, 공께서 사곡에서 오신다면, 또한 충분히 도달할 수 있을 시간입니다. 이와 같이 한다면 한 번에 함양 이서 지역을 평정할 수 있을 것입니다"라고 계책을 건의했다.

제갈량은 이것을 위험한 계책이라 여겼다. "안전한 것이 낫다. 평탄한 길[37]을 따라가면, 농우를 빼앗을 수 있을 것이고, 충분히 안전하고 반드시 이길 것이니, 근심이 없다"

37) 坦道 탄도 : 평탄한 길

면서, 위연의 계책을 쓰지 않았다.

제갈량이 몸소 대군을 거느리고 기산(祁山)을 공격했다. 군대의 진영이 정돈되고 호령이 분명하고 엄숙했다. 처음에 위나라는 한(漢)의 소열제가 이미 죽었기 때문에 몇 해 동안 조용했고[38], 듣는 소식이 없었다.

이 때문에 대체로 공격에 미리 대비한 것이 없었다. 그러다가 갑자기 제갈량이 출병했다는 소식을 듣자 조야(朝野)[39]가 두려워했다. 이리하여 천수(天水) 남안(南安) 안정(安定)이 모두 배반하고, 제갈량에게 호응했다.

관중이 소문을 듣고 진동했고, 조정의 신하들이 계책을 어떻게 세워야 할 지를 알지 못했다. 위의 군주 조예가 "제갈량이 험한 산으로 견고히 있다가, 지금 직접 온 것은 병서에서 말하는 '사람을 오게 하는 방법'과 부합한다. 제갈량을 틀림없이 격파할 수 있다"고 말했다. 이에 군사의 대오를 정돈시켰다[勒兵]. 보병과 기병 5만 명이었다. 우장군(右將軍) 장합(張郃)을 보내 그들을 독려해 서쪽으로 가서 제갈량을 막게 했다.

○ 전에 월수태수(越嶲太守) 마속(馬謖)은 재주와 기량이 보통 사람보다 뛰어났고, 군대의 계책에 대해 논하기를 좋아했다. 제갈량은 깊이 그의 그릇을 특이하게 여겼다. 소열제가 임종시 제갈량에게 "마속은 그 실제보다 말을 과장되

38) 寂然 적연 : 쓸쓸하고 고요한 모양

39) 朝野 조야 : 조정과 민간

게 하니, 크게 쓸 수 없다. 그대는 그것을 살피라"고 했다.

제갈량은 오히려 그렇지 않다고 하고, 마속을 참군으로 삼았다. 매번 데려다가 담론하면 낮부터 밤까지 이어졌다. 기산으로 출병하게 되자, 제갈량이 옛 장수 위연과 오의(吳懿) 등을 선봉에 두지 않고, 마속에게 여러 군대를 감독하게 하고 앞세워서, 가정(街亭)에서 장합과 싸우게 했다.

마속은 제갈량의 지휘[40]를 어겼다. 행동거지[41]가 번잡하고 요란했다. 물을 버리고 산으로 올라갔고, 내려와서 성을 점거하지 않았다. 장합이 그의 물길[42]을 끊고, 그를 공격해서 크게 격파했다. 사졸들이 뿔뿔이 흩어졌다.

제갈량이 진군했는데, 막아 지킬 곳이 없었다. 이에 서현(西縣)의 천여가호를 공략하고는 한중으로 돌아왔다. 마속을 체포해 옥에 가두고 그를 죽였다. 제갈량이 직접 제사에 가서 그를 위해 눈물을 흘리고, 그의 남은 자식들을 위로하고, 평소처럼 은혜를 베풀었다.

이리하여 조그마한 수고[微勞]까지 살피고, 국가를 위해 장렬하게 전사한 자를 표창[甄]했다. 잘못을 들어서 자신을 책망했고, 경내에다 잘못을 알렸다. 병사를 독려해[厲] 무예를 익히게 하고, 후일을 도모해 군대를 선발해서 훈련시켰다[43]. 백성들이 그 실패를 잊었다.

---

40) 節度 절도 : 지휘, 법도, 마디, 절도사의 약칭

41) 擧措 거조 : 행동거지, 들고 놓다

42) 汲道 급도 : =급로(汲路). 물 길러 다니는 길. 급(汲) 물길을 당길 =인(引)

43) 簡練 간련 : 선발해 단련시킴, 선택해 연습함

○ 오왕(吳王)이 파양태수 주방(周魴)을 시켜 사람을 보내 뇌물과 편지로 양주도독(楊洲都督) 조휴(曹休)를 유인하면서 "군(郡)을 가지고 항복하고자 한다"고 말했다. 조휴가 보병과 기병 10만 명을 이끌고 주방을 따랐다가, 육손과 석정(石亭)에서 싸워 크게 패배하고 돌아갔다.

○ 승상 제갈량이 조휴가 패전했다는 소식을 듣고, 다시 출병해 위나라를 공격하고자 했다. 여러 신하들이 대부분 그 일에 대해 주저했다. 제갈량이 황제에게 아뢰었다.

"선제께서는 한(漢)나라와 적은 양립할 수 없고, 왕업이란 치우쳐서는 안정될 수 없다고 깊이 염려하셨기 때문에, 신에게 적을 공격하는 일을 맡기셨습니다. 선제의 밝으신 지혜로 신의 재주를 헤아리셨을 것이고, 신이 적을 공격하더라도, 신의 재주는 약하고 적은 강하다는 것을 아셨을 것입니다.

그러나 적을 공격하지 않으면 왕업이 또한 망할 것입니다. 앉아서 망하기를 기다리는 것과 그들을 공격하는 것 중 어느 것이 낫겠습니까[44]? 이 때문에 신에게 맡기고 주저하지 않으신 것입니다. 지금 적이 마침 서쪽에서 피폐하고, 또 동쪽에서 애쓰고 있습니다. 병법에서 '노고를 틈타라'고 했습니다. 이 때가 우리가 진격해 나갈 때입니다.

고제의 명석함은 해와 달과 견주었고[並], 모신들은 사려가 깊었습니다. 그러나 험한 일을 겪고 상처입고 위태로운

44) 孰與 숙여 : 둘 중에 어느 것이 나은지를 묻는 비교의문사

연후에야 안정되었습니다. 지금 폐하께서는 고제에 미치지 못하시고, 모신들도 장량 진평만 못합니다. 그런데도 장구한 계책으로 승리를 차지하고 앉아서 천하를 평정하고자 합니다. 이는 신이 이해할 수 없습니다.

조조는 지모가 남들보다 크게 뛰어나고[殊絶], 용병술은 손무(孫武) 오기(吳起)를 방불케[45] 했습니다. 그러나 (그는) 남양에서 곤욕을 당했고, 오소(烏巢)에서 험한 일을 겪었습니다. 기련(祁連)에서 위태로웠고, 여양에서 급박했습니다[逼]. 북산(北山)에서 거의 패할 뻔했고, 동관에서 자못 죽을 뻔한 연후에야 작위로[僞] 한 때를 평정했습니다.

하물며 신은 재주가 적은데, 위태롭지 않고 그를 평정하고자 하겠습니까? 신은 온갖 정성을 다해[46] 죽은 뒤에야 그만 둘 것입니다. 성공과 실패, 이익과 손해[47]에 이르러서는 신의 명석함으로는 거슬러[逆] 볼 수 없습니다"

12월에 제갈량이 군대를 끌고 산관(散關)으로 나와 진창(陳倉)을 포위했는데, 진창은 이미 대비가 있었다. 제갈량이 이길 수 없었다.

○ 위의 군주 조예가 방성(方城)에서 장합을 불러 제갈량을 공격하게 했다. 이때 조예가 장합에게 "장군이 늦게 오면, 제갈량이 이미 진창을 얻지 않았겠는가?"라고 물었다.

---

45) 彷佛 방불 : 비슷할

46) 鞠躬盡力 국궁진력 : 온갖 정성을 다해서 진력함. 국궁(鞠躬) 존경하는 뜻으로 몸을 굽힘

47) 利鈍 이둔 : 날카로움과 무딤, 날램과 굼뜸, 이익과 손해

장합은 제갈량이 깊이 들어와 군량이 없음을 알았다. 손가락을 꼽아 계산하며 "신이 도착할 때쯤이면 제갈량은 이미 달아났을 것입니다"라고 대답했다.

장합이 새벽부터 밤까지 길을 달렸는데, 아직 도착하지 못했는데, 제갈량은 군량이 떨어지자 군대를 이끌고 떠났다. 장군 왕쌍(王雙)이 그를 추격했고, 제갈량이 왕쌍을 공격해서 목 베었다.

기유(己酉) 7년(229년)

4월에 오(吳)왕이 황제에 즉위해 크게 사면령을 내리고, 연호를 황룡(黃龍)으로 고쳤다. 아버지 손견을 추존해 무열황제(武烈皇帝)라 하고, 형 손책을 장사환왕(長沙桓王)이라고 했다. 아들 손등(孫登)을 세워 황태자로 삼았다.

○ 9월에 오왕이 건업으로 천도했다.

경술(庚戌) 8년(230년)

승상 제갈량이 장완(蔣琬)을 장사(長史)로 삼았다. 제갈량이 자주 밖으로 출정했는데, 장완은 항상 군사와 군량을 풍족하게 이어서 공급해 주었다. 제갈량은 매번 "공염(公琰, 장완)은 마음을 바쳐서[託] 충성스럽고 올바르다. 마땅히 나와 함께 왕업을 도울[贊] 사람이다"라고 말했다.

신해(辛亥) 9년(231년)

2월에 승상 제갈량이 여러 군대를 거느리고 위나라를 공격했다. 기산을 포위하고 목우(木牛)로 (군량을) 운반했다. 위나라가 사마의를 서쪽으로 보내 장안에 주둔하게 하고, 장군 장합 등을 보내 그를 막게 했다.

3월에 사마의가 병력을 남겨 상규(上邽)를 지키게 하고, 나머지 병력을 모두 출동시켜 서쪽으로 가서 기산을 구원했다. 제갈량이 병력을 나누어 남겨서 기산을 공격하게 하고, 자신은 상규의 동쪽에서 사마의를 맞이해[逆] 싸웠다.

사마의가 군대를 거두어 험한 곳에 의지하니, 군대가 교전할 수 없었다. 제갈량이 군대를 이끌고 돌아갔다. 사마의 등이 제갈량의 뒤를 쫓아 노성(鹵城)에까지 왔다. 장합이 말했다.

"저들은 멀리서 와서 우리 군대를 맞이해 싸우기를 청했으나 싸울 수가 없습니다. 생각하건데[謂], 우리들의 이로움은 싸우지 않는 것입니다. 장구한 계책으로 그들을 제어하고자 합니다.

또 기산은 대군이 이미 가까이 있음을 알고 사람들의 마음이 스스로 안정되어 있으니, 여기에 멈춰서 주둔하고, (군대를) 나누어 기습병을 만들어서 적의 후미로 나가서 (싸우는 것을) 보여주십시오! 전진하지도 않으면서 감히 핍박하지도 못하면, 앉은 채로 백성의 바람을 잃습니다. 지금 제갈량은 군대가 고립되고 양식이 부족하므로, 역시 떠날 것입니다"

사마의가 따르지 않았다. 그러므로 제갈량이 오자, 또 산에 올라가서 진지를 파고 싸우려 하지 않았다. 가후(賈詡)와 위평(魏平)이 "공(公)은 촉을 범같이 두려워하는군요. 천하 사람들의 비웃음을 어찌 하시겠습니까?"라고 말했다. 사마의가 그것을 걱정했고, 제장들도 모두 싸우기를 청했다.

5월에 사마의가 장합을 시켜 무당(無當)을 공격하게 했다. (자신은) 안중도(案中道)에서부터 제갈량에게 향해갔다. 제갈량이 위연(魏延) 고상(高翔) 오반(吳班)을 시켜 맞아서 싸우게 했다. 위나라 군대가 크게 패했다. 촉한의 군대가 갑사(甲士)의 수급 3천을 얻었다. 사마의가 돌아가서 진영을 지켰다.

6월에 제갈량은 군량이 다하자 군대를 후퇴시켰다. 사마의가 장합을 보내 그를 추격하게 했다. 촉한의 군사들이 높은 곳에 올라가 포진해 매복하고 활과 쇠뇌를 마구 쏘았다. 장합은 오른 무릎에 날아온 화살에 맞아 죽었다.

계축(癸丑) 11년(233년)

승상 제갈량이 농사를 권장하고 무예를 익히게 했다. 목우와 유마(流馬)[48]를 만들어 쌀을 운반해 사곡 입구에 모았다. 사곡의 저택과 정자[49]를 수리하고, 백성들과 군사들을 쉬게 해서, 3년 후에 그들을 썼다.

---

48) 木牛流馬 목우유마 : 소나 말 모양으로 된 기계 장치를 한 수레

49) 邸閣 저각 : 저택과 정자

원 문

卷之二十四

漢紀

昭烈皇帝 在位三年, 壽六十三

尹氏曰: 蜀漢親承大統, 名正言順, 本無可疑。自陳壽志三國, 全以天子之制予魏, 而以列國待漢。故通鑑因之, 以魏紀年。至綱目, 始以昭烈承獻帝之後, 紹漢遺統, 取春秋之義, 以示天下萬世之正論也。愚承師命, 一尊朱子例, 而正之于左。

辛丑章武元年

蜀中傳言, 漢帝已遇害。於是漢中王發喪制服, 謚曰孝愍皇帝。夏四月, 漢中王卽帝位於武擔之南。以諸葛亮為丞相, 許靖為司徒。

溫公曰 : 三代之前, 海內萬國有民人社稷者, 通謂之君。合萬國而君之, 立法度, 班號令, 而天下莫敢違者, 乃謂之王。王德既衰, 彊大之國, 能帥諸侯, 以尊天子者，則謂之覇。自漢儒推五德生勝，以秦為閏位，在木火之間，霸而不王。於是　正閏之論興矣。及漢室顚覆，三國鼎峙，晉氏失馭，五胡雲擾。宋魏以降，南北分治，各有國史，互相排黜。朱氏代唐，四方幅裂。朱邪入汴，比之窮新，運曆年紀，皆棄而不數。此皆偏辭，非公論也。故今此書，獨以周 秦 漢 晉 隋 唐爲正統。其後子孫，雖微弱播遷，猶承祖宗之業。四方與之爭衡者，皆其故臣也，　故全用天子之制，以臨之。至於天下離析，本非君臣者，皆以列國之制，處之。然不可無歲時月日，以識事之先後。漢傳於魏，而晉受之，晉傳於宋，以至於陳，而隋取之，唐傳於梁，以至於周，而大宋承之，故不得不取其年號，以紀其國之事。非尊此而卑彼　有正閏之辯也。昭烈之於漢，雖云中山靖王之後，而族屬踈遠，不能紀其世數名位。亦猶南唐烈祖稱吳王恪後，是非難辯，故不敢以光武及晉元帝為比　使得紹漢氏之遺統也。

立宗廟，祫祭高皇帝以下。

○五月，立夫人吳氏為皇后，子禪為太子。

○帝恥關羽之沒，將擊孫權。羣臣諫者甚衆，帝皆不聽。車騎將軍張飛雄壯，威猛亞於關羽。羽善待卒伍，而驕於士大夫，飛愛禮君子，而不恤軍人。帝常戒飛曰：「卿刑殺旣過差，又日鞭撾健兒，而令在左右，此取禍之道也。」飛猶不悛。帝將伐孫權，飛當率兵萬人，自閬州會江州。臨發其帳

下張達　　范彊殺飛，以其首順流犇孫權。帝聞飛營都督有表，曰:「噫飛死矣。」

◯七月，帝自率諸軍，擊孫權。權以鎮西將軍　陸遜為大都督，以拒之。

◯八月，　吳孫權遣使,稱臣。卑辭奉章，并送于禁等還。朝臣皆賀。劉曄獨曰:「權無故求降，必內有急。權前襲殺關羽，劉備必大興師，伐之。外有彊寇，衆心不安，又恐中國往乘其釁。故委地求降。一以却中國之兵，二以假中國之援，以彊其衆，而疑敵人耳。天下三分，中國十有其八，吳蜀各保一州，阻山依水，有急相救，此小國之利也。今還自相攻，天亡之也。宜大興師，徑渡江，襲之。蜀攻其外，我襲其內，吳之亡不出旬月矣。吳亡則，蜀孤。若割吳之半，以與蜀，蜀固不能久存。況蜀得其外，我得其內乎。」魏主曰:「人稱臣降，而伐之，疑天下欲來者心。不若且受吳降，而襲蜀之後也。」遂受吳降。遣太常刑貞，奉策卽拜孫權為吳王，加九錫。刑貞至吳，吳王出都亭，候貞。貞入門，不下車，張昭謂貞曰:「夫禮無不敬，法無不行，而君敢自尊大,豈以江南寡弱，無方寸之刃乎。」貞卽下車。中郎將徐盛忿憤，顧謂同列曰:「盛等不能為國家幷許洛呑巴蜀，而令吾君與貞盟，不亦辱乎。」因涕泣橫流。貞聞之，謂其徒曰:「江東將相如此，非久下人者也。」吳主遣中大夫趙咨入謝。魏主丕問咨曰:「吳王何等主也?」對曰:「聰明仁智，雄略之主也。」魏主問其狀，對曰:「納魯肅於凡品，是其聰也。拔呂蒙於行陳，是其明也。獲于禁而不害，是其仁也。取荊州兵不血刃，是其智也。據三州虎視於天下，是其雄也。屈身於陛下，是其略也。」魏主曰:「吳王頗知學乎?」答曰「吳王浮江萬艘，帶甲百萬，任賢使能，志存經略，雖有餘閑，博覽書傳 歷史籍，采奇異。不效書生尋章摘句而已。」丕曰:「吳可征不?」對曰:「大國有征伐之兵，小國有備禦之固。」魏主曰:「吳難魏乎?」對曰:「帶甲百萬，江漢為池，何難之有。」魏主曰:「吳如大夫者，幾人?」對曰:「聰明特達者，八九十人，如臣之比車載斗量，不可勝數。」

壬寅二年

五月，帝自巫峽 建平，連營至夷陵界，立數十屯。自正月與吳相拒，至六月不決。帝遣吳班 將數千人，於平地立營。吳將卒皆欲擊之，陸遜曰:「此必有譎，且觀之。」帝知其計不行，乃引伏兵八千，從谷中出。遜曰:「所以不聽諸君擊班者，揣之必有巧故也。」

○閏月， 遜將進攻漢軍。諸將並曰:「攻備當在初。今乃令入五六百里，相守經七八月，其諸要害，皆已固守。擊之，必無利矣。」遜曰:「備是猾虜，更事嘗多。其軍始集，思慮精專，未可干也。今住已久，不得我便，兵疲意沮，計不復生。掎角此寇正在今日。」乃先攻一營，不利。諸將皆曰:「空殺兵耳。」遜曰:「吾已曉破之之術。」乃敕人各持一把茅，以火攻拔之。斬張南 馮習等，破其四十餘營。漢將杜路 劉寧等，窮逼請降。帝升馬鞍山，陳兵自繞。遜督促諸軍，四面蹙之。土崩瓦解，死者萬數。帝夜遁僅得入白帝城，其舟船 器械 水步軍資，一時略盡。尸骸塞江而下。帝大慙恚曰:「吾乃為陸遜所折辱，豈非天耶。」

○初　諸葛亮與尚書令法正，好尚不同，而以公義相取。亮每奇正智術。及帝伐吳而敗，　時正已卒。亮歎曰:「孝直若在，必能制主上東行，就使東行，必不傾危矣。」

○初　魏主丕聞漢兵樹柵，連營七百餘里。謂羣臣曰:「備不曉兵。豈有七百里營可以拒敵者乎。包原隰險阻而為軍者，為敵所禽。此兵忌也。孫權上事，今至矣。」後七日，吳破漢書到。

○吳王侍子不至，魏主怒遂伐之。

○吳王使使聘于帝。帝遣使報之，吳漢復通。

癸卯三年

初　魏主丕問賈詡曰:「吾欲伐不從命，以一天下。吳蜀何先?」對曰:「攻取者，先兵權，建本者，尚德化。陛下應期受禪，撫臨率土。若綏之以文德，而俟其變，　則平之不難矣。吳蜀雖蕞爾小國，依山阻水。劉備有雄才，諸葛亮善治國，孫權識虛實，陸遜見兵勢。據險守要，汎舟江湖，皆難卒謀也。用兵之道，先勝後戰。量敵論將，故舉無遺策。臣竊料羣臣無備權對。雖以天威臨之，未見萬全之勢也。」丕不納，軍竟無功。

○帝病篤。命丞相亮輔太子，以尚書令李嚴爲副。帝謂亮曰:「君才十倍曹丕，必能安國，終定大事。若嗣子可輔，輔之，如其不才，君可自取。」亮涕泣曰:「臣敢不竭股肱之力 效忠貞之節，繼之以死。」帝又爲詔敕，太子曰:「人五十，不稱夭。吾年已六十有餘，何所復恨。但以卿兄弟爲念耳。勉之勉之。勿以惡小而爲之，勿以善小而不爲。惟賢惟德，可以服人。汝父德薄，不足效也。汝與丞相從事，事之如父。」四月帝崩於永安。謚曰昭烈。丞相亮奉喪，還成都。留李嚴，鎮永安。五月太子禪卽位，時年十七。尊皇后曰皇太后。封丞相亮爲武鄕侯，領益州牧。政事無巨細，咸決於亮。亮乃約官職 脩法制。亮嘗自校簿書。主簿楊顒，直入諫曰:「爲治有體。上下不可相侵。是故，古人稱坐而論道，謂之王公。作而行之，謂之士大夫。故丙吉不問橫道死人，而憂牛喘。陳平不肯知錢穀之數，云自有主者。彼誠達於位分之體也。今明公爲治，乃躬自校簿書，流汗終日，不亦勞乎。」亮謝之。及顒卒，亮垂泣三日。

○八月，遣尚書鄧芝，脩好於吳。時吳王猶未與魏絶，不時見芝。芝乃自表請見曰:「臣今来，亦欲爲吳，　非但爲蜀也。」吳王見之曰:「孤誠願與蜀和親。然恐蜀主幼弱 國小勢偪 爲魏所乘 不自保全耳。」芝對曰:「吳蜀二國，四州之地。大王命世之英，諸葛亮亦一時之傑也。蜀有重險之固，吳有三江之阻。合此二長，共爲唇齒，進可并兼天下，退可鼎足而立。大王今若委質於魏，魏必上望大王之入朝，下求太子之內侍。若不從命，則奉辭伐叛，蜀亦順流，見可而進。如此江南之地，非復大王之有也。」吳遂絕魏，專與漢連和。

◯立張氏為皇后，飛之女也。

甲辰建興二年

魏主丕大興軍，伐吳。留尚書僕射司馬懿，鎮許昌。為水軍，親御龍舟至廣陵。時江水盛長。丕臨望歎曰：「魏雖有武騎千羣，無所用之，未可圖也。」丕御龍舟，會暴風漂蕩，幾至覆沒，乃旋師。

乙巳三年

丞相亮率衆，討雍闓。參軍馬謖送之。亮曰：「雖共謀之歷年，今可更惠良規。」謖曰：「南中恃其險遠，不服久矣。雖今日破之，明日復反。夫用兵之道，攻心為上，攻城為下，心戰為上，兵戰為下。願公服其心而已。」亮納其言。

◯七月，丞相亮至南中，所在戰捷，由越巂入斬雍闓。孟獲收闓餘衆，以拒亮。獲素為夷　漢所服，亮募生致之。既得，使觀於營陳之間，問曰：「此軍何如。」獲曰：「向者，不知虛實故敗，今蒙賜觀營陳。若秖如此，卽定易勝耳。」亮笑縱，使更戰，七縱七禽，而亮猶遣獲。獲止不去曰：「公天威也。南人不復反矣。」自是，終亮之世，夷不復反。

○八月，魏主丕以舟師，自譙循渦入淮，十月如廣陵。臨江觀兵戎，卒十餘萬，旌旗數百里，有渡江之志。吳人嚴兵固守，時大寒冰，舟不得入江。丕見波濤洶湧歎曰:「嗟乎!固天所以限南北也。」

丙午四年

五月，魏主丕疾篤。立叡為太子。丙辰召曹真 陳羣 司馬懿，並受遺詔輔政。丁巳丕殂，太子叡立。

丁未五年

三月，丞相亮率諸軍，北駐漢中。使長史 張裔 參軍 蔣琬統留府事。臨發，上疏曰:「先帝創業未半，而中道崩殂。今天下三分，益州疲敝。此誠危急，存亡之秋也。然 侍衛之臣不懈於內，忠志之士忘身於外者。蓋追先帝之殊遇，欲報之於陛下也。誠宜開張聖聽，以光先帝遺德，恢弘志士之氣，不宜妄自菲薄。引喻失義，以塞忠諫之路也。親賢臣，遠小人，此先漢所以興隆也。親小人，遠賢臣，此後漢所以傾頹也。先帝在時每與臣論此事，未嘗不歎息痛恨於桓靈也。臣本布衣，躬耕南陽，苟全性命於亂世，不求聞達於諸侯。先帝不以臣卑鄙，猥自枉屈，三顧臣於草廬之中，諮臣以當世之事。由是感激，遂許先帝以驅馳。後值傾覆，受任於敗軍之際，奉命於危難之間，爾来二十有一年矣。先帝知臣謹慎，故臨崩寄臣以大事也。受命以来，夙夜憂懼，恐付托不效以傷先帝之明。故五月渡瀘深入不毛。今南方已定，兵甲已足，當奬率三軍，北定中原。庶竭駑鈍，攘除姦凶，興復漢室，還于舊都。此臣所以報先帝而忠陛下之職分也。至於斟酌損益，進盡忠言，則攸之 禕 允之任也。願陛下托臣以討賊，興復之效不效，則治臣之罪，以告先帝之靈。責攸之 禕 允等之慢，以彰其咎。陛下亦宜自謀以諮諏善道，察納雅言，深追先帝遺詔。臣不勝受恩感激。今當遠離，臨表涕零，不知所言。」遂行。

○六月，魏以司馬懿都督荊豫州諸軍事。

戊申六年

初　魏以夏侯楙鎮長安。丞相諸葛亮將伐魏，與羣下謀之。魏延曰:「夏侯楙怯而無謀。今假延精兵五千，直從褒中出，循秦嶺而東，當子午而北，不過十日，可到長安。楙聞延奄至，必棄城逃走，比東方相合，尚二十許日，而公從斜谷来，亦足以達。如此,則一舉而咸陽以西可定矣。」亮以此為危計。「不如安從坦道，可以平取隴右，十全必克，而無虞。」故不用延計。亮身率大軍攻祁山，戎陳整齊，號令明肅。始魏以漢昭烈既崩，數歲寂然無聞。是以略無備豫，而卒聞亮出，朝野恐懼。於是天水 南安 安定皆叛，應亮。關中響震，朝臣未知計所出。魏主曰:「亮阻山為固，今者自来，正合兵書致人之術。破亮必矣。」乃勒兵，馬步騎五萬，遣右將軍張郃督之，西拒亮。

○初　越嶲太守馬謖，才器過人，好論軍計。諸葛亮深加器異。昭烈臨終謂亮曰:「馬謖言過其實，不可大用。君其察之。」亮猶謂不然，以謖為參軍。每引見談論，自晝達夜。

及出軍祁山，亮不用舊將魏延吳懿等為先鋒，而以謖督諸軍，在前，與張郃戰于街亭。謖違亮節度，舉措煩擾。舍水上山，不下據城。張郃絕其汲道，擊大破之。士卒離散，亮進無所據。乃拔西縣千餘家，還漢中。收謖下獄，殺之。亮自臨祭，為之流涕，撫其遺孤，恩若平生。於是考微勞，甄壯烈，引咎責躬，布所失於境内，厲兵講武，以為後圖，戎事簡練，民忘其敗矣。

◯吳王使鄱陽太守周魴遣人，賫牋以誘揚州都督曹休，言欲以郡降。休率步騎十萬，以應魴，與陸遜戰於石亭，大敗而還。

◯丞相亮聞曹休敗，欲出兵擊魏。羣臣多以為疑。亮上言於帝曰:「先帝深慮以漢賊不兩立，王業不便安故，托臣以討賊。以先帝之明，量臣之才，固當知臣伐賊才弱敵強。然不伐賊，王業亦亡。惟坐而待亡孰與伐之。是故，托臣而弗疑也。今賊適疲於西，又務於東。兵法乘勞。此進趨之時也。高帝明並日月，謀臣淵深。然涉險被創，危然後安。今陛下未及高帝，謀臣不如良 平，而欲以長計取勝，坐定天下。此臣之未解也。曹操智計，殊絕於人，其用兵也，髣髴孫吳。然困於南陽，險於烏巢，危於祁連，偪於黎陽，幾敗北山，殆死潼關，然後偽定一時耳。況臣才弱而欲以不危而定之哉。臣鞠躬盡力，死而後已。至於成敗利鈍，非臣之明所能逆覩也。」十二月亮引兵出散關，圍陳倉，陳倉已有備，亮不能克。

◯魏主叡召張郃于方城，使擊亮。魏主叡問郃曰：「遲將軍到，亮得無已得陳倉乎?」郃知亮深入，無穀，屈指計曰：「比臣到，亮已走矣。」郃晨夜進道，未至，亮糧盡，引去。將軍王雙追之，亮擊斬雙。

己酉七年
四月，吳王卽皇帝位，大赦，改元黃龍。追尊父堅，為武烈皇帝，兄策為長沙桓王，立子登為皇太子。

◯九月，吳王遷都建業。

庚戌八年
丞相亮，以蔣琬為長史。亮數外出，琬常足兵食，以相供給。亮每言：「公琰託志忠雅，當與吾共贊王業者也。」

辛亥九年
二月，丞相亮率諸軍，伐魏。圍祁山，以木牛運。魏遣司馬懿，西屯長安，督將軍張郃等，以禦之。三月懿留兵，守上邽，餘衆悉出，西救祁山。亮分兵，留攻祁山，自逆懿于上邽之東。懿斂軍依險，兵不得交，亮引還。懿等躡亮後，至於鹵城。郃曰：「彼遠来，逆我請戰，不得。謂我利在不戰。欲以長計制之也。且祁山知大軍已在近，人情自固，可止屯於此，分為竒兵，示出其後，不宜進前。而不敢偪，坐失民望也。今亮孤軍食少，亦行去矣。」懿不從。故躡亮既至，又登山掘營，不肯戰。賈翊 魏平曰：「公畏蜀如虎。柰天下笑何。」懿病之，諸將咸請戰。五月，懿使郃攻無當，自案中道向亮。亮使魏延 高翔 吳班逆戰，魏兵大敗。漢人獲甲首三千。懿還保營。六月　　亮糧盡退軍。懿遣張郃追之，蜀人乘高，布伏弓弩亂發，飛矢中郃右膝而卒。

癸丑十一年

丞相亮勸農講武，作木牛流馬，運米集斜谷口。治斜谷邸閣，息民休士，三年而後用之。

통감절요 25권

한기(漢紀) 후제(後帝) 선(禪) 하(下)

– 위(魏) 오(吳) 진(晉) 세 참국(僭國)[1]의 역사를 붙임

갑인(甲寅) 12년(서기 234년)

봄 2월에 승상(丞相) 제갈량(諸葛亮)이 대대적으로 군대 10만을 거느리고, 사곡(斜谷)에서부터 위(魏)를 공격했다. 오(吳)에 사신을 보내 동시에 크게 거병하기로 약속했다.

○ 여름 4월에 승상 제갈량이 미(郿)현에 이르렀고, 위수(渭水)의 남쪽에 주둔했다. 사마의(司馬懿)가 군대를 이끌고 위수를 건넜다. 물을 등지고 보루를 만들어 그와 대치하면서, 제장들에게 "제갈량이 만약 무공(武功)으로 나와 산에 의지해 동쪽으로 간다면, 참으로 우려할 만하다. 만약 서쪽으로 가서 오장원(五丈原)에 머문다면 제장들은 일이 없을

---

1) 僭國 참국 : 분수에 넘치는 칭호를 쓰는 나라. 참(僭) 분수에 넘쳐 방자스러움

것이다"라고 말했다. 제갈량이 과연 오장원에 주둔했다.

제갈량은 전에 자주 출정했는데, 모두 군량운반이 계속되지 못해 자신의 뜻을 펴지 못했다 그래서 군대를 나누어 둔전을 시켜 오래 주둔할 기반을 만들었다. 둔전 경작 병사들은 위수 물가[濱]의 거주민들 사이에 섞여 있었는데, 백성들은 편안히 지냈고[2], 군사들은 사사로움이 없었다.

○ 8월 사마의와 제갈량이 서로 대치한지 1백여일이 지났다. 제갈량이 자주 도전했으나 사마의가 나오지 않았다. 제갈량은 그래서 사마의에게 머리에 쓰는 두건[3]과 부인들의 의복을 보냈다. 사마의가 노해 표문을 올려 싸울 것을 청했다. 위의 군주 조예가 위위(衛尉) 신비(辛毗)를 시켜 부절을 잡고 가서 군사가 되어 그를 억제하게 했다.

호군(護軍) 강유(姜維)가 제갈량에게 "신좌치(辛佐治, 신비辛毗)가 부절을 잡고 왔으니, 적은 다시 나오지 않을 것입니다"라고 말했다. 제갈량은 "그들은 본래 싸울 마음이 없었다. 굳이 싸울 것을 청한 까닭은 그의 부하들에게 무용을 보이려는 것일 뿐이었다"라고 말했다.

제갈량이 사자를 보냈다. (사자가) 사마의의 군중에 도착했다. 사마의는 제갈량의 자고 먹는 것과 일이 번잡하고 많은지를 물어보고, 전쟁의 일은 묻지 않았다. 사자가 "제갈

---

2) 安堵 안도 : 사는 곳에서 편안히 지냄, 심신이 편안함

3) 巾幗 건국 : 부인의 머리꾸미개, 일설에는 부인이 상중에 쓰는 건. 전(轉)하여 부인, 부인 사회

공은 아침 일찍 일어나서 밤늦게 자고[寐], 형벌 20 이상은 모두 친히 살핍니다. 음식 먹는 것[噉食]은 몇 되가 되지 않습니다"라고 대답했다. 사마의는 사람들에게 "제갈공명이 먹는 것은 적고 일은 번다하니 그가 오래갈 수 있겠는가"라고 말했다.

제갈량의 병이 위독했다. 황제가 상서복야 이복(李福)을 시켜 살피고 모시면서, 국가의 대계(大計)를 묻게 했다. 제갈량은 "공이 물은 것은 공염(公琰, 장완蔣琬)이 마땅하다"고 말했다. 이복이 다시 장완 후에는 누구를 맡길 만한지를 청해 물으니, 제갈량은 "문위(文偉, 비위費禕)가 그를 계승할만하다"고 했다. 또 그 다음을 묻자, 제갈량이 대답하지 않았다.

그 달에 제갈량이 군중에서 죽었다. 장사(長史) 양의(楊儀)가 군대를 정돈해 나왔다. 백성들이 달려가서 사마의에게 고하자, 사마의가 그들을 추격했다. 강유(姜維)가 양의를 시켜 깃발을 돌리고[反] 북을 울리게 해서 마치 사마의를 향해 가는 것처럼 했다.

사마의가 군대를 거두고 후퇴해 감히 바짝 쫓지[逼] 못했다. 이리하여 양의가 진영을 단단히 결속해 떠났다. 사곡에 들어온 연후에야 발상(發喪)했다. 백성들이 이 때문에 속어로 "죽은 제갈량이 산 중달(仲達, 사마의)을 쫓았다"고 말했다. 사마의는 그 말을 듣고 웃으며 "나는 삶은 헤아릴 수 있지만, 죽음은 헤아릴 수 없기 때문이다"라고 말했다.

사마의가 제갈량의 군영과 보루가 있는 곳을 살피고서 "천하의 기재(奇才)로구나!"라고 감탄했다. 추격해 적안(赤

岸)까지 갔으나 따라잡지 못하고 돌아왔다.

○ 일찌기 전군사(前軍師) 위연(魏延)은 용맹이 남보다 뛰어나고 사졸들을 잘 다스렸다. 매번 제갈량을 따라 출전할 때마다 번번이 병력 1만 명을 청해 제갈량과 다른 길로 가서 동관에서 만나자고 했다. 한신(韓信)의 고사(故事)와 같이 하려고 한 것이다. 제갈량이 제재하고 허락하지 않았다. 위연은 항상 제갈량을 겁쟁이라 하고, 자신의 재주가 다 쓰이지 못한 것을 탄식하며 한스러워 했다.

○ 여러 군대가 성도로 돌아왔다. 제갈량의 시호를 충무후(忠武侯)라 했다. 승상장사 장예(張裔)는 항상 제갈량을 칭송했다.

"공은 상을 내릴 때에는 먼[遠] 자도 빠뜨리지 않았고, 벌을 내릴 때에는 가까운 사람도 편들지[阿] 않았다. 공이 없는 자는 관작을 가질 수 없었고, 귀인과 권세가라도 형벌을 면할 수 없었다. 이것이 현명한 자와 어리석은 자들 모두[僉]가 자기 자신을 잊고 일하게 된 까닭이다"

○ 일찌기 장수교위(長水校尉) 요립(廖立)은 스스로 재주와 명망이 제갈량에 버금간다고 여겼다. 그런데 항상 직위가 일정치 않고 이리저리 옮겨 다녔기 때문에[4] 앙심을 품고[5] 원망하며 끝없이 비방했다. 제갈량이 요립을 파면시키

4) 遊散 유산 : 이리저리 옮겨 다니다

5) 怏怏 앙앙 : 원망하는 마음, 만족하지 못한 모양

고 평민으로 만들어서 문산(汶山)으로 유배 보냈다. 제갈량이 죽자, 요립이 눈물을 흘리며 "내가 결국 오랑캐[6]가 되겠구나"라고 말했다.

이평(李平)도 제갈량이 죽었다는 말을 듣고 또한 병이 나서 죽었다. 이평은 항상 제갈량이 다시 자기를 거두어 줄 것이라고 기대했다. 스스로 잘못을 고치면[補] 복직할 수 있을 것이고, 뒷사람은 써주지 않을 것을 헤아렸기[策]때문이었다.

○ 황제가 승상장사 장완을 상서령으로 삼아 국사를 총괄하게 했다. 이때 최근 원수(元帥)를 잃어버렸기 때문에 멀고 가까운 곳 모두 위태롭게 여기고 두려워했다. 장완은 보통사람 중에서 뽑혀[7] 여러 동료들 위에 있게 되었는데, 슬퍼하는 기색도 없었고, 기뻐하는 기색도 없었다.[8] 정신과 행동거지가 평소와 같았다. 이 때문에 많은 사람들이 신망하고 점점 복종하게 되었다.

을묘(乙卯) 13년(235년)

정월에 위나라가 대장군 사마의(司馬懿)를 태위(太尉)로 삼았다.

---

6) 左袵 좌임 : 오랑캐의 옷입는 방식. 전(轉)하여 오랑캐

7) 出類拔萃 출류발췌 : 동류 속에서 뽑히다

8) 旣~又 기~우 : ~하기도 하고 ~하기도 하다

○ 4월에 장완을 대장군 녹상서사(大將軍 錄尙書事)로 삼고, 비위(費禕)를 상서령을 삼았다.

병진(丙辰) 14년(236년)

위나라에서는 공경들에게 조서를 내려 재능과 덕을 겸비한 자를 각각 한 명씩 천거하게 했다. 사마의가 연주자사(兗州刺史) 왕창(王昶)을 천거해 선발에 응했다. 왕창은 사람됨이 후덕했다. 형의 아들들의 이름을 묵(默) 침(沈)[9]이라 짓고, 자기 아들들의 이름을 혼(渾) 심(深)[10]이라 했다. 글을 써서 그들에게 훈계했다.

"내가 이 네 글자로 이름을 지은 것은, 너희들이 이름을 돌아보고 의미를 생각해 감히 어기거나 넘지 못하게 하려는 것이다. 무릇 일[物]이란 속히 이루어지면 빨리 망하고, 늦게 이루어지면 끝마침이 좋다. 아침에 꽃이 피는 풀은 저녁이면 시들어 떨어지고[零落], 소나무와 잣나무는 무성해 추위에도 시들지 않는다. 이 때문에 군자는 너무 앞서가는 것[闕黨][11]을 경계하는 것이다.

굽힐 수 있어야 펴게 된다. 사양할 수 있어야 얻게 된다. 약할 수 있어야 강해져서 이루어지지 못할 것이 드물 것이

9) 沈默 침묵 : 잠잠하게 아무 말도 하지 않음

10) 渾深 혼심 : 혼(渾) 큰, 가지런할, 혼탁할. 흔연(渾然) 둥굴고 모가 없음, 원만함. 심(深) 깊음

11) 闕黨 궐당 : 궐(闕)은 당(黨)의 이름. 당(黨)은 5백 가구 정도의 마을. 『논어(論語)』의 「헌문(憲問)」 편에서 '궐당(闕黨)의 아이'가 너무 앞서가는 것을 경계함

다. 무릇 비방과 칭찬은 사랑과 미움의 근원이고, 화복의 실마리이다. 공자께서 '내가 남에 대해 누구를 비방하고 누구를 칭찬하겠는가?'라고 말씀하셨다. 성인의 덕으로도 오히려 이와 같은데, 하물며 용렬한 무리들이 가볍게 비방하고 칭찬함에랴!

남이 혹 자신을 비방하거든 당장에 물러나서 자신에게 (허물이 없는지를) 찾아라! 만약 자신에게 비방 받을만한 행실이 있다면 그들의 말이 옳은 것이고, 자신에게 비방 받을만한 행실이 없다면 그들의 말은 거짓[妄]이다. 옳다고 하더라도 그들을 원망할 필요가 없고, 거짓이라고 해도 자신에게 해가 없으니, 어찌 되갚을 것이 있겠는가?

속담에 이르기를 '추위에서 벗어나려면 두터운 외투를 입는 것이 가장 좋고, 비방을 그치게 하려면 스스로 자신을 수양하는 것이 가장 좋다'고 했다. 이 말은 진실[信]이다"

정사(丁巳) 15년(237년)

위(魏)나라 군주 조예(曹叡)가 산기상시(散騎常侍) 유소(劉邵)에게 명령해 성적평가하는 법[12]을 만들게 했다. 유소가 도관고과법(都官考課法) 72조를 만들었다. 조서를 내려 백관에게 의논하게 했다.

최림(崔林)이 "성적을 평가하는 법은 사람에게 달려 있습니다. 만약 대신이 그 직을 잘 수행하고, 제후들이 모범이

12) 考課法 고과법 : 관리나 학생 등의 공적(功績) 조행(操行) 학업을 조사하는 법

된다면, 누가 감히 공경하지[肅] 않겠으며, (정치가) 어찌 성적평가에 달려 있겠습니까"라고 말했다.

두서(杜恕)는 "명확하게 공적을 시험하고, 3년간의 공적을 3차례 평가해서[三考][13] 승진 좌천시키는 것은 참으로 제왕의 훌륭한 법이었습니다. 그러나 6대를 지나면서 성적평가법이 드러난[著] 적이 없고, 7성인을 거쳤지만, 성적을 평가했다는 문서는 남아 있지 않습니다. 이르기를 '세상에는 어지럽히는 사람은 있으나, 어지러운 법은 없다'고 했습니다. 만약 법에 오로지 맡길 수 있었다면, 당요(唐堯) 우순(虞舜)은 직(稷)과 설(契)의 보좌가 필요 없었을 것이고, 은주(殷 周)는 이윤(伊尹)과 여상(呂尙)의 보좌를 귀하게 여기지 않았을 것입니다"라고 말했다.

오랫동안 논의했지만 결정하지 못했고, 법은 끝내 시행되지 못했다.

온공(溫公)이 말했다.

"잘 다스리는 요점은 사람을 쓰는 것이 최우선이다. 그러나 남을 알아보는 방법은 성현도 어려워했다. 이 때문에 사람들의 비방과 칭찬으로 (인재를) 구하면, 애증으로 다투어

---

13) 삼고(三考) : 옛날 관리의 성적[考課] 평가제도. 3차례의 평가를 거쳐 승진과 좌천을 결정한다. 『서경書經』 「순전舜典」에 의하면 "3년 동안 공적 평가를 3번 해 승진과 좌천을 어리석고 명석함으로 결정한다"고 했다. 공영달이 주를 달아 "3년에 걸쳐 그 공적을 평가한다. 세번 고(考)를 하면 9년이 된다. 승진과 좌천은 어리석고 명석함을 가려, 명석한 자는 승진시키고 어리석은 자는 물리친다"고 했다.

등용하게 되고, 선한 자와 악한 자가 뒤섞인다. 공적 사항으로 그 사람을 평가하면, 교묘한 속임수를 제멋대로 만들어 진실과 거짓을 서로 덮는다[冒].

중요한 핵심은 지극히 공정하고 지극히 밝은 데에 달려있을 뿐이다. 남의 윗사람이 된 자가 지극히 공정하고 지극히 밝다면, 아랫사람들의 능력 여부를 눈으로 환하게 볼 수 있을 것이니, 더는 도망치지 못한다. 만일 공정하지 못하고 밝지 못하다면, 성적평가법은 다만 사적으로 왜곡되어 속이는 바탕이 될 뿐이다.

혹자는 말하기를 '성적을 평가하는 법은 요 순 시대에 만든 것이고, 경방(京房) 유소(劉卲)는 기술하고 고쳤을 뿐인데, 어찌 폐할 수 있겠는가?'라고 한다. 그러나 요 순 시대의 관원은 오랫동안 자리에 있었고, 전담해서 임무를 맡았고, 그 세운 법이 관대했고, 오래 지나서 성취에 대한 책임을 물었다. 그러므로 곤(鯀)의 치수가 9년 동안 공적을 이루지 못하자, 그 후에야 그 죄를 다스렸다. 우(禹)의 치수는 9주가 똑같이 잘 다스려지고 사방의 물줄기[隩]가 자리잡고[宅] 난 연후에야 그 공적에 상을 주었다.

경방과 유소의 법같이 쌀과 소금의 성적을 비교해, 짧은 기간[旦夕]의 성취를 요구하는 것이 아니었다. 참으로 일에 명칭은 같으나 실제에서 다르니, 살피지 않을 수 없다. 성적평가법을 당요, 우순 시대에는 실행할 수 있고, 한나라 위나라에서는 실행할 수 없다는 것이 아니다. 경방과 유소가 그 기본을 알지 못하고, 그 말엽만 분주히 따르기 때문이다"

7월에 황후 장씨가 죽었다.

기미(己未) 연희(延熙) 2년(239년)

봄 정월에 위주 조예의 병이 위독해졌다. 사마의가 들어가 알현했다. 위의 군주가 그의 손을 잡고 "내 뒷일을 그대에게 맡기겠다. 그대는 조상(曹爽)과 함께 어린 아들을 보필하라"고 부탁했다. 이날로 제왕(齊王) 조방(曹芳)을 세워 황태자로 삼았다. 조예가 얼마 있다가 죽었다.

○ 위의 군주 조방이 지위를 계승했다. 나이가 8세였다. 조상(曹爽)과 사마의에게 시중(侍中), 도독중외제군 녹상서사(都督中外諸軍 錄尙書事)를 내렸다.

신유(辛酉) 4년(241년)

위나라가 양주, 예주 사이의 토지를 넓혀 곡식을 비축하고자 했다. 등애(鄧艾)가 말했다.

"옛날 태조께서 황건적을 격파하고, 그 기회에 둔전을 해 허도에 곡식을 쌓아서 사방을 제압하셨습니다. 지금 세 방면이 이미 평정되었으니, 일은 회남(淮南)에 달려 있습니다. 매번 대군이 출정할 때마다 식량을 운반하는 군사가 과반이고, 공력의 비용이 수억입니다.

진(陳)과 채(蔡) 사이는 지형이 낮고 토지가 비옥하니, 허창 좌우의 여러 토지를 줄이고, 물을 끌어서[並] 동쪽으로 내려가게 해 회수 북쪽에 2만명을 살게 하고, 회수 남쪽에 3만 명을 살게 하십시오. 10중 2를 나누어 쉬게 한다면, 항상 4만 명이 있게 됩니다.

한편으로는 농사를 짓고, 한편으로는 지키면서, 운하와 도랑[河渠]을 더 열어 관개시설[14]을 더 늘리고, 조운[15]을 통하게 한다면, 계산하건데, 군대의 비용을 제하더라도, 1년에 5백만곡을 확정[定]하게 됩니다. 그것을 군대의 자금으로 한다면, 6, 7년 사이에 3천만 곡을 회수 가에 쌓을 수 있을 것입니다. 이것은 10만 명의 병력이 5년간 먹을 수 있는 양식입니다. 이것으로 오(吳)나라를 틈 탄다면, 이기지 못할 일이 없을 것입니다"

태부 사마의가 그것을 좋다고 여겼다. 이 해에 비로소 크게 배를 대기 위한 수로[漕渠][16]를 열었고, 동남지방에 전쟁이 있을 때마다 군대를 크게 일으켜 배를 타고 내려가 양자강과 회수에 도달했다. 물자와 식량이 비축되었고, 수해도 없었다.

계해(癸亥) 6년(243년)

위나라 종실 조경(曹冏)이 상서했다.

"옛날의 왕들은 반드시 동성(同姓)을 세워 육친을 가까이 한다는 것을 밝혔고, 반드시 이성(異姓)을 세워 현자를 우대함을 밝혔습니다. 친척[親]과 친척 아닌 자[疎=踈]를 함께 등용했습니다. 그래서 사직을 보전할 수 있었습니다.

---

14) 灌漑 관개 : 논에 물을 댐

15) 漕運 조운 : 배로 짐을 나름

16) 漕渠 조거 : 짐을 싣거나 부리려고 배를 대는데, 그것을 위해 파서 만든 깊은 개울

지금은 주군(州郡)의 지방관들이 모두 1천 리의 땅에 걸치고 있고[跨], 군무의 임무까지 겸하고 있습니다. 나라에 견줄만한 사람도 몇 사람 있고, 혹은 형제가 함께 차지하기도 합니다. 그러나 종실 자제는 빈 땅에서 왕 노릇을 하고, 부릴 수 없는 백성들에게 군주 노릇을 합니다. 일찍이 한 사람도 그 사이에 뒤섞여서[17], 서로를 견제하지 못했습니다.

줄기가 강하더라도 가지가 약하면, 만일의 우려에 대비하지 못합니다. 속어에 '백 개의 발을 가진 벌레는 죽더라도 쓰러지지 않는다'고 했습니다. 지탱해주는 것이 많기 때문입니다. 이 말은 비록 작은 것으로도 큰 일을 깨달을[譬] 수 있다는 것입니다"

조경이 이 논리를 가지고 조상(曹爽)의 마음을 움직여[感] 깨닫게 하려고 했다. 조상이 쓸 수 없었다.

을축(乙丑) 8년(245년)

오나라 승상 육손이 죽고, 그의 아들 육항(陸抗)이 건무교위(建武校尉)가 되어 그 군대를 대신 거느렸다.

○ 8월에 황태후 오씨가 죽었다.

○ 11월에 (한나라의) 대사마 장완과 상서령 동윤이 모두 죽었다. 상서 여예(呂乂)를 상서령으로 삼았다. 동윤은 마음

---

17) 間厠 간칙 : 사이에 뒤섞이다

을 모아 공정하고 신의 있게 (정치를) 했다.[18] 임금에게 옳은 것은 옳다고 바른 말을 하고, 아닌 것은 고치게 했다.[19] 황제가 심히 그를 꺼려했다.

환관인 황호(黃浩)는 비위를 맞추고 알랑거리고[20], 영리하며 지혜로웠다. 황제가 그를 아꼈다. 황호는 동윤을 두려워 해 감히 그릇된 짓을 못했다. 동윤이 죽을 때까지 황호의 지위가 황문승에 지나지 않았다.

비위가 동윤을 대신해 진지(陳祗)를 시중으로 삼으니, 진지와 황호가 서로 표리(表裏)가 되었다. 황호가 비로소 정사에 참여하고, 여러 번 승진해 중상시가 되어 위세와 권력을 잡고 농간해 끝내는 나라를 뒤집었다.

병인(丙寅) 9년(246년)

가을 9월에 강유(姜維)를 위장군(衛將軍)으로 삼고, 비위와 녹상서사를 함께 하게 했다.

정묘(丁卯) 10년(247년)

위나라 대장군 조상이 하안(何晏) 등양(鄧颺) 정밀(丁謐)의 계책을 써서 태후를 영녕궁(永寧宮)으로 옮기고, 조정의 정사를 전횡했다. 친당(親黨)[21]을 많이 세우고, 자주 법을

---

18) 公亮 공량 : 공(公) 공변될, 공공하고 밝음, 성실함. 량(亮) 밝을, 도울, 미쁠, 신의 있음, 진실로

19) 獻可替否 헌가체부 : 임금에게 바른 말을 해 바로 잡도록 함

20) 便辟 편벽 : 남의 비위를 맞춰 알랑거림

고쳤다. 태부 사마의가 금할 수 없었고, 조상과 틈이 생겨 병을 핑계되고 정사에 참여하지 않았다.

무진(戊辰) 11년(248년)

5월에 비위가 나가 한중에 주둔했다. 장완부터 비위에 이르기까지 비록 몸은 밖에 있었으나 경사스러운 일에 상 주는 것과 위엄으로 형벌 내리는 것을 모두 (황제에게) 먼저 자문해 결단한 연후에야 시행했다. 비위는 평소[雅] 성품이 겸손하고 검소해, 국가 일을 맡은[當] 공명(功名)이 대략 장완과 비교되었다.

○ 11월에 위나라 태부 사마의가 은밀히 그의 아들 중호군(中護軍) 사마사(司馬師), 산기상시(散騎常侍) 사마소(司馬昭)와 함께 조상을 죽일 것을 모의했다.

기사(己巳) 12년(249년)

위나라 태부 사마의가 황태후의 명령으로 여러 성문을 닫고, 군대를 거느리고 무고(武庫)를 점거하고 "조상이 하안 등양 정밀 필궤(畢軌) 등과 은밀히 반역을 도모했습니다"고 아뢰었다. 이리하여 조상 조희(曹羲) 조훈(曹訓) 하안 등양 정밀 필궤(畢軌) 이승(李勝) 등을 체포해 모두 하옥시켰다. 대역무도로 탄핵해 삼족을 죽였다.

○ 위나라 관로(管輅)의 장인이 관로에게 "너는 전에 어

---

21) 親黨 친당: 가까이 신임하는 무리들

찌 하안과 등양이 실패할 줄을 알았느냐?"고 물었다. 관로는 "등양의 행보는 근육이 뼈를 묶지 못하고, 맥[22]이 살을 제어하지 못합니다. 일어설 때 몸이 기울어져 기대게 되는데, 수족이 없는 것 같았습니다. 이것은 귀신이 움직이는 것[23]입니다. 하안이 보고 물을 때[24] 혼이 빠져나갔고, 혈색이 없었습니다. 정령이 연기처럼 떠도는 것 같고, 얼굴은 마른 나무와 같았습니다. 이것은 귀신과 유령입니다. 두 가지는 모두 큰 복[遐福]을 누릴 수 있는 상(象)이 아닙니다"고 대답했다.

○ 위나라 하안은 성품이 스스로 치장하기를 좋아해서 흰 분을 손에서 놓지 않았고, 걸으면서 그림자를 돌아보았다. 노장의 글을 특히 좋아했다. 하후현(夏侯玄) 순찬(荀粲) 및 왕필(王弼)의 무리와 청담(淸談)으로 경쟁하고, 허무(虛無)를 본받고[祖] 숭상했다. 육경(六經)을 일러 성인의 찌꺼기[糟粕]라고 했다. 이 때문에 천하의 사대부들이 다투어 그것을 흠모해 본받고, 마침내 풍류를 이루니 더 제재할 수가 없었다.

○ 위나라에서 태부 사마의를 승상으로 삼고 구석(九錫)을 내렸다. 사마의가 간곡히 사양하고 받지 않았다.

22) 脉(脈) 맥 : 피가 순환하는 줄기를 이룬 것

23) 鬼躁 귀조 : 귀신의 움직임

24) 視候 시후 : 보고 물음

○ 가을에 강유(姜維)가 위나라를 정벌하고 옹주를 공격했다. 등애(鄧艾)가 그를 막았고, 강유의 군대가 마침내 돌아왔다.

경오(庚午) 13년(250년)

오(吳) 군주가 막내아들 손량(孫亮)을 태자로 삼았다.

신미(辛未) 14년(251년)

8월에 위나라 사마의가 죽었다. 그의 아들 사마사를 무군대장군(撫軍大將軍) 녹상서사(錄尙書事)로 삼았다.

○ 11월에 비위가 북쪽으로 가서 한수(漢壽)에 주둔하고, 진지에게 상서령을 대신하게 했다.

임신(壬申) 15년(252년)

4월에 오나라 군주가 죽으니, 시호를 대황제(大皇帝)라 했다. 태자 손량이 즉위했다.

○ 강유가 자신의 재주와 무예를 믿고, 매번 군대를 일으켜 크게 거병하고자 했으나 비위가 항상 제재하고 따르지 않았다. 그에게 병력을 주되 1만 명을 넘지 않았다. 비위는 "우리들은 승상[제갈량]만 훨씬 못하다. 승상도 오히려 중하(中夏)를 평정할 수 없었는데, 하물며 우리들에게서랴! 우선[且] 나라를 보전하고 백성을 다스려서 사직을 지키는 것이 낫다. 마땅히 그 공적을 이룰 수 있는 자를 기다려야 한다"고 했다.

비위가 죽자, 강유가 자신의 뜻을 실행할 수 있었다. 마침내 수만명을 거느리고 석영(石營)으로 나아가 위나라를 공격하고 적도(狄道)를 포위했다.

갑술(甲戌) 17년(254년)

여름에 강유가 위나라를 공격했다.

○ 9월에 위나라 대장군 사마사(司馬師)가 군주 조방(曹芳)을 폐위하고, 고귀향공(高貴鄕公) 조모(曹髦)를 맞이해 황제에 즉위시켰다.

을해(乙亥) 18년(255년)

위나라 사마사가 죽었다. 황제가 명령을 내려 사마사의 아우 사마소를 대장군 녹상서사(大將軍 錄尙書事)로 삼았다.

병자(丙子) 19년 봄(256년)

정월에 강유를 대장군으로 삼았다.

○ 위나라가 대장군 사마소에게 곤면(袞冕)의 의관[25]과 붉은 신, 머리꾸미개[26]를 내렸다.

---

25) 袞冕之服 곤면지복 : 선왕의 제사 등에 천자가 입는 곤룡포와 면류관

26) 赤舃, 副 적석, 부 : 적석(赤舃) 붉은 신발. 부(副) 머리꾸미개

정축(丁丑) 20년(257년)

가을 9월에 강유는 위나라가 관중의 병력을 나누어 회남으로 달려간다는 말을 듣고, 수만명을 거느리고 낙곡(駱谷)으로 나갔다. 안서장군(安西將軍) 등애(鄧艾)가 군대를 진격시켜 그 곳을 차지하고 강유를 막았다. 이때 강유가 자주 출병하니, 촉나라 사람들이 근심하고 괴로워했다. 초주(譙周)가 구국론(仇國論)을 지어 그 일을 풍자했다.

무인(戊寅) 경요(景耀) 원년(258년)

5월에 위나라가 조서를 내려 사마소를 상국(相國)으로 삼아 진공(晉公)에 봉하고, 구석(九錫)[27]을 내렸다.

○ 오나라 손침(孫綝)이 오나라 군주를 폐위해 회계왕으로 삼고, 낭야왕(琅邪王) 손휴(孫休)를 맞이해 즉위시켰다.

경진(庚辰) 3년(260년)

정월에 위나라 군주 조모가 위엄과 권력이 날로 없어지는 것을 보고, 그 분함을 이기지 못했다. "사마소의 마음은 행인도 아는 바다. 내 가만히 앉아서 폐위 당하는 굴욕을 당할 수는 없다. 오늘 마땅히 스스로 나가 그를 치겠다"고 말하고, 검을 뽑아 들고 가마에 올라 궁궐의 숙위, 병졸[蒼

---

27) 九錫 구석 : 천자가 공로 있는 신하에게 하사하는 물품. 의복(衣服) 거마(車馬) 부월(斧鉞) 주호(朱戶) 납폐(納幣) 호분(虎賁) 궁시(弓矢) 울창주(鬱鬯酒) 악칙(樂則)

頭][28]과 관청의 하인을 거느리고 북을 치고 함성을 지르면서 나갔다.

중호군 가충(賈充)이 밖으로부터 들어와 조모를 맞이해 남쪽 대궐 아래에서 싸웠다. 태자사인 성제(成濟)가 창을 뽑아 조모를 찔렀다. 조모가 수레 아래로 떨어져서 죽었다. 태후가 명령을 내려 고귀향공의 죄상을 공포하고 폐위해 서인으로 만들고, 중호군 사마염(司馬炎)을 시켜 업(鄴)에서 상도향공(常道鄕公) 조황(曹璜)을 맞이하게 했다. 조황을 명제의 후계자로 삼았다. 사마염은 사마소의 아들이다. 6월에 상도향공이 황제에 즉위했다.

임오(壬午) 5년(262년)

8월에 대장군 강유가 위나라 조양(洮陽)을 공격했다. 등애가 싸워서 그를 격파했다.

○ 위나라 초군(譙郡) 혜강(嵇康)은 말과 글[文辭]이 장엄하고 화려했고, 노장(老莊)을 말하기 좋아했다. 기이하고 호협한 기개를 숭상했다. 진류의 완적(阮籍), 완적의 형의 아들 완함(阮咸), 하내의 산도(山濤), 하남의 향수(向秀), 낭야의 왕융(王戎), 패(沛) 사람 유령(劉伶) 등과 서로 벗이 되어 특별히 사이가 좋았고, 죽림7현(竹林七賢)이라 불렸다. 이들은 모두 허무를 숭상하고 예법을 경멸했다. 술을 마음대로 마시고, 어지럽게 취하고 세상일을 버렸다.

---

28) 蒼頭 창두 : 파란 두건을 쓴 병졸, 종, 노예

완적은 보병교위였다. 그의 어머니가 별세했을 때, 원적은 당시[方] 남과 바둑을 두고 있었다. 상대방이 그만할 것을 청했으나 완적이 잡아서 내기를 결판 지었다. 조금 후에 술 두 말을 마시고, 큰 소리로 한번 부르짖고는 몇 되의 피를 토했다. 바짝 말라서 뼈만 앙상하게 드러났다[29]. 상을 치르면서 술을 마시는 것이 평소와 다름이 없었다.

유령(劉伶)은 술을 즐기며 항상 사슴이 끄는 수레를 탔다. 한 호리병의 술을 끼고는 사람을 시켜 가래[鍤]를 메고 따르게 하고, "내가 죽으면 곧 나를 묻으라"고 했다. 당시의 사대부들은 모두 (그를) 현자라 여겼고, 다투어 흠모하고 본받았다. 그를 남에게 구속받지 않는 방달[30]이라고 일렀다.

종회(鍾會)는 한창 사마소에게 총애를 받고 있었다. 혜강의 명성을 듣고 찾아갔으나 혜강이 두 다리를 뻗고 걸터앉아 쇠를 두드리기만 하고, 그를 예우하지 않았다. 종회가 떠나려고 하자, 혜강이 말하기를 "무슨 말을 듣고 왔다가 무엇을 보고 가는가?" 하니, 종회가 "들은 것을 듣고 왔다가, 본 것을 보고 간다"고 했다. 마침내 깊이 그를 원망했다[銜].

○ 위나라 사마소는 강유가 자주 북쪽을 침략하는 것을 근심했다. 크게 거병해 촉을 공격하고자 했다. 조정의 신하

---

29) 毁瘠骨立 훼척골립 : 바짝 말라서 뼈만 앙상하게 드러남

30) 放達 방달 : 남에게 구속받지 않고 자유분방하게 사는 사람, 잘난 사람

들 대부분이 안된다고 했으나, 사예교위 종회(鍾會) 혼자만 그것을 권했다. 사마소가 부하들을 깨우쳤다[諭].

"수춘(壽春)을 평정한 이후 6년 동안 전쟁을 쉬면서, 군대를 다스리고 무기를 수선했다. 두 적을 염두에 두고[擬] 있었다. 지금 오나라는 땅이 광대하고 비와 이슬이 내려[下濕], 그 곳을 공격하기가 가장 어려울 것이다.

우선 파촉(巴蜀)을 평정하는 것이 낫다. 3년 뒤에 물이 흐르는 형세를 이용해 수륙으로 함께 진격할 것이다. 이것은 진(晉)나라가 괵(虢)을 멸망시키고 나서 우(虞)를 공격한 형세이다.[31]

지금 강유를 답중(沓中)에 묶어두어[絆] 그가 동쪽을 돌아보지 못하게 하고, 곧바로 낙곡으로 향한다. 그들의 허술한 곳으로 나가 한중을 습격할 것이다. 유선은 어리석은데, 변방의 성이 밖에서 격파되면, 백성들[士女]이 안에서 두려워 할 것이니, 그 멸망을 짐작할 수 있다"

마침내 종회를 진서장군(鎭西將軍)으로 삼아 관중을 총감독[32]하게 했다.

강유가 황제에게 "종회가 관중에서 군대를 다스리며, 우리나라를 공격하려고 도모한다고 들었습니다. 마땅히 좌, 우 거기장군 장익(張翼)과 요화(廖化)를 모두 보내 여러 군

---

31) 주(註) 춘추(春秋) 희(僖) 2년 진(晉)이 괵(虢)을 공격하겠다며, 우(虞)에게 길을 빌렸다. 멸망시키고 돌아오는 길에 군사가 우(虞)에서 묵었다가[館], 우(虞)를 습격해 멸망시켰다

32) 都督 도독 : 통틀어 거느리고 감독함, 일군의 총대장

대를 경계시키고, 양안관(陽安關) 입구 및 음평의 교두(橋頭)를 나누어 지켜 미연에 방지해야 합니다"라고 표문을 올렸다.

황호가 무당의 귀신을 믿고, 적이 끝내 스스로 오지는 않을 것이라고 황제에게 아뢰고 그 일을 덮으니, 여러 신하들이 알지 못했다.

계미(癸未) 염흥(炎興) 원년(263년)

가을에 위나라가 군대를 크게 동원해 한중으로 들어가 공격하고자 했다. 등애(鄧艾)에게 3만여 명을 거느리게 하고 보내서, 적도로부터 감송(甘松)과 답중으로 가서 강유를 포위하게[連綴]했다. 제갈서(諸葛緖)에게는 3만여 명을 거느리고 기산으로부터 무가(武街) 교두(橋頭)로 가서 강유의 귀로를 끊게 했다.

종회에게는 10여만 명의 군대로 사곡, 낙곡, 자오곡으로 나누어서 한중으로 향해가도록 했다. 정위 위관(衛瓘)에게는 임금 명령의 부신[節][33]을 잡고 등애와 종회 군대의 일을 감독하게 했다.

○ 혹자가 유식(劉寔)에게 "종회와 등애가 촉을 평정하겠는가?"라고 물었다. 유식은 "촉을 틀림없이 격파합니다만, 모두 돌아오지는 못할 것입니다"라고 대답했다. 객이 그 이유를 묻자, 유식이 웃기만 하고 대답하지 않았다.

---

33) 節 절 : 부신(符信), 병부(兵符). 사신 또는 대장이 가진 신표

○ 8월에 위나라 군대가 낙양을 출발해 막힘없이 똑바로 달려서[34] 먼 길을 전진했다. 강유는 종회의 여러 군대가 이미 한중을 공격한다는 소식을 들었다. 병력을 이끌고 장익과 요화, 동궐(董厥) 등과 함께 병력을 합해 검각(劍閣)을 지키며 종회를 막았다.

○ 강유가 군영을 쭉 배치하고 검각(劍閣)을 지켰다. 종회가 공격했으나 이길 수가 없었다. 군량을 수송하는 길도 험하고 멀어, 군대를 이끌고 돌아가려고 했다.

등애가 "촉한의 군대가 꺾였으니, 마땅히 이때를 틈 타 공격해야 합니다. 만약 음평에서 출발해 가파른 지름길[邪徑]을 따라 촉한의 덕양정(德陽亭)을 지나 부현(涪縣)으로 향해가서, 검각 서쪽 1백 리까지 나간다면, 성도로 부터의[去]거리는 3백여 리입니다. 기습병이 가장 가까운 곳[35]을 공격해, 예상치 못한 데서 출병한다면, 검각의 수비병은 반드시 부현으로 돌아갈 것이니, 종회의 군대는 수레를 나란히 해[36] 진격할 수 있을 것이고, 검각의 군대가 돌아가지 않는다면, 부현의 대응병력이 적어질 것입니다"고 말했다.

마침내 음평에서 출발해 사람이 없는 땅 7백여 리를 행군했다. 산을 뚫어 길을 통하게 하고, 교각을 만들었다. 산이 높고 골짜기가 깊어 지극히 힘들고 험난했다. 또 운반해

---

34) 長驅而前 장구이전 : 주(註) 막는 자가 없이 다만 곧바로 진격한다는 것이다
35) 腹心 복심 : 배와 가슴, 심복, 대단히 가까움, 극히 친함, 진심, 충성
36) 方軌 방궤 : 주(註) 수레바퀴를 나란히 하다

온 군량이 다 떨어졌고[匱], 지극히[瀕於] 위태로웠다. 등애가 담요로 자기 자신을 감싸고 밀면서 굴러서 내려갔다. 장수와 군사들이 모두 나무를 붙잡고 낭떠러지를 따라[37] 물고기를 엮듯 엮어서 전진했다.

선봉부대가 강유(江油)에 도착했다. 촉한의 수비 장수 마막(馬邈)이 항복했다. 제갈첨(諸葛瞻)이 여러 군대를 거느리고 등애를 막았으나, 크게 격파하고 제갈첨을 목 베었다.

○ 촉한 사람들은 위나라 군대가 이렇게 갑자기 이를 것으로 생각하지 못하고, 성을 제대로 조처해[38] 지키지 않았다. 등애가 이미 (산을 넘어) 평지로 들어왔다는 말을 듣고, 백성들이 (스스로) 어지러워 모두 산야(山野)로 흩어져 달아났다[迸]. 금지하거나 제재할 수 없었다.

초주가 황제에게 항복할 것을 청했다. 그래서 사자를 보내 옥새와 도장과 끈을 받들고 등애에게 가서 항복했다. 북지왕(北地王) 유심(劉諶)이 분노하며 "만약 생각이 궁하고 힘이 꺾여서 재앙이 오고 패배한다고 하더라도, 부자(父子)와 군신이 성을 등지고 마땅히 한바탕 싸워야 합니다. 사직을 위해서 함께 죽어 선제를 뵙는 것이 옳습니다. 어찌해 항복한단 말입니까?"라고 했다. 황제가 듣지 않았다. 유심이 소열황제의 사당에서 통곡하고, 처자를 먼저 죽인 뒤에 자살했다.

---

37) 攀木緣崖 반목연애 : 나무를 붙들고 낭떠러지를 따라가다

38) 調度 조도 : 고르게 처리함, 세금을 걷음, 신변에 필요한 것

등애가 성도의 북쪽에 이르렀다. 황제가 태자와 제왕 및 여러 신하들을 거느리고 두 손을 뒤로 묶고 얼굴을 앞으로 향한 채 수레에 관을 싣고[39] 군문(軍門)에 가서 항복했다. 강유는 황제의 칙명을 받고, 요화 장익 동궐 등과 함께 종회에게 가서 항복했다.

촉한(蜀漢)은 소열제(昭烈帝) 및 후황제(後皇帝) 유선(劉禪) 모두 43년이다.

위나라가 촉을 공격하자, 오나라의 어떤 사람이 양양 사람 장제(張悌)에게 "사마씨가 정권을 얻은 이래 큰 난리가 자주 일어나 백성들이 복종하지 않았다. 이제 또 힘들여서 원정을 하니 곧[不暇] 패배할 것이다. 어찌 승리할 수 있겠는가?"라고 말했다. 장제가 말했다.

"그렇지 않다. 조조는 비록 공이 중국을 뒤덮었으나 백성들이 위엄만 두려워했지, 그가 덕을 베풀었다고는 생각하지 않았다. 조비와 조예가 그를 이었으나 형벌이 많고 부역이 무거웠다.

사마의 부자(父子)는 번거롭고 가혹한 법을 제거하고, 공평하게 은혜를 베풀었으며, 주모자[謀主]가 되어 백성들의 고통을 구원했다. 이 때문에 회남에서 3번 모반이 있었으나 충성심이 흔들리지 않았고, 조모(曹髦)의 죽음에도 사방이 동요하지 않았다. 현명한 자에게 맡기고 유능한 자를 부려,

39) 面縛輿櫬 면박여친 : 두 손을 뒤로 묶고 얼굴을 앞으로 향하고 수레에 관을 싣고 항복하다

각각 그 마음을 다 바치게 했다. 근본이 견고해지자 침범할 계책이 세워졌다.

지금 촉은 환관이 조정을 독점해 나라에 정령(政令)이 없다. 위태로움을 틈타서 정벌한다면, 아마도 이기지 못할 것이 없을 것이다. 아! 그 사람들이 뜻을 얻는 것이 바로 우리의 근심이다!"

오나라 사람들은 그의 말을 비웃었다. 이때에 이르러서야 비로소 탄복했다.

○ 등애가 편지로 진공(晉公) 사마소(司馬昭)에게 말했다.

"전쟁이란 먼저 소문을 퍼뜨리고 후에 실제로 정벌합니다. 이제 촉을 평정한 형세를 이용해 오나라를 정벌한다면, 오나라 사람들이 떨고 두려워할 것입니다. 석권[40]할 수 있는 때입니다.

그러나 크게 군대를 일으킨 뒤라, 장수와 군사들이 지치고 힘들어 해 바로 쓸 수 없습니다. 우선[且] (군대의 사용을) 천천히 늦춰서 농우(隴右)에 병력 2만 명, 촉에 병력 2만명을 남겨두십시오. 그들에게 소금을 굽고 쇠를 달구는 일을 일으키고, 군대에게 농사를 짓게 해 필요한 용도를 쓰게 하고, 배를 만들어 미리 배를 타고 내려 갈[順流] 일을 준비하십시오.

그런 연후에 사신을 보내 이해(利害)로써 깨우쳐준다면,

---

40) 席卷 석권 : 자리를 마는 것처럼 힘들이지 않고 모두 빼앗음

오나라는 반드시 귀화(歸化)할 것이니, 공격하지 않고도 평정할 수 있습니다. 지금 마땅히 유선(劉禪)을 후히 대우해 손휴(孫休)를 오게 해야 합니다. 유선을 부풍왕(扶風王)으로 분봉해주고, 천명을 따른데 대한 은혜[41]를 드러내소서"

사마소가 감군 위관을 시켜 등애를 타이르기를 "일은 마땅히 보고를 기다려야 한다. 갑자기 실행해서는 안된다"고 했다. 등애가 거듭 "춘추 도리로는 '대부가 국경을 나가서 사직을 평안히 하고, 국가를 이롭게 할 수 있으면, 군대의 일을 마음대로 해도 괜찮다'고 했습니다. 지금 오나라의 복종하지 않는 곳은 촉과 형세상 연결됩니다. 범례에 구애되어[42] 일의 기회를 잃어서는 안 됩니다"라고 말했다.

종회는 속으로 다른 뜻이 있었다. 그래서 위관과 함께 몰래 등애가 배반하려는 조짐이 있다고 아뢰었다.

갑신(甲申) (264년)

정월에 위나라가 조서를 내리고, 죄수 싣는 함거(檻車)로 등애를 불러 경사로 오게 했다. 종회가 꺼리는 것은 오직 등애였다. 등애 부자(父子)가 사로잡히게 되자, 종회가 혼자서 대군을 통솔하게 되었다. 위엄이 서쪽지방에 진동했다.

마침내 모반을 결의하고, 정축(丁丑)에 태후의 유조를 사칭해 '종회를 시켜 군대를 일으켜 사마소를 폐위하게 하라'고 했다.

---

41) 歸命之寵 귀명지총 : 천명을 따른데 대한 은혜

42) 拘常 구상 : 범례에 구애받다

강유는 종회를 시켜 북쪽에서 온 여러 장수들을 다 죽이게 하고, 자신은 기회를 틈타서 종회를 죽이고, 위나라 군사들을 다 묻어 죽이고서, 다시 옛 한(漢)나라 황제를 세우려고 했다.

마침 종회의 병사들이 난을 일으켜 강유를 쳐 죽이고, 앞다투어 종회를 죽였다. 등애 본영의 장수와 군사들이 쫓아가 함거에서 등애를 꺼내 맞이해 돌아왔다. 위관이 군대를 보내 등애를 습격해 등애 부자를 목 베었다.

위나라가 옛 한(漢)나라 황제인 유선에게 안락공(安樂公)의 작위를 내렸다.

○ 오나라 군주 손휴가 죽고, 손호(孫皓)가 황제에 즉위했다.

○ 진(晉)왕이 사마염(司馬炎)을 세자로 세웠다.

을유(乙酉) (265년)

8월에 위나라 진왕 사마소가 죽자, 태자 사마염이 계승해 상국(相國)과 진(晉)왕이 되었다.

○ 겨울에 오나라 군주가 도읍을 무창(武昌)으로 옮겼다.

○ 12월에 위의 군주가 진왕에게 선위했다. 진왕이 황제에 즉위했다.[43] 위의 군주를 받들어 진류왕(陳留王)으로 삼

43) 시대개관 : 진(晉). 서진(西晉)과 동진으로 나뉜다. 이때부터(서력 265)가 사

왔다.

위나라는 다섯 군주로 모두 46년이다.

이때 진나라 군주는 위나라의 각박함[법]과 사치스러운 [왕실] 뒤를 이어서, 인덕과 검소함으로 바로잡고자 했다. 유사(有司)가 황제가 쓰는[御用] 소에 매는 청색 명주실 고삐[44]가 끊어졌다 말하니, 청색 삼으로 대신하라 명령했다.

○ 진나라가 처음으로 간관을 세우고, 부현(傅玄)에게 그 일을 하게 했다. 부현은 위나라 말기에 선비들의 기풍이 퇴폐해졌다고 여겨 상소했다.

"신은 선왕(先王)이 천하를 다스리자, 위에서는 교화가 융성해지고, 아래에서는 높고 깨끗한 언론[淸議][45]이 행해졌다고 들었습니다. 근래에 위나라 무제(武帝)가 법술을 좋아하니, 천하가 형명(刑名)을 귀하게 여기게 되었고, 위나라 문제(文帝)가 막힘없이 통달함[46]을 흠모하자, 천하가 수절

마씨(司馬氏)의 서진(西晉)이며, 280년 삼국의 오(吳)를 멸망시키고 통일 왕조를 세웠다. 서진(西晉)은 무제(武帝) 사마염(司馬炎) 사후, 외척의 전횡과 8왕(八王)의 난(亂)으로 혼란을 맞이했다. 이 틈을 타고 장성(長城) 주변에 잡거하고 있던 5胡(선비, 흉노, 저, 갈, 강)가 화북 일대를 장악하고 왕조를 수립했는데 이들을 5호16국이라고 한다. 5호의 내침으로 인해 한족은 강남으로 대거 이주해 317년 남경을 수도로 왕조를 개창했는데 이를 동진(東晉)이라고 한다.

44) 御牛青絲紖 어우청사진 : 어우(御牛) 황실용 소. 청사진(青絲紖) 청색 명주실 고삐

45) 淸議 청의 : 높고 깨끗한 언론

46) 通達 통달 : 막힘없이 환히 통함, 사물의 이치를 환히 앎. =통지(通知)

(守節)을 천하게 여기게 되었습니다.

그 후로 기강과 근본이 다스려지지 못하고, 아무 분수 없이 큰소리만 치는 자[47]들이 조정에 가득해져, 마침내 천하에 다시는 높고 깨끗한 언론[淸議]이 없게 되었습니다.

폐하께서는 왕업을 일으키고 선양을 받으셔서 요 순의 교화를 넓히셨습니다. (그러나) 깨끗하고 먼 안목이 있으며, 예를 갖춘 신하를 천거해 풍속과 절의를 돈독히 하지 못하셨으며, 허황되고 비루한 선비를 물리치거나 삼가지 않는 자를 징계하지 못하셨습니다. 신이 이 때문에 오히려 감히 말씀을 올리는 것입니다"

진나라 군주가 그 말을 가상히 여겨 받아들였다. 그러나 역시 개혁할 수는 없었다.

병오(丙戌) (266년)

오나라 군주가 무창에 있었다. 양주(揚州)의 백성들이 강을 거슬러 올라가 공급하느라 매우 고생했다. 육개(陸凱)가 "무창은 토지가 위태롭고 험하며, 돌이 많고 메마른 땅[48]으로 왕이 도읍할 땅이 못됩니다. 또 동요에서 '차라리 건업의 물을 마실지언정 무창의 물고기를 먹지 않겠다. 차라리 건업에 돌아가 죽을지언정 무창에 머물러 살지 않겠다'고 말합니다. 이것으로 보건대 민심과 천심이 분명하다고 할 만합니다"라고 상소했다. 12월에 오의 군주가 건업으로 천

---

47) 放誕 방탄 : 아무 분수 없이 큰소리 침

48) 瘠确 척학 : 돌 많고 메마른 땅

도했다.

무자(戊子) (268년)

진나라 군주가 하남윤(河南尹) 두예(杜預)에게 조서를 내려 관리의 성적평가법[49]을 만들게 했다. 두예가 아뢰었다.

"옛날에는 내쫓고 승진시키는 것을 마음으로 헤아려 적용하고, 법에 구애받지[泥] 않았습니다. 말세에는 원대한 것[遠]을 규율로 할 수 없었고, 오로지 작고 조밀한 것만을 추구했습니다. 마음으로 의심해 귀와 눈을 믿고, 귀와 눈을 의심해 서류를 믿으니, 서류가 더욱 번다해졌고, 관리는 당시에 더욱 조작을 했습니다.

위나라의 성적평가법은 경방(京房)이 남긴 유풍[50]인데, 그 법이 지극히 조밀하다고 말할 수 있습니다. (그러나) 잘못되어[51] 지나치게 세밀해 근본이 어그러졌습니다. 그러므로 역대에 통할 수 없었습니다. 어찌 당요(唐堯)가 옛 제도를 시행하는 것과 같겠습니까? (당요의 옛 제도는) 큰 것을 취하고, 조밀한 것을 제거하고 간략하게 만들어서, 시행할 때[申] 그것을 쉽게 따를 수 있게 했습니다.

무릇 사물의 이치에 정성을 다하고[52], 정신을 집중해 명

---

49) 黜陟之課 출척지과 : 공이 없는 사람은 내쫓고, 공이 있는 사람은 승진시키는 관리평가법

50) 京房之遺意 경방지유의 : 주(註) 유의(遺意)는 경방의 유풍이다. 한 원제(漢元帝) 때 경방(京房)이 고공과리법(考功課吏法)을 상주(上奏)했다

51) 失於 실어 : 형용사+어(於)=부사가 됨. 실(失) 잘못되다+어(於) 잘못되어서

52) 曲盡物理 곡진물리 : 사물의 이치에 마음과 몸을 다함

석하게 일하는 것은 그 적임자인가에 달려 있습니다. 사람을 버리고 법에 맡기면, 법으로 도리를 해치게 됩니다. 통달한 관리에게 위임해 각각 통솔한 자를 평가하게 하는 것이 가장 낫습니다.

거기에 우열이 있을 것인데, 인정에 따르고 공론에 화합하지 않는 자가 있으면, 마땅히 감사(監司)에게 맡겨 수시로 탄핵해야 합니다. 만약 상하(上下)가 공공연히 서로 허물을 용납한다면, 이는 청의(淸議)가 크게 무너지는 것입니다. 비록 성적을 평가하는 법이 있더라도 무익할 것입니다"

일이 끝내 시행되지 못했다.

기축(己丑) (269년)

진의 군주에게 오나라를 멸망시키려는 마음이 있었다. 상서좌복야 양호(羊祜)를 시켜 형주의 여러 군대를 거느리고 양양을 다스리게 했다. 양호가 멀고 가까운 지역의 사람들을 편안하게 해주고 정을 주어[懷], 장강과 한수 지역에서 민심을 크게 얻었다. 오나라 사람들에게 크게 신의를 베풀고, 항복한 자가 떠나가고자 하면 모두 들어주었다.

지키고[戍] 순찰하는[邏] 병사를 줄이고, 그들로 밭 8백여 경을 개간했다. 그가 처음 왔을 때에는 군중에 1백일의 식량이 없었으나, 그의 말년에 이르자 마침내 10년의 비축이 있게 되었다.

양호는 군중에 있을 때는 항상 가벼운 갖옷을 입고, 허리띠를 느슨히 매었으며[53] 몸에 갑옷을 입지 않았다. 도독관부 내[54]의 호위병이 십수명을 넘지 않았다.

경인(庚寅) (270년)

4월에 오나라가 진군대장군(鎭軍大將軍) 육항(陸抗)에게 서릉(西陵) 이도(夷道) 낙향(樂鄕) 공안(公安)의 여러 군대를 거느리게 했다. 육항이 오나라 군주의 정사에 잘못이 많다고 생각해 상소했다.

"신이 듣건대, '덕이 균등하면 많은 무리가 적은 무리를 이기고, 힘이 대등하면 편안한 자가 위태로운 자를 제어한다고 했습니다'. 이것이 6국(六國)이 진(秦)나라에 겸병당하고, 서초(西楚)가 한(漢)나라에 굴복당한 원인입니다.

지금 적이 차지하고 있는 지역은 관중 오른쪽의 땅입니다. 홍구(鴻溝)의 서쪽이 아니지만, 우리나라는 밖으로는 연합[55]의 구원이 없고, 안으로는 서초(西楚)같은[之] 강성함이 없습니다.

의견을 말하는 자들이 믿는 것은 단지 장강과 험준한 산이 띠처럼 둘러싸서 나라의 경계[封域]를 막아준다는 것입니다. 이것은 곧 나라를 지키는 마지막 일[末事]이지, 지혜로운 자가 먼저 할 일은 아닙니다. 신은 이 일을 생각하면 한밤중에도 베개를 어루만지며, 음식[飧]을 앞에 두고 먹는 것을 잊습니다. 삼가 이때 마땅히 해야 할 일 17조를 아뢲

53) 緩帶 완대 : 허리띠를 느슨하게 함, 안심해 경계를 느슨하게 한다는 뜻

54) 鈴閤 영각 : 도독(都督)의 합내(閤內)에 영가(鈴架, 방울 거는 횃대)를 두어 불우(不虞, 뜻밖의 일, 비상)에 대비했다

55) 連衡(横) 연횡 : 전국시대에 동서제국을 연합해 진(秦)에 복종시키려고 한 장의(張儀)의 정책

니다"

오나라 군주가 받아들이지 않았다.

○ 오나라 사람 조현(刁玄)이 거짓으로 참문(讖文)[56]에 더 보태 말하기를 "황색 깃발과 자주색 일산이 동남지방에 나타나니, 끝내 천하를 차지할 자는 형주와 양주의 군주다"라고 했다.

오의 군주가 그것을 믿고 크게 군대를 일으켜 화리(華里)로 출병했다. 행군 중에 큰 눈을 만나 병사들이 추위에 거의 얼어죽게 되었다. 병사들이 모두 "만약 적을 만나면 곧 창을 거꾸로 잡겠다"고 말했다. 오의 군주가 이 말을 듣고 곧 돌아왔다.

신묘(辛卯) (271년)

11월 진나라 안락공 유선이 죽으니, 시호를 사(思)라고 했다.

임진(壬辰) (272년)

진나라 왕준(王濬)이 익주자사가 되었다. 처음에 왕준은 양호의 참군이었다. 양호가 그를 잘 알았다. 이때 진나라 군주가 양호와 비밀리에 오나라 정벌을 모의했다. 양호는 오나라를 정벌하려면 마땅히 상류의 형세를 빌려야 할 것이라고 생각했다. 비밀리에 표문을 올려 왕준을 남게 해서

---

56) 讖文 참문 : 비결서, 미래기

다시 익주자사로 삼아, 수군을 정비하고 대대적으로 전함을 만들게 했다. 이때 배를 만드느라 얇고 작은 나무조각[木柹]이 강물을 뒤덮고 내려왔다.

오나라 건평태수(建平太守) 오언(吳彦)이 강물에 내려온 나무조각을 가져다가 오나라 군주에게 "진나라에 오나라를 공격하려는 계획이 있습니다. 마땅히 건평의 병력을 늘려서 그곳의 요충지를 막아야 합니다"라고 건의했다. 오나라 군주가 따르지 않았다. 오언은 그래서 쇠사슬[鐵鏁]을 만들어 강의 물길을 가로막았다.

○ 8월에 오의 군주가 서릉의 독(督)인 보천(步闡)을 불렀다. 보천은 대대로 서릉에 있었는데, 갑자기 부름을 받자 참소가 있었을 것을 두려워 해 성을 점거하고 진나라에 항복했다. 진나라가 보천을 도독서릉제군(都督西陵諸軍)으로 삼았다. 오의 육항이 그를 토벌하자, 진의 군주가 양호를 보내 구원했으나, 이기지 못했다. 육항이 마침내 서릉을 함락시키고 보천을 목베었다.

오의 군주는 서릉을 함락시키자, 스스로 하늘의 도움을 얻었다 생각하고, 마음이 더욱 거만해지고 분수를 넘었다[張大]. 덕정을 닦지 않고 오직 겸병할 계책만 세웠다.

○ 진나라 양호가 강릉에서 돌아와 은혜와 신의를 닦는데 힘쓰고, 오나라 사람들에게 정을 줬다[懷]. 매번 교전할 때마다 날짜를 정하고 나서야 비로소 싸우고[57], 엄습하는 계책을 쓰지 않았다. 장수 중에 속이는 계책을 진언하는 자가 있으면 그때마다 진한 술[醇酒]을 마시게 해서 말하지

못하게 했다.

양호가 출병해 오나라와의 경계를 지나면서 곡식을 베어 식량으로 했다. 벤 것을 모두 계산해 비단을 보내 보상했다. 매번 장강과 면수에서 병사들을 모아 사냥을 했는데, 항상 진나라 땅에서 멈췄다. 만약 날짐승이 먼저 오나라 사람에게 상처를 입었는데, 뒤에 진나라 군사들에게 잡히면 모두 오나라로 돌려 보내주었다. 오나라 변방 사람들이 모두 좋아하고 탄복했다.

양호가 육항과 국경에서 대치했지만, 칙사[58]가 항상 내왕했다. 육항이 양호에게 술을 보내자, 양호가 그것을 주저하지 않고 마셨다. 육항이 병이 나서 양호에게 약을 요구했다. 양호가 다 달여진 약[59]을 주자, 육항이 곧 그것을 복용했다. 사람들이 자주 육항에게 간언했으나, 육항은 "어찌 남에게 짐독을 주는 양숙자(羊叔子=양호羊祜)[60]이겠는가?"라고 말했다.

육항이 변방을 지키는 병사들에게 "그들은 오로지 은혜를 베풀고, 우리는 오로지 포악한 짓만 한다. 이렇게 되면 싸우지 않고도 스스로 항복하게 된다. 각각 경계를 나누어 지키고 있을 뿐이다. 작은 이해를 찾지 말라"고 했다.

---

57) 剋日方戰 각일방전 : 날을 정하고 바야흐로 전투함

58) 使命 사명 : 사자나 칙사, 받은 명령, 자기에게 부과된 임무

59) 成藥 성약 : 주(註) 이미 합성해 끓인 약

60) 羊叔子 양숙자 : 주(註) 양호(羊祜)의 자(字)

○ 진나라 양호는 조정 안의 권력자나 귀척에게 붙거나 결탁하지 않았다. 순욱(荀勖) 풍담(馮紞)의 무리가 모두 그를 미워했다. 사촌조카 왕연(王衍)이 양호에게 가서 일에 대해 얘기했다. 언사가 심히 확실하고 유창했다.61) 양호가 그렇지 않다고 하니, 왕연이 옷을 털고 떠났다. 양호가 빈객들을 돌아보고 "왕이보(王夷甫=왕연)는 당장은 큰 명성으로 높은 지위를 차지할 것이다. 그러나 풍속을 해치고 교화를 손상시키는 것은 반드시 이 사람일 것이다"라고 말했다.

갑오(甲午) (274년)

진나라가 산도(山濤)를 이부상서로 삼았다. 산도가 관리의 선발을 맡은 지 10년이었다. 인물의 재능을 잘 살펴 발탁했고62), 각각 제목을 붙여 그것을 아뢰었다. 당시에 산공(山公)의 계사(啓事)63)라고 칭했다.

○ 오의 대사마 육항이 병이 심해지자, 상소했다.

"서릉과 건평은 나라의 울타리입니다. 상류에 있으므로 두 곳은 적의 침략을 받을 것입니다. 만약 적이 배를 타고 강을 따라 내려와 별처럼 달리고 우레처럼 멀리 지나온다면64), 다른 군의 원조로 위급한 상황65)을 구원한다는 것은

61) 淸辯 청변 : 청(淸) 맑고 시원함. 변(辯) 말을 유창히 잘함

62) 甄拔 견발 : 재능이 있고 없고를 밝혀 인재를 등용함

63) 啓事 계사 : 임금에게 아룀, 또는 그 문서, 상서

64) 星奔雷邁 성분뇌매 : 별처럼 달리고 우레처럼 지나다

65) 倒縣 도현 : 위급한 상황, 거꾸로 매달림, 대단히 괴로워 함

믿을 수 없습니다.

신의 아비 육손이 일찍이 서쪽 변방[陲]에 있으면서 말씀 올리기를 '서릉은 나라의 서문(西門)입니다. 비록 지키기 쉽다 하나 또한 다시 잃기 쉽습니다. 만약 이곳을 지키지 못한다면, 단지 하나의 군(郡)을 잃는 것이 아니라 형주는 우리 땅이 아닐 것입니다'라고 했습니다. 바라건대, 신이 죽은 뒤에 서쪽[西方]을 부탁드립니다"

병신(丙申) (276년)

10월에 진의 양호가 오를 공격할 것을 청하면서 말했다.

"선제께서 서쪽으로 파촉(巴蜀)을 평정하고 남쪽으로 오의 회계와 화합해 천하가 휴식할 수 있기를 바라셨습니다.[66] 그런데 오나라가 다시 배신해 변방의 일이 다시 일어나게 되었습니다. 무릇 정해진 운명[67]은 비록 하늘이 주는 것이지만, 공업(功業)은 반드시 사람에 의해서 이루어지는 것입니다.

한 번 크게 거병해 소탕하고 멸망시키지 않으면, 전쟁은 그칠 때가 없을 것입니다. 촉한(蜀漢)이 평정되었을 때 천하가 모두 '오나라도 당시에 함께 망할 것'이라고 했는데, 그로부터 13년이 되었습니다. 함께 모의하는 자는 비록 많으나 결단은 혼자 해야 합니다.

무릇 험준한 지형을 이용해 온전할 수 있으려면, 형세가

---

66) 庶幾 서기 : 바라건데, 바라다, 거의

67) 期運 기운 : 운명을 정하다

균등하고 힘이 대등해야할 뿐이라고 생각합니다. 만약 경중(輕重)이 같지 않고, 강약(强弱)의 형세가 다르다면, 비록 험한 지형이 있더라도 지킬 수 없습니다.

촉(蜀) 땅도 험하지 않은 것이 아니었습니다. 모두 '한 사내가 창을 매면 1천 명이 당해내지 못한다'고 했습니다. 그러나 진군하는 날에 울타리[68]의 막힘 없이 승세를 타고 쉽게 석권해 곧바로[徑] 성도에 이르렀습니다.

지금 장강과 회수의 험한 형세는 검각(劍閣)만 못하고, 손호의 포악함은 유선보다 심합니다. 오나라 사람들의 곤궁함은 파촉보다 심하고, 대진(大晉)의 병력은 지난 날보다 강성합니다.

이러한 때에 천하를 평정해 통일하지 않고, 다시 군대로 막고 서로 지키고, 천하의 백성들에게 정벌이나 변방을 지키는 일로 곤욕을 치루면서, 건장할 때부터 노쇠할 때까지[盛衰] 세월을 보내게 하는 일을[69] 오래도록 할 수는 없습니다.

지금 만약 양주(梁州)와 익주(益州)의 군대를 이끌고 수륙으로 함께 내려가고, 형주(荊州)와 초(楚)의 병력은 전진해 강릉(江陵)으로 가고, 평남(平南)과 예주(豫州)의 병력은 곧바로 하구(夏口)로 향하고, 서주(徐州) 양주(揚州) 청주(青州) 연주(兗州)의 병력이 함께 말릉(秣陵)에 모인다면,

---

68) 藩籬 번리 : 울타리, 덮개, 제후(諸侯), 울안, 범위

69) 經歷 경력 : 세월이 지나감, 돌아다님, 겪어온 여러 가지 일들, 이력, 벼슬 이름

한 모퉁이의 오나라가 천하의 군대를 감당하게 되므로, 세력이 나누어지고 형세가 흩어져 방비하느라 모두 급할 것입니다.

파촉의 기습병을 그 빈 곳으로 출병하게 하십시오. 한 곳이 기울어지고 무너진다면, 상하(上下)가 떨고 흔들려서, 지혜로운 자가 있더라도 오나라를 위해 계책을 세울 수 없을 것입니다. 손호는 자기 마음대로 일을 하고, 아랫사람들을 대하면서 시기가 많고, (오나라 백성의) 습관과 풍속은 급하고 빨라 오랫동안 지탱하지 못할 것입니다.

활과 쇠뇌, 창과 방패는 우리 중원만 못합니다. 오직 수전(水戰)이 있는데, 이것은 그들이 유리합니다만, (우리가) 일단 그들의 경내에 들어간다면, 장강도 더 이상 안전하게 지켜주지 못합니다. 성(城)과 해자로 돌아갈 것입니다. 장점을 버리고 단점을 쓰게 되는 것이므로, 우리의 적수가 못될 것입니다. 이와 같다면 군대는 때를 넘기지 않고, 반드시 이길 수 있을 것입니다"

진의 군주는 그 말을 깊이 받아들였으나, 조정은 당장 진주(秦州)와 양주(凉州)를 걱정하며 논의했다. 양호가 다시 표문을 올려 "오나라가 평정되면 오랑캐는 저절로 평정될 것입니다. 다만 당면한 일은 속히 큰 공을 이루어야 할 뿐입니다"라고 아뢰었다.

논의하는 사람들의 대부분이 동의하지 않았다. 가충 순욱 풍담이 더욱 오나라 공격을 불가하다고 했다. 양호가 "천하에 뜻대로 되지 않는 일이 항상 열에 여덟, 아홉을 차지한다. 하늘이 주는 데도 갖지 않으니 어찌 일을 겪은 자로 때가 뒤로 미뤄지는 것을 한스러워하지 않겠는가!"라고 탄식했다. 오직 탁지상서(度支尙書) 두예(杜預)와 중서령(中書令) 장화(張華)만이 진의 군주와 마음이 맞아 양호의 계책에 찬성했다.

무술(戊戌) (276년)

정월에 진의 양호가 진의 군주와 대면했다. 오나라 정벌 계획을 아뢰니, 진의 군주가 그것을 좋게 여겼다. 양호가 병 때문에 형편에 맞추어[宜] 자주 들어오지 못하게 되자, 다시 장화를 보내 세울 계책을 묻게 했다.

양호는 "손호가 너무 심하게 포악하므로 현재는 싸우지 않고도 승리할 수 있지만, 만약 손호가 불행히 죽고, 오나라 사람들이 다시 훌륭한 군주[令主]를 세운다면 비록 백만의 병력이 있더라도 장강을 엿볼 수 없을 것이며, 장차 후환이 될 것입니다"라고 했다. 장화가 그의 말을 깊이 수긍했다. 양호가 "내 뜻을 이룰 수 있는 자는 그대이다"라고 했다. 진의 군주는 양호가 누워서 여러 장수들을 지휘하게 하고 싶었다.

양호는 "오나라를 공격하는 것은 굳이 신이 갈 것이 없습니다. 단지 다 평정된 뒤에 성상(聖上)의 사려 깊으심을 위로(치하)하겠습니다. 공명(功名)의 시기에 신은 감히 그 자리에 있지 않겠지만, 만약 일이 끝난다면 마땅히 부탁하고 드릴 것이 있을 것입니다. 원컨대 적임자를 살펴 선택하십시오"라고 말했다.

◯ 10월에 진나라가 위관(衛瓘)을 상서령으로 삼았다. 이때 조야(朝野)에서는 태자가 어리석어 후사를 감당할 수 없다는 것을 다 알고 있었다. 위관이 매번 이것을 아뢰고자 했으나, 감히 말을 꺼내지 못했다.

마침 능운대(凌雲臺)에서 진의 군주를 모시는 연회가 열렸다. 위관이 거짓으로 취한 체하면서 진 군주의 상(牀) 앞에 무릎을 꿇었다. "신이 아뢰고 싶은 것이 있습니다" 하니, 진 군주가 "공이 말하려는 것이 무엇인가?" 하고 물었다. 위관이 말하려고 하다가 그만두기를 세 차례나 했다.

그리고는 손으로 상을 어루만지며 "이 자리가 아깝습니다"고 말했다. 진의 군주가 마음 속으로 그의 뜻을 깨달았지만, 다르게[謬] 말하기를 "공이 참으로 크게 취했구나!" 했다. 위관이 여기에서 다시 말하지 못했다.

◯ 11월에 진의 태의(太醫) 사마정거(司馬程據)가 꿩 머리로 만든 갖옷을 바쳤다. 진의 군주가 이것을 궁전 앞에서 불태우고, 내외(內外)에 명령을 내려 "감히 방술(方術)(혹은 장인이 만든 기물技)이나 특이한 복식을 바치는 자가 있으면 벌을 주겠다"고 했다.

◯ 진의 양호가 병이 위독해지자, 두예를 천거해 자신을 대신하게 했다. 그리하여 두예를 진남대장군(鎭南大將軍) 도독형주제군사(都督荊州諸軍事)로 삼았다. 양호가 죽으니 진의 군주가 몹시 슬퍼하며 통곡했다. 남쪽 주(州)의 백성들은 양호가 죽었다는 말을 듣고, 그를 위해 가게 문을 닫았으며, 거리에서는 통곡소리가 이어졌다. 오나라의 변경을

지키는 장수와 군사들도 또한 그를 위해 눈물을 흘렸다.

양호는 현산(峴山)을 유람하기를 좋아했다. 양양(襄陽) 사람들이 그 곳에 비석을 세우고, 사당을 건립해 세시(歲時)에 제사를 지냈다. 비석을 바라보는 자들 중에 눈물을 흘리지 않는 이가 없었다. 그래서 그것을 눈물 흘리는 비석[타루비 墮淚碑]이라고 일렀다.

기해(己亥) (279)

처음에 위의 조조가 남흉노를 나누어 오부(五部)로 만들고, 좌현왕 유표(劉豹)를 좌부수(左部帥)로 삼았다. 유표의 아들 유연(劉淵)은 어린 데도 영특하고 재주가 뛰어났으며[70], 경서와 역사를 넓게 학습했다. 유연이 일찍이 동문생도들에게 "나는 항상 수하(隨何)와 육가(陸賈)가 무예가 없었고, 강후(絳侯=주발)와 관영(灌嬰)이 학문이 없었음을 부끄러워한다. 수하와 육가는 고조를 만났으나 제후의 작위를 받을만한 공적을 세우지 못했고, 강후와 관영은 문제를 만났으나, 학교[庠序]교육으로 자신들의 학문을 일으킬 수 없었다. 어찌 애석하지 않은가?"라고 말했다. 그래서 학문과 무예를 아울러 배웠다. 장성하자 팔이 긴팔원숭이처럼 길어서 활쏘기를 잘했으며, 체력[膂]이 남보다 뛰어났다.

시자(侍子)[71]로 낙양에 있었는데, 왕혼(王渾)이 그를 중하게 여겼다. 제왕(齊王) 사마유(司馬攸)가 진의 군주에게 "폐

---

70) 雋異 준이 : =준이(俊異). 재주가 뛰어나 보통 사람과 다름

71) 侍子 시자 : 귀인이 옆에서 시중 드는 사람

하께서 유연을 제거하지 않으시면, 신은 병주(幷州)가 오랫동안 편안하지 못할까 두렵습니다"라고 말했다.

왕혼은 "대진(大晉)이 이제 신의로 다른 족속을 회유하고 있는데, 어찌 근거 없는 의심 때문에 남의 시자를 죽일 수 있겠습니까"라고 반대했다. 진 군주는 "왕혼의 말이 옳다"고 했다. 마침 유표가 죽자, 유연을 좌부수로 삼았다.

○ 진의 익주자사 왕준이 "손호가 주색에 빠지고[72] 흉악하며 도리에 어긋나니[73], 마땅히 속히 정벌해야 합니다. 만일 하루아침에 손호가 죽어 다시 현명한 군주가 세워진다면 강적이 될 것입니다. 신이 배를 만든 지가 7년으로 배가 날로 부식하며 부서지고, 신의 나이는 70이어서 죽을 날이 얼마 남지 않았습니다. 세 가지 중에 하나만 어그러져도 도모하기 어렵습니다. 참으로 원하건대, 폐하께서는 일의 기회를 잃지 마소서"라고 상소했다.

진의 군주는 오나라 공격을 결의하고, 조정의 신하들은 다음 해의 출병을 논의했다.

두예가 표문을 올렸다.

"양호가 조정의 신하들과 먼저 두루 상의하지 않고, 은밀히 폐하와 함께 이 계책을 마련했기 때문에 조정의 신하들에게 찬반의 논의가 많아지게 했습니다. 무릇 일이란 마땅히 이해를 가지고 서로 따져야 합니다. 지금 이 거사의 이

---

72) 荒淫 황음 : 주색에 빠짐

73) 凶逆 흉역 : 흉악하고 도리에 어긋남

로운 점은 열에 여덟, 아홉이고, 해로운 점은 한 둘입니다.
(찬반 논의는) 공이 없이 끝날 뿐이겠지만, 반드시 조정의 신하들에게 우리가 격파할 형세를 말하더라도, 또한 (찬반 논의는) 끝나지 않을 것입니다. (이것은) 단지 이 계책을 자신들이 내지 않았기 때문에, 자신들은 공이 없을 것이기 때문이고, 각각 전날에 그것이 실패할 것이라고 말한 것이 창피해서 기존의 입장을 완고하게 지키는 것이기 때문입니다"

진의 군주가 장화와 바둑을 두고 있었다. 두예의 표문이 마침 이르자, 장화가 바둑판[74]을 밀치고 손을 모으고서 "폐하께서는 영명하시고 무예가 뛰어나시며, 나라는 부유하고 군대는 강성합니다. 오의 군주는 음란하고 포학해 현명한 자와 유능한 자를 죽이고 있습니다. 마땅히 지금 토벌한다면 수고롭지 않게 평정할 수 있습니다. 원컨대 그 일을 주저하지 마십시오"라고 건의했다. 진의 군주가 마침내 정벌을 허락했다.

산도(山濤)가 물러나서 사람들에게 "스스로가 성인이 아니라면, 밖이 편안해지면 반드시 안에 근심이 있게 된다. 지금 오나라를 내버려두어서[釋] 그것으로 밖의 두려움으로 하는 것이 어찌 슬기[算]가 아니겠는가? 라고 말했다.

○ 11월에 진나라가 크게 거병해 오나라를 공격했다. 낭야왕 사마주(司馬伷)를 보내 도중(涂中)으로 가게 하고, 왕

---

74) 枰 평 : =기국(碁局). 바둑판

혼은 강서(江西)로 가게 했다. 왕융(王戎)은 무창으로, 호분(胡奮)은 하구로 나가게 했다. 두예는 강릉으로, 왕준은 파동(巴東)으로, 당빈(唐彬)은 파촉으로 나가게 했다. 동, 서로 나간 군대가 총 20여만 명이었다.

원 문

卷之二十五

漢紀　附魏 吳 晉三僭國年紀
　後皇帝禪 下

甲寅 十二年
春 二月, 丞相亮率大衆十萬由斜谷伐魏, 遣使約吳, 同時大擧

○夏 四月, 丞相亮至郿州, 軍於渭水之南, 司馬懿引軍度渭背水,為壘以拒之, 謂諸將曰 : 「亮若出武功, 依山而東, 誠為可憂。若西止五丈原, 諸將無事矣。」亮果屯五丈原。亮以前者數出, 皆以運糧不繼, 使己志不伸, 乃分兵屯田, 為久駐之基。耕者雜於渭濱居民之間, 而百姓安堵, 軍無私焉。

○八月, 懿與亮相守百餘日。亮數挑戰, 懿不出。亮乃遺懿巾幗婦人之服, 懿怒上表請戰, 魏主叡使衛尉辛毗, 杖節為軍師, 以制之。護軍姜維謂亮曰:「辛佐治杖節而到, 賊不復出矣。」亮曰: 「彼本無戰情。所以固請戰者, 以示武於其衆耳。」亮遣使者, 至懿軍。懿問其寢食及事之煩簡, 不問戎事。使者對曰:「諸葛公夙興夜寐, 罰二十已上, 皆親覽焉, 所噉食不至數

升。」懿告人曰:「諸葛孔明食少事煩, 其能長久乎!」亮病篤, 帝使尚書僕射李福省侍, 因諮以國家大計。亮曰:「公所問者, 公琰其宜也。」福復請蔣琬之後誰可任。亮曰:「文偉可以繼之。」又問其次, 亮不荅。是月亮卒於軍中。長史楊儀整軍而出, 百姓犇告司馬懿。懿追之, 姜維令儀反旗, 鳴鼓若將向懿者, 懿斂軍退, 不敢逼。於是儀結陳而去, 入谷然後發喪。百姓為之諺曰 : 「死諸葛走生仲達。」懿聞之, 笑曰 : 「吾能料生, 不能料死故也。」懿案行亮之營壘處所, 歎曰 : 「天下奇才也。」追至赤岸, 不及而還。

◯初 前軍師魏延勇猛過人, 善養士卒, 每隨亮出, 輙欲請兵萬人, 與亮異道, 會于潼關, 如韓信故事。亮制而不許, 延常謂亮為怯, 歎恨己才用之不盡。

◯諸軍還成都, 謚諸葛亮曰忠武侯。丞相長史張裔常稱亮曰:「公賞不遺遠, 罰不阿近, 爵不可以無功取, 刑不可以貴埶免。此賢愚之所以僉忘其身者也。」

○初 長水校尉廖立 自謂才名宜爲諸葛亮之副. 嘗以職位游散, 怏怏怨謗無已。亮廢立爲民, 徙之汶山, 及亮卒, 立垂泣曰 : 「吾終爲左袵矣。」李平聞之, 亦發病死。平常冀亮復收己, 得自補復, 策後人不能故也.

○帝以丞相長史蔣琬為尚書令, 總統國事。時新喪元帥, 遠近危悚, 琬出類拔萃, 處羣僚之右, 既無戚容, 又無喜色, 神守舉止有如平日。由是衆望漸服。

乙卯十三年

正月，(魏) 以大將軍司馬懿為太尉

◯四月，以蔣琬為大將軍 錄尚書事，費禕為尚書令。

丙辰十四年

三月，(魏) 詔公卿擧才德兼備者，各一人。司馬懿以兗州刺史王昶應選。昶為人謹厚。名其兄子曰：黙，曰：沈。名其子曰：渾，曰：深，為書戒之曰：「吾以四者為名，欲使汝曹顧名思義，不敢違越也。夫物速成則疾亡， 晩就則善終。朝華之草 夕而零落， 松栢之茂隆 寒不衰。是以君子戒於闕黨也。夫能屈以為伸，讓以為得，弱以為彊，鮮不遂矣。夫毁譽者 愛惡之原，而禍福之機也。『孔子曰：吾之於人，誰毁誰譽。』以聖人之德猶尚如此,况庸庸之徒而輕毁譽哉！人或毁己，當退而求之於身。若己有可毁之行，則彼言當矣。若已無可毁之行，則彼言妄矣。當則無怨於彼，妄則無害於身，又何反報焉。諺曰：「救寒莫如重裘，止謗莫如自脩。斯言信矣。」

丁巳十五年

魏主叡詔散騎常侍劉卲作考課法。卲作都官考課法七十二條。詔下百官議。崔林曰：「考課之法存乎其人。若大臣能任其職，式是百辟，則孰敢不肅，烏在考課哉?」 杜恕曰： 「明試以功三考，黜陟，誠帝王之盛制也。然歷六代而考績之法不著，關七聖而課試之文不垂。語曰『世有亂人而無亂法』若使法可專任，則唐虞可無須稷契之佐，殷周無貴伊呂之輔矣。議久不決，事竟不行。

温公曰: 「為治之要莫先於用人, 而知人之道, 聖賢所難也。是故求之於毁譽, 則愛憎競進, 而善惡渾殽。考之於功状, 則巧詐横生, 而真偽相冒。要之本 在於至公至明而已矣。為人上者至公至明, 則羣下之能否, 焯然形於目中, 無所復逃矣。苟為不公不明, 則考課之法 適足以為曲私 欺罔之資也。或曰考績之法, 唐虞所為, 京房劉邵述而脩之耳, 烏可廢哉? 曰: 唐虞之官 其居位也久, 其受任也專, 其立法也寬, 其責成也遠, 故鯀之治水 九載 績用弗成, 然後治其罪。禹之治水九州攸同, 四隩既宅, 然後賞其功。非若京房劉邵之法 校其米鹽之課, 責其旦夕之效也。事固有名同, 而實異者, 不可不察也。考績非可行於唐虞, 而不行於漢魏, 由京房劉邵不得其本, 而犇趨其末 故也

七月, 皇后張氏崩

己未延熙二年

春正月魏主叡寢疾。司馬懿入見, 叡執其手曰: 「 吾以後事屬君, 君與曹爽輔少子」是日, 立齊王芳為皇太子。叡尋殂。

○魏主芳嗣位年八歲。加曹爽 司馬懿侍中都督中外諸軍 錄尚書事

辛酉四年

魏欲廣田 畜穀於揚豫之間。鄧艾以為:「昔太祖破黃巾，因為屯田，積穀許都，以制四方。今三隅已定，事在淮南，每大軍出征運軍過半，功費巨億。陳蔡之間土下田良，可省許昌左右諸稻田。并水東下，令淮北屯二萬人，淮南屯三萬人，十二分休，常有四萬人。且田且守，益開河渠，以增溉灌，通漕運，計除衆費，歲完五百萬斛以為軍資，六七年間，可積三千萬斛於淮上。 此則十萬之衆五年食也。以此乘吴，無不克矣。」太傅懿善之。是歲始開廣漕渠，每東南有事，大興軍衆，汎舟而下，達于江淮，資食有儲，而無水害。

癸亥六年

十一月，帝以費褘為大將軍 錄尚書事。

○魏宗室曹冏上書曰:「古之王者必建同姓 以明親親，必樹異姓以明賢賢。親疏並用，故能保其社稷。 今州郡牧守 皆跨有千里，兼軍武之任，或比國數人，或兄弟並據。而宗室子弟，王空虛之地，君不使之民，曾無一人間厠其間 與相維制，非所以彊幹弱枝 備萬一之虞也。語曰百足之蟲，至死不僵，以其扶之者衆也。此言雖小，可以譬大，冏欲以此論 感寤曹爽，爽不能用。

乙丑八年

（吳）丞相陸遜卒。其子抗為建武校尉，代領其衆

○八月，皇太后吳氏崩

○十一月，大司馬琬 尚書令董允皆卒。以尚書呂義 為尚書令。 董允秉心公亮，獻可替否，帝甚憚之. 宦人黃皓便僻佞慧，帝愛之。皓畏允，不敢爲非。終允之世，皓位不過黃門丞，費禕以陳祗代允為侍中，祗與皓相表裏。皓始預政，累遷至中常侍，操弄威柄，終以覆國。

丙寅九年

秋 九月，帝以姜維為衛將軍，與費禕並錄尚書事。

丁卯十年

（魏）大將軍爽用何晏 鄧颺 丁謐之謀，遷太后於永寧宮，專擅朝政，多樹親黨，屢改制度。太傅懿不能禁，與爽有隙。稱疾，不與政事。

戊辰十一年

五月，費禕出屯漢中。自蔣琬及禕 雖身居於外，慶賞威刑 遥先諮斷，然後乃行。禕雅性謙素，當國，功名略與琬比。

○十一月，（魏）太傅懿陰與其子中護軍師，散騎常侍昭，謀誅曹爽。

己巳十二年

（魏）太傅懿以皇太后令，閉諸城門，勒兵據武庫，奏爽與何晏 鄧颺 丁謐 畢軌等，陰謀反逆。於是收爽 義 訓 晏 颺 謐 軌 勝 皆下獄，劾以大逆不道，夷三族。

○(魏) 管輅之舅謂輅曰:「爾前　　何以知何鄧之敗?」輅曰:「鄧之行步, 筋不束骨, 脉不制肉, 起立傾寄, 若無手足, 此為鬼躁。何之視候 魂不守宅, 血不華色, 精爽煙浮, 容若稿木, 此為鬼幽。二者皆非遐福之象也

○(魏)　何晏性自喜粉白,不去手。行步顧影,　尤好老莊之書, 與夏侯玄 荀粲 及王弼之徒, 競為清談, 祖尚虛無。謂:「六經為聖人糟粕。」由是, 天下士大夫争慕效之, 遂成風流, 不可復制焉。

○(魏) 以太傅懿為丞相 加九錫。懿固辭不受。

○秋姜維伐魏, 攻雍州, 鄧艾禦之, 維軍遂還。

庚午十三年
吳主立少子亮 為太子

辛未十四年
八月, (魏)司馬懿卒。以其子師 為撫軍大將軍 錄尚書事。

○十一月, 費禕北屯漢壽, 以陳祗守尚書令。

壬申十五年
四月, 吳主殂。謚曰: 大皇帝。太子亮卽位。

○姜維負其才武, 每欲興軍大舉, 費禕常裁制不從, 與其兵不過萬人, 曰: 吾等不如丞相亦已遠矣。丞相猶不能定中夏, 況

吾等乎! 不如且保國治民, 謹守社稷。如其功業, 以俟能者。及褘死, 維得行其志, 乃將數萬人, 出石營, 伐魏圍狄道。

甲戌十七年
夏 姜維伐魏。

◯九月 (魏)大將軍師廢其主芳, 迎高貴鄕公髦, 卽皇帝位。

乙亥十八年
(魏)司馬師卒。詔以弟昭為大將軍錄尙書事。

丙子十九年
春 正月, 以姜維為大將軍。

◯(魏) 賜大將軍昭衮冕之服, 赤舃副焉。

◯秋 九月, 姜維聞魏分關中兵, 以赴淮南。率數萬人出駱谷。安西將軍鄧艾進兵據之, 以拒維。是時維數出兵, 蜀人愁苦, 譙周作仇國論, 以諷之。

戊寅景耀元年
五月, (魏) 詔 以司馬昭為相國 封晉公 加九錫。

◯(吳) 孫琳廢吳主為會稽王, 迎立琅琊王休。

庚辰三年
正月, (魏) 主髦見威權日去, 不勝其忿, 曰: 「司馬昭之心路人所知也。吾不能坐受廢辱。今日當自出討之。」遂拔劒升輦，率殿中宿衛 蒼頭 官僮，鼓譟而出，中護軍賈充自外入，逆與髦戰於南闕下。太子舍人成濟抽戈刺髦，殞於車下。太后下令罪狀高貴鄉公，廢為庶人，使中護軍司馬炎迎常道鄉公璜於鄴，以為明帝。嗣炎昭之子也。六月常道鄉公卽皇帝位。

辛巳四年

八月，大將軍姜維伐（魏）洮陽，鄧艾與戰破之。

◯(魏）譙郡嵇康文辭壯麗，好言老莊，而尚奇任俠，與陳留阮籍，籍兄子咸，河内山濤，河南向秀，琅琊王戎，沛人劉伶特相友善，號竹林七賢。皆崇尚虛無，輕蔑禮法，縱酒昏酣，遺落世事。阮籍為步兵校尉，其母卒，籍方與人圍碁，對者求止，籍留與決賭，既而飮酒二斗，舉聲一號，吐血數升，毁瘠骨立。居喪飮酒無異平日。劉伶嗜酒，常乘鹿車，携一壺酒，使人荷鍤隨之，曰：死便埋我。當時士大夫皆以為賢，争慕效之，謂之放達。鍾會方有寵於司馬昭，聞嵇康名，而造之。康箕踞而鍛，不為之禮。會將去，康曰：「何所聞而来，何所見而去。」會曰：聞所聞而来，見所見而去。」遂深銜之。

◯（魏）大司馬昭患姜維數北伐，欲大舉入冦，朝臣多以為不可。獨司隷校尉鍾會勸之昭，諭衆曰：自定壽春以来，息役六年。治兵繕甲，以擬二虜。今吴地廣大，而下濕，攻之用功最難。不如先定巴蜀。三年之後，因順流之勢，水陸並進。此滅虢取虞之勢。今絆姜維於沓中，使不得東顧，直指駱谷，出其空虛之地，以襲漢中。以劉禪之闇，而邊城外破，士女内震，其亡可知也。乃以鍾會為鎮西將軍，都督關中。姜維表帝，聞鍾會治兵，關中欲規進取，宜並遣左右車騎張翼 廖化，督諸軍，分護陽安 關口 及陰平之橋頭，以防未然。黃皓信巫鬼，謂敵終不自致，啓帝，寢其事。羣臣莫知。

癸未炎興元年
秋 (魏)欲大舉兵入冠漢中，遣鄧艾，督三萬餘人，自狄道趣甘松 沓中，以連綴維。 諸葛緒督三萬餘人，自祁山趣武街橋頭，絕維歸路。鍾會統十餘萬衆，分從斜谷 駱谷 子午 谷趣 漢中。以廷尉衛瓘持節，監艾會軍事。

◯或以問劉寔曰：「鍾鄧其平蜀乎?」 寔曰：「破蜀必矣，而皆不還。」客問其故，寔笑而不荅

◯八月， (魏)軍發洛陽， 長驅而前。維聞鍾會諸軍已入漢中，引兵與廖化 張翼 董厥等合兵，守劍閣，以拒會。

◯姜維列營守劍閣，會攻之，不能克。糧道險遠，欲引還。鄧艾上言:「賊已摧折， 宜遂乘之。若從陰平， 由邪徑經漢德陽亭，趣涪，出衝其腹心，出其不意，劍閣之守，必還赴涪，則會方軌而進。劍閣之軍不還，則應涪之兵寡矣。」 遂自陰平，行無人之地七百餘里，鑿山通道，造作橋閣。山高谷深，至為艱險。又糧運將匱瀕於危殆。艾以氈自裹，推轉而下。將士皆攀木緣崖，魚貫而進，先登至江油。蜀守將馬邈降，諸葛瞻督諸軍，拒艾，艾大破之，斬瞻。

◯(漢) 人不意魏兵卒至，不為城守調度。聞艾已入平土，百姓

擾擾，皆進山野，不可禁制。艾至成都城北。帝率太子諸王及羣臣，面縛輿櫬，詣軍門降，姜維得帝敕命，乃與廖化 張翼董厥等同詣會，降。

右(上)漢昭烈及後皇帝禪，共四十三年。

(魏)之功蜀也。(吳) 人或謂襄陽張悌曰:「司馬氏得政以来，大難屢作，百姓未服，今又勞力遠征，敗於不暇，何以能克! 悌曰:「不然，曹操雖功盖中夏，民畏其威，而不懷其德也，丕叡承之，刑繁役重。司馬懿父子除其煩苛，而布其恩惠，為之謀主，而救其疾苦。淮南三叛，而腹心不擾，曹髦之死，四方不動。任賢使能，各盡其心，其根本固矣，姦計立矣。今蜀閹宦專朝，國無政令，因危而伐，殆無不克。噫! 彼之得志，我之憂也。」吳人笑其言，至是乃服。

◯鄧艾以書言於晉公昭曰:「兵有先聲而後實者。今因平蜀之勢,以乘吳，吳人震恐，席卷之時也。然大舉之後，將士疲勞，不可便用。且徐緩之，留隴右兵二萬人，蜀兵二萬人，煑鹽興冶，為軍農 要用，並作舟船，預為順流之事。然後，發使告以利害，吳必歸化，可不征而定也。今宜厚劉禪，以致孫休，封禪為扶風王，以顯歸命之寵。」昭使監軍衛瓘 喻艾事，當須報，不宜輒行。艾重言曰:「春秋之義大夫出疆，有可以安社稷利國家，專之可也。今吳未賓，勢與蜀連，不可拘常，以失事機。」鍾會内有異志，乃與瓘密白艾有反狀。

甲申

正月，(魏)詔 以檻車徵艾赴京師。會所憚惟艾，艾父子旣禽，會獨統大衆，威震西土。遂決意謀反。丁丑，矯太后遺詔，使會起兵廢司馬昭。姜維欲使會盡殺北来諸將已，因殺會，盡坑魏兵，復立故漢帝。會衆兵作亂，格斬姜維，爭前殺會。鄧艾本營將士追出艾於檻車，迎還。衛瓘遣兵襲艾，斬艾父子。

○封故漢帝禪為安樂公。吳主休殂，皓卽皇帝位。

○晉王立炎為世子。

右(上)魏五主，共四十六年。

乙酉

八月，(魏)晉王昭卒。太子炎嗣為相國 晉王。

○冬 (吳)主徙都武昌

○十二月，魏主禪位于晉王，王卽皇帝位。

○時 (晉)主承魏氏刻薄奢侈之後，欲矯以仁儉。有司言御牛青絲紖斷，詔以青麻，代之。

○(晉) 初置諫官，以傅玄為之。玄以魏末士風頹敝。上疏曰:「臣聞先王之御天下，敎化隆於上，淸議行於下。近者 魏武好法術，而天下貴刑名。魏文慕通達，而天下賤守節。其後綱維不攝，放誕盈朝，遂使天下無復淸議。陛下龍興受禪，弘堯舜之化，惟未擧淸遠 有禮之臣，以敦風節，未退虛鄙之士，以懲不恪。臣是以猶敢有言。」晉主嘉納其言，然亦不能革。

丙戌

(吳)主居武昌，揚州之民泝流供給，甚苦之。陸愷上疏曰:「武昌土地危險瘠确，非王者之都。且童謠云:『寧飮建業水，不食武昌魚，寧還建業死，不止武昌居。』以此觀之，足明民心與天意矣。」十二月 吳主還都建業。

戊子

(晉)主 詔 河南尹杜預為黜陟之課。預奏: 「古者，黜陟擬議於心，不泥於法。末世不能紀遠，而專求微密。疑心而信耳目，疑耳目而信簡書，簡書愈繁，官方愈偽。魏氏考課，卽京房之遺意。其文可謂至密，　然失於苛細以違本體。故歷代不能通也。豈若申唐堯之舊制 取大捨小 去密就簡，俾之易從也! 夫曲盡物理，神而明之，存乎其人。去人而任法，則以文傷理。莫若委任達官 各考所統。其有優劣 徇情，不叶公論者，當委監司，隨而彈之。若令上下 公相容過，此為清議大頹，雖有考課之法，亦無益也。」事竟不行。

己丑

(晉)主有滅吳之志。以尚書左僕射羊祜 都督荊州諸軍事，鎮襄陽。祜綏懷遠近，甚得江漢之心。與吳人開布，大信。降者欲去，皆聽之。減戍邏之卒，以墾田八百餘頃，其始至也，軍無百日之糧，及其季年，乃有十年之積。祜在軍，常輕裘緩帶，身不被甲，鈴閣之下侍衛不過十數人。

庚寅

四月，(吳)以鎮軍大將軍陸抗 都督西陵 夷道 樂鄉 公安諸軍事，抗以吳主政事多闕，上疏曰：「臣聞德均則衆者勝寡，力侔則安者制危。此六國所以并於秦， 西楚所以屈於漢也。今敵之所據非關右之地 鴻溝以西，而國家外無連衡之援，內非西楚之彊。議者所恃，徒以長江峻山限帶封域，此乃守國之末事，非智者之所先也。臣每念及此，中夜撫枕，臨餐忘食。謹陳時宜十七條 以聞。」吳主不納。

○(吳)人刁玄詐增讖文，云：黃旗紫蓋見於東南，終有天下者，荊揚之君。吳主信之，大擧兵出華里，行遇大雪，兵士寒凍殆死者。皆曰：「若遇敵，便當倒戈。」吳主聞之，乃還。

辛卯

十一月，晉 安樂公劉禪卒。謚曰思。

壬辰

(晉) 王濬為益州刺史。初 濬為羊祜參軍，祜深知之。時 晉主與羊祜陰謀伐吳，祜以為伐吳宜藉上流之勢，密表，留濬，復為益州刺史，使治水軍，大作舟艦。時作船，木柹蔽江而下。吳建平太守吾彥取流柹，以白吳主，曰：晉必有攻吳之計，宜增建平兵，以塞其衝要。吳主不從。彥乃為鐵鎖，橫斷江路。

○八月，(吳) 主徵西陵督步闡。闡世在西陵，猝被徵，自懼有讒， 據城降晉。（晉）以闡為都督西陵。諸軍事吳陸抗討之，晉主遣羊祜救之，不克抗，遂拔西陵誅闡。吳主既克西陵，自謂得天助,志益張大，不修德政，專為兼并之計。

◯(晉)羊祜歸自江陵。務脩德信，以懷吳人，每交兵，刻日方戰，不為掩襲之計。將帥有欲進譎計者，輒飲以醇酒，使不得言。祜出軍行吳境，刈穀為糧，皆計所侵，送絹償之。每會衆江沔游獵，常止晉地，若禽獸先為吳人所傷，而為晉兵所得者，皆送還之。於是吳邊人皆悅服。祜與陸抗對境，使命常通。抗遺祜酒,祜飲之不疑。抗疾求藥於祜，祜以成藥與之，抗卽服之。人多諫抗，抗曰:「豈有酖人羊叔子哉?」抗告其邊戍曰:「彼專為德，我專為暴。是不戰而自服也。各保分界而已，無求細利。

◯(晉)羊祜不附結中朝權貴，荀勗 馮紞之徒 皆惡之。從甥王衍詣祜，論事辭甚清辯。祜不然之，衍拂衣去。祜顧謂賓客曰:「王夷甫方當盛名 處大位，然敗俗傷化，必此人也。」

甲午

(晉)以山濤為吏部尚書。濤典選十餘年。甄拔人物，各為題目而奏之。時稱山公啓事。

◯(吳)大司馬陸抗疾病，上疏曰:「西陵 建平 國之蕃表。既處上流，受敵二境。若敵汎舟順流，星犇電邁，非可恃援他郡。以救倒縣也。臣父遜昔在西垂 上言，西陵國之西門，雖云易守，亦復易失。若有不守，非但失一郡，荊州非吾有也。臣死之後，乞以西方為屬。」

丙申

十月，(晉)羊祜請伐吳曰：「先帝西平巴蜀，南和吳會，庶幾海內得以休息，而吳復背信，使邊事更興，夫期運雖天所授，而功業必因人而成。不一大舉掃滅，則兵役無時得息也。蜀平之時，天下皆謂吳當并亡，自是以來十有三年矣。夫謀之雖多，決之欲獨。凡以險阻得全者，謂其執鈞 力敵耳。若輕重不齊，彊弱異執，雖有險阻不可保也。蜀之為國，非不險也。皆云：『一夫荷戟，千人莫當』及進兵之日，曾無藩籬之限，乘勝席卷，徑至成都。今江淮之險不如劒閣，孫皓之暴過於劉禪。吳人之困甚於巴蜀. 大晉兵力盛於往時。不於此際 平一四海，而更阻兵相守，使天下困於征戍經歷盛衰，不可長久也。今若引梁益之兵 水陸俱下，荊楚之衆 進臨江陵，平南豫州，直指夏口，徐 揚 青 兗並會秣陵，以一隅之吳，當天下之衆，執分形散，所備階急，巴蜀(漢)奇兵出其空虛，一處傾壞，則上下震蕩，雖有智者，不能為吳謀矣。孫皓恣情任意，與下多忌，其俗急速，不能持久。弓弩戟楯不如中國，唯有水戰是其所便，一入其境，則長江非復所保，還趣城池，去長入短，非吾敵也。如此 軍不踰時，克可必矣。」晉主深納之，而朝議方以秦涼為憂。祜復表曰：吳平則胡自定，但當速濟大功耳。議者多有不同，賈充 荀勗 馮紞尤以伐吳為不可。祜歎曰：天下不如意事 十常居八九。天與不取，豈非更事者恨於後時哉。唯度支尚書杜預 中書令張華 與晉主意合，贊成其計。

戊戌

正月，(晉)羊祜面陳伐吳之計，晉主善之。以祜疾 不宜數入，更遣張華，就問籌策，祜曰：「孫皓暴虐已甚，於今 可不戰而克。若皓不幸而歿，吳人更立令主，雖有百萬之衆，長江未可窺也。將為後患矣。」華深然之。祜曰：「成吾志者 子也。」晉主欲使祜臥護諸將，祜曰：「取吳不必臣行，但旣平之後 當勞聖慮耳。功名之際 臣不敢居，若事了當 有所付授。願審擇其人也。」

○十月，(晉)以衛瓘為尚書令。是時朝野咸知太子昏愚不堪為嗣。瓘每欲陳啓，而未敢發。會 侍宴淩雲臺，瓘陽醉，跪晉主牀前，曰：「臣欲有所啓」晉主曰：「公所言何耶?」瓘欲言而止者三。因以手撫牀曰：「此座可惜。」晉主意悟，因謬曰：「公真大醉耶!」瓘於此 不復有言。

○十一月，(晉)太醫司馬程據獻雉頭裘。晉主焚之於殿前，敕內外，敢有獻奇技異服者 罪之。

○(晉)羊祜疾篤，擧杜預自代。乃以預為鎮南大將軍 都督荊州諸軍事。祜卒。晉主哭之甚哀。南州民聞祜卒，為之罷市，巷哭聲相接。吳守邊將士亦為之泣。祜好遊峴山，襄陽人建碑立廟於其地，歲時祭祀。望其碑者無不流涕，因謂之墮淚碑。

己亥

初 魏曹操分南匈奴為五部，以左賢王豹為左部帥。豹子淵，幼而雋異, 博習經史, 嘗謂同門生曰:「吾常耻隨陸無武, 絳灌無文。隨陸遇高帝, 不能建封侯之業, 絳灌遇文帝, 而不能興庠序之教。豈不惜哉!」於是兼學武事。及長猿臂善射, 膂力過人, 為侍子在洛陽, 王渾重之。齊王攸言於(晉)主曰:「陛下不除劉淵, 臣恐并州不得久安。」王渾曰:「大晉方以信, 懷殊俗, 柰何以無形之疑, 殺人侍子乎! 晉主曰:「渾言是也。」會豹卒, 以淵代為左部帥。

◯(晉)益州刺史王濬上疏曰:「孫皓荒淫凶逆, 宜速征伐。若一旦皓死, 更立賢主, 則彊敵也。臣作船七年, 日有朽敗。臣年七十,死亡無日。三者一乖, 則難圖也。誠願陛下無失事機。」晉主於是決意伐吳, 議明年出師。杜預上表曰:「羊祜不先博謀於朝臣, 而密與陛下 共施此計, 故令朝臣多異同之議。凡事, 當以利害相校, 今此擧之利 十有八九, 而其害一二, 止於無功耳。必使朝臣言破敗之形亦, 不可得。直是計不出己, 功不在身, 各耻其前言之失, 而固守之也。晉主方與張華圍棊, 預表適至, 華推枰, 斂手曰:「陛下聖武 國富兵彊, 吳主淫虐誅殺賢能。當今討之, 可不勞而定。願勿以為疑。」晉主乃許之。山濤退而告人曰:「自非聖人, 外寧 必有內憂, 今釋, 吳以為外懼, 豈非算乎!」

◯十一月, (晉)大擧伐吳。遣琅邪王伷 出涂中, 王渾出江西, 王戎出武昌, 胡奮出夏口, 杜預出江陵, 王濬出巴東, 唐彬出巴蜀, 東西凡二十餘萬。

통감절요 26권

진기(晉紀) 세조 무황제(世祖 武皇帝)

재위 11년, 수(壽) 55

경자(庚子) 태강(太康) 원년(서기 280년)

정월에 두예(杜預)는 강릉(江陵)으로 향하고, 왕혼(王渾)은 횡강(橫江)으로 나갔다. 오의 군영과 수비처를 공격해 향하는 곳마다 모두 이겼다. 오나라 사람들이 양자강 물가의 자갈밭과 요해처[1]에 쇠사슬을 이어서 강을 가로막아 놓았다[截]. 또 길이가 한 장 남짓한 철추를 만들어 몰래 강물 속에 설치해 전함을 맞이 할[逆] 방어태세[拒]를 했다.

왕준(王濬)은 사방[方] 백여 보(步)가 되는 큰 뗏목[筏]

---

1) 要害之處 요해지처 : 지세가 험준해 적을 방비하기 편리한 곳. 신체의 중요한 부분

수십 척을 만들었다. 풀을 묶어 사람을 만들어 갑옷을 입히고, 장대[杖]를 쥐게 했다. 헤엄을 잘 치는 자를 시켜 뗏목으로 먼저 가서 철추를 접하게 하고, 철추를 번번이 뗏목에 붙여서[2] 제거했다.

또 길이가 십여 장(丈)이고 크기가 수십 아름[圍]이나 되는 큰 횃불을 만들어 삼(麻)의 기름을 부어 배 앞에 두었다. 쇠사슬을 만나면 횃불에 불을 붙여[然] 그것을 태웠다[燒]. 잠깐 동안에[須臾] 녹아 액체가 되어 끊어졌다. 함선에 장애물이 없어졌다.

경신(庚申)일에 왕준이 서릉(西陵)을 함락시키고, 임술(壬戌)일에 형문(荊門)과 이도(夷道) 두 성을 함락시켰다. 두예가 아문(衙門) 주지(周旨) 등에게 기병 8백 명을 거느리고 배를 타고 밤에 강을 건너 낙향(樂鄕)을 습격하게 했다. 깃발을 많이 늘어놓고, 파산(巴山)에 불을 놓았다. 오나라 도독 손흠(孫歆)이 두려워 "북쪽에서 온 군대들이 날아서 강을 건넜다는 것인가!"라고 말했다.

을축(乙丑)일에 두예가 강릉으로 진격해 함락시켰다. 이리하여 원수(沅水)와 상수(湘水) 이남의 교광(交廣)[3]에 인접해 있는 주군(州郡)에서 모두 기세를 바라보고[4] 도장과 끈을 보내왔다. 두예가 부절(符節)을 잡고 황명이라 칭하며, 그들을 편안하게 위무했다.

---

2) 著(着) 착 : 붙다, 옷을 입다, 신을 신다

3) 交廣 교광 : 주(註) 지금의 광주(廣州)이다

4) 望風 망풍 : 먼 곳에서 바라봄, 기세를 바라 봄

두예가 여러 군사들과 회의를 했다. 어떤 사람이 "백년의 역사를 지닌 오랑캐를 다 이길 수는 없습니다. 바야흐로 봄에 물이 불어나면 오래 주둔하기 어려우니, 다음 겨울을 기다렸다가 다시 크게 군사를 일으키는 것이 마땅합니다"라고 말했다.

두예는 "옛날 악의(樂毅)는 제수(濟水) 서쪽에서의 한 번의 전투를 빌미로[藉] 강한 제(齊)나라를 겸병했다. 지금 이미 군대의 위엄은 떨쳐졌으니, 비유하면 대나무를 쪼개는 것과 같다. 몇 마디를 쪼개고 나면 모두 칼날을 대기만 해도 쪼개질 것이다. 다시는 손 댈 곳이 없을 것"이라고 말했다. 마침내 여러 장수들에게 방략을 지시하고 곧 건업(建業)으로 향했다.

오나라 군주가 승상 장제(張悌) 등에게 3만의 병력을 거느리고 강을 건너 (진나라 군대를) 맞아 싸우게 했지만, 크게 패했다. 왕준이 서릉에 이르자, 두예가 그에게 편지를 보내 "족하(足下)께서 이미 적의 서쪽 울타리를 꺾었습니다. 유리한 방법으로는[便] 곧 건업을 차지해야 합니다. 여러 대에 걸쳐 도망간[逋] 도둑을 토벌하고, 오나라 사람들을 도탄에서 풀어내주고[釋], 군대를 정돈해[5] 도성으로 돌아간다면, 또한 세상에 드문[6] 일 중 하나가 될 것입니다"라고 했다.

왕준이 크게 기뻐하며 무창으로부터 강물을 따라 건업으

---

5) 振旅 진려 : 군대를 정돈함

6) 曠世 광세 : 세상에서 드문 일

로 향했다. 오 군주가 유격장군 장상(張象)에게 수군 1만명을 거느리고 가서 막게 했는데, 장상의 군대가 적의 깃발을 보고 항복했다. 왕준의 군대가 강에 가득하고, 깃발은 하늘에 비춰[燭] 위세가 매우 성대했다. 오나라 사람들이 크게 두려워했다. 왕혼 왕준 사마주(司馬伷)에게 사자를 나누어 보내 글을 받들어 항복을 청했다.

임인(壬寅)일에 왕준의 수군이 삼산(三山)을 지나게 되었다. 왕혼이 왕준에게 편지[信]를 보내 지나는 길에 잠깐 이쪽으로 들러서[7] 일을 논의하자고 했다. 왕준이 돛을 올리고 곧 건업으로 향하면서 "바람이 세차 정박할 수 없다"고 말했다.

이날 왕준의 병력은 8만 명이었고, 배는 나란히 1백 리에 뻗쳐 있었다. 북을 치고 함성을 지르며 석두(石頭)에 들어갔다. 오나라 군주 손호가 두 손을 뒤로 묶고, 관을 수레에 싣고[8] 왕준의 군문에 가서 항복했다.

오나라는 네 명의 군주로 모두 59년 존속했다.

4월에 조서로 손호에게 귀명후(歸明侯) 작위를 하사했다.

○ 5월에 귀명후 손호를 데려다가 만났다. 손호가 전당에 올라 이마를 조아렸다. 황제가 손호에게 "짐이 이 자리를 마련하고 경을 기다린 지 오래되었다"라고 말했다. 손호는

---

7) 蹔過 잠과 : 지나는 길에 잠깐 다가와서 들름. 잠(蹔) 잠깐

8) 面縛輿櫬 면박여친 : 면(面) 등질, 면박(面縛) 손을 뒤로 묶다, 여친(輿櫬) 수레에 관을 싣다

"신도 역시 남방에서 이러한 자리를 마련하고 폐하를 기다렸습니다"라고 말했다.

가충(賈充)이 손호에게 "듣자하니 그대가 남방에서 사람의 눈을 파내고, 사람의 얼굴 가죽을 벗겼다고 하던데, 이것은 어떤 사람에게 하는 형벌인가?"라고 물었다. 손호는 "신하로써 그 군주를 시해하고, 간사하며 불충한 자가 있으면 이 형벌을 주었을 뿐입니다"라고 대답했다. 가충이 아무 말도 못하고 심히 부끄러워했다.

○ 왕준이 건업으로 들어가고, 그 다음 날 왕혼이 드디어 강을 건너왔다. 왕혼은 왕준이 자기 오기를 기다리지 않고 먼저 손호의 항복을 받았기 때문에 마음 속으로 몹시 부끄럽고 분하게 여겨, 왕준을 공격하려고 했다. 하반(何攀)이 왕준에게 권해 손호를 왕혼에게 보내게 했다. 이 때문에 일이 해결될 수 있었으나, 왕혼은 왕준과 공을 다투었다.

왕혼이 표문을 올려 왕준이 왕의 명령을 어기고 지휘[9]를 받지 않은 것을 죄상으로 꾸며 아뢰었다.[10] 왕혼의 아들 왕제(王濟)는 상산공주(尙山公主)에게 장가들었고[尙], 친족이 매우 강성했다. 유사(有司)가 함거로 왕준을 소환할 것을 주청했으나, 황제가 허락하지 않았다.

왕준은 스스로 공이 큰 데도 왕혼 부자(父子) 및 그 무리들에게 꺾이고 억눌림을 당하고 있다고 여겼다. 매번 나아

9) 節度 절도 : 지휘, 법도, 마디, 가락, 절도사의 약칭

10) 誣告 무고 : 없는 일을 꾸며대어 일러바치거나 고소함

가 알현할 때마다 공벌(攻伐)의 수고로움 및 억울한 꼴을 당한 형상을 진술했다. 어떤 때는 분함을 이기지 못해서 고(告=辭)하지도 않고, 곧[徑] 나가버렸으나 황제가 매번 용서했다.

익주(益州)의 호군(護軍) 범통(范通)이 왕준에게 "경의 공은 아름답습니다. 그러나 아름다움을 차지하고[居] 있으면서, 옳게 여길 일[善]을 다하지 못하는 것이 한스럽습니다. 경이 깃발을 돌려 돌아온 날에 각건(角巾)을 쓰고 사저에 계시면서 입으로 오나라를 평정한 일을 말하지 않고, 만약 묻는 자가 있거든 그때마다 '성스러운 군주의 덕이요, 여러 장수의 힘이요, 늙은 내가 무슨 힘이 되었겠는가?'라고 말씀하셨다면, 이것은 인상여(藺相如)가 염파(廉頗)를 굴복시킨 행위[11]가 될 것이니, 왕혼이 부끄럽지 않을 수 있겠습니까"라고 충고했다.

왕준은 "내가 처음에 등애의 일을 교훈삼아 화가 자신에 미칠까 두려워 말을 안할 수 없었고, 그 (두려움과 분노)를 끝내 가슴 속에서 풀어버릴[遣] 수가 없었다. 이것은 나의 편협함 때문이었다"고 말했다.

당시 사람들 모두가 왕준은 공로가 큰데 보답은 작다고

---

11) 藺相汝 인상여 : 전국시대 조(趙)나라의 명신. 진(秦) 소양왕(昭襄王)이 15개의 성(城)과 조(趙)의 화씨벽(和氏璧)을 바꾸자고 했다. 사신으로 가서 소양왕이 화씨벽만 차지하고 성을 주지 않을 것을 간파하고 화씨벽을 잘 보존해 귀국했다. 뒤에 용장인 염파(廉頗)의 오해를 받았으나, 염파를 피하고 상대하지 않았다. 그것이 나라를 위한 것임을 알고, 염파가 가시나무를 지고 가서 사죄해, 문경지교(刎頸之交)를 맺게 되었고, 힘을 합해 조(趙)를 융성하게 했다

여겼고, 그 때문에 분해하고 억울해한다[12]고 생각했다. 박사 진수(秦秀) 등이 표문을 올려 왕준의 억울함을 바로잡아 줄 것을 아뢰었다. 황제가 드디어 왕준을 진군대장군으로 승진시켰다.

○ 두예가 양양으로 돌아갔다. 천하가 비록 안정되었으나 전쟁을 잊으면 반드시 위태로워질 것이라 여겼다. 그래서 부지런히 무예를 익히고, 거듭[申] 변경의 수비를 엄하게 했다. 두예는 몸소 말에 걸터앉지 못했으며 활을 쏘면 갑옷의 미늘[札][13]을 뚫지 못했으나, 군대를 거느려 승리하는 것은 제장들이 미치지 못했다.

○ 조서를 내려 "옛날 한(漢)나라 말기에 온 천하가 분열되어 자사가 안으로는 백성의 일을 직접 처리하고, 밖으로는 군대를 거느렸다. 지금은 천하가 통일되었으니 창과 방패를 모두 거두어 넣어야 한다.[14] 자사의 직책을 모두 한(漢)나라의 고사(故事)와 같이 하고, 주군(州郡)의 병력을 다 없애고, 큰 군에는 무관 1백 명, 작은 군에는 50명만을 두도록 하라"고 했다.

교주목(交州牧) 도황(陶璜)이 "주(州)의 병력을 줄여 모두

---

12) 憤悒 분읍 : 주(註) 분만(憤懣). 성내고 번민하다, 분하고 근심할. 읍(悒)은 우야(憂也)

13) 札 찰 : 갑옷의 미늘(서로 연결된 수백 개의 금속조각을 그 표면에 붙인 옷이나 가죽 외투. 전투 중에 몸을 보호하기 위해 입는 웃옷), 얇고 작은 나무 조각. 주(註) 힘이 없음을 말한다. 찰(札)은 갑(甲), 갑옷

14) 韜戢 도즙 : 주(註) 모두. 장(藏) 감추다, 간직하다, 저장하다

[單] 비어 있다는 것을 보여서는 안 됩니다"라고 상언했다. 복야(僕射) 산도(山濤) 또한 마땅히 주군(州郡)의 군비를 없애서는 안된다고 말했지만, 황제가 듣지 않았다.

영녕(永寧) 연간 이후가 되자, 도적들이 떼 지어 일어났다. 주군(州郡)에 군비가 없어 도적들을 잡고 제어할 수 없었다. 천하가 마침내 크게 혼란해져 산도가 말한 것처럼 되었다. 그러나 뒤에는 자사가 다시 군정과 민정을 겸하게 되었고, 주진(州鎭)이 더욱 중요해졌다.

○ 한(漢) 위(魏) 이래로 강족(羌族) 호족(胡族) 선비족(鮮卑族)중에서 항복한 자들을 대부분 변방 안의 여러 군에 살게 했다. 그 후에 자주 분노와 한스러움 때문에 지방 관리를 살해하는 등 점점 백성들의 우환이 되었다.

시어사(侍御使) 곽흠(郭欽)이 "오랑캐는 포악하고 개처럼 사나워 제어할 수 없고[15], 예로부터 근심이었습니다. 오나라를 평정한 위엄과 함께 모신과 맹장들의 지략을 써서[及] 내군(內郡)의 여러 오랑캐들[16]을 차츰 변방으로 옮겨, 사방 오랑캐들의 출입을 엄격하게 막고, 선왕이 정한 미개한 땅[荒服]을 다스리는 법[17]을 분명하게 해야 합니다. 이는 만

15) 彊獷 강광 : 주(註) 강(彊)은 포학함이고, 광(獷)은 개처럼 사나워 제어할 수 없다는 것이다

16) 雜胡 잡호 : 주(註) 변경 안의 여러 군에 들어와 섞여 사는 융적(戎狄)이 하나의 족속이 아니라는 뜻

17) 荒服之制 황복지제 : 미개한 땅, 천자의 감화가 미치지 않은 땅을 다스리는 제도. 황복(荒服)은 주(州)로 나눌 때, 주(州) 밖에 있는 땅. 복(服)은 전(甸) 후(侯) 수(綏) 요(要) 황(荒). 전복(甸服)은 천자가 통치하는 기내(畿內)

대의 장구한 계책"이라고 상소했다. 황제가 듣지 않았다.

신축(辛丑) 2년(281년)

3월에 조서를 내려 손호(孫皓)의 궁인 5천 명을 선발해 입궁시켰다. 황제가 오나라를 평정한 후 연회를 일삼고 정사를 게을리 했다. 후궁[18]이 거의 1만 명에 가까웠다. 항상 양(羊)이 끄는 수레를 타고, 양이 가는 대로 내버려 두었다가 (양이) 이르는 곳에서 곧 잔치를 열고 잠을 잤다.

궁녀들이 다투어 대나무 잎을 문에 꽂고, 소금물을 땅에 뿌려서 황제의 수레를 인도했다. 그리하여 황후의 아버지인 양준(楊駿)이 처음으로 요직을 맡아 세도를 부리고[19], 궁에 드나들면서 알현했다. 권세가 안팎을 기울게 했다.

임인(壬寅) 3년(282년)

황제가 사예교위(司隷校尉) 유의(劉毅)에게 "짐은 한나라의 어떤 황제와 비교할만한가?"고 물었다. 유의는 "환제와 영제입니다"라고 대답했다. 황제가 "어찌 그렇게까지 되었는가?" 하니, "환제와 영제는 관직 판매한 돈을 관의 창고에 넣었으나, 폐하께서는 관직 판매한 돈을 개인 재산으로 들이셨습니다. 이 일을 가지고 그것을 말한다면 거의 환제와 영제만도 못하십니다"라고 대답했다. 황제가 크게 웃으

---

18) 掖庭 액정 : 궁녀가 있는 궁전, 후궁

19) 用事 용사 : 요직에서 정권을 좌지우지함, 권세를 마음대로 부림, 해야 할 일, 필요한 사항

며 말했다. "환제와 영제 때에는 이러한 말을 듣지 못했는데, 지금 짐에게는 직언하는 신하가 있으니 참으로 그들보다 나은 것이로다!"라고 말했다.

○ 후장군(後將軍) 왕개(王愷)는 문명황후(文明皇后)의 아우이고, 산기상시(散騎常侍) 석숭(石崇)은 석포(石苞)의 아들이었다. 두 사람은 모두 재물이 많았는데, 더 많이 사치하는 것을 서로 경쟁했다.

왕개가 엿으로 솥을 깊이 채우자[澳], 석숭은 밀 초[蠟]로 섶나무를 대신했다. 왕개가 붉은색 실로 40리 길이의 병풍 같은 장막[20]을 만들자, 석숭은 비단으로 50리 길이의 병풍 같은 장막을 만들었다. 석숭이 집을 산초로 칠하면, 왕개는 적석(赤石) 기름을 써서 칠했다.

황제가 매번 왕개를 도와주었다. 일찍이 그에게 산호수(珊瑚樹)를 하사했는데, 높이가 2자[尺] 남짓이었다. 왕개가 그것을 석숭에게 보여 주자, 석숭이 곧 쇠방망이[21]로 그것을 부수었다. 왕개가 노했다. 자신의 보물을 질투한 것이라고 여겼다.

석숭이 말했다. "아까울 것 없다. 지금 경에게 돌려주겠다"며, 좌우의 사람들을 시켜 자기 집의 산호수를 다 가져오게 했다. 높이가 3, 4자에 이르는 것이 6, 7그루였고, 왕개의 것과 같은 것은 매우 많았다.

---

20) 步障 보장 : 병풍같은 막, 가리개, 막 칠, 간 막을

21) 鐵如意 철여의 : 쇠방망이, 쇠로 만든 지휘봉

갑진(甲辰) 5년(284년)

처음에 진군(陳群)은 이부(吏部)에서 천하의 선비들을 자세히 조사[22]할 수 없다고 여겼다. 그래서 군국(郡國)에 각각 중정(中正)[23]을 두고, 주(州)에는 대중정(大中正)을 두어, 그 지방사람[本土] 중에서 조정의 관직을 맡을 자를 뽑게 했다.

덕이 많고 재주가 높은 자가 그 일을 맡았고, 그 재능과 덕을 심사해 9품으로 등급을 매겼다. 말과 행실이 닦여져 드러나면 그를 승진시키고, 도의상 부족하면 강등시켰다.

이부(吏部)에서는 그것에 의해 백관을 임명하고 빈자리를 채웠다. 그것을 시행한 지가 점점 오래되자, 중정에 혹 적임자가 아닌 경우가 있었고, 간사한 폐단이 날로 늘어났다.

유의(劉毅)가 상소해 말했다.

"지금 중정을 세워 9품을 정하는 것은 임의대로 높이고 낮추게 하는 것입니다. 영화와 욕됨이 (그들의) 손에 달려 있고, 군주의 위엄과 복을 쥐고 천조의 권세를 빼앗는 것입니다. 공적으로는 조사할[24] 책임이 없고, 사적으로는 남의 나쁜 일을 들추어내 관에 고발하는[25] 마음의 꺼림[忌]이 없

---

22) 審覈 심핵 : 자세히 조사함

23) 九品中正制 구품중정제: 조비(曹丕)의 위(魏)정권에서 실시한 관리등용법인데, 이후 사마씨(司馬氏)의 서진(西晉)에 계승되었다. 관료 선발에서 선발의 기준을 가문(家門)의 평판과 개인의 인물평을 중심으로 했다. 지방의 유력자인 호족(豪族)들은 이 제도를 통해 중앙정권에 진출할 수 있는 기회를 얻게 되었다. 이 제도는 위진남북조 시대 문벌정치의 기반을 제공했다.

24) 考校 고교 : 성적 같은 것을 조사함

어졌습니다. 그러니 백 가지 형태로 마음을 쓰고, 만가지 단서로 영욕을 구하게 되었습니다. 청렴 겸양하는 풍속은 없어지고, 쟁송하는 풍속이 이뤄졌습니다.

신은 마음속으로 훌륭한 조정을 위해 그것을 부끄럽게 여깁니다. 무릇 중정의 제도가 정치의 도에 잘못된 점이 여덟 가지 있습니다. (등급을) 높이고 낮출 때 (권세의) 강약을 따르게 되고, 옳고 그름은 번영과 쇠망을 따르니, 한 사람이 열흘 사이에 다른 상태가 됩니다.

상품(上品)에 오른 사람 중에 가난하고 미천한 가문[寒門][26]이 없고, 하품(下品)에는 권세 있는 집안이 없습니다. 폐하께서는 선한 자에게 상을 내리고, 악한 자에게 벌주는 것을 법으로 가름하십니다만, 오직 중정을 두는 것에서는 한 나라의 중임을 맡기고서, 상을 주고 벌을 내리는 대비[防]를 하지 않으셨습니다.

또 다른 사람들이 소송할 수 없게 금지해 그들로 하여금 자유자재로[縱橫] 하고 임의대로 하게 해, 돌아보고 꺼리는 바가 없게 하셨습니다. 여러 억울한 일을 당한 자들이 원망을 품으며 진실[直]을 쌓아 두기만 하고, 위로 아뢸 수가 없습니다.[27]

이 때문에 그것을 논하건대, 관직의 명칭은 중정이라고

---

25) 告訐 고알 : 남의 나쁜 일을 들추어내 관에 고발함

26) 寒門 한문 : 한미(寒微, 빈한하고 미천함, 가난하고 지체가 변변치 못함)한 집안

27) 不獲上聞 불획상문 : 불획(不獲) 얻지 못한다. 상문(上聞) 올려서 아뢰다

하나, 참으로[寔] 범법하는[奸] 관부이고, 하는 일의 명칭은 9품이라고 하나, 여덟 가지 잘못이 있으니, 고금의 잘못 중에 이것보다 더 큰 것이 없습니다.

어리석은 신이 생각건대, 마땅히 중정을 그만 두고[罷] 9품을 없애서, 위(魏)나라의 낡아빠진[敝] 법을 버리고, 다시 한 세대의 아름다운 제도를 세워야 합니다"

황제가 그 말을 옳게 여겼으나 끝내 고칠 수 없었다.

○ 처음에 황제가 재인(才人)[28] 사구(謝玖)를 태자에게 내렸고, 황손 사마휼(司馬遹)을 낳았다. 밤중에 궁중에서 불이 났는데, 황제가 망루에 올라가 그것을 멀리서 바라보았다. 사마휼의 나이가 다섯살이었는데, 황제의 옷자락을 끌고 어둠 속으로 들어가며 "늦은 밤 급박한 상황입니다. 마땅히 비상(非常)에 대비해 (불빛이) 군주를 비춰 (다른 사람에게) 보이게 해서는 안 됩니다"라고 했다.

황제가 이 때문에 기특하게 여겨 항상 신하들을 대할 때 휼이 선제(宣帝)[29]와 흡사하다고 칭찬했다. 천하 사람들이 모두 그에게 귀의하고 따랐다. 황제는 태자가 재주가 없다는 것을 알았으나, 휼의 명석함과 지혜를 믿었으므로 태자를 폐립할 마음이 없었다.

---

28) 才人 재인 : 가무(歌舞)로 후궁에서 섬기는 여자

29) 선제(宣帝) = 사마의(司馬懿)

효혜황제(孝惠皇帝) 재위 17년, 수(壽) 48

경술(庚戌) 영희(永熙) 원년(290년)

4월에 황제가 죽었다. 황제는 도량이 크고 돈후하고, 사리에 훤히 통달하고 일을 도모하기를 좋아했다. 직언을 용납했고, 일찍이 사람들 앞에서 낯빛을 잃은 적이 없었다. 태자가 황제에 즉위했다. 조서를 내려 태위 양준(楊駿)을 태부로 삼고, 조정의 정사를 맡게[錄]했다. 백관들이 자신의 마음을 합쳐[總] 따랐다.

신해(辛亥) 원강(元康) 원년(291년)

가후(賈后)는 흉악하고 사나우며, 권모와 지략이 많았다. 매번 정사에 간여하고자 했으나, 태부 양준에게 억제 당했다. 마침내 양준이 모반을 도모했다고 얽어 만들어[搆] 양준을 죽이고 태후를 폐위시켰다. 여남왕(汝南王) 사마량(司馬亮) 및 위관(衛瓘)을 불러 정권을 맡게 했다. 가후는 다시 초왕(楚王) 사마위(司馬瑋)를 불러 사마량과 위관을 죽이게 했다.

곧[尋] 다시 사마위를 죽이고, 장화(張華)에게 조정의 정사를 맡겼다. 장화가 황실에 충성을 다해 버려지고 잘못된 것을 메우고 기우니[30], 가후가 비록 흉악하고 음험했으나,

30) 彌縫遺闕 미봉유궐 : 미봉(彌縫) 꿰매고 깁다. 유궐(遺闕) 잃다, 버리다, 잘못되다, 빠뜨리다

오히려 장화를 공경하고 소중히 여길 줄을 알았다. 가모(賈模)가 장화 배외(裵頠)와 함께 한마음으로 정사를 보필했다. 그러므로 수년 동안 비록 아둔한 군주가 위에 있었지만, 조정 안팎이 안정되었다. 장화 등의 공 때문이었다.

정사(丁巳) 7년(297년)

9월에 상서우복야(尙書右僕射) 왕융(王戎)을 사도(司徒)로 삼았다. 왕융이 삼공(三公)이 되자, 시대와 더불어 부침(浮沈)하며 바로잡고 구제하는 일이 없었다. 일을 동료[31]에게 맡기고 가볍게 나가서 놀고 마음대로 했다. 게다가 성질은 탐욕스럽고 인색했다.

전원(田園)이 천하에 두루 널려 있었는데, 매번 직접 상아 주판을 잡고 밤낮으로 회계를 봤고, 항상 부족한 것처럼 했다. 집에 좋은 오얏이 있었는데, 이것을 팔 때 남들이 좋은 씨앗을 얻을까 염려해 그 씨[核]에 구멍을 뚫었다. 상을 주거나 발탁하는 경우 오로지 헛된 명성[虛名]을 섬겼다.

완함(阮咸)의 아들 완첨(阮瞻)이 일찍이 왕융을 뵈었다. 왕융이 "성인은 명교(名教)를 귀하게 여겼고, 노자와 장자는 자연(自然)을 밝혔다. 그 뜻이 같은가? 다른가?"라고 물었다. 완첨이 "같지 않겠습니까"[32]라고 대답했다. 왕융이

---

31) 僚宷 요채 : 동료. 채(宷) 녹봉으로 지급되는 토지. 주(註) 채(宷)는 요(僚)와 같다. 요관(僚官)이다. 동지(同地)는 채(宷), 동관(同官)은 요(僚)

32) 將無 장무 : 주(註) '어찌 그것이 없을 수 있겠는가'와 같은 말. 그 뜻은 같다는 말

한동안 감탄하고는 마침내 그를 불렀다. 당시 사람들이 '세마디 관리'라고 했다.

이때 왕연(王衍)은 상서령이 되고 낙광(樂廣)은 하남윤이 되었다. 모두 청담(淸談)[33]을 잘했다. 마음을 사물 밖에 두어서[34] 명성이 있었는데, 조야에서 사람들이 흠모하고 본받았다. 왕연이 그 아우 왕징(王澄)과 함께 인물을 품평해 제목붙이기를 좋아했다. 온 세상 사람들이 그것을 법도[35]로 삼았다.

왕연은 머리가 명철하고 빼어났다. 젊었을 때 산도(山濤)가 그를 보고 한참 감탄하다가 "어떤 노부인이 이런 아이[36]를 낳았는가? 그러나 천하의 백성[蒼生]을 그르치게 할 자는 반드시 이 사람이 아니라고는 못한다"고 말했다.

낙광은 성품이 온화하고[冲=沖] 검약하며, 깨끗하고 원대해 남과 다툼이 없었다. 매번 담론할 때 간략한 말로 사리를 분별해 사람들의 마음을 만족케 하고[厭], 자신이 알지 못하는 것에는 침묵했다. 무릇 인물을 논할 때마다 먼저 그의 장점만을 칭찬했다. 단점은 말하지 않아도 저절로 드러났다.

---

33) 淸談 청담 : 속되지 아니한 이야기. 위진(魏晉)시대 노장학파(老莊學派)에 속하는 학식에 통달한 높은 절개의 선비들이 정계에 실망을 느끼고, 세사(世事)를 버리고 산림(山林)에 은거, 청정무위(淸淨無爲)의 설을 담론하던 일. 죽림7현(竹林七賢)이 청담으로 가장 유명하다

34) 宅心 택심 : =존심(存心). 마음을 두다

35) 儀準 의준 : 범절, 예의(예절)의 법도

36) 寧馨 영형 : 이러한(진晉의 속어). 이와 같은, 뛰어나다는 뜻

왕징 완함과 완함의 사촌인 완유(阮攸), 호모(胡母), 보지(輔之), 사곤(謝鯤), 왕니(王尼), 필탁(畢卓)은 모두 남의 구속을 받지 않고 방탕했다. 그것을 통달한 것[達]이라 여겼다. 필탁은 일찍이 이부(吏部)의 낭관이었다. 이웃집 낭관의 술이 익었다. 필탁이 술에 취해 밤에 술독 간(間)에 이르러 몰래 술을 훔쳐 마시다가 술을 담당하는 자에게 포박 당했다. 다음 날 새벽에 살펴보니 바로 이부의 필탁이었다. 낙광이 듣고 웃으며 말하기를 "명교 안에도 스스로 즐거운 경지가 있거늘, 하필이면 그 사람[乃]이 너[爾]로구나!"라고 했다.

처음 하안(何晏) 등은 스승의 도를 본받아 『노자』『장자』를 저술해 이론을 세웠다.

"천지 만물이 모두 무(無)를 근본으로 하는데, 무(無)라는 것은 인식이 없는 만물을 열어서 일을 완성시키며[37], 어디 간들 없는 데가 없다. 그리하여 음양은 무로써[恃以] 생명을 만들고, 현명한 자는 무로써[恃以] 덕을 이루는 것이다. 그러므로 무의 쓰임은 관작이 없어도 귀한 것이다"

왕연의 무리가 모두 그것을 애지중지 했다. 이로 말미암아 조정의 사대부들 모두가 들뜨고[浮] 방종한 것을 아름답다 여기고, 자신의 직무를 태만히 하고 일하지 않았다. 배외(裴頠)가 「숭유론(崇有論)」을 지어 그 폐단을 해석했다[釋]. 습속이 이미 이루어져 배외의 논리로도 또한 구제할

---

37) 開物成務 개물성무 : 개물(開物) 사람이 아직 도리를 깨닫지 못해 알지 못함. 성무(成務) 일을 이루어 줌

수 없었다.

을미(己未) 9년(299년)

태자세마(太子洗馬) 강통(江統)은 오랑캐가 중화를 어지럽힐 것이니, 마땅히 일찍 그 근원을 끊어야 한다고 했다. 마침내 「사융론(徙戎論)」을 지어 조정을 경계시키며 말했다.

"동이(東夷) 남만(南蠻) 서융(西戎) 북적(北狄)의 땅은 천자의 감화가 미치지 않는 변경 밖에[38]에 있습니다. 우임금은 땅을 평정하시면서, 서융은 내버려두셨습니다[敍]. 그들은 성품과 기질이 탐욕스럽고 흉악하며, 사납고 어질지 못합니다. 사방 오랑캐[四夷] 중에서도 서융 북적이 가장 심하며, 세력이 약할 때에는 두려워서 복종하고, 강성할 때에는 침략하고 배반했습니다.

그들이 강성할 때는 한(漢)나라 고조(高祖)도 백등(白登)에서 곤경을 겪었고, 효문제는 패상(霸上)에 군대를 주둔시켰습니다. 그들이 약해지자, 원제와 성제 때에는 (국세가) 미약한 데도 선우가 들어와 조회했습니다. 이것이 그들이 그러하다는 증거입니다.

이 때문에 방법을 가진 군주는 오랑캐를 다스리면서, 오직 그들에 대한 대비를 하면서 대우했고, 통상적으로는 그들을 방어했습니다. 비록 오랑캐들이 머리를 조아리고 예물

---

38) 要服 荒服 요복 황복 : 등급이 가장 낮은 땅으로 오랑캐 지역을 가리킴, 5복(五服) : 전복(甸服) 후복(侯服) 수복(綏服) 요복(要服) 황복(荒服)

을 가지고[39] 오더라도, 변경의 성들에서는 견고한 수비를 태만히 하지 않았습니다. 오랑캐들이 강하고 포학해져서 노략질을 하더라도, 군대가 원정을 나가지 않았습니다. 경내는 안정을 얻고, 강역은 침략당하지 않기만을 바랄 뿐이었습니다.

위(魏)나라가 일어난 초기에 촉(蜀)과 경계[隔]가 나뉘자, 국경의 오랑캐가 한번은 저쪽에 붙었다가 한번은 이쪽에 붙었습니다. 무제(武帝)가 무도(武都)의 저(氐)족을 진천(秦川)으로 옮겼는데, 적을 약화시키고, 나라를 강하게 해서 촉의 군대를 막게 하려는 것이었습니다. 이는 대체로 임시방편의 계책[40]이고, 만대의 이로움이 아니며, 지금 당면해 이미 그 폐해를 받고 있습니다.

무릇 관중은 토지가 비옥하고, 물산이 풍부하고, 제왕이 계시는 곳입니다. 오랑캐가 이 땅에 있어야 한다는 이유를 들어보지 못했습니다. 우리 동족이 아니면 그 마음 속이 반드시 다를 터인데, 그들이 쇠퇴하고 피폐함을 이용해 그들을 수도에서 가까운 경기지역[41]으로 옮겼습니다.

선비와 서민들은 습관이 되어 그들의 경박하고 약함을 업신여기고, 그들에게 원한(怨恨)의 마음을 골수에 사무치게[毒] 만들고 있습니다. (업신여기는 마음이) 일반 백성들

---

39) 執贄 집지 : 집(執) 잡다, 지키다, 가지다. 지(贄) 폐백, 면회 때 신분에 따라 가지고 가는 예물

40) 權宜之計 권이지계 : 임시방편의 계책

41) 畿服 기복 : 수도에서 1천 1백리

에게도 퍼지게 되자[42], 앉은 자리에서도 그런 마음이 생겨나고, 탐욕스럽고 사나운 성질로 분노의 마음을 품고서, 틈을 기다리고 이로울 때를 노려서[乘] 번번이 거역하는데도 다스리지 못합니다.

(그런데도 그들을) 나라 안에 살게 하니, 장벽의 막힘[43]이 없으므로, 대비가 안된 백성들을 엄습하고, 들에 흩어진 곡식을 거두어 갑니다. 그러므로 화는 더욱 늘어나게 될 것이고, 포악함으로 인한 해악도 예측할 수 없을 것입니다. 이것은 필연의 형세이고, 이미 경험한 일입니다.

개와 말도 살찌고 커지면[肥充] 사람을 무는데[44], 하물며 오랑캐가 변고가 되지 않을 수가 있겠습니까? 생각해 보건데, 다만 그들이 미약해 세력이 미치지 못해서일 뿐입니다.

무릇 나라를 다스리는 자의 근심은 백성들의 숫자가 적은 데에 있지 않고, 백성들이 불안해하는 데에 있다고 했습니다. 넓은 천하를 차지하고 백성들이 부유한데, 어찌 오랑캐가 안에 있어야 풍족함을 얻겠습니까?

이들에게 모두 거듭 효유하고 들어내서[發], 본래의 지역으로 돌아가게 하십시오. (한편으로는) 나그네살이로[45] 고향을 그리워하는 저들의 마음을 위로해주고, (한편으로는) 우리 중화의 티끌만한 근심[46]을 풀어버리는 것입니다. 이렇

---

42) 蕃育 번육 : 번식하고 생육(生育)함

43) 障塞之隔 장새지격 : 장새(障塞) 성곽. 격(隔) 방비, 막힘, 사이가 뜸

44) 囓齧 설설 : 물어뜯다

45) 羇旅 기려 : 남에게 붙어살음, 나그네살이, 객지에 살다

게 은혜를 베푼다면, 중국은 그 때문에 사방을 편안하게 하고, 은혜[德]를 영원히 베푸는 것이니, 계책에 있어서 좋은 계책이 될 것입니다"

조정에서 쓸 수 없었다.

◯ 황제는 사람이 어리석었다.[47] 일찍이 화림원(華林園)에서 두꺼비[48] 울음소리를 듣고 좌우에게 "이 청개구리가 우는 것은 관부를 위해서 우는 것인가? 개인을 위해 우는 것인가?"라고 물었다. 이 당시 천하에 흉년이 들어 백성들이 굶어 죽었는데, 황제가 그것을 듣고 "어찌 고기죽을 먹지 않는가?"라고 말했다.

이 때문에 여러 신하들이 권력을 잡았고, 여러 가문에서 정치를 했다. 권세 있는 집안들이 번갈아 서로 천거하고 청탁해, 시장에서 물건을 사고파는 것과 같을 정도였다[有].

가(賈)씨와 곽(郭)씨가 마음대로 횡포를 부렸고, 뇌물이 공공연히 성행했다. 노포(魯褒)가 「돈이 신이다(錢神論)」를 지어 그들을 비방했다.

"돈의 형체는 하늘과 땅의 형상을 갖고 있다. 돈을 친애하기를 형처럼 하며, 다른 이름[字]은 공방(孔方)이라 한다. 덕이 없어도 존귀해지고[尊], 세력이 없어도 높아진다[熱].

금마문(金馬門)을 밀치고 대궐 문[49]으로 들어가, 위태로

---

46) 纖芥 섬개 : 가는 티끌, 먼지, 지푸라기

47) 戇騃 당애 : 어리석을, 고지식한

48) 蝦蟆 하마 : 두꺼비

운 자를 안전하게 할 수 있고, 죽을 자를 살려줄 수도 있다. 귀한 자를 천하게 할 수 있고, 살 자를 죽게 할 수도 있다.

이 때문에 분쟁은 돈이 아니면 이기지 못하고, 세상을 피해 숨어사는 자[幽]나 정체된 자[滯]는 돈이 아니면 발탁되지 못한다. 원수는 돈이 아니면 화해하지 못하고, 좋은 소문[令聞]은 돈이 아니면 퍼지지를 못한다.

낙양의 붉은 관복[50]을 입고 길을 가는 선비들이 우리 집형[돈]을 좋아하는 것이 모두 끝이 없을 뿐이다. 나의 손을 잡고 처음부터 끝까지 나를 보듬고 있도다! 무릇 지금의 사람들은 오직 돈일 뿐이다"

○ 배외(裵頠)가 위충(韋忠)을 장화(張華)에게 천거했다. 장화가 그를 불렀는데, 위충이 병을 핑계대고 나서지 않았다. 사람들이 그 까닭을 묻자, 위충은 "장무선(張茂先=장화張華)은 화려하기만 하고 내실이 없다. 배일민(裵逸民=배외裵頠)은 욕심이 많아 만족할 줄 모른다. 일정한 의식[典禮][51]을 버리고 역적 가후에게 붙었으니, 이 어찌 대장부가 할 짓이겠는가? 배일민이 매번 나에게 맡기려는 마음이 있지만, 나는 그때마다 그가 깊은 못에 빠질 것이고 여파가 나에게 미칠까봐 항상 두려워했다. 하물며 바지를 걷어붙이

49) 紫闥 자달 : 대궐 문

50) 朱衣 주의 : 시어사의 관복, 높은 벼슬아치. 주자(朱紫) 붉은 빛과 자주 빛의 관리, 고위관리

51) 典禮 전례 : 일정한 의식(儀式)

고 그 곳으로 갈 수 있겠는가?"라고 말했다.

관내후 색정(索靖)은 천하가 어지러워질 것을 알았다. 낙양의 궁문에 있는 구리 낙타를 가리키면서 탄식하기를 "가시나무 가운데에 있는 너를 보게 될 것이다"라고 했다.

경신(庚申) 영강(永康) 원년(300년)

가후가 태자를 독살하자, 조왕(趙王) 사마륜(司馬倫)과 손수(孫秀) 등이 군대를 일으켜 가후를 죽이고, 장화와 배외 등을 잡아 모두 죽였다. 석숭(石崇)과 반악(潘岳) 등이 모두 해를 입었다.

석숭이 탄식하며 "놈들이 나의 재물을 탐낸 것일 뿐"이라고 말했다. 잡으러 온 자가 "재물이 화가 될 줄 알았다면, 어찌 일찍 재물을 나눠주지[散] 않았는가?"라고 말하자, 석숭은 대답할 수가 없었다. 마침내 모두 삼족을 멸하고, 석숭의 가산을 관부에서 몰수[52]했다.

신유(辛酉) 영녕(永寧) 원년(301년)

조왕(趙王) 사마륜(司馬倫)이 제위를 찬탈했다. 그 패거리 중에 급수를 뛰어넘고 차례를 뛰어넘은 자들이 너무 많아 모두 기록할 수 없었다. 매번 조회할 때마다 관모에 고관의 장식[貂蟬][53]을 한 사람들이 자리에 가득했다. 당시 사람들이 속어를 만들어 "담비 꼬리가 부족해 개 꼬리로 이어 붙

52) 籍沒 적몰 : 죄인의 재산을 관부에서 몰수하다

53) 貂蟬 초선 : 초貂 담비 꼬리. 선蟬 매미 날개

였다"고 말했다.

제왕(齊王) 사마경(司馬冏) 등이 군대를 일으켜 사마륜을 공격해 죽였다. 황제가 제자리로 돌아왔다.

임술(壬戌) 태안(太安) 원년(302년)

제왕(齊王) 사마경은 뜻대로 되고 나자, 자못 교만하고 사치스러워져서 권력을 제멋대로 행사했다. 조정 안팎이 실망했다. 고영(顧榮)과 장한(張翰)이 모두 화가 미칠까 염려했다. 장한은 가을바람이 불자, 고비나물과 양하국[蓴羹][54]과 농어회가 생각나 탄식하기를 "인생은 뜻에 따라 사는[適] 것을 귀하게 여길 뿐인데, 부귀한들 무엇 하겠는가?" 하고는 곧 (관직에서) 물러났다.

○ 하간왕(河間王) 사마옹(司馬顒)과 성도왕(成都王) 사마영(司馬穎) 등이 병력을 일으켜 제왕 사마경을 토벌하고 죽였다.

갑자(甲子) 영흥(永興) 원년(304년)

성도왕 사마영을 황태제로 삼았다.

○ 처음에 태제 사마영이 표문을 올려 흉노 좌현왕(左賢王) 유연(劉淵)을 관군장군(冠軍將軍)을 삼자고 했다. 유연의 아들 유총(劉聰)은 남보다 뛰어나게 날래고 용맹스러웠

---

54) 蓴 박 : 양하 풀, 9월 10월 사이에 흙 속에서 자라고, 온갖 양념을 넣어 끓여 국을 만든다

다. 경서와 사서를 널리 섭렵했고, 문장을 잘 지었으며[屬文], 3백 근이 되는 활을 당겼다. 20세[弱冠]에 경사를 돌아다니면서 교제하지 않는 명사가 없었다. 사마영이 유총을 적노장군(積弩將軍)으로 삼았다.

유연의 종조부[55] 우현왕(右賢王) 유선(劉宣)이 그 종족들에게 말했다.

"한(漢)이 망한 이래로 우리 선우는 다만 빈 호칭만 있고, 더 이상 한 자의 땅도 회복하지 못하게 되었다. 나머지 왕과 제후들은 모두 강등되어 똑같이 민적에 편입[56]되었다. 지금 우리 무리가 비록 쇠했지만, 아직도 2만 명을 밑돌지 않는다. 손을 거두고 부림을 받으면서 자못[奄] 1백년이 지났구나! 좌현왕은 영명함과 무용이 세상에서 뛰어나다. 하늘이 만일 우리 흉노를 부흥시키고자 하지 않았다면, 이 사람을 헛되이 생기게 하지 않았을 것이다. 지금 사마씨는 부모 형제간에 서로 해치고[57] 천하가 물 끓듯이 소란하다.[58] 호한야선우의 왕업을 회복하려면 지금이 그 때이다"

그리하여 서로 모의해 유연을 추대해 대선우로 삼고, 그의 무리 호연유(呼延攸)를 시켜 업(鄴)에 가서 이를 알렸다. 유연이 사마영에게 돌아가 고향에서 죽기[59]를 청했으나, 사

---

55) 從祖 종조 : 종조부, 할아버지의 형이나 아우

56) 編戶 편호 : 호적을 정리함, 호적에 넣음

57) 骨肉相殘 골육상잔 : 부모형제 사이에 서로 해침

58) 鼎沸 정비 : 솥의 물이 끓듯이 소란함

59) 會葬 회장 : 장사 지내는 것에 참여하다. 고향에 돌아가서 죽다

마영이 허락하지 않았다.

왕준(王浚)과 동영공 사마등(司馬騰)이 군대를 일으키자, 유연은 사마영에게 "청컨대 전하를 위해 돌아가서 오부(五部)를 설득해 국난(國難)에 달려오게 할 것이니 두 놈의 머리를 정한 날[60]에 매달 수 있을 것입니다"라며 설득했다. 사마영이 기뻐하며 유연을 북선우 참승상군사(北單于 參丞相軍事)로 삼았다.

유연이 좌국성(左國城)에 이르자, 유선 등이 대선우의 칭호를 올렸다. 20일 사이에 5만명의 군대가 생겼다. 도읍을 좌국성으로 옮기니, 오랑캐와 진(晉)나라에서 귀의하는 자가 더욱 많아졌다.

유연이 여러 신하들에게 "옛날 한(漢)이 오랫동안 천하를 차지한 것은 백성들에게 은혜를 베풀었기 때문이다. 우리는 한(漢)의 외손(甥)이고, 형제임을 맹약했다. 형이 죽으면 아우가 잇는 것이 또한 옳지 않겠는가?"라고 말했다.

곧 건국해 국호를 한(漢)이라 하고, 한(漢)왕에 즉위했다. 연호를 원희(元熙)라 고치고, 한(漢)나라 안락공(安樂公)을 효회황제(孝懷皇帝)로 추존했다.[61]

○ 10월에 이웅(李雄)이 성도왕에 즉위했다.

○ 황제가 낙양으로 돌아가고 나자, 장방(張方)이 군대를

---

60) 指日 지일 : 정한 날

61) 주(註) 국호가 한(漢)이다. 후에 조[趙=前趙]로 국호가 바뀐다

끼고 조정의 정사를 마음대로 했다. 태제 사마영은 더 이상 정사에 간여할 수 없었다. 조서를 내려 태제 사마영에게 성도왕으로서 사저로 돌아가게 했다. 다시 예장왕(豫章王) 사마치(司馬熾)를 세워 황태제로 삼았다.

○ 11월 장방(張方)이 황제를 위협해 장안으로 천도했다.

병인(丙寅) 광희(光熙) 원년(306년)

동해왕(東海王) 사마월(司馬越)이 군대를 일으켜 장방을 공격하고, 성도왕 사마영을 잡아 죽였다.

○ 성도왕 이웅이 황제에 즉위하고, 국호를 대성(大成)이라고 했다.62)

○ 11월에 황제가 떡[麪]을 먹다가 가운데 든 독으로 죽었다. 태제가 황제에 즉위했다. 회제(懷帝)가 처음으로 옛 제도를 따라 동당(東堂)에서 정사를 봤다. 매번 연회에 오면 번번이 여러 관원들과 많은 일을 논의하고 경서의 전적을 연구했다. 황문시랑 부선(傅宣)이 감탄하면서 "오늘에야 다시 무제63)의 세상을 보게 되었다"고 말했다.

62) 주(註) 성한(成漢)이다.

63) 晉 武帝 진 무제 : = 사마염(司馬炎)

효회(孝懷)황제는 재위가 6년, 수(壽) 30세

정묘(丁卯) 영가(永嘉) 원년(307년)

낭야왕(琅邪王) 사마예(司馬睿)를 안동장군(安東將軍)으로 삼아 양주를 통틀어 감독(都督)[64]하게 하고, 건업을 다스리게 했다. 사마예는 안동사마(安東司馬) 왕도(王導)를 모주(謀主)[65]로 삼아 마음으로 믿고, 가까이 하고 신임했다. 매사에 자문을 받았다.

사마예에 대한 명예나 칭찬하는 소문[66]이 본래 적었다. 오(吳) 지방 사람들이 붙지 않았고, 오랫동안 있었지만, 사대부들 중 찾아오는 자가 없었다. 왕도가 이를 염려했다.

마침 사마예가 춘추로 지내는 목욕 행사[禊][67]를 보러 나가게 되었다. 왕도가 사마예로 하여금 가마를 타고 위엄과 의식을 갖추게 하고, 자신은 유명 인사[名勝]들과 함께 모두 말을 타고 뒤따랐다. 기첨(紀瞻)과 고영(顧榮) 등이 그것을 보고는 놀랍고 신기하게 여기고, 서로 이끌고 길 옆에서 절했다.

왕도가 이 기회를 이용해 사마예에게 "고영(顧榮)과 하순(賀循)은 이 곳의 명망가들입니다. 마땅히 이들을 데려다가

---

64) 都督 도독 : 통틀어 거느리고 감독함, 일군의 총대장

65) 謀主 모주 : 주모자, 주요 참모

66) 名論 명론 : 명예와 이론, 칭찬과 소문, 유명한 언론

67) 禊祭 계제 : 부정(요사)을 씻기 위해 목욕제계하는 행사, 물가에서 지내는 제사. 춘추(春秋)에 지냄

인심을 얻어야 합니다. 두 사람이 오고 나면, 오지 않을 자가 없을 것입니다"라고 설득했다. 사마예가 마침내 왕도를 시켜 몸소 하순과 고영을 찾아가게 했다. 두 사람이 모두 명령에 따라서 왔다.

하순을 오국내사(吳國內史)로 삼고, 고영을 군사(軍司)로 삼아 산기상시(散騎常侍)를 겸하게 하고, 모든 군부의 정사를 모두 그들과 논의했다. 또 기첨을 군제주(軍祭酒)로 삼고, 변곤(卞壼)을 종사(從事)로 삼았다.

왕도가 사마예에게 "선비를 대할 때 겸양하고, 씀씀이를 그치고 절검하며, 정치를 청정하게 하고, 새 사람과 옛 사람을 어루만지고 편안하게 해주라"고 설득했다. 그러므로 강동이 마음으로 귀의했다.

○ 11월에 왕연(王衍)을 사도로 삼았다. 왕연이 태부(太傅) 사마월(司馬越)에게 "조정이 위태롭고 혼란하니 마땅히 방백(方伯)[68]에게 의뢰해야 합니다. 문무를 겸비한 인재를 찾아 그에게 맡겨야 합니다"라고 설득했다.

마침내 아우 사마징(司馬澄)을 형주도독(荊州都督)으로 삼고, 집안의 아우 사마돈(司馬敦)을 청주자사(靑州刺史)로 삼았다. 이들에게 "형주는 양자강과 한수의 수비[固]가 있고, 청주는 바다를 등진 요해의 땅[險]이다. 경들 두 사람이 밖에 있고, 내가 중앙에 있으면 충분히 세 개의 굴[三窟]이 될 수 있다"[69]고 말했다.

---

68) 方伯 방백 : 관찰사, 주(州)의 제후의 장(長)인 관찰사

무진(戊辰) 2년(308년)

3월에 조서를 내려 장궤(張軌)에게 서평공(西平公)의 작위를 주었다.

○ 한(漢)의 군주 유연(劉淵)이 황제에 즉위했다. 아들 유총(劉聰)을 대장군으로 삼고, 족속의 아들 유요(劉曜)를 용양대장군(龍驤大將軍)으로 삼았다.

기사(己巳) 3년(309년)

예전에 하증(何曾)이 무제(武帝)를 모시고 연회를 하고 물러나와 아들들에게 "주상이 대업을 개창했으나 내가 연회에서 뵐 때마다 국가를 경영하는 원대한 계획은 들은 적이 없고, 오직 평소의 일상적인 일만 말씀하신다. 후손[70]들을 위해 계획하는 방안이 없고, 자신만 언급할[及]뿐이니, 후손들이 위태로워질 것이 아닌가? 너희들은 그래도 화를 면할 수 있을 것이다"라고 말했다.

또 여러 손자들을 가리키며 "이 아이들에게는 반드시 난리가 미칠 것이다"라고 말했다. 하증은 하루에 만전(萬錢)의 비용을 들여 음식을 먹으면서도 오히려 젓가락을 댈 곳이 없다고 말했다.

---

69) 三窟 삼굴 : 주(註) 교토3굴(狡兔三窟). 교활한 토끼는 굴 셋을 파놓는다는 뜻. 사람이 교묘하게 재난을 피함

70) 貽厥 이궐 : 손자의 이칭, 자손을 위해 ~을 함. 또는 '그 후손들에게 남기다'로도 해석됨

○ 석륵(石勒)이 거록(鉅鹿)과 상산(尙山)을 침략하니, 군대가 십여만명에 이르렀다. 장빈(張賓)을 모주(謀主)로 삼으니, 병주(幷州)의 여러 오랑캐와 갈족(羯族)이 그를 많이 따랐다.

경오(庚午) 4년(310년)

7월에 한(漢)의 군주 유연이 병이 심해지자, 초왕 유총(劉聰)을 대사마, 선우로 삼았다. 유연이 죽자, 유총이 황제에 즉위했다.

○ 경사에 기근과 곤궁함이 날로 심해지자, 태부(太傅) 사마월(司馬越)이 사자를 보내 긴급 격문[71]으로 천하의 병력을 불렀다. 들어와서 경사를 구원하게 했다. 얼마 지났지만 끝내 오는 자가 없었다.

신미(辛未) 5년(311년)

동해왕 사마월(司馬越)이 죽자, 왕연 등이 사마월의 상(喪)을 받들고 동해에서 장례 지내려고 돌아가는데, 석륵이 정예 기병을 거느리고 추격했다. 한 사람도 (추격에서) 벗어날 수가 없었다.

석륵이 태위 왕연 등을 사로잡아 장막 아래[幕下]에 앉히고, 진(晉)나라가 이렇게 된 이유를 물었다. 왕연이 재앙과 망한 이유를 자세히 진술하고, 국가의 계책이 자신에게 있

---

71) 羽檄 우격 : 긴급 격문, 깃털을 꽂음

지 않았다고 말했다. 또 스스로 말하기를 "젊어서 벼슬할 마음이 없었고, 세상일에 간여하지 않았다"고 하고, 이 기회에 석륵에게 존호를 칭할 것을 권하면서, 자신은 면죄되기를 바랐다.

석륵이 "그대는 젊고 한참 때에 조정에 올라가 이름은 천하를 뒤덮고, 스스로 중요한 직책을 맡았으면서, 어찌 벼슬할 마음이 없었다고 말할 수 있는가? 천하를 파괴한 것이 그대가 아니고 누구이겠는가"라고 했다.

○ 한(漢)의 군주 유총이 전군대장군(前軍大將軍) 호연안(呼延晏)을 시켜 2만7천 명의 병력을 거느리고 가서 낙양을 노략질하게 했다. 하남에 왔는데, 진(晉) 군대가 전후 열두 차례나 패배했고, 죽은 자가 3만여 명이었다.

시안왕(始安王) 유요(劉曜)와 왕미(王彌), 석륵이 모두 군대를 이끌고 모이기로 했는데, 아직 도착하지 않았다. 호연안이 먼저 낙양에 도착해 계속 오기로 한 외부의 군대가 오지 않자, 포로를 잡고 노략질하고 떠났다.

이때 황제가 낙수(洛水)에 배를 갖추고 동쪽으로 달아나려 했는데, 호연안이 그것을 다 불태웠다. 왕미(王彌)와 시안왕 유요(劉曜)가 연이어 왔다. 호연안이 선양문(宣陽門)에서 이기고[克] 들어갔다. 황제가 화림원의 문으로 나가서 장안으로 달아나려고 했는데, 한(漢) 군대가 추격해 그를 사로잡았다.

○ 이때 천하에 큰 난리가 났는데, 오직 강동만이 조금[差] 평안했다. 중원에서 피난 가는 백성들이 많이 남쪽으

로 가서 양자강을 건넜다. 진동사마(鎭東司馬) 왕도가 낭야왕 사마예를 설득해 현명한 자와 준수한 자들을 받아들여 그들과 정사를 함께 하게 했다. 사마예가 그 말을 따라 하급관리[72] 1백여명을 불렀다. 당시 사람들이 1백6명의 아전[百六掾]이라고 일렀다. 조협(刁協), 변곤(卞壼)과 진군(陳頵) 유량(庾亮) 감탁(甘卓) 주방(周訪) 도간(陶侃)이 모두 참여했다.

○ 8월에 한(漢)의 군주 유총이 시안왕 유요 등을 보내 장안을 공격해 함락시켰다. 유요를 거기대장군(車騎大將軍)으로 임명해 장안을 다스리게 했다.

○ 안정태수(安定太守) 가아(賈疋=雅)가 풍익태수(馮翊太守) 삭침(索綝)과 함께 진(晉) 황실 부흥을 도모했다. 마침내 함께 군대를 거느리고 장안으로 향했다. 유요가 가아 등과 황구(黃丘)에서 싸웠는데, 유요의 군대가 대패했다. 이리하여 가아 등의 군세가 크게 떨쳐졌다. 가아가 진(晉)왕 사마업(司馬業)을 맞이해 옹성(雍城)으로 들어갔다.

○ 주의(周顗)가 낭야왕(琅邪王) 사마예(司馬睿)에게 달아나니, 사마예가 주의(周顗)를 군자제주(軍諮祭酒)로 삼았다. 전기도위(前騎都尉) 환이(桓彝) 또한 피난해 양자강을 건넜는데, 사마예가 아무 힘이 없이 극히 무력한[73] 것을 보았

---

72) 掾屬 연속 : 연(掾) 하급관리. 속(屬) 무리

73) 微弱 미약 : 아무 힘이 없이 잔약함, 극히 무력함

다.

주의에게 "나는 중원에 난리가 많기 때문에 이곳에 와서 안전할 것을 찾았는데, 다만[單] 이와 같이 나약하니, 장차 어찌 어려움을 구제할[濟] 수 있겠는가?"라고 말했다. 조금 있다가 왕도를 만나 함께 세상일을 논의했다. 물러나와 주의에게 "아까 관이오(管夷吾=管仲)를 만났다. 더 걱정할 것이 없다"고 했다.

여러 명사들이 서로 함께 신정(新亭)에 올라가 놀고 잔치했다. 주의가 잔치 자리에서 탄식하기를 "풍경은 다르지 않으나, 눈을 들어 보니 산천은 다르구나!" 그래서 서로 바라보고 눈물을 흘렸다.

왕도가 발끈해 낯색을 바꾸며[74] "마땅히 함께 왕실을 위해 힘을 합해 신주(神州)[75]를 회복해야 하는데, 어찌 초(楚)나라 죄수가 되어 마주하고 울기까지 하는가"라고 말했다. 사람들이 모두 눈물을 거두고, 그에게 사죄했다.

○ 가아(賈疋) 등이 장안을 수개월 동안 포위했다. 한(漢) 중산왕(中山王) 유요가 싸웠으나 연달아 모두 패배했다, 유요가 쫓기면서 백성들을 노략질하고 평양(平陽)으로 달아났다. 진(晉)왕 사마업이 옹성에서 안으로 들어갔다.

---

74) 愀然 초연 : 수심에 잠겨 안색이 달라지는 모양, 발끈해 안색이 달라지는 모양

75) 神州 신주 : 주(註) 중국의 명칭은 적현신주(赤縣神州)였다. 적현신주 내에 9주(九州)가 있었고, 우(禹)임금이 '9주를 차례 매겼다[序]'고 한다. 두씨(杜氏)의 「통전(通典)」에는 신주(神州)란 왕이 사는 좋은 땅 5천리 내이다. 지명(地名)의 주(註)에 의하면, 곤륜(琨崙) 동남지방 5천리를 신주라 한다

○ 9월에 가아 등이 진왕 사마업을 받들어 황태자로 삼고, 임시 궁궐[76]을 장안에 세웠다.

○ 남안(南安) 적정(赤亭)의 강(羌)족 요익중(姚弋仲)이 동쪽 유미(楡眉)현으로 옮겨 갔다. 오랑캐와 중국인[夏]이 포대기로 자식을 짊어지고[襁負], 수만 명이 따라갔다.

○ 진동장군(鎭東將軍) 고영(顧榮)과 전(前) 태자세마(太子洗馬) 위개(衛玠)가 모두 죽었다. 위개는 풍채가 멋있었고 청담을 잘했다. 항상 말하기를 "남에게 부족한 점이 있더라도 마음으로 용서할 수 있고, 뜻이 맞지 않아서 서로를 범하더라도 이해해 분노를 풀 수 있다[遣]"고 했다. 그러므로 죽을 때까지 기뻐하거나 노여워하는 기색을 드러내지 않았다.

효민황제(孝愍皇帝)는 재위가 4년, 수(壽) 18

계유(癸酉) 건흥(建興) 원년(313년)

봄 정월에 한(漢)의 군주 유총이 광극전(光極殿)에서 신하들에게 잔치를 베풀면서, 회제(懷帝)에게 청의(靑衣)[77]를 입고 술잔을 돌리게 했다. 유민(庾珉)과 왕준(王雋)등이 비통하고 분함을 이기지 못해 소리 내어 울었다. 유총이 그들

---

76) 行臺 행대 : 임시 정부, 임시관청

77) 靑衣 청의 : 천한 사람이 입는 옷, 하인

을 미워했다. 2월에 유총이 유민과 왕준 등 옛 진(晉)의 신하 10여 명을 죽였다. 회제(懷帝) 또한 살해당했다.

4월에 회제의 부음[78]이 장안에 이르자, 황태자가 발상하고 황제에 즉위했다. 국윤(麴允)을 좌복야로 삼고, 삭침(索綝)을 위장군으로 삼았다. 군대와 나라의 일을 모두 그들에게 맡겼다.

○ 처음에 중원에서 피난 온 백성들 대부분은 북쪽으로 가서 왕준(王浚)에게 의지했는데, 왕준은 은혜를 베풀고 어루만져주지[79] 못했다. 또 정치와 법이 (제대로) 확립되지 못하니, 많은 백성들이 다시 떠나갔다. 오직 모용외(慕容廆)만이 정사를 분명히 잘 살피고, 인재를 아끼고 소중히 여겼다. 그러므로 백성들이 많이 그에게 귀의했다. 모용외는 그 중에서 영특한 자와 준걸들을 발탁해 재주에 따라 임무를 주었다.

○ 예전에 범양(范陽)의 조적(祖逖)은 젊었을 때 큰 뜻이 있었다. 유곤(劉琨)과 함께 사주주부(司州主簿)의 일을 했다. 함께 자는데, 한밤중에 닭 울음소리가 들렸다. 조적이 유곤을 발로 차서[蹴] 깨우며 "이는 나쁜 소리가 아니다"라고 말하고는, 일어나서 춤을 추고, 양자강을 건넜다. 사마예(司馬睿)가 그를 군자제주(軍諮祭酒)로 삼았다. 조적이 경사

---

78) 凶問 흉문 : 재난을 알림, 부음(訃音)

79) 存撫 존무 : 위안하고 무마함, 불쌍히 여겨 은혜를 베풀고 어루만짐

에 있으면서 날래고 건장한 자들을 규합하면서, 사마예에게 말했다.

"진(晉)나라 황실의 혼란은 윗사람에 도가 없어 아랫사람들이 원망하고 배반했기 때문이 아닙니다. 종실들이 권력을 다투어 스스로 서로를 삼키고 먹으려고[80] 했기 때문입니다. 결국은 오랑캐가 틈을 타서, 중원에 해독이 흐른[流] 것입니다.

지금 남은 백성들이 잔혹한 적을 만난 이후, 사람마다 스스로 분발해 나서고 싶어합니다. 대왕께서는 장수에게 명령해 군대를 징발하게 하고, 저와 같은 자를 시켜 군대를 통솔하게 하십시오. 그렇게 해서 중원을 회복할 수 있다면, 군국(郡國)의 호걸들이 반드시 멀리서 바라보고도 호응하는 자가 있을 것입니다"

사마예에게는 본래 북벌(北伐)의 뜻이 없었다. 조적을 분위장군 예주자사(奮威將軍 豫州刺史)로 삼고, 1천명 분의 식량과 면포 3천필을 주고, 갑옷과 병기[81]는 주지 않고, 조적에게 스스로 모집하라고 했다.

조적은 군중의 대오(隊伍)[82] 1백여 가(家)를 거느리고, 양자강[大江] 중류를 건너가면서 노[楫]를 치며 "내가 중원을 평정하는 뜻을 이룰 수 없다면, 양자강으로 들어갈 것이다"

---

80) 魚肉 어육 : 어육은 먹을 수 있는 것이다. 스스로 서로 삼키고 먹으려 했기 때문임을 말함

81) 鎧仗 개장 : 갑옷과 무기

82) 部曲 부곡 : 항오(行伍) = 부오(部伍) = 대오(隊伍)

라고 맹세했다.

마침내 회음(淮陰)에 주둔하고, 야철장을 만들어 병기를 주조했다. (군사를)모집해 2천여 명을 얻고, 그 후 진격했다.

을해(乙亥) 3년(315년)

조서를 내려 탁발의로(拓跋猗盧)의 작위를 올려 대왕(代王)으로 삼았다.

○ 도간(陶侃)은 광주자사(廣州刺史)였다. 도간(陶侃)이 광주(廣州)에 있었는데, 평안하면 아침에 1백장의 벽돌을 집[齊]밖으로 옮겼다가 저물면 그것을 집 안으로 옮겼다. 사람들이 그 이유를 묻자, "내가 바야흐로 중원을 위해 힘을 바치려고 하는데, 시간을 헛되이 보내고 일을 게을리 한다면[83] 일을 감당하지 못할까 두렵습니다. 그러므로 자신을 수고롭게 하는 것일 뿐입니다"라고 대답했다.

병자(丙子) 4년(316년)

8월에 한(漢) 대사마(大司馬) 유요(劉曜)가 장안에 바짝 가까이 다가왔다[逼]. 9월에 유요가 장안을 공격해 함락시켰다. 황제가 양이 끄는 수레를 타고, 웃옷을 벗고 몸을 드러내고[84] 벽옥을 입에 물고[銜], 관을 수레에 싣고[85] 동문

83) 過爾優逸 과이우일 : 시간을 헛되이 보내고 일을 게을리 함. 우일(優逸) 편안함, 안일함

으로 나가서 항복했다. 유요가 관을 불태우고 벽옥은 받았다. 황제와 공경 이하를 그의 군영으로 옮겼다. 신축(辛丑)일에 평양으로 호송했다.

---

84) 肉袒 육단 : 사죄의 표시로 웃옷을 벗고 몸을 드러냄

85) 輿櫬 여츤 : 오동나무로 된 관을 수레에 올려놓음, 또는 마주 듦. 여(輿) 수레에 실음, 마주 듦

원 문

卷之二十六

晉紀

世祖武皇帝 在位一十一年, 壽五十五

庚子太康元年

正月, 杜預向江陵, 王渾出横江 攻吳鎮戍。所向皆克。吳人於江磧要害之處, 並以鐵鎖, 横截之, 又作鐵錐長丈餘, 暗置江中, 以逆拒舟艦。濬作大筏数十, 方百餘步, 縛草為人, 被甲持杖, 令善水者, 以筏先行, 遇鐵錐, 錐輒著筏而去。又作大炬, 長十餘丈, 數十圍, 灌以麻油在船前, 遇鎖然炬燒之。須臾 融液斷絕, 於是船無所礙。庚申 濬克西陵, 壬戌 克荊門 夷道二城。杜預遣衙門周旨等, 帥騎八百汎船 夜渡江 襲樂鄉。多張旗幟, 起火巴山。吳都督孫歆懼曰:「北来諸軍 乃飛渡江也?」乙丑 杜預進攻江陵 克之。於是 沅湘以南 接于交廣州郡, 皆望風 送印綬。預杖節稱詔 而綏撫之。杜預與衆軍會議, 或曰:「百年之冦 未可盡克。方春水生, 難於久駐。宜俟来冬, 更為大舉。」預曰:「昔樂毅藉濟西一戰, 以并疆齊。今兵威已振, 譬如破竹數節之後, 皆迎刃而解, 無復著手處也。遂指授羣帥方略, 徑造建業。(吳) 主使丞相張悌等 帥衆三萬, 渡江逆戰 大敗。王濬至西陵, 杜預與之書, 曰: 足下旣摧其西藩, 便當徑取建業, 討累世之逋寇, 釋吳人於塗炭, 振旅還都, 亦曠世一事也。濬大悅, 自武昌順流, 徑趣建業。吳主遣游擊將軍張象 帥舟師萬人 禦之。象衆望旗, 而降濬。兵甲滿江, 旌旗燭天, 威勢甚盛。吳人大懼, 分遣使者, 奉書於渾 濬 伷, 以請降。壬寅 王濬舟師過三山, 王渾遣信, 要濬暫過論事。濬擧帆, 直指建業, 報曰:「風利, 不得泊也。」是日 濬戎卒八萬方舟百里 鼓譟, 人于石头。吳主皓面缚輿櫬, 詣軍門降。

右(上)吳四主 共五十九年

四月, 詔賜孫皓爵歸命侯

◯五月, 引見歸命侯皓, 皓登殿稽顙。帝謂皓曰:「朕設此座, 以待卿久矣。」皓曰:「臣於南方 亦設此座 以待陛下。」賈充謂皓曰:「聞君在南方, 鑿人目, 剝人面皮, 此何等刑也?」皓曰:「人臣有弑其君 及姦回不忠者, 則加此刑耳。」充默然 甚愧。

◯王濬之入建業也, 其明日 王渾乃濟江, 以濬不待已至, 先受孫皓降, 意甚愧忿, 將攻濬。何攀勸濬送皓與渾, 由是 事得解。渾與濬爭功, 渾表濬違詔, 不受節度, 誣以罪状。渾子濟尚常山公主, 宗黨强盛。有司奏請, 檻車徵濬。帝弗許。王濬自以功大，而為渾父子及黨與所挫抑，每進見，陳其攻伐之勞 及見枉之狀。或不勝忿憤，徑出不辭。帝每容恕之。益州護軍 范通謂濬 曰:「卿功則美矣。然恨 所以居美者 未盡善也。卿旋旆之日， 角巾私第， 口不言平吳之事。若有問者， 輒曰:『聖主之德， 群帥之力， 老夫何力之有?』此藺生所以屈廉頗也。王渾能無愧乎?」濬曰:「吾始懲鄧艾之事，懼禍及身，不得無言。其終不能遣諸胷中，是吾褊也。」時人咸以濬功重報輕，為之憤邑。博士秦秀等並上表，訟濬之屈。帝乃遷濬鎮軍大將軍。

◯杜預還襄陽，以為天下雖安，忘戰必危。乃勤於講武，申嚴戍守。預身不跨馬，射不穿札，而用兵制勝，諸將莫及。

◯詔曰:「昔在漢末四海分崩，刺史內親民事，外領兵馬。今天下為一， 當韜戰干戈。刺史分職 皆如漢氏故事，悉去州郡兵。」大郡置武吏百人， 小郡五十人。交州牧陶璜上言:「州兵未宜約損 以示單虛。」僕射山濤亦言不宜去州郡武備，帝不聽。及永寧以後，盜賊群起州郡，無脩，不能禽制，天下遂大亂 如濤所言。然其後刺史復兼兵民之政， 州鎮愈重矣。

◯漢魏以來，羌胡鮮卑降者 多處之塞內諸郡。其後 數因忿愧殺害長吏，漸為民患。侍御史郭欽上疏曰:「戎狄疆獷，歷古為患。宜及平吳之威，謀臣猛將之略，漸徙內郡雜胡於邊地，峻四夷出入之防，明先王荒服之制。此萬世之長策也。帝不聽。

辛丑二年

三月，詔：選孫皓宮人五千人，入宮。帝既平吳，頗事遊宴，怠於政事。掖庭殆將萬人。常乘羊車，　恣其所之，　至便宴寢。宮人競以竹葉插戶，鹽汁灑地，以引帝車。而后父楊駿始用事，交通請謁，埶傾內外。

壬寅三年

帝問司隷禮校尉劉毅，　曰：「朕可方漢之何帝?」對曰：「桓靈帝」曰：「何至於此」對曰：「桓靈賣官錢入官庫，　陛下賣官錢入私門。以此言之，　殆不如也。」帝大笑曰：「桓靈之世不聞此言，今朕有直臣，固為勝之。」

◯後將軍王愷 文明皇后之弟也。散騎常侍石崇 苞之子也。二人皆富於財，競以奢侈相高。愷以□澳釜，崇以蠟代薪。愷作紫絲步幛四十里，崇作錦步幛五十里。崇塗屋以椒，愷用赤石脂。帝每助愷，嘗以珊瑚樹 賜之，高二尺許。愷以示崇，崇便以鐵如意 碎之。愷怒以為疾已之寶，崇曰：「不足為恨，今還卿。」乃令左右，悉取其家珊瑚樹，高三四尺六七株，如愷比者 甚衆。

甲辰五年

初 陳群以吏部不能審覈天下之士，故令郡國 各置中正，州置大中正，取本土之人 任朝廷官。德充才盛者 為之使，銓次等級，　以為九品。有言行脩著則陞之，　道義虧缺則降之，吏部憑之，以補授百官。行之浸久，中正或非其人，姦敝日滋。劉毅上疏曰: 「今立中正 定九品, 高下任意, 榮辱在手, 操人主之威福, 奪天朝之權埶。公無考校之負, 私無告訐之忌, 用心百態, 營求萬端, 廉讓之風滅, 争訟之俗成。臣竊為聖朝恥之。蓋中正之設 於損政之道 有八。高下逐强弱, 是非隨興衰, 一人之身 旬日異状。上品無寒門, 下品無埶族。陛下賞善罰惡, 無不裁之以法。獨置中正, 委以一國之重, 曾無賞罰之防。又禁人不得訴訟, 使之縱横任意 無所顧憚。諸受枉者 抱怨積直, 不獲上聞。由此論之, 職名中正, 寔為姦府。事名九品 而有八損。古今之失 莫大於此。愚臣以為宜罷中正, 除九品, 棄魏氏之敝法, 更立一代之美制。」帝雖善其言, 而終不能改也。

◯初 帝以才人謝玖 賜太子 生皇孫遹。宮中嘗夜失火, 帝登樓望之, 遹年五歲, 牽帝裾 入闇中, 曰:「暮夜 倉猝, 宜備非常, 不可令照見人主。」帝由是奇之, 嘗對羣臣 稱道似宣帝, 故天下咸歸仰之。帝知太子不才, 然恃遹明慧, 故無廢立之心。

孝惠皇帝 在位十七年, 壽四十八

庚戌永熙元年

四月, 帝崩。帝宇量宏厚, 明達好謀, 容納直言, 未嘗失色於人。太子卽皇帝位, 詔: 以太尉楊駿為太傅, 錄朝政, 百官總己以聽。

辛亥元康元年

賈后凶悍 多權略, 每欲干預政事, 而為太傅駿所抑, 遂搆駿以謀反殺之, 廢太后。徵汝南王亮及瓘 秉政, 賈后復召楚王瑋, 使殺亮及瓘, 尋復殺瑋, 委張華以朝政。華盡忠帝室, 彌縫遺闕。賈后雖凶險, 猶知敬重華。賈模與華 頠 同心輔政, 故數年之間 雖闇主在上, 而朝野安靜, 華等之功也。

丁巳七年

九月, 以尚書右僕射王戎為司徒。戎為三公, 與時浮沈, 無所匡救。委事僚寀, 輕出遊放, 性復貪吝, 園田徧天下。每自執牙籌, 晝夜會計, 常若不足。家有好李, 賣之, 恐人得種, 鑽其核。凡所賞拔, 專事虛名, 阮咸之子瞻嘗見戎, 戎問曰 :「聖人貴名教, 老莊明自然, 其旨同異?」瞻曰:「將無同。」戎咨嗟, 良久遂辟之, 時人謂之三語掾。是時 王衍為尚書令, 樂廣為河南尹, 皆善清談, 宅心事外。名重當世, 朝野之人 多慕效之。衍與弟澄好品題人物, 舉世以為儀準, 衍神情明秀, 少時山濤見之, 嗟嘆良久曰:「何物老嫗生寧馨兒! 然, 誤天下蒼生者 未必非此人也!」樂廣性冲約清遠, 與物無競。每談論, 以約言析理 厭人之心, 而其所不知 默如也。凡論人必先稱其所長, 則所短不言 自見。王澄及阮咸 咸從子脩 胡母 輔之 謝鯤 王尼 畢卓皆以任放為達。畢卓嘗為吏部郎, 比舍郎釀熟, 卓因醉, 夜至甕間, 盜飮之, 為掌酒者所縛, 明旦視之, 乃畢吏部也。樂廣聞而笑之曰:「名教內自有樂地, 何必乃爾!」初何晏等祖述老莊立論, 以為:「天地萬物 皆以無為本。無也者, 開物成務,無徃不存者也。陰陽恃以化生，　賢者恃以成德。故無之為用，無爵而貴矣。」王衍之徒皆愛重之。由是 朝廷士大夫皆以浮誕為美，弛廢職業。裴頠著崇有論，以釋其蔽然，習俗已成，頠論亦不能救也。

己未九年

太子洗馬江統以為戎狄亂華，宜早絕其原，乃作徙戎論，以警朝廷曰:「夫夷蠻戎狄 地在要荒。禹平水土，而西戎卽敍，其性氣貪婪，凶悍不仁，四夷之中 戎狄為甚。弱則畏服，彊則侵叛，當其彊也，以漢之高祖而困於白登，孝文軍於霸上。及其弱也以元成之微，而單于入朝。此其已然之效也。是以，有道之君 牧夷狄也，惟以待之有備，禦之有常。雖稽顙執贄，而邊城不弛固守。強暴為寇，而兵革不加遠征。期令境內獲安，疆埸不侵而已。魏興之初，與蜀分隔，疆埸之戎一彼一此，武帝從武都氐於秦川，欲以弱寇彊國，扞禦蜀虜。此 盖權宜之計，非萬世之利也。今者當之，已受其敝矣。夫關中土沃 物豐 帝王所居，未聞戎狄宜在此土也。非我族類，其心必異，而因其衰敝，遷之畿服，士庶翫習，侮其輕弱，使其怨恨之氣 毒於骨髓。至於蕃育衆庶，則坐生其心，以貪悍之性，挾憤怒之情，候隙乘便，輒為橫逆。而居封域之內，無障塞之隔，掩不備之人，收散野之積，故能為禍滋蔓，暴害不測。此必然之執，已驗之事也。犬馬肥充，則有噬齧，況於夷狄能不為變！但顧其微弱 執力不逮耳。夫為邦者，憂不在寡，而在不安。以四海之廣，士民之富，豈須夷虜在內然後，取足哉？此等皆可申論，發還其本域，

慰彼羈旅 懷土之思，釋我華夏纖芥之憂。惠此中國，以綏四方，德施永世，於計為長也。」朝廷不能用。

◯帝為人戇騃。嘗在華林園，聞蝦蟆，謂左右曰:「此鳴者，為官乎 為私乎?」時天下荒饉，百姓餓死，帝聞之曰:「何不食肉糜?」由是權在臣下，政出多門，埶位之家，更相薦託，有如互市。賈 郭恣橫，貨賂公行，魯褒作錢神論以譏之曰：「錢之為體，有乾坤之象，親之如兄，字曰孔方，無德而尊，無埶而熱，排金門入紫闥，危可使安，死可使活，貴可使賤，生可使殺，是故，忿争 非錢不勝，幽滯 非錢不拔，怨讎 非錢不觧，令問 非錢不發，洛中 朱衣當塗之士，愛我家兄，皆無已已。執我之手，抱我終始，凡今之人，惟錢而已。」

◯裴頠薦韋忠於張華，華辟之。忠辭疾不起，人問其故，忠曰：「張茂先華而不實，裴逸民慾而無厭，棄典禮，而附賊后，此豈大丈夫之所為哉！逸民每有心託我，我常恐其溺於深淵，而餘波及我。况可褰裳而就之哉?」 關內侯 索靖知天下將亂，指洛陽宮門銅駝，歎曰:「會見汝在荊棘中耳!」

庚申永康元年

賈后毒殺太子。趙王倫 孫秀等起兵殺后，收張華 裴頠等皆殺之，石崇 潘岳等皆遇害。崇歎曰:「奴輩利吾財爾。」收者曰:「知財為禍，何不早散之?」崇不能答。遂皆族誅，籍沒崇家。

辛酉永寧元年

趙王倫簒位， 黨與超階越次者， 不可勝紀。每朝會貂蟬盈坐。時人為之諺曰:「貂不足，狗尾續。」齊王冏等起兵，討倫殺之，乘輿反正。

壬戌太安元年

齊王冏既得志，頗驕奢擅權，中外失望。顧榮 張翰皆慮及禍。翰因秋風起，思菰菜 蓴羹 鱸魚膾，歎曰:「人生貴適志耳，富貴何為!」卽 引去。

○河間王顒 成都王潁等起兵，討齊王冏，殺之。

甲子永興元年

以成都王穎為皇太弟。

○初 太弟穎表 匈奴左賢王劉淵 為冠軍將軍。淵子聰驍勇絕人。博涉經史，善屬文，彎弓三百斤，弱冠 游京師名士莫不與交。穎以聰為積弩將軍。淵從祖右賢王宣，謂其族人曰: 自漢亡以来，我單于徒有虛號，無復尺土，自餘王侯降同編戶，今吾衆雖衰，猶不減二萬。柰何斂手受役，奄過百年。左賢王英武超世，天苟不欲興匈奴，必不虛生此人也。今司馬氏骨肉相殘，四海鼎沸，復呼韓邪之業，此其時也。乃相與謀推淵為大單于，使其黨呼延攸，詣鄴，告之。淵白穎 請歸會葬，穎弗許。及王浚 東嬴公騰起，淵說穎曰:「請為殿下還， 說五部， 以赴國難。二豎之首， 可指日而懸也。」穎悅，拜淵為北單于參丞相軍事。淵至左國城，劉宣等上大單于之號，二旬之間，有衆五萬。遷都左國城，胡晉歸之者愈衆。淵謂羣臣曰:「昔漢有天下久長，恩結於民，吾漢氏之甥，約爲兄弟，兄亡弟紹，不亦可乎?。」乃建國號曰:（漢），卽漢王位，改元元熙，尊漢安樂公爲孝懷皇帝。

○十月，李雄卽成都王位

○帝既還洛陽，張方擁兵專制朝政，太弟穎不得復預事。詔太弟穎以成都王，還第。更立豫章王熾為皇太弟。

○十一月，張方刼帝，遷都長安。

丙寅光熙元年
東海王越起兵，討張方，收成都王穎，殺之。

○成都王雄卽皇帝位，國號(大成）。

○十一月，帝食𪍿，中毒崩。太弟卽皇帝位。懷帝始遵舊制，於東堂聽政。每至宴會，輒與羣官論衆務　考經籍。黄門侍郎傅宣歎曰:「今日復見武帝之世矣。」

孝懷皇帝　在位六年，壽三十

丁卯永嘉元年
琅邪王睿為安東將軍，都督揚州，鎮建業。睿以安東司馬王導為謀主，推心親信，每事咨焉。睿名論素輕，吳人不附。居久之士大夫莫有至者。導患之，會睿出觀禊，導使睿乘轝，具威儀，導與名勝皆騎從。紀瞻顧榮等見之，驚異，相帥拜于道左。導因說睿曰：顧榮 賀循 此土之望。宜引之以結人心，二子既至，則無不来矣。睿乃使導 躬造循榮二人，皆應命而至， 循為吳國內史,榮為軍司加散騎常侍。凡軍府政事皆與之謀議， 又以紀瞻為軍祭酒， 卞壺為從事。王導說睿，謙以接士， 儉以足用， 以清淨為政,撫綏新舊。故江東歸心焉。

◯十一月， 以王衍為司徒。衍說太傅越曰：「朝廷危亂當賴方伯，宜得文武兼資以任之。」乃以弟澄為荊州都督，族弟敦為青州刺史。語之曰： 「荊州有江漢之固，青州有負海之險，卿二人在外，而吾居中，足以為三窟矣。」

戊辰二年
三月，詔：封張軌為西平公。

◯（漢）王淵卽皇帝位。以其子聰為大將軍，族子曜為龍驤大將軍。

己巳三年
初 何曾侍武帝宴，退謂諸子曰：「主上開創大業，吾每宴見，未嘗聞經國遠圖，惟說平生常事，非貽厥孫謀之道也。及身而已。後嗣其殆乎？ 汝輩猶可以免。」指諸孫曰：「此屬必及於難。」曾日食萬錢，猶云無下箸處。

◯石勒寇鉅鹿 常山，衆至十餘萬，以張賓為謀主。并州諸胡羯, 多從之。

庚午四年
七月, (漢) 主淵寢疾, 以楚王聰為大司馬大單于, 淵卒。聰卽帝位。

○京師飢困日甚。太傅越遣使, 以羽檄 徵天下兵, 使入援京師。既而卒無至者。

辛未五年
東海王越薨。王衍等奉越喪, 還葬東海。石勒帥輕騎追之, 無一人得免者。執太尉衍等, 坐之幕下, 問以晉故。衍具陳禍敗之由云, 計不在己, 且自言少無宦情, 不豫世事, 因勸勒稱尊號, 冀以自免。勒曰:「君少壯登朝, 名蓋四海, 身居重任, 何得言無宦情邪? 破壞天下, 非君而誰?

○ (漢) 主聰使前軍大將軍呼延晏 將兵二萬七千 寇洛陽。比及河南, 晉兵前後十二敗, 死者三萬餘人。始安王曜 王彌 石勒皆引兵會之。未至, 晏先至洛陽, 以外繼不至, 俘掠而去。帝具舟於洛水, 將東走。晏盡焚之, 王彌 始安王曜繼至。呼延晏自宣陽門入, 帝出華林園門欲奔, 長安漢兵追執之。

○時 海內大亂, 獨江東差安。中國士民避亂者多南渡江。鎮東司馬王導說琅邪王睿, 收其賢俊與之共事, 睿從之, 辟掾屬百餘人。時人謂之百六掾, 刀協卞壼 陳頵 庾亮 甘卓

周訪 陶侃皆與焉

○八月,(漢) 主聰遣始安王曜等 攻長安 克之。以曜為車騎大將軍, 鎮長安。

○安定太守賈疋與馮翊太守索綝謀興復晉室。乃共帥衆, 向長安。劉曜與疋等戰於黄丘, 曜大敗。於是疋等兵執大震, 迎秦王業入於雍城。

○周顗奔琅邪王睿。睿以顗為軍諮祭酒。前騎都尉桓□亦避亂, 過江, 見睿微弱, 謂顗曰: 「我以中州多故, 来此, 求全, 而單弱如此。將何以濟?」既而見王導, 共論世事, 退謂顗曰:「向見管夷吾, 無復憂矣。」諸名士相與登新亭, 遊宴, 周顗中坐, 歎曰:「風景不殊, 舉目有江河之異」因相視流涕, 王導愀然 變色曰:「當共勠力王室, 克復神州, 何至作楚囚, 對泣邪?」衆皆收淚謝之。

○賈疋等圍長安數月。漢中山王曜連戰皆敗, 驅掠士女奔於平陽。秦王業自雍入於長安。

○九月, 賈疋等奉秦王業為皇太子, 建行臺於長安。

○南安赤亭羌 姚弋仲 東徙榆眉。戎夏襁負從之者, 數萬。

○鎮東將軍顧榮 前太子洗馬衛玠皆卒。玠美風神, 善清談, 常以為: 人有不及 可以情恕, 非意相干 可以理遣, 故終身不見喜怒之色。

孝愍皇帝 在位四年，壽十八

癸酉建興元年

春 正月，漢主聰宴羣臣於光極殿，使懷帝着青衣行酒。庾珉王儁等不勝悲憤，因號泣，聰惡之。二月聰殺珉儁等故晉臣十餘人，懷帝亦遇害。四月懷帝凶問至長安，皇太子擧哀，卽皇帝位。以麹允為左僕射，索琳為衛將軍，軍國之事，悉以委之。

○初 中國士民避亂者多北依王浚，浚不能存撫，又政法不立，士民往往復去之。唯慕容廆政事脩明，愛重人物，故士民多歸之。廆擧其英俊隨才，授任。

○初 范陽祖逖少有大志，與劉琨俱為司州主簿。同寢，中夜聞雞鳴， 蹴琨覺曰：「此非惡聲也。」因起舞及渡江。睿以為軍諮祭酒，逖居京師， 糾合驍健， 言於睿曰：「晉室之亂，非上無道而下怨叛也。由宗室爭權，自相魚肉，遂使戎狄乘隙，毒流中土。今遺民既遭殘賊，人思自奮。大王誠能命將 出師，使如逖者 統之，以復中原，郡國豪傑必有望風響應者矣。睿素無北伐之志， 以逖為奮威將軍 豫州刺史，給千人廩 布三千疋，不給鎧仗，使自召募。逖將其部曲百餘家，渡江中流，擊楫而誓曰： 「祖逖不能清中原 而復濟者，有如大江。」遂屯淮陰，起冶鑄兵，募得二千餘人而後進。

乙亥三年

詔: 進拓跋猗盧爵為代王。

◯陶侃為廣州刺史。侃在廣州無事, 輒朝 運百甓於齋外, 暮運於齋內, 人問其故, 答曰: 吾方致力中原, 過爾優逸, 恐不堪事, 故自勞爾。

丙子四年

八月, (漢) 大司馬曜逼長安。九月, 曜攻陷長安。帝乘牛車, 肉袒銜璧輿櫬, 出東門降。曜焚櫬受璧, 遷帝及公卿以下於其營, 辛丑 送至平陽。

통감절요 27권

진기(晉紀)[1] 중종 원황제(中宗 元皇帝)[2]

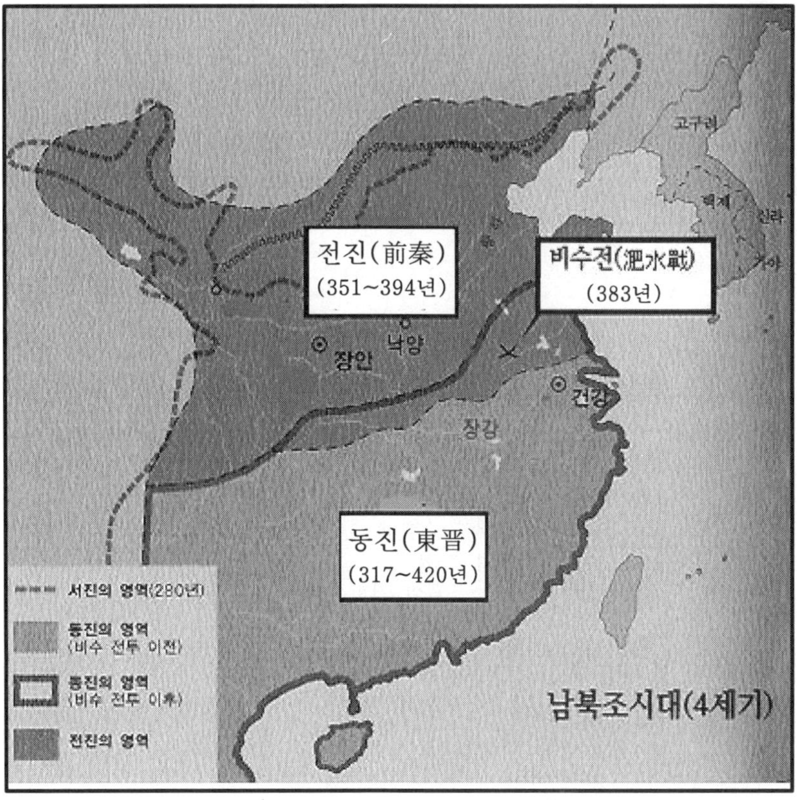

재위 6년, 수(壽) 46

정축(丁丑) 건무(建武) 원년(서기 317년)

낭야왕(琅邪王) 사마예(司馬睿)가 진(晉)왕에 즉위해 크게 사면령을 내리고, 연호를 고쳤다. 처음으로 백관을 갖추고 종묘와 사직을 세웠다. 이때가 동란[喪亂]이 뒤를 이은 터라서, 강동지방이 시작처럼 정돈되지 않았다.[3]

조협(刁協)은 오랫동안 조정에서 벼슬을 해서, 옛일을 잘 알고 숙련되어 있었고, 하순(賀循)은 세상의 유학자로 으뜸[宗]이어서, 예악을 잘 익히고 있었다. 모든 의문스러운 논의가 있을 때마다 모두 그들의 의견을 들어 결정했다.

○ 유곤(劉琨)과 단필제(段匹磾)가 함께 피를 마시면서[揷] 동맹을 맺고, 진(晉) 황실을 보호하고 받들 것을 기약했다.

---

1) 시대개관 :동진(東晋)왕조이다. 이 시기(317년)부터 남북조(南北朝)시대라고 한다. 화북 일대는 이후 선비족(鮮卑族)에 의해 통일된 북위(北魏)가 성립되어 동위(東魏-北齊), 서위(西魏-北周)의 북조(北朝)의 왕조로 이어졌고, 강남은 한(漢)족에 의해 성립된 동진(東晉)-송(宋)-제(齊)-양(梁)-진(陳)의 남조(南朝)시대를 열었다. 북위의 황제 효문제는 한화(漢化)정책을 실시해 호한(胡漢)의 융합을 가져왔으며, 북위의 정치는 이후 수 당(隋 唐) 형성에 영향을 주었다. 앞의 위(魏)- 서진(西晉)시대와 함께 남북조 시대는 정치적으로는 분열과 혼란의 시대였지만, 불교의 발전, 문화와 사상의 발전으로 화려한 귀족문화가 융성했다.

2) 中宗 元皇帝 중종 원황제 : 이름은 준(睿), 선제(宣帝)의 증손(曾孫), 낭야왕(琅琊王) 근(覲)의 아들. 이때부터를 동진(東晋)이라고 한다

3) 草創 초창 : 주(註) 상야(傷也). 일의 시작. 상(傷) 거칠고 야비함

○ 11월에 정남군사(征南軍司) 대막(戴邈)이 "동란 이래로 학교[庠序]가 무너지고 폐지[4]되었습니다. 의견이 있는 자들은 '태평한 세상에는 문(文)을 숭상하고, 어지러운 세상에는 무(武)를 숭상한다'고 말합니다. 이 말은 비슷하긴 한데, 실제로는 그렇지 않습니다. 지금 왕업이 처음[肇] 세워지고, 만물이 처음 만들어졌습니다.[5] 마땅히 도의를 돈독히 하고, 유학을 숭상해 풍속의 교화를 장려해야 합니다"라고 상소했다. 왕이 그 말에 따라서 비로소 태학을 세웠다.

○ 한(漢) 군주 유총(劉聰)이 사냥을 나가면서 민제(愍帝)에게 거기장군(車騎將軍)을 대행하게 했다. 군복을 입고 창을 잡고 앞에서 인도하게 했다. 보는 사람들이 그를 가리키며 "이 사람이 옛 장안의 천자"라고 말하면서, 모여서 그를 구경했다. 옛날 노인 중에는 눈물을 흘리는 자도 있었다.

○ 12월에 유총이 광극전에서 여러 신하들과 연회를 벌였다. 민제(愍帝)를 시켜 술을 따르고 술잔을 씻게 했다. 조금 있다가는 옷을 갈아입게 하고, 또 그를 시켜 일산[盖=蓋]을 잡게 했다. 진(晉)의 신하들 중에는 소리는 내지 못하고, 눈물을 흘리며 슬피우는 자가 많았다. 상서랑(尙書郎) 신빈(辛賓)이 일어나서 민제를 껴안고 크게 통곡했다. 유총이 데리고 나가 그를 목 베라고 명령했다. 민제도 마침내

---

4) 隳(墮)廢 휴(타)폐 : 휴(隳) 무너질, 무너뜨릴. 폐(廢) 폐하다, 그만두다

5) 權與 권여 : 사물의 시작, 저울대, 수레바퀴

평양에서 해를 당했다.

무인(戊寅) 태흥(太興) 원년(318년)

3월, 민제(愍帝)의 부음이 건강(建康)에 알려지자, 진(晉)왕이 상복을 입고[6] 여막에서 지냈다. 얼마 있다가 황제에 즉위해 크게 사면령을 내리고 연호를 고쳤다. 백관들이 모두 임금을 모시고 늘어섰다.

황제가 왕도(王導)에게 어상(御床)에 올라 함께 앉자고 명령했다. 왕도가 간곡히 사양하며 "만약 태양이 아래로 내려가서 만물과 함께 있다면, 백성들이 어디에서 태양이 비추는 것을 우러러 보겠습니까?"라고 말했다. 황제가 그래서 그쳤다.

○ 한(漢)의 군주 유총이 죽었다. 태자 유찬(劉粲)이 즉위했는데, 근준(靳準)에게 살해당했다. 승상 유요(劉曜)가 황제에 즉위하고, 석륵의 작위를 조(趙)왕[趙公][7]으로 올려주었다.

---

6) 斬衰 참최(체) : 부형이 죽으면 입는 복(服). 고대에는 혈연의 친소(親疏)에 따라 5복, 즉 다섯 등급의 차등을 두어 복(服)을 입는 상복제도(喪服制度)가 있었다. 각각 참최(斬衰 3년), 자최(齊衰 혹은 기복期服은 1년), 대공(大功 9개월), 소공(小功 5개월), 시마(緦麻 3개월)라고 한다

7) 『자치통감』「晉記12」'元帝太興元年'기사에 의하면 "석륵을 대사마, 대장군으로 삼고 구석(九錫)을 더해주고 10군을 추가로 분봉해주고 작위를 조공(趙公)으로 올렸다"고 되어 있다. '趙王'은 '趙公'의 오기이다

기묘(己卯) 2년(319년)

한(漢)의 군주 유요가 장안으로 환도했다. 국호를 조(趙)라 고치고, 선우를 시조로 삼았다.

○ 석륵이 처음으로 유요와 단절하고, 스스로 조(趙)왕을 칭했다.[8)]

경진(庚辰) 3년(320년)

조적(祖逖)이 옹구(雍丘)를 다스리며 자주 군대를 보내 후조(後趙)의 군대를 맞아 싸웠다. 후조(後趙)의 변경을 지키는 자들 중에 조적에게 귀의하는 자가 매우 많아서, 국경이 점점 줄어들었다. 7월에 조서를 내려 조적에게 진서장군(鎭西將軍)을 내렸다.

조적이 군대에 있으면서 장병들과 즐거움과 괴로움을 함께 하고, 자신은 절약하면서 힘껏 베풀었다. 농업과 양잠을 권장하고, 새로 귀의한 자들을 받아들여 위무했다. 비록 친하지 않거나 천한 자라도 모두 은혜와 예로 사귀었다. 황하 이남 지방에서 후조를 배반하고 진나라에 귀의한 자가 많았다.

조적이 군대를 훈련시키고 곡식을 비축해 하북을 빼앗을 계획을 세웠다. 후조 왕 석륵이 그것을 우환으로 여겼다. 석륵은 유주로 내려가 조적의 할아버지와 아버지의 묘를

---

8) 주(註) 석륵이 세운 나라가 후조(後趙)이고, 유요의 나라를 전조(前趙)라 부른다

고쳤으며, 묘를 지키는 두 집을 두었다. 그리고는 조적에게 편지를 보내 소통하기를 원했다.

조적의 관청[牙門=衙門]에 소속된 동건(童建)이 채내사(蔡內史) 주밀(周密)을 죽이고 후조에 항복했다. 석륵이 그를 참수하고 머리를 조적에게 보내면서 "배반한 신하와 도망간 관리는 내가 심히 싫어합니다. 장군이 싫어하는 것은 내가 싫어하는 것과 같습니다"라고 말했다. 조적이 그를 깊이 은혜롭게 여겼다.

이로부터 후조 사람들 중 배반하고 귀의하려는 자들을 모두 받아주지 않았다. 제장들에게 후조의 백성들에게 포악한 짓을 못하게 금지하니, 변경 사이가 점점 안정될 수 있었다.

○ 황제가 처음 강동을 다스릴 때 왕돈(王敦)이 사촌동생 왕도(王導)와 함께 한마음으로 황제를 보좌하고 받들었다. 황제 또한 마음을 다해 그들에게 맡겼다. 왕돈은 정벌하는 일을 총괄하고, 왕도는 중요한 정사[9]를 전담했으며, 여러 사촌 자제들이 높은 자리[顯]와 요직에 넓게 깔려 있었다[10]. 당시 사람들이 그것을 "왕씨와 사마씨가 천하를 함께 한다"고 말했다.

후에 왕돈은 스스로 공이 있다 믿었고[恃], 또 종족이 강성해지자 점점 더욱 교만하고 방자해졌다. 황제가 두려워하

---

9) 機政 기정 : 주요한 정사

10) 布列 포열 : 포진하다, 넓게 깔려 있다, 늘어놓다

고 그를 미워했다. 그래서 유외(劉隗)와 조협(刁協) 등을 데려다 심복으로 삼아 차츰 왕씨의 권력을 누르고 빼앗으니, 왕도 역시 점점 소외당했다.

왕도는 충직하게 일했고[任直], 진심으로 본분을 지켰으며[推分], 욕심이 없고 마음이 깨끗했다[澹如]. 식견 있는 자들이 모두 흥하느냐 망하느냐의 시기에 잘 대처한다고 칭찬했다. 그러나 왕돈이 더욱 마음 속에 불평을 품으니, 마침내는 꺼려하게 되고 틈이 생겼다.

신사(辛巳) 4년(321년)

7월에 대연(戴淵)을 정서장군(征西將軍), 도독사연예병유기주제군사(都督司兗豫幷幽冀州諸軍事)로 삼고 합비를 다스리게 했다. 예주자사(豫州刺史) 조적(祖逖)은 대연이 오(吳)나라 장사(壯士)로 비록 재주와 명망이 있으나, 넓은 도량과 원대한 식견이 없다고 여겼고, 또 자신은 가시밭길[11]을 정돈하고[剪] 하남 땅을 거두었는데, 대연이 온화한 자태로[12] 하루아침에 와서 그 지역을 통솔하게 되므로, 마음이 매우 원망스러웠다.[13]

또 왕돈이 유외, 조협과 틈이 생겨 장차 내란이 있을 것이라는 소문을 듣고 큰 공을 이룰 수 없다는 것을 알게 되자, 격분해 병이 나서 9월 옹구에서 죽었다. 예주의 백성들

---

11) 荊棘 형극 : 가시나무, 고난, 뒤얽힌 사태, 나쁜 마음
12) 雍容 옹용 : 온화한 모양
13) 怏怏 앙앙 : 마음이 만족하지 않는 모양

[士女]이 마치 부모상을 당한 것처럼 슬퍼했다.

왕돈은 오랫동안 딴 마음을 품고 있었는데, 조적이 죽었다는 말을 듣고 더욱 꺼리는 바가 없게 되었다. 10월에 조적의 아우 조약(祖約)을 서평장군(西平將軍) 예주자사(豫州刺史)로 삼아 조적의 군대를 거느리게 했다.

○ 11월에 모용외(慕容廆)를 도독유평이주제군사(都督幽平二州諸軍事)로 삼고, 요동공(遼東公)의 작위를 주었다. 모용외가 아들 모용황(慕容皝)을 세자로 삼았다.

임오(壬午) 영창(永昌) 원년(322년)

왕돈(王敦)이 난을 일으키려 하면서 사곤(謝鯤)에게 "유외(劉隗)가 간사해 장차 사직을 위태롭게 할 것이다. 내가 군주 곁의 악인을 제거하고자 하는데, 어떠한가?"라고 말했다. 사곤은 "유외는 참으로 화근의 시작이지만, 그러나 성의 여우와 사당의 쥐에 불과합니다[14]"라고 대답했다.

왕돈이 화를 내며 "그대의 용렬한 재주로 어찌 대체[大體]를 알겠는가?"하고는, 마침내 무창에서 군대를 일으키고, 상소해 유외의 죄상을 아뢰었다. 침충(沈充) 또한 오흥(吳興)에서 군대를 일으켜 왕돈에 호응했다. 왕돈이 무호(蕪湖)에 이르러 또다시 표문을 올려 조협의 죄상을 아뢰었다.

황제가 크게 노해 "왕돈이 지금 두터운 은혜를 입자[15]

---

14) 城狐社鼠 성호사서 : 임금 좌우의 가까운 신하, 근습(近習)

15) 寵靈 총령 : 임금의 덕택, 은총, 두터운 은혜

그것을 믿고서 감히 미쳐서 패역한 짓을 방자하게 하는구나! 짐을 태갑(太甲)[16]에 비교[方]한다는 것은, 가두어서 유폐당하게[17] 하려는 것이다. 이것을 참을 수 있다면 어떤 것을 참지 못하겠는가? 지금 친히 친위대[六軍]를 직접 거느리고 대역 죄인을 주벌할 것이다. 왕돈을 죽이는 자가 있으면 5천호의 후(侯)의 작위를 주겠다"라는 조서를 내렸다.

황제가 대연과 유외를 불러 들어와서 건강을 호위하게 했다. 유외가 와서 조협과 함께 황제에게 왕씨를 다 죽이라고 권유했다. 황제가 허락하지 않았다. 유외가 비로소 두려워하는 기색이 있었다.

사공 왕도(王導)가 그의 사촌동생 중령군(中領軍) 왕수(王邃)와 좌위장군(左衛將軍) 왕이(王廙), 시중(侍中) 왕간(王侃), 왕빈(王彬) 및 일족 20여 명을 데리고 매일 새벽마다 관부[臺]에 나가서 대죄[18]했다. 주의(周顗)가 들어가려할 때 왕도가 "백인(伯仁=주의의 자字)! 1백 명의 목숨으로 경에게 누를 끼치네!"라고 불렀으나, 주의는 돌아보지 않고 곧바로 들어갔다.

(그러나) 황제를 뵙자 왕도의 충성을 말하고, 간곡하게 거듭 구제해줄 것을 말했다. 황제가 그의 말을 받아들였다.

---

16) 太甲 태갑 : 탕임금의 아들, 이윤이 쫓아냄

17) 見 견 : ~당하다. 수동동사(見, 爲, 被, 受, 所, 遇)+ 於+명사(사람 또는 장소)

18) 待罪 대죄 : 죄를 받는 것을 기다린다는 뜻, 관리가 그 관직에 있는 것을 겸손히 이르는 말

주의가 기뻐해 술을 마시고 취해서 나왔다. 왕도가 여전히 문 앞에 있다가 다시 그를 불렀다.

주의는 왕도와는 말하지 않고, 좌우를 돌아보며 "금년에 여러 역적 놈들을 죽이고, 한 말[斗] 크기 만한 금 도장을 받아 팔꿈치 뒤에 매달아야겠다"고 말했다. 나오고 나서는 또 표문을 올려 왕도의 무죄를 밝혔는데, 말이 심히 간절했다. 왕도는 그것을 알지 못하고, 매우 원망스러워 했다.

황제가 명령해 왕도에게 조복을 돌려주라고 하고, 그를 불러서 만났다. 왕도가 머리를 조아리며 "해치려는 신하[賊臣]와 역적이 어느 시대인들 없었겠습니까마는, 뜻하지 않게도 지금 신의 일족에서 나왔습니다"라고 말했다. 황제가 맨발[跣]로 나와 그 손을 잡고서 "무홍(茂弘=王導)! 지금 경에게 제후국의 정령[19]을 맡기려고 하는데, 이것이 무슨 말인가?"라고 말했다.

○ 3월에 왕도를 전봉대도독으로 삼고, 대연에게 표기장군을 겸하게 했다. 조서를 내려 "왕도는 대의(大義)로서 친족을 제거할[滅]것이니, 내 안동장군 때의 부절을 그에게 빌려줄 것"이라고 했다. 주의를 상서좌복야로 삼고, 왕수를 우복야로 삼았다.

○ 왕돈이 석두성을 점령하고는 탄식하며 "내가 다시는 임금의 높으신 은혜[20]를 위해 일 할 수 없게 되었구나"라

---

19) 百里之命 백리지명 : 『論語』 「泰伯篇」의 제후국의 정령(政令)을 말함

고 말했다. 황제가 조협 유외 대연에게 명령해 군대를 거느리고 석두성을 공격하게 했다. 조협 유외가 모두 패배했다. 황제가 공경과 백관을 시켜 석두성에 가서 왕돈을 만나게 하고는 왕돈을 승상 도독중외제군(都督中外諸軍) 녹상서사(錄尙書事)로 삼았다.

여의(呂猗)가 왕돈을 설득하기를 "주의와 대연이 모두 명성이 높아 충분히 사람들을 현혹시킬 수 있습니다. 공이 그들을 제거하지 않으면, 반드시 다시 거병할 우려가 있을 것이라고 염려됩니다"라고 했다. 왕돈이 그렇다고 여기고 조용히 왕도에게 물었다. 왕도가 대답하지 않자, 왕돈이 주의와 대연을 체포해 그들을 죽였다.

왕도가 후에 중서성의 옛일을 점검했는데, 그 일을 하다가 주의가 자신을 구원해주라고 올린 표문을 보았다. 표문을 잡고 눈물을 흘리면서 "내가 비록 [직접] 백인을 죽이지는 않았으나, 백인은 내가 죽인 것이다. 저승[21]에다 이렇게 좋은 벗을 버렸구나!"라고 말했다.

왕돈이 끝내 조정에서 천자를 알현하지 않고 무창으로 돌아갔다. 왕돈이 자기 뜻대로 하고나자, 더욱 심하게 포악하고 오만해졌다. 사방에서 보내는 공납(貢獻)을 대부분 그의 관부로 들였다. 장수와 재상, 천하의 벼슬아치들[22]이 모

20) 盛德 성덕 : 성대한 은혜(德)

21) 幽冥 유명 : 저승, 깊숙하고 어두움, 심오하고 미묘함

22) 岳牧 악목 : 천하의 벼슬아치. 4악 12목(四岳 十二牧) 순임금 시대의 천하의 벼슬아치

두 그의 가문에서 나왔다.

○ 조적(祖逖)이 죽자, 후조(後趙)가 자주 하남을 노략질했다. 조약(祖約)이 막을 수 없어 후퇴해 수춘(壽春)에 주둔했다. 후조가 마침내 진류(陳留)를 차지하자, 양(梁)과 정(鄭) 사이가 다시 소란해졌다.

○ 11월에 황제가 근심스럽고 분해 병이 나서 죽었다. 사공(司空) 왕도가 유조(遺詔)를 받아 정사를 보필했다. 황제는 대단히 공손하고 검소했지만, 명석함과 결단력은 부족했다. 그러므로 대업을 회복하지 못했고, 재앙과 혼란(禍亂)이 안에서 일어난 것이다. 태자가 황제에 즉위했다.

숙종 명황제(肅宗 明皇帝) 재위 3년, 수(壽) 27

갑신(甲申) 태녕(太寧) 2년(324년)

5월에 왕돈이 병이 위독해지자, 거짓으로 조서를 내려 왕응(王應)을 무위장군으로 임명해 자신의 곁에 있게 하고[副], 왕함(王含)을 표기대장군으로 삼았다. 전봉(錢鳳)이 왕돈에게 "혹시[脫] 피할[諱] 수 없는 일이 있게 되면, 곧 후사를 왕응에게 맡겨야 합니까?"라고 물었다.

왕돈은 "비상한 일은 보통 사람이 할 수 없다. 또 왕응은 나이가 어린데, 어찌 큰일을 감당하겠는가? 내가 죽은 뒤에는 병기를 버리고 군대를 해산하고 조정에 스스로 귀의해 가문을 보전하는 것이 가장 낫다. 이것이 상책(上策)이다.

물러나 무창으로 돌아가서 군대를 거두어 스스로를 지키면서 공납을 폐지하지 않는 것은 중책(中策)이다. 내가 아직 살아 있을 때 병력을 다 데리고 내려가서 만일의 요행을 바라는 것이 하책(下策)이다"라고 대답했다.

전봉은 그의 패거리에게 "공의 하책이 곧 상책이다"라고 했다. 침충과 계책을 정해 왕돈이 죽기를 기다렸다가 곧 반란을 일으키기로 했다.

○ 사도(司徒) 왕도는 왕돈의 병이 심하다는 말을 듣고 자제를 거느리고 왕돈을 위해서 애도함을 드러냈다.[23] 사람들이 왕돈이 확실히 죽었다고 생각하자, 모두 분격했다. 이리하여 상서(尙書)에서는 조서를 베껴 왕돈의 관부에 내려 보냈는데, 왕돈의 죄악을 하나하나 열거한 것이었다.

왕돈은 조서를 보고 매우 노했으나, 병이 더욱 심해져서 직접 군대를 거느릴 수가 없었다. 왕함을 원수로 삼아 간신 온교(溫嶠) 등을 죽인다는 명분으로 수군과 육군 5만명을 모아 갑자기[奄] 강녕(江寧) 남쪽 언덕에 이르렀다.

황제가 여러 군대를 거느리고 나와 남황당(南皇堂)에 주둔했다. 밤에 장사를 모았다. 장군 단수(段秀) 등을 보내 병사 1천 명을 거느리고 물을 건너 그들이 대비가 없을 때 엄습하게 했다. 새벽에 월성에서 싸워 그들을 크게 격파하고, 그들의 선봉장수 하강(何康)의 목을 베었다.

왕돈은 왕함이 패했다는 말을 듣고 크게 노해 말하기를

23) 發哀 발애 : 슬픔을 드러내다

"우리 형은 늙은 노비일 뿐이다. 가문이 쇠했으니 세상 일이 끝났다. 내 마땅히 억지로라도 가서 형세를 만들어야한다"고 하면서 일어나다가 기력이 부쳐서[困乏] 다시 누웠다가 곧 죽었다.

왕돈의 무리를 모두 평정했다. 유사(有司)가 왕돈의 무덤[瘞]을 파서 시신을 꺼내 그의 의관을 불태우고, 무릎을 꿇리고[跽] 참수했다.

을유(乙酉) 3년(325년)

5월에 도간(陶侃)을 정서대장군(征西大將軍) 도독형상옹양사주제군사(都督荊湘雍梁四州諸軍事) 형주자사(荊州刺史)로 삼았다. 형주의 백성들이 서로 축하했다. 도간은 본성이 총명하고 민첩하며, 공손하고 부지런해 종일토록 몸을 바르게 하고 무릎을 꿇고 앉아 있었다.[24] 군부의 여러 가지 일을 점검해 잘 유지하고[攝], 빠뜨린 곳이 없었으며, 조금도 한가한 적이 없었다.

항상 사람들에게 "대우(大禹)는 성인이셨다. 그런데도 촌음(寸陰)[25]도 아끼셨다. 백성들에 이르러서는 (촌을 나눈) 분음(分陰)[26]도 아껴야만 한다. 단지 편안히 놀고 황폐하게

---

24) 斂膝危坐 염슬위좌 : 무릎을 꿇고 몸을 똑바르게 하고 앉음

25) 寸陰 촌음 : 썩 짧은 시간

26) 分陰 분음 : 썩 짧은 시간, 근소, 약간. 주(註) 분(分)은 분촌(分寸)의 분(分)이다. 1장(丈) = 10척(尺) = 100촌(寸) = 1,000분(分). 도량형의 크기는 시대마다 다르다. 1장(丈)의 경우를 예를 들면, 주(周)는 199cm, 한(漢)은 276cm, 진(晉)은 241cm, 송(宋)은 312cm, 청(淸)은 320cm. 송(宋)의 경우를 기준으

술에 취해 산다면, 살아서는 시대에 유익함이 없고, 죽어서는 후세에 들려줄 것이 없지 않겠는가? 이것은 자신을 포기한 것이다"라고 말했다.

일찍이 배를 만들었는데, 톱밥과 대나무 마디[27]를 도간이 모두 장부에 기록해서 가지고 있게 했다. 사람들은 모두 까닭[所以]을 이해할 수 없었다. 후에 정초[28]가 되었다. 눈이 쌓였다가 처음으로 날씨가 개었는데[晴], 청사(廳事)[29] 앞은 남은 눈으로 여전히 젖어 있었다. 곧 톱밥을 깔았다.

환온(桓溫)이 촉(蜀) 땅을 정벌하게 되자, 또 도간이 비축해 두었던 대나무 마디로 대못을 만들어 배에 박았다[裝]. 그의 빈틈없고 조리정연하며 치밀함[30]이 모두 이와 같았다.

○ 7월에 황제가 죽었다. 황제는 명석하고 민첩했고, 중요한 시기에 결단[31]을 잘했다. 그러므로 약함으로 강함을 제어하고, 반역한 신하를 주벌하고, 대업을 회복할 수 있었다.

태자가 황제에 즉위하니 나이가 5세였다. 태후가 조정에서 수렴청정을 했다. 사도 왕도를 녹상서사로 삼았고, 중서

로 하면 1척(尺) = 31.2cm, 1촌(寸) = 3.12cm, 1분(分)= 0.312cm이다

27) 木屑, 竹頭 목설, 죽두 : 목설(木屑) 톱밥. 죽두(竹頭) 대나무 마디. 하찮은 것을 말함

28) 正會 정회 : 정초(正初)

29) 廳事 청사 : 일을 보거나 사건을 심리하던 건물[廳堂]을 고대에는 청사라 했다

30) 綜理微密 종리미밀 : 종리(綜理) 빈틈없고 조리정연하게 처리함. 미밀(微密) 세밀, 치밀

31) 機斷 기단 : 중요한 시기에 판단을 잘함

령 유량(庾亮)과 상서령 변호(卞壺)가 함께 조정의 정사를 도왔다. 그러나 크고 중요한 일[大要]은 모두 유량에게서 결정되었다.

현종 성황제(顯宗 成皇帝) 재위 17년, 수(壽) 22

정해(丁亥) 함화(咸和) 2년(327년)

10월에 유량은 소준(蘇峻)이 역양(歷陽)에 있으면서 끝내 반란을 일으킬 것이라 여겼다. 조서를 내려 그를 부르려고 하면서, 사도 왕도에게 자문했다. 왕도는 "소준은 시기를 잘 하고 음험하니, 반드시 조서를 받들지 않을 것입니다. 우선 너그럽게 포용하는 것이 낫습니다"라고 했다.

변곤(卞壼)과 온교(溫嶠)도 여러번 편지를 보내 유량에게 그치도록 하고, 온 조정이 불가하다고 했으나, 유량이 모두 듣지 않았다. 이리하여 우대하는 조서를 내려 소준을 부르고 대사농으로 삼았으나, 소준이 끝까지 명령에 따르지 않았다.

소준은 조약(祖約)이 조정을 원망한다는 것을 알았다. 그래서 사자를 보내 조약을 추대해 높이면서, 함께 유량을 토벌할 것을 청했다. 조약이 크게 기뻐하며 병력을 거느리고 소준을 만났다.

무자(戊子) 3년(328년)

소준이 병력 2만 명을 거느리고 횡강(橫江)을 건너왔다. 2월 경술(庚戌)일에 소준이 장릉(蔣陵)의 복주산(覆舟山)에 도착했다. 도회(陶回)가 유량에게 "소준은 석두성이 엄하게 수비되고 있다는 것을 알기 때문에 감히 곧바로 내려오지 못하고, 반드시 소단양(小丹楊)을 향해 남쪽 길로 걸어서 올 것입니다. 마땅하게 군대를 매복시켰다가 그를 맞아 싸운다면, 한번 전투로 사로잡을 수 있습니다"라고 건의했다. 유량이 따르지 않았다.

소준은 과연 소단양에서 오다가 길을 잃어 헤매고, 밤 행군에서 더는 대열을 갖추지 못했다.[32] 유량이 곧 그것을 후회했다. 소준이 청계(淸溪)의 목책을 공격하자, 변곤이 군대를 거느리고 공격에 맞섰으나 막을 수 없었다.

소준이 바람을 이용해 불을 놓으니, 대성(臺省) 및 여러 군영과 관서[33]가 불 탔다. 유량이 병력을 이끌고 의양문(宣陽門) 안에서 진을 치려고 했는데, 미처 대열이 갖추어지기도 전에 군사들이 모두 무기를 버리고 달아났다. 유량은 온교가 있는 심양(尋陽)으로 도망쳤다.

소준의 군대가 대성(臺城)에 들어와 황제의 조서를 사칭해 크게 사면했다. 단 유량 형제만은 사면의 원칙에서 예외로 했다. 왕도는 덕망이 있으므로, 그를 원래의 관직을 유지해 자신의 윗자리에 있게 했다. 조약(祖約)을 시중 태위 상서령으로 삼고, 소준은 스스로 표기장군 녹상서사가 되었다.

---

32) 部分 부분 : =항오(行伍)

33) 寺署 사서 : 아문(衙門)

○ 4월에 유량과 온교가 기병해 소준을 토벌하려 했다. 독호(督護) 왕건기(王愆期)를 형주로 보내 도간을 맞이해 그와 함께 국난에 나서려고 했다. 도간이 즉시 군복을 입고 배에 올라 밤낮으로 진군했다. 온교에게는 병력 7천 명이 있었는데, 눈물을 닦으면서[34] 배에 올랐다.

치감(郗鑒)은 광릉에 있었다. 성은 고립되고, 양식은 부족했고, 오랑캐들이 매우 가까이[逼近] 있으므로, 사람들에게 견고히 지킬 뜻이 없었다. 조서를 받고 곧 눈물을 흘리면서, 군사들에게 국난에 나서자고 맹세하니, 장병들이 다투어 분발했다. 온교 등이 함께 건강으로 향했다. 병력이 4만 명이고 깃발이 7백여 리에 뻗쳤다. 징[鉦]과 북소리가 원근에 진동했다.

소준이 서쪽지역에서 기병했다는 말을 듣고, 을미(乙未)일에 황제를 위협해 석두성으로 옮기니, 도간이 수군을 독려해 석두성으로 향했다. 유량 온교 조윤(趙胤)은 보병 1만을 거느리고 백석(白石) 남쪽에서 올라가 도전하려 했다.

소준이 8천 명을 거느리고 이들을 맞아 싸웠다. 싸우다가 말이 넘어지자[躓], 도간의 부장 팽세(彭世)와 이천(李千) 등이 그에게 창을 던졌다. 소준이 말에서 떨어졌다. 도간의 부대가 그를 목 베고, 살점을 저미고[臠], 뼈를 불태웠다. 삼군이 모두 만세를 외치니, 남은 군대가 크게 무너졌다.

소준의 사마 임호(任護) 등이 소준의 아우 소일(蘇逸)을

---

34) 灑泣 세읍 : 눈물을 닦다. 세(灑) 씻을, 닦을

세워 군주로 삼고, 성문을 닫고 스스로 지켰다. 조윤(趙胤)이 장수를 역양으로 보내 조약을 공격하니, 조약은 후조(後趙)로 달아났다.

○ 후조(後趙)의 중산공(中山公) 석호(石虎)가 조(趙)를 공격하자, 조(趙) 군주 유요(劉曜)가 그를 크게 격파했다. 유요가 대양(大陽)에서 건너가 금용(金墉)에 있는 석생(石生)을 포위하니, 양(襄)[35] 땅이 크게 진동했다.

○ 11월에 후조(後趙)왕 석륵(石勒)이 직접 군대를 거느리고 낙양을 구원했다. 조(趙)의 군대를 크게 격파, 5만여 명의 수급을 베고, 마침내 유요를 죽였다.

기축(己丑) 4년(329년)

정월에 조(趙)나라 태자 유희(劉熙)가 백관을 거느리고 상규(上邽)로 도망갔다. 관중지방이 크게 혼란스러워졌다. 장군 장영(蔣英)과 신서(辛恕)가 장안을 점거하고, 후조(後趙)에 사자를 보내 항복했다.

○ 2월에 여러 군대가 석두성을 공격했다. 서군(西軍=도간陶侃의 군대)이 소일을 사로잡아 참수했다.

○ 여러 신하들이 황제를 배알했다. 머리를 조아리고 소리내어 울면서, 죄를 청했다. 사도 왕도가 석두성에 들어가

35) 襄 양 : 주(註) 양(襄) 땅은 석륵(石勒)이 있는 곳

서 옛 부절을 가져오게 하자, 도간이 웃으며 "소무(蘇武)[36]의 부절은 흡사하지만, 이와 같지 않았을 것입니다"라고 말했다. 왕도가 부끄러워하는 기색이 있었다.

○ 이때 궁궐이 죄다 타버려[37] 건평원(建平園)을 궁으로 삼았다. 온교는 예장(豫章)으로 천도하려 하고, 삼오(三吳)의 호걸들은 회계(會稽)를 도읍지로 하려 했다. 두 주장이 분분해[38] 결정을 내지 못했다. 사도 왕도가 말했다.

"손중모(孫仲謀, 삼국시대 때 오(吳)의 손권孫權)와 유현덕(劉玄德, 삼국시대 때 촉蜀의 유비劉備)이 모두 '건강(建康)은 왕의 집(宅)'이라고 했습니다. 옛날의 제왕들은 풍요와 곤궁 때문에 도읍을 옮기지 않았습니다.

만일 농사에 힘쓰고 재물을 절약해서 쓴다면, 어찌 시들고 피폐할 것[39]을 걱정하겠습니까? 만약 농사를 열심히 하지[修] 않으면, 좋은 땅은 언덕[墟]이 될 것입니다. 또 북쪽 오랑캐의 떠돌아다니는 자[魂]들이 우리의 틈을 엿보다가, 약함을 보면 하루아침에 오랑캐[蠻越]에게로 도망쳐[竄] 바라는 실리[實]를 찾을 것입니다.[40] 좋은 계책이 아니라 두렵습니다. 지금은 다만 조용히 그들을 다스린다면 민심이

---

36) 蘇武 소무 :한무제 때 흉노에 사신 갔다가 억류되었는데, 온갖 회유에도 굴하지 않고 한의 깃발에 의지해 버티다가 돌아옴(『통감절요』 11권 참조)

37) 灰燼 회신 : 회(灰) 재, 죄다 타버리다. 신(燼) 깜부기 불, 타다 남은 것

38) 紛紜 분운 : 어지러운 모양

39) 彫弊 조폐 : 마르고 시들어서 쇠약해짐

40) 求之望實 구지망실 : 바라는 내실, 명망과 실사(재물)를 거기서 찾는다

저절로 편안해질 것입니다.”

이 때문에 다시 도읍을 옮기지 않았다.

경임(庚寅) 5년(330년)

2월에 후조(後趙)의 여러 신하들이 왕 석륵에게 황제에 즉위할 것을 청했다. 석륵이 곧 대조천왕(大趙天王)이라 호칭하고, 황제의 일을 수행했다.

임진(壬辰) 함화(咸和) 7년(332년)

정월에 조(趙)왕 석륵이 여러 신하들에게 크게 잔치를 베풀어주고, 서광(徐光)에게 “짐을 옛 어느 군주와 비교할 수 있겠는가?”라고 물었다. (서광은) “폐하의 뛰어난 무예와 계략은 한(漢) 고조를 초월[過]하니, 후세에 비교할 수 있는 자가 없습니다”고 대답했다.

석륵이 웃으면서 말했다.

“사람이 어찌 스스로를 알지 못하겠는가? 경의 말이 너무 지나치다. 짐이 만약 한(漢) 고조를 만났다면, 신하가 되어[北面] 섬기고, 한신 팽월과 어깨를 나란히 했을 것이다. 만약 광무제를 만났다면, 말을 몰아 중원을 함께 달려 사슴이 누구 손에 죽을 것인가41)를 몰랐을 것이다.

대장부는 일을 행할 때 마땅히 당당하게 하고42), 해와 달

41) 주(註) 『사기(史記)』에 괴통(蒯通)이 “진나라가 그 사슴을 잃자, 천하가 함께 그것을 쫓았습니다. 높은 재주, 발 빠른 자가 그것을 얻었습니다”라고 말했다. 주(註)에 사슴은 제위에 비유된다고 했다

처럼 밝게[皎然] 해야 한다. 끝내 조조와 사마의가 남의 고아와 과부를 속이고 여우처럼 홀려서 천하를 차지한 것은 본받지 않겠다"

여러 신하들이 모두 머리를 조아리면서 만세를 불렀다.

석륵은 비록 배우지 않았으나, 여러 유생들을 시켜 책을 읽게 하고 그것을 듣는 것을 좋아했다. 때로는 그의 생각으로 고금 정사의 득실을 판단하니, 듣는 자들 중에 기뻐하고 탄복하지 않는 자가 없었다.

일찍이 사람을 시켜『한서(漢書)』를 읽게 했는데, 역이기(酈食其)가 육국(六國)의 후손을 세우라고 권하는 내용을 들었다. 놀라며 "이 방법은 잘못되었는데, 어떻게 해서 마침내 천하를 얻었단 말인가?"라고 말했다. 장량이 간언했다는 말을 듣게 되자, 곧 "이 덕택일 뿐이로다!"라고 말했다.

계사(癸巳) 8년(333년)

5월에 요동의 모용외가 죽었다. 세자 모용황이 평북장군(平北將軍)으로 평주자사(平州刺史)의 일을 수행했다.

○ 7월에 조(趙)의 군주 석륵이 죽고, 태자 석홍(石弘)이 즉위했다.

갑오(甲午) 9년(334년)

성(成)의 군주 이웅(李雄)이 죽고, 태자 이반(李班)이 즉

---

42) 磊磊落落 뇌뇌락락 : 몹시 태연자약함

위했다. 그의 아우 이기(李期)가 난을 일으킬 것을 모의했다. 이반이 밤에 곡하는 것을 틈타 이반을 시해하고, 이기가 황제에 즉위했다.

○ 유량(庾亮)을 정서장군(征西將軍)에 임명하고, 절(節)을 빌려주면서 강형예익양옹육주제군사(江荊豫益梁雍六州諸軍事)를 총괄해 거느리고, 무창을 다스리게 했다. 유량이 은호(殷浩)를 불러 기실참군(記室參軍)으로 삼았다.

은호는 예장태수(豫章太守) 저부(褚裒), 단양승(丹楊丞) 두예(杜乂)와 함께 식견과 도량이 맑고 원대했다. 『노자(老子)』와 『주역(周易)』의 담론을 잘해 강동에 이름이 났다[擅]. 은호는 더욱 풍류에서 으뜸[宗]이었다.

환이(桓彝)가 일찍이 저부(褚裒)에게 "계야(季野=저부)는 입 밖에 내지 않고, 마음 속으로만 칭찬하고 내친다"[43]고 말했다. 겉으로는 잘하고 못하고를 평가하지 않지만, 속으로는 칭찬하고 깎아내린다고 말한 것이다. 사안(謝安)은 "저부가 비록 말은 하지 않으나, 사시(四時)의 기운이 이미 갖추어져 있다"고 말했다.

○ 11월에 조(趙) 승상 석호(石虎)가 군주 석홍을 폐위해 해양왕(海陽王)으로 삼고, 스스로 거섭조천왕(居攝趙天王)이라 칭했다.

---

43) 皮裏陽(春)秋 피리양추 : 입 밖에 내지 않고 마음속으로만 포폄(褒貶)하는 일. 피리(皮裏)는 피부의 안, 곧 심중(心中)이고, 양추(陽秋)는 춘추(春秋), 진(晉) 간문후(簡文侯)의 휘(諱). 춘추를 피휘(避諱)해 양추(陽秋)라 한 것임

○ 왕도가 태원의 왕몽(王濛)을 불러 하급 관리로 삼고, 왕술(王述)을 중병속(中兵屬)으로 삼았다. 왕술은 성품이 침착하고 조용했다. 매번 좌객들이 변론하면서 벌떼처럼 일어났으나, 왕술은 편안하게[44] 대처했다. 나이가 30세라 아직 이름이 알려지지 않았고, 사람들은 그를 어리석다[癡]고 말했다.

왕도는 (왕술을) 문중 사람이라 부른 것이다. 만나서 오직 동쪽지방의 쌀값을 물었다. 왕술이 눈을 부릅뜨고 대답하지 않았다. 왕도는 "왕술이 어리석지 않는데, 사람들은 어찌하여 어리석다고 말하는가?"라고 말했다. 일찍이 왕도가 말할 때마다 온 좌석의 사람들이 찬미하지 않는 이가 없는 것을 보았다. 왕술이 정색하며 "사람이 요 순이 아닌데, 어찌 매번 일을 다 잘 할 수 있겠는가?"라고 말했다. 왕도가 얼굴을 고치고 그에게 사죄했다.

○ 9월에 조(趙)왕 석호(石虎)가 업(鄴)으로 천도했다.

무술(戊戌) 함강(咸康) 원년(338년)

5월에 사도(司徒) 왕도를 태부(太傅) 도독중외제군사(都督中外諸軍事)로 삼았다. 치감(郗鑒)을 태위로 삼고, 유량(庾亮)을 사공으로 삼았다. 이때 유량은 비록 변방에 있었으나, 멀리서도 조정의 권력을 잡고, 높은 신분[上流]을 차지하고 있었다. 강한 병력을 가졌으니 권세를 쫓는 자들이

44) 恬如 염여 : 편안할, 태평한 모양, 고요할

많이 붙었다.

왕도는 속으로 평안하지 않았다. 항상 서풍이 불어 먼지가 일어나면, 부채를 들어 스스로를 가리면서 천천히 말했다. "원규(元規=유량)의 먼지가 사람을 더럽히는구나!"

○ 대왕(代王) 탁발예괴(拓拔翳槐)가 죽고, 아우 탁발십익건(拓拔什翼健)이 대왕[45]에 즉위했다. 그는 뛰어나고 용맹하며 지략이 있어, 나라 사람들이 그에게 귀부했다. 이리하여 동쪽의 예맥(濊貊)으로부터 서쪽의 낙나(落那)에 이르기까지, 또 남쪽으로 음산(陰山)에 도달하고, 북쪽으로 사막이 다 끝나는 데까지 거의 모두가 귀부하고 복종했다. 수십만 명의 군대를 가지게 되었다.

○ 모용황이 연(燕)왕에 즉위했다.

기해(己亥) 5년(339년)

7월에 왕도가 죽었다. 왕도는 대범하고 검소했다.[46] 욕심이 적었으며, 일 맡은 기회를 이용해 공을 잘 세웠다. 비록 하루로는 유익한 점(益)이 없었으나, 1년을 헤아려보면 남음이 있었다. 3대 째 황제를 보필해 재상을 지냈으나, 창고에 비축된 곡식이 없었고, 옷에 비단을 중히 여기지 않았다.

---

45) 주(註) 탁발십익건(拓拔什翼健)은 16국 중 대(代)의 소성제(昭成帝)이다

46) 簡素 간소 : 대범하고 검소함, 글씨 쓰는 대쪽과 흰 무명, 옛날에는 종이 대신 글씨를 썼음

임인(壬寅) 8년(342년)

5월에 황제가 병에 걸렸는데[47], 황제의 두 아들이 모두 아기포대기[襁褓] 속에 있었다. 유빙(庾冰)이 황제에게 "나라에 강한 적이 있으므로 마땅히 나이가 많은 군주를 세워야 합니다"라고 설득했다. 같은 어머니의 아우인 낭야왕(琅邪王) 사마악(司馬岳)을 후사로 삼을 것을 청했다. 황제가 허락했다.

○ 6월에 황제가 죽으니, 낭야왕이 황제에 즉위했다.

47) 不豫 불예 : 임금의 병환, 마음이 즐겁지 않음, 예기치 않음

원 문

卷之二十七

晉紀
中宗元皇帝 在位六年, 壽四十六

丁丑
建武元年 琅邪王卽晉王位。大赦改元。始 備百官 立宗廟 建社稷。是時 承喪亂之後, 江東草創。刀協久宦中朝, 諳練舊事, 賀循為世儒宗, 明習禮樂。凡有疑議皆取決焉。

○劉琨 段匹磾 相與歃血, 同盟其以翼戴晉室。

○十一月, 征南軍司戴邈上疏:「以為喪亂以来庠序隳廢。議者或謂 平世尚文, 遭亂尚武。此言似之而實不然。今王業肇建, 萬物權輿, 謂宜篤道崇儒, 以勵風化。」王從之, 始立太學。

○漢主聰出畋, 以愍帝行車騎將軍, 戎服 執戟 前導。見者指之曰:「此故長安天子也!」聚而觀之, 故老有垂泣者。

○十二月, 聰饗羣臣于光極殿, 使愍帝行酒 洗爵。已而更衣， 又使之執盖。晉臣多涕泣， 有失聲者。尚書郎辛實起，抱帝大哭，聰命引出斬之。愍帝遂遇害於平陽。

戊寅大興元年

三月， 愍帝凶問至建康。王斬衰 居廬。既而卽皇帝位。大赦改元。百官皆陪列，帝命王導 升御床 共坐。導固辭曰:「若大陽下同，萬物蒼生 何由仰照?」帝乃止。

◯漢主聰卒。太子粲卽位， 為靳準所殺。丞相曜卽皇帝位，石勒進爵為趙王。

己卯二年

漢主曜 還都長安。改國號曰（趙）。以單于為祖。

◯石勒始與曜絕。自稱趙王(註:後趙)。

庚辰三年

祖逖鎮雍丘， 數遣兵邀擊後趙兵。後趙鎮戍 歸逖者甚多，境土漸蹙。七月詔加逖鎮西將軍， 逖在軍 與將士同甘苦，約已務施，勸農桑，撫納新附。雖疎賤者，皆結以恩禮。自河以南 多叛後趙歸於晉。逖練兵積穀， 為取河北之計。後趙王勒患之，乃下幽州，為逖修祖父墓，置守冢二家，因與逖書 求通。逖牙門童建殺蔡內史周密，降于後趙。勒斬之，送首於逖，曰:「叛臣逃吏 吾之深仇，將軍之惡 猶吾惡也。逖深德之。自是 後趙人叛歸逖者，逖皆不納，禁諸將 不使侵暴後趙之民。邊境之間 稍得休息

○帝之始鎭江東也, 王敦與從弟導同心翼戴。帝亦推心 任之。敦總征計, 導專機政, 羣從子弟布列顯要。時人為之語曰:「王與馬共天下。」後敦自恃有功, 且宗族彊盛, 稍益驕恣。帝畏而惡之, 乃引劉隗 刀協等以為腹心。稍抑損王氏之權, 導亦漸見疎外。導能任真 推分 澹如也。有識皆稱其善處興廢, 而敦益懷不平, 遂構嫌隙。

辛巳四年

七月, 以戴淵為征西將軍 都督司兖豫並幽冀六州諸軍事, 鎭合肥。豫州刺史祖逖以戴淵吳士, 雖有才望, 無弘致遠識。且已剪荊棘, 收河南地, 而淵雍容一旦来統之, 意甚怏怏。又聞王敦與劉刀構隙, 將有內難。知大功不遂, 感激發病, 九月卒於雍丘。豫州士女若喪父母。王敦久懷異志, 聞逖卒, 益無所憚。

○十月, 以逖弟約為西平將軍 豫州刺史, 領逖之衆。

○十一月, 以慕容廆為都督幽平二州諸軍事, 封遼東公。廆立子皝為世子。

壬午永昌元年

王敦將作亂, 謂謝鯤曰:「劉隗姦邪, 將危社稷。吾欲除君側之惡, 何如?」鯤曰:「隗誠始禍, 然城狐社鼠。」敦怒曰:「君庸才 豈達大體?」遂舉兵於武昌, 上疏 罪狀劉隗。沈充亦起兵於吳興 以應敦。敦至蕪湖, 又上表罪狀刁協。帝大怒詔曰:「王敦憑恃寵靈, 敢肆狂逆。方朕太甲 欲見幽囚。是可忍也孰不可忍? 今親帥六軍, 以誅大逆! 有殺敦者, 封五千戶侯。帝徵戴淵 劉隗入衛建康。隗至 與刁協勸帝 盡誅王氏, 帝不許。隗始有懼色。司空導帥其從弟中領軍邃 左衛將軍廣 侍中侃彬 及諸宗族二十餘人, 每旦詣臺, 待罪。周顗將入, 導呼之曰: 「伯仁! 以百口累卿!」顗直入不顧, 既見帝, 言導忠誠 申救甚至。帝納其言。顗喜飲酒, 至醉而出, 導猶在門外。又呼之, 顗不與言, 顧左右曰:「今年殺諸賊奴, 取金印如斗大, 繫肘後」既出, 又上表, 明導無罪, 言甚切至。導不之知, 甚恨之。帝命還導, 朝服召見之。導稽首曰:「賊臣逆子 何代無之? 不意 今者近出臣族」帝跣而執其手曰:「茂弘! 方寄卿以百里之命, 是何言耶?」

◯三月以導為前鋒大都督, 加戴淵驃騎將軍。詔曰:「導以大義滅親, 可以吾為安東時節假之, 以周顗為尙書左僕射, 王邃為右僕射。

◯敦據石頭, 歎曰:「吾不復得為盛德事矣。」帝命刁協 劉隗 戴淵帥衆, 攻石頭。協 隗俱敗。帝令公卿百官, 詣石頭見敦。以敦為丞相都督中外諸軍 錄尙書事。呂猗說敦曰:「周顗 戴淵皆有高名, 足以惑衆, 公不除之, 恐必有再舉之憂。」敦然之。從容問導, 導不答。收顗及淵 殺之。王導後料檢中書故事, 乃見顗救已之表。執之流涕曰:「吾雖不殺伯仁, 伯仁由我而死。幽冥之中 負此良友!」敦竟不朝, 天子而還, 武昌敦既得志, 暴慢滋甚。四方貢獻 多入其府, 將相岳牧 皆出其門。

○祖逖既卒, 後趙屢寇河南。祖約不能禦 退屯壽春。後趙遂取陳留, 梁鄭之間 復騷然矣。

○十一月 帝憂憤成疾, 崩。司空王導受遺詔, 輔政。帝恭儉有餘, 而明斷不足。故大業未復, 而禍亂內興。太子卽皇帝位。

肅宗 明皇帝, 在位三年 壽二十七

甲申太守二年
五月, 王敦疾甚, 矯詔拜王應為武衛將軍, 以自副, 以王含為驃騎大將軍。錢鳳謂敦曰:「脫有不諱, 便當以後事 付應邪? 敦曰:「非常之事, 非常人所能為。且應年少, 豈堪大事! 我死之後, 莫若釋兵散衆, 歸身朝廷, 保全門戶, 上計也。退還武昌收兵自守, 貢獻不廢, 中計也。及吾尚存, 悉衆而下, 萬一僥倖, 下計也。」鳳謂其黨曰:「公之下計 乃上策也。」遂與沈充定謀, 俟敦死, 卽作亂。

○司徒導聞敦疾篤, 率子弟為敦 發哀。衆以為敦信死, 咸有奮志。於是尚書騰詔, 下敦府, 列敦罪惡。敦見詔, 甚怒, 而病轉篤, 不能自將, 以王含為元帥, 以誅姦臣温嶠等 為名, 水陸五萬奄至江寧南岸。帝帥諸軍, 出屯南皇堂。夜募壯士, 遣將軍段秀等, 帥甲卒千人, 渡水掩其未備。平旦戰於越城, 大破之, 斬其前鋒將何康。敦聞含敗, 大怒曰:「我兄老婢耳! 門戶衰, 世事去矣我當力行, 因作勢而起。」困之復臥, 敦尋卒。敦黨悉平, 有司發王敦瘞, 出尸 焚其衣冠，跽而斬之。

乙酉三年

五月，以陶侃為征西大將軍 都督荊湘雍梁四州諸軍事 荊州刺史。荊州士女相慶。侃性聰敏恭勤，終日歛膝危坐。軍府衆事檢攝無遺，未嘗少閑。常語人曰:「大禹聖人 乃惜寸陰，至於衆人 當惜分陰。豈可但逸遊荒醉! 生無益於時，死無聞於後， 是自棄也。嘗造船， 其木屑竹頭 侃皆令籍而掌之。人咸不解所以。後正會積雪，初晴 廳事前餘雪 猶濕。乃以木屑布地。及恒溫伐蜀又以侃所貯竹頭， 作丁 裝船。其綜理微密，皆此類也。

◯七月， 帝崩。帝明敏有機斷， 故能以弱制強， 誅翦逆臣，克復大業。太子卽皇帝位。生五年矣， 太后臨朝稱制。 以司徒導錄尚書事。與中書令庾亮 尚書令卞壼 参輔朝政，然事之大要，皆決於亮

顯宗成皇帝 在位十七年，壽二十二

丁亥咸和二年

十月，庾亮以蘇峻在歷陽，終為禍亂。欲下詔徵之，訪於司徒導。導曰:「峻猜險， 必不奉詔， 不若且包容之。」卡壼溫嶠累書， 止亮。舉朝以為不可， 亮皆不聽。於是下優詔，徵峻為大司農。峻遂不應命。峻知祖約怨朝廷，乃遣使推崇約，請共討庾亮，約大喜，以兵會峻。

戊子三年

蘇峻帥衆二萬人 濟自橫江。二月庚戌 峻至蔣陵 覆舟山。陶回 謂庾亮曰: 峻知石頭重戍, 不敢直下, 必向小丹陽, 南道步来, 宜伏兵邀之, 可一戰擒也。亮不從。峻果自小丹陽来, 迷失道。夜行 無復部分。亮乃悔之。峻攻清溪柵, 下壼帥諸軍拒擊 不能禁。峻因風縱火, 燒臺省及諸營 寺署。庾亮帥衆 將陳于宜陽門內, 未及成列, 士衆皆棄甲走。亮奔尋陽。峻兵入臺城, 稱詔大赦, 惟庾亮兄弟不在原例, 以王導有德望, 猶使以本官 居己之右。祖約為侍中大尉 尚書令。峻自為驃騎將軍 錄尚書事。

◯四月, 庾亮 温嶠將起兵討峻, 遣督護王愆期, 詣荊州 邀陶侃, 與之同赴國難。侃卽戎服, 登舟 晝夜而進。温嶠有衆七千, 灑泣登舟。郗鑒在廣陵, 城孤糧少, 逼近胡寇, 人無固志。得詔書, 卽流涕誓衆, 入赴國難。將士爭奮, 嶠等同趣建康, 戎卒四萬, 旌旗七百餘里。鉦鼓之聲 震於遠近。

◯蘇峻聞四方兵起, 乙未 逼遷帝於石頭。侃督水軍, 向石頭。庾亮 温嶠 趙胤帥步兵萬人, 從白石南上 欲挑戰。峻將八千人逆戰, 馬礩。侃部將彭世 李千等投之以矛, 峻墜馬。斬首 臠割之 焚其骨。三軍皆稱萬歲, 餘衆大潰。峻司馬任讓等 共立峻弟逸 為主, 閉城自守。趙胤遣將 擊祖約於歷陽。約奔後趙。

◯後趙中山公虎擊趙, 趙主曜大破之。曜濟自大陽, 圍石生於金墉，襄國大震。

◯十一月，後趙王勒自將 救洛陽，大破趙兵，斬首五萬餘級，遂殺曜。

巳丑四年

正月，趙太子熙帥百官 奔上邽。關中大亂，將軍蔣英 辛恕據長安，遣使降于後趙。

◯二月，諸軍攻石頭，西軍獲蘇逸 斬之。

◯群臣見帝 頓首 號泣請罪。司徒導入石頭，令取故節，陶侃笑曰：「蘇武節似不如是!」導有慚色。

◯是時 官闕灰燼，以建平園 為宮。温嶠欲遷都豫章， 三吳之豪欲都會稽， 二論紛紜未決。司徒導曰：「孫仲謀劉玄德俱言 建康王者之宅， 古之帝王不以豐儉移都。苟務本節用，何憂彫弊! 若農事不修，則樂土為墟矣。且北冦游魂伺我之隙。一旦示弱，竄於蠻越。求之望實，懼非良計，今特宜鎮之以静，羣情自安。」由是不復徙都。

庚寅五年

二月，後趙羣臣請後趙王勒卽皇帝位。勒乃稱大趙天王 行皇帝事。

壬辰咸和七年

正月，趙王勒大享羣臣，謂徐光曰：「朕可方自古何等主?」

對曰:「陛下 神武謀略過於漢高, 後世無可比者。」勒笑曰:「人豈不自知? 卿言大過! 朕若遇漢高祖, 當北面事之。與韓彭比肩, 若遇光武, 當並驅中原, 未知鹿死誰手。大丈夫行事宜礌礌落落, 如日月皎然。終不效曹孟德 司馬仲達欺人孤兒寡婦 狐媚以取天下也。」群臣皆頓首, 稱萬歲。勒雖不學, 好使諸生讀書, 而聽之, 時以其意論古今得失。聞者莫不悅服。嘗使人讀漢書, 聞酈食其勸立六國後, 驚曰: 此法當失, 何以遂得天下?」及聞留侯諫, 乃曰: 「賴有此耳!」

癸巳八年

五月, 遼東慕容廆卒。世子皝平北將軍行平州刺史。

○七月, (趙) 主勒卒。太子弘卽位。

甲午九年

(成) 主雄卒。太子班卽位。其弟期謀作亂, 因班夜哭, 弑之。期卽皇帝位。

○加庾亮征西將軍 假節 督江荊豫益梁雍六州諸軍事, 鎮武昌。亮辟殷浩為記室參軍。浩 與豫章太守褚裒 丹陽丞杜乂皆以識度清遠, 善談老易, 擅名江東。而浩尤為風流所宗。桓彝嘗謂裒曰:「季野有皮裏春(陽)秋。」言其外無臧否, 而內有褒貶也。謝安曰:「裒雖不言, 而四時之氣已備矣。」

○十一月, (趙) 丞相虎廢趙主弘, 為海陽王 自稱居攝趙天王。

◯王導辟太原王濛為椽，王述為中兵屬。述性沈静，每坐客辯論蜂起， 而述處之 恬如也。年三十尚未知名， 人謂之癡。導以門地 辟之。既見，唯問江東米價。述張目不答。導曰:「王椽不癡，人何言癡也!」 嘗見導每發言 一坐莫不賛美。述正色曰:「人非堯舜， 何得每事盡善?」導改容謝之。

◯九月，(趙) 王虎遷都于鄴。

戊戍咸康四年

五月，以司徒導為太傅 都督中外諸軍事。郄鑒為太尉。庾亮為司空。是時亮雖居外鎮， 而遙執朝廷之權。既據上流，擁強兵，趣勢者多歸之。導內不能平，常遇西風塵起，舉扇自蔽 徐曰:「元規塵污人。」

◯ (代) 王翳槐卒。弟什翼犍卽代王位。雄勇有智略，國人附之。於是東自濊貊 西及落那 南距陰山 北盡沙漠，率皆歸服。有衆數十萬人。

◯慕容皝卽燕王位。

已亥五年

七月， 王導薨。導簡素寡欲， 善因事就功。雖無日用之益，而歲計有餘。輔相三世，倉無儲穀，衣不重帛。

壬寅八年

五月， 帝不豫。帝二子皆在襁褓。庾氷說帝， 以國有彊敵, 宜立長君, 請以同母弟琅邪王岳為嗣, 帝許之。

○六月, 帝崩。琅邪王卽皇帝位。

통감절요 2

편 저 자 | 강지(江贄)
번 역 자 | 김 정 화
발 행 처 | 충북대학교 출판부
발 행 인 | 윤 여 표
주 소 | 28644 충북 청주시 서원구 충대로 1
전 화 | 043-261-2952, 3014 FAX | 043-274-1256
이 메 일 | presscbu@chungbuk.ac.kr
등록번호 | 제1983-2001-7호
초판1쇄 | 2015.02.02.
초판3쇄 | 2017.12.18.
인 쇄 처 | 삼성디자인기획 (042-221-3111)

*이 번역서는 2012학년도 충북대학교 출판부 연구비 지원사업에 의하여 발행되었음.

판매가 24,000원

ISBN 978-89-7295-223-7
ISBN 978-89-7295-222-0 94910 (세트)